JN421172

기업경영의 통계분석

조 광 현 저

청목출판사

머리말

최근 개인용 컴퓨터가 발전하여 생활 깊숙이 자리하여 다양하게 편리성을 제공하고 있다. 컴퓨터가 눈부시게 발전하면서 21세기의 주된 역할을 하게 될 연령계층은 개인용 컴퓨터를 잘 사용하는 능력을 소지해야 할 필요성이 증대되고 있다.

상대적으로 젊은 연령계층의 사람들은 자신의 글로벌 감각을 익히기 위해서 외국능력을 향상시키고, 업무를 효율적으로 처리하기 위해서 컴퓨터의 조작능력을 숙달시키며, 각종 전문분야에서 필요로 하는 자격증을 취득하거나 전문분야를 과학적으로 분석할 수 있는 통계적 분석방법의 지식을 습득하는 등에 많은 시간을 투자하고 있다.

컴퓨터의 보급이 보편화되면서 능숙하게 조작할 수 있는 능력을 보유한 자를 사회에서 절실하게 그 필요성을 인지하고 있다. 경우에 따라서는 각종 매체를 통하여 구인광고를 낼 때 워드, 엑셀, 파워포인트 등의 소프트웨어를 조작할 수 있는 능력을 소유한 자를 응모조건으로 내세울 수도 있을 것이다.

현대사회가 글로벌경제화되면서 외국계열의 기업이 한국에 진출하거나 한국기업이 외국에 진출하는 등 각 나라의 기업이 상호 간에 참여하여 다양한 사업을 전개하고 있다. 기업 현장은 영어를 필요로 하고, 각종 자료를 분석하기 위해서 통계학이 중요하게 인식되고 있다. 이러한 각종 자료를 효율적으로 분석하기 위한 도구로서 컴퓨터가 그 일을 대신할 것이다.

상기에 언급한 외국어 능력, 컴퓨터 조작능력, 통계학적 지식습득 등의 소양을 갖추고 있다면 현대사회를 헤쳐 나아가는 데 있어서 강력한 도구로 활용될 것이다. 우선 기업 내에서 수어진 자료를 근거로 가설을 설정하여 통계학적 기법을 활용하여 유의성 여부를 검정할 수 있다. 물론 자료를 처리하는 모든 과정은 개인용 컴퓨터를 이용하며, 도출된 결과는 향후 기업운영에 반영하여 효율적인 방향을 모색하는 데 활용할 수도 있다.

본서는 통계학적 이론을 근거로 경영, 경제의 기업관련 자료를 개인용 컴퓨터를 활용하여 과학적으로 처리하는 입문서이다. 본 입문서의 주안점은 통계학에

익숙하지 않은 자를 대상으로 마이크로소프트사의 엑셀프로그램을 이용하여 실습하는 형태로 풀어가면서 자료분석에 익숙해지는 데 있다.

대부분의 경우 컴퓨터 조작능력이나 통계학적 지식습득에 부담감을 가지고 있는 부분을 최소화하여 기업경영 관련분야에 필요하다고 상정된 통계학적 분석방법 중에서 몇 가지를 선정하여 엮었다.

본서를 개략적으로 구성한 후 다양한 서적을 참고하면서 공공에서 웹사이트를 통하여 공개하고 있는 자료를 중심으로 내용을 채워갔다. 내용을 엮고 난 후 수정 및 교정하는 과정에서 분주하고 귀중한 시간을 할애하여 흔쾌히 직접적으로 기여해 준 전혜희 양에게 지면을 통하여 감사한 마음을 표하고 싶다.

본서의 출판은 청목출판사 유성열 대표님 및 최명성 이사님의 요청에 의해서 실현되었다. 원래는 1년 전에 출판되었어야 했는데 서적 내용의 준비가 미비하여 훨씬 기간이 연장되었는데 대단히 불편을 끼쳐드리게 되어 송구스러운 마음 그지없다. 특히 최이사님의 독려가 없었다면 본서의 완성은 더욱 연장되었을 것이다. 여기에 두 분에게 송구스러운 마음과 감사의 마음을 표하고 싶다. 또한 본서의 편집에 세심한 배려와 조언을 아끼지 않으시고 헌신적으로 틀을 구성해 주신 민백기 상무님께 예의를 표하고 싶다.

끝으로 본서가 글로벌경제화 시대에 몸담고 살아가는 분들에게 다양한 자료의 분석 능력을 갖추는 시발(始發) 도구로 활용되기를 기원한다.

2011년 2월

불암산 자락에서

차 례

제 1 장

기술통계량

경영, 경제에 관련된 자료가 수집되면 표본 집단의 특징을 알기 위해서 무엇보다도 중요한 것은 표본을 구성하는 표본의 목적을 명시적으로 정리해야 한다.

왜냐하면 일반적으로 표본이 수집된 상태로는 너무 복잡하고 정리가 되어 있지 않아 표본 집단의 특징을 알 수가 없기 때문이다.

제 1 절 엑셀 프로그램의 기본 동작

수집된 자료는 복잡하고 정리되어 있지 않아서 다양한 프로그램을 이용하여 가공하거나 처리해야 한다. 본서는 마이크로소프트사의 엑셀 프로그램을 이용하여 수집된 자료를 기반으로 다양한 분석을 실행하고자 한다.

1. 수집 자료

아래의 [표 1-1]은 사람 키의 크기별로 조사하였는데 총 인원은 100명이다. 키의 계급 간격은 5㎝로 하였으며 145㎝부터 190㎝까지이고, 각 계급별 인원수를 도수로 정하였다.

[표 1-1] 사람 키의 크기별 인원수

(단위: 명)

키(cm)	인원수
145~150	2
150~155	4
155~160	8
160~165	16
165~170	22
170~175	27
175~180	14
180~185	5
185~190	2

2. 자료 입력

마이크로소프트사의 엑셀 프로그램은 변수통계표를 이용하여 표본의 특징을 명시하는데 편리성을 제공하고 있다. 본서는 엑셀 2007 버전 프로그램을 이용하기로 한다. 엑셀 프로그램을 이용하면 [표 1-1]의 자료를 통계학적 의미를 부여할 수 있는 다양한 분석을 구사할 수 있다. 엑셀 프로그램을 실행하면 [그림 1-1]과 같은 화면이 나타난다.

[그림 1-1] 엑셀 2007 버전 화면

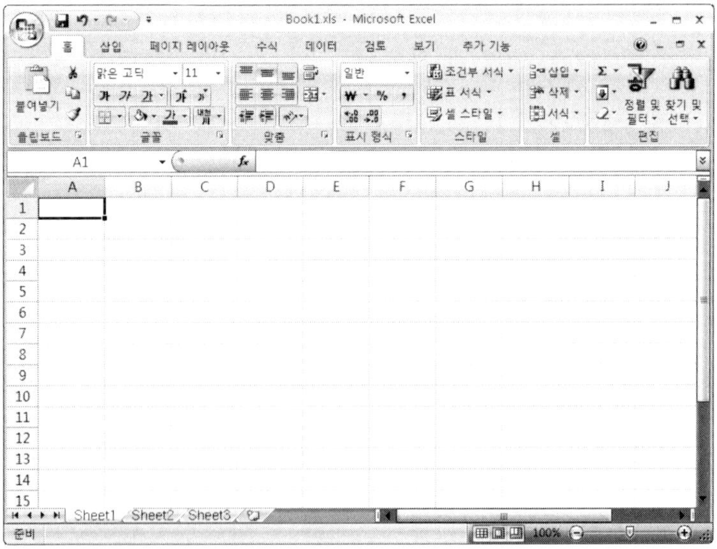

[표 1-1]의 사람 키의 크기별 인원수를 엑셀 프로그램을 이용하여 입력하기로 한다. 스프레드시트의 셀 A1에서 셀 B11까지 차례대로 입력한다. 입력을 완료하면 [그림 1-2]와 같은 화면이 될 것이다.

3. 입력 자료 저장

마우스로 office 단추 를 누르면 [그림 1-3]과 같은 새로운 창이 열린다. 새로운 화면에는 새로 만들기, 열기, 변환, 저장, 다른 이름으로 저장, 인쇄, 준비, 보내기, 게시, 닫기 등의 다양한 기능을 나타내는 메뉴가 나타난다.

[그림 1-2] 사람 키의 크기별 인원수

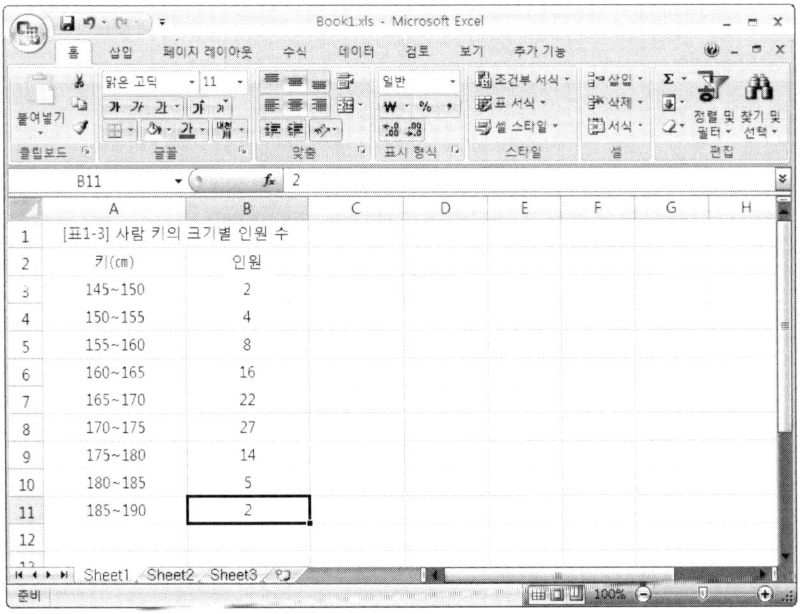

[그림 1-3] office 단추의 기능

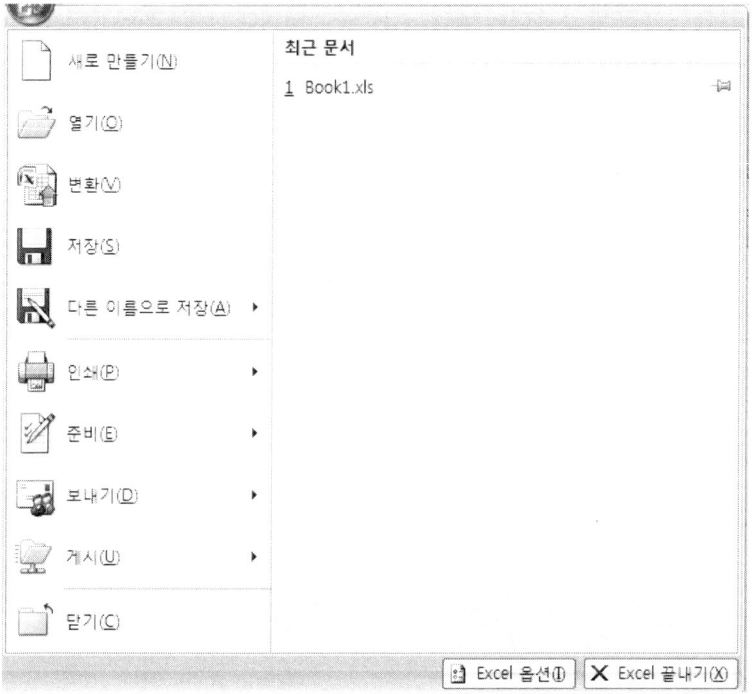

여기에서 우선 다른 이름으로 저장 메뉴 를 마우스로 지정하면 [그림 1-4]와 같이 '문서 복사본 저장'의 새로운 화면이 나타나는데, EXCEL 통합문서, EXCEL 매크로 사용 통합 문서, EXCEL 바이너리 통합 문서, EXCEL 97-2003 통합 문서, OpenDocument 스프레드시트, PDF 또는 XPS, 다른 형식 등의 선택 메뉴가 있다.

만일에 사용자가 2007 버전으로 저장하고 싶을 경우에는 'EXCEL 통합 문서'를 선택하면 저장된 파일의 확장자명이 XLSX가 붙게 된다.

[그림 1-4] 엑셀 2007 버전 화면

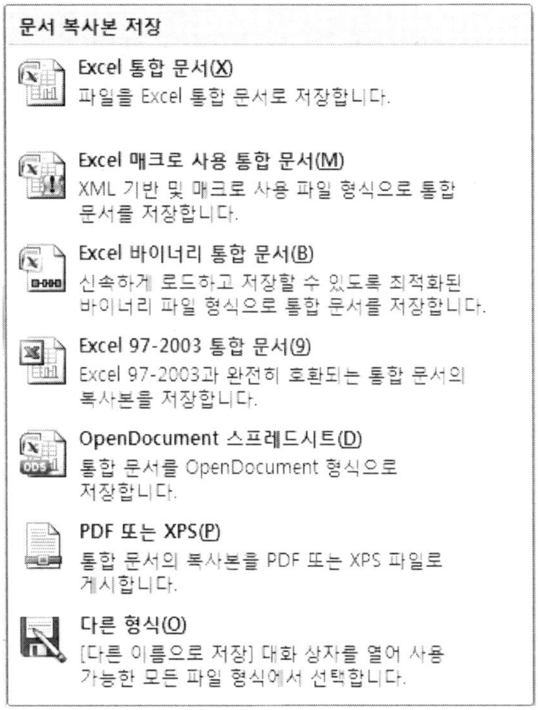

사용자가 2003 버전으로 저장하고 싶을 경우에는 'EXCEL 97-2003 통합 문서'를 선택하면 저장된 파일의 확장자명이 XLS가 붙게 된다.

'문서 복사본 저장' 화면 중에서 'EXCEL 97-2003 통합 문서'를 선택하면 새로운 화면에 '파일 이름'에 Book1.xls, '파일 형식'이 있는데 '파일 이름'에 'EXCEL 97-2003 통합 문서(*.xls)'가 자동으로 나타난다. '파일 이름'에 '기술통계량'이라고 입력한 후 [저장(S)]을 누르면 'Book1.xls'의 파일 이름이 '기술통계량.xls'로 바뀌어 저장된다.

제 2 절 표본 집단의 개념

수집된 표본은 목적에 맞게 표식(mark)하여 순서대로 나열하거나 집단의 특징을 표출시킬 수 있도록 해야 할 것이다. 이렇게 목적에 맞게 정리하기 위해서는 통계표나 통계 그림 등을 활용하면 표본의 특징을 파악하는데 용이하다.

이와 같이 표본을 정리하기 위해서는 표식에 필요한 두 가지 형태가 있는데, 속성표식과 변수표식이 있다. 속성표식은 표본 집단의 질적인 특징을 알아보기 위한 표식이고, 변수표식은 표본 집단의 양적인 특징을 알아보기 위한 표식이다.

이러한 표식에 따라서 속성통계표 [표 1-2]와 변수통계표 [표 1-3]으로 구분하고 있다. 변수통계표는 표본을 변수의 크기 순서로 몇 개의 계급으로 나누고, 그 계급에 속하는 표본 수를 세기 때문에 도수분포표라고도 부른다. 변수통계표는 표본 집단이 비연속형이기 때문에 변수의 넓이를 가지지 않는 것이 있고, 연속형이기 때문에 변수의 넓이를 갖는 것이 있다.

[표 1-2] 속성통계표

종류	변수
A	x_A
B	x_B
C	x_C
:	:
:	:
N	x_N

속성통계표를 나타내는 [표 1-2]는 표본 집단을 종류별로 표시하여 나타내기 때문에 종류에 따라서 백분율, 지수 등을 구하는 정도의 단순한 표본 집단의 질적인 특징을 나타내는데 한정되어 있다.

변수통계표를 나타내는 [표 1-3]은 표본 집단이 변수를 정리하기 때문에 표본 집단 분포의 평균, 분포의 평균으로부터의 흩어짐 정도를 나타내는 산포도, 평균으로부터의 기울어짐 정도를 나타내는 비대칭도, 평균에 대하여 뾰족한 정도를 나타내는 첨도 등으로 표본 집단 분포의 다양한 양적인 특징을 나타낼 수 있다.

[표 1-3] 변수통계표

계급	도수
$C_0 \sim C_1$	f_1
$C_1 \sim C_2$	f_2
$C_2 \sim C_3$	f_3
:	:
:	:
$C_{n-1} \sim C_n$	f_n

제 3 절 기술통계량 이론

평균은 단순평균으로 관측치의 합계를 관측치의 개수로 나눈 값이다. 각각의 관측치와 단순평균의 차이를 편차라고 하고, 편차제곱 합계를 편차평균합계라 한다.

관측치의 개수를 N이라고 하면, 편차평방합계를 $N-1$로 나눈 값이 분산이다. 이 분산의 제곱근이 표준편차이다.

분산과 표준편차는 관측치의 평균에서 흩어짐의 정도를 나타낸다. 표준오차는 표준편차를 관측치 개수의 제곱근으로 나눈 값이다.

중앙값은 관측치를 굵은 순으로 나열했을 때 정 중앙에 위치한 값이다. 최빈값은 관측 횟수가 가장 많은 값을 나타내고, 첨도는 분포의 예리한 정도를 나타내고, 왜도는 분포의 휘어짐 정도를 나타낸다.

최소는 관측치 중에서 가장 작은 값이고, 최대는 관측치 중에서 가장 큰 값이다. 범위는 최대 값에서 최소 값을 뺀 것이다. 합계는 변수의 합계이고, 표본 수는 관측치의 개수이다.

수집된 표본집단의 자료를 정리하는 방법은 어떠한 통계표를 만드느냐에 따라서 다르다. 통계표를 만드는 목적은 표본집단의 특징을 나타내는데 이미 앞에서 언급한 바와 같이 도수분포표가 통계표를 작성하는데 중요한 역할을 한다.

표본집단의 특징적인 값을 나타내는 개념은 평균, 표준오차, 중앙값, 최빈값, 표준편차, 분산, 첨도, 왜도, 범위, 최소값, 최대값, 합계 등이 있다. 이러한 개념들 중 일부분은 뒤에서 자세하게 서술하겠지만 기술통계량에 대한 각각의 개념에 대한 이해를 돕기 위해서 예제를 열거하여 설명하기로 한다.

1. 평균(mean)

평균은 일반적으로 대푯값(average)이라고도 부르는데 통계학에서 가장 중요한 개념 중의 하나이다. 산술평균, 기하평균, 조화평균 등의 유형은 계산적인 평균을 나타내고, 중앙값, 4분위수, 최빈값 등의 유형은 위치적인 평균을 나타낸다.

1) 산술평균

산술평균은 표본 집단의 변수 합계를 그 변수의 관측수로 나누어 얻은 계산적 평균인 단순산술평균이 있고, 각 변수를 중요도에 비례하여 평균을 얻는 계산적 평균인 가중산술평균이 있다.

산술평균은 표본 집단이 단일 도수분포표로 정리되어 있는 것이 있고, 표본 집단이 계간 도수분포표로 정리되어 있는 것 두 가지 유형이 있다.

단순한 산술평균은 표본집단의 모든 변수를 합하여 그것을 변수의 개수로 나누어 얻는다. 모든 X_1, X_2, ⋯, X_N의 변수 합계 $\sum_{i=1}^{N} X_i$를 변수의 개수로 나누어 산술평균을 다음과 같이 나타낼 수 있다.

$$\overline{X} = \frac{X_1 + X_2 + \cdots + X_N}{N} = \frac{1}{N}\sum_{i=1}^{N} X_i$$

[표 1-4]는 통계학을 수강한 학생들의 성적을 정리하였는데 계급의 간격을 5점씩 구분하여 60점부터 100점까지 성적을 나타냈으며, 각 계급별 점수에 포함된 인원수를 나타낸 표이다.

[표 1-4] 통계학 성적표

(단위: 명)

점수	인원수
60-65	18
65-70	26
70-75	34
75-80	27
80-85	32
85-90	34
90-95	15
95-100	5

마이크로소프트사의 엑셀 프로그램을 이용하여 통계학 성적의 평균을 계산하기로 한다. 엑셀 프로그램의 스프레드시트에 [표 1-4]의 내용을 셀 A1에서 셀 B10까지 [그림 1-5]와 같이 입력한다.

셀 A1에 '[표 1-4] 통계학 성적'이라고 입력하고, 마우스로 셀 A1을 클릭한 후 마우스 왼쪽 버튼을 누른 상태에서 셀 D1까지 드래그하면 셀의 색상이 반전이 된다.

이렇게 반전이 된 상태에서 마우스의 왼쪽 버튼을 누른 것을 뗀 후 마우스 포인터를 '병합하고 가운데 맞춤'의 기능을 가지고 있는 아이콘 을 클릭하면 셀 A1에서 셀 D1까지 셀을 병합하고 제목을 가운데로 맞춰 준다.

이어서 셀 A2에 '점수계급', 셀 B2에 계급의 중심인 '계심(A)', 셀 C2에 '인원수(B)', 셀 D2에 'A×B' 등을 순서대로 입력한다.

[그림 1-5] 통계학 성적표 산술평균

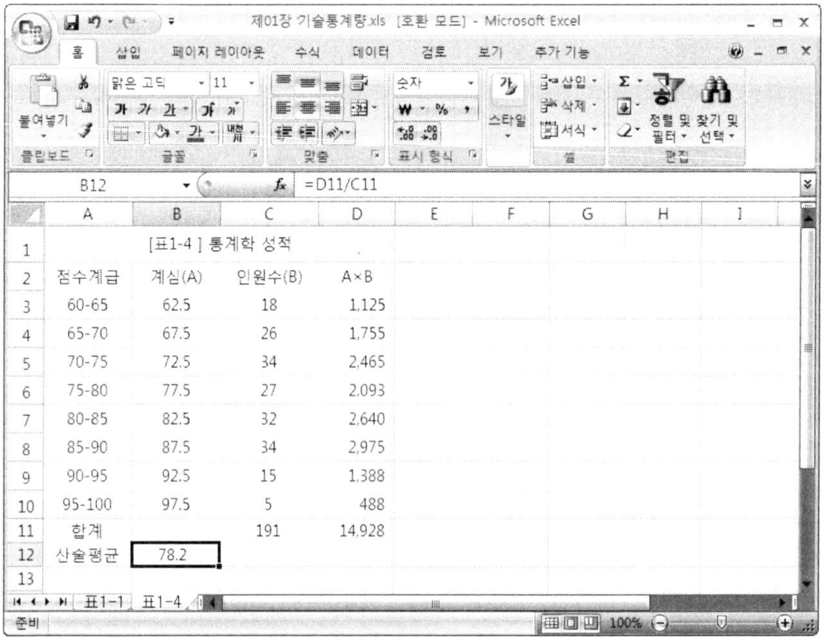

	A	B	C	D
1		[표1-4] 통계학 성적		
2	점수계급	계심(A)	인원수(B)	A×B
3	60-65	62.5	18	1,125
4	65-70	67.5	26	1,755
5	70-75	72.5	34	2,465
6	75-80	77.5	27	2,093
7	80-85	82.5	32	2,640
8	85-90	87.5	34	2,975
9	90-95	92.5	15	1,388
10	95-100	97.5	5	488
11	합계		191	14,928
12	산술평균	78.2		
13				

셀 A3부터 셀 A10까지는 '60~65, 65~70, 70~75, 75~80, 80~85, 85~90, 90~95, 95~100'의 8개의 점수계급을 차례로 입력한다.

셀 B3부터 셀 B10까지는 '62.5, 67.5, 72.5, 77.5, 82.5, 87.5, 92.5, 97.5'의 계심을 입력한다. 이어서 셀 C3부터 셀 C10까지는 인원수를 각 점수계급별로 입력한다.

마우스포인터로 셀 A2에서 셀 D12까지 드래그하면 색이 반전이 되는데 이러한 상태에서 '홈'의 '맞춤' 아이콘 나타내는 것들 중에서 '가운데 맞춤'을 나타내는 아이콘 을 누르면 입력된 셀의 문자나 숫자가 가운데로 맞춰진다.

A×B의 값을 구하려면 셀 D3에 마우스포인터를 지정한 후 '=B3*C3'을 입력하면 계산 결과가 수치로 변환되어 나타난다. 셀 D3에 마우스 포인터를 지정한 후 마우스로 '쉼표 스타일' 아이콘 ,를 클릭하면, 1000단위 구분 기호를 사용하여 셀 값을 표시해 준다.

셀 D3은 복사를 나타내는 아이콘 을 눌러 액티브 셀로 한 상태에서 마우스 포인터를 셀 D3의 우측 아래 구석으로 이동하여, 마우스포인터를 검은색 십자의 필 핸들로 바꾸어 D10까지 드래그하면 셀 D3부터 셀 D10까지 계산된 값이 나타난다.

셀 A11에 '합계'라고 입력하고 키 캡 [Enter↵]를 누르면 셀 A11에 입력이 된다. 인원수의 합계는 마우스포인터를 셀 B11을 클릭한 후, 합계를 나타내는 함수를 다음과 같이 입력한다. '=SUM(B3:B10)'이라고 입력하면, 점수의 계급에 해당하는 계급별 인원수를 합한 값이 수치로 나타난다.

셀 A11에 '산술평균'이라고 입력한 후 셀 B11을 마우스로 클릭한다. 셀 B11에 계산식 '=D11/C11'을 입력한 후 [Enter↵]를 누르면 산술평균의 값을 얻을 수 있다.

마우스포인터로 셀 B3부터 셀 B11까지 드래그한 후 '자릿수 늘림' 아이콘 혹은 '자릿수 줄임' 아이콘 을 클릭하면 클릭한 횟수만큼 자릿수가 늘어나거나 줄어든다. 여기에서는 소수점 1자리의 값까지 자릿수를 맞춘다.

지금까지 산술평균을 계산하는 과정은 통계함수를 이용하면 손쉽게 구할 수 있다. 예를 들면 셀 D11을 마우스포인터를 지정한 후 산술평균을 나타내는 함수를 다음과 같이 '=AVERAGE(B3:B10)'를 입력한 후 키 캡 [Enter↵]를 누르면 통계학 성적의 평균을 구할 수 있다.

2) 기하평균

기하평균은 평균을 내야하는 표본 집단의 변수 중에서 극단적으로 크거나 작은 변수가 포함되어 있는 경우에 이용되는 계산적 평균이다. 평균을 내야하는 각 변수를 대수 형태로 변환하여 산술평균을 내야 하는데 큰 변수는 상대적으로 보다 작고, 작은 변수는 상대적으로 보다 크게 되기 때문에 이러한 성질에 적합한 변수를 이용하여 산술평균을 내는 것이 바람직하다.

그래서 기하평균은 산술평균과 같이 변수의 극단적인 값에 의해서 평균이 두드러지게 좌우되는 일은 없다. 기하평균은 표본 집단의 변수를 변환하여 합계를 그 관측수로 나누어 얻은 계산적 평균인 단순기하평균이 있고, 각 변수의 중요도에 차이가 있는 경우에 이용되는 계산적 평균인 가중기하평균이 있다.

기하평균은 산술평균과 마찬가지로 표본 집단이 단일 도수분포표로 정리되어 있는 것이 있고, 표본 집단이 계간 도수분포표로 정리되어 있는 것 두 가지 유형이 있다.

단순한 기하평균은 산술평균과 마찬가지로 단순기하평균과 가중기하평균으로 계산하는 방법이 있다. 단순한 기하평균은 표본 집단이 N개의 변수X_1, X_2, $\cdots$, X_N의 기하평균을 다음과 같은 수식으로 나타낼 수 있다.

$$X_g = \sqrt[N]{X_1 \times X_2 \times \cdots \times X_N} \qquad (X_i > 0)$$

여기에서 계산할 경우 위의 식을 양변에 대수를 취하여 계산해야 하는데 다음과 같이 나타낼 수 있다.

$$\log X_g = \frac{1}{N}(\log X_1 + \log X_2 + \cdots + \log X_N) = \frac{1}{N}\sum \log X_i$$

[표 1-5]는 소매업태별 판매액을 나타내고 있는데 업태 간 판매액의 차이가 큰 것을 알 수 있다.

마이크로소프트사의 엑셀 프로그램을 이용하여 소매업태별 판매액을 기하평균으로 계산하기로 한다. 엑셀 프로그램의 스프레드시트에 [표 1-5]의 내용을 셀 A1에서 셀 B8까지 [그림 1-6]과 같이 입력한다.

[표 1-5] 소매업태별 판매액

(단위: 백만원)

소매업태별	판매액
백화점	2,389,494
대형마트	2,741,431
슈퍼마켓	1,973,425
편의점	683,408
전문상품소매점	13,589,892
무·점포판매	2,744,836

자료 : 통계청, 2010년 10월.

셀 A1에 '[표 1-5] 소매업태별 판매액'이라고 입력하고, 마우스로 셀 A1을 클릭한 후 마우스 왼쪽 버튼을 누른 상태에서 셀 C1까지 드래그하면 셀의 색상이 반전이 된다. 이렇게 반전이 된 상태에서 마우스의 왼쪽 버튼을 누른 것을 뗀 후 마우스 포인터를 '병합하고 가운데 맞춤'의 기능을 가지고 있는 아이콘 을 클릭하면 셀 A1에서 셀 C1까지 셀을 병합하고 제목을 가운데로 맞춰 준다.

[그림 1-6] 소매업태별 판매액

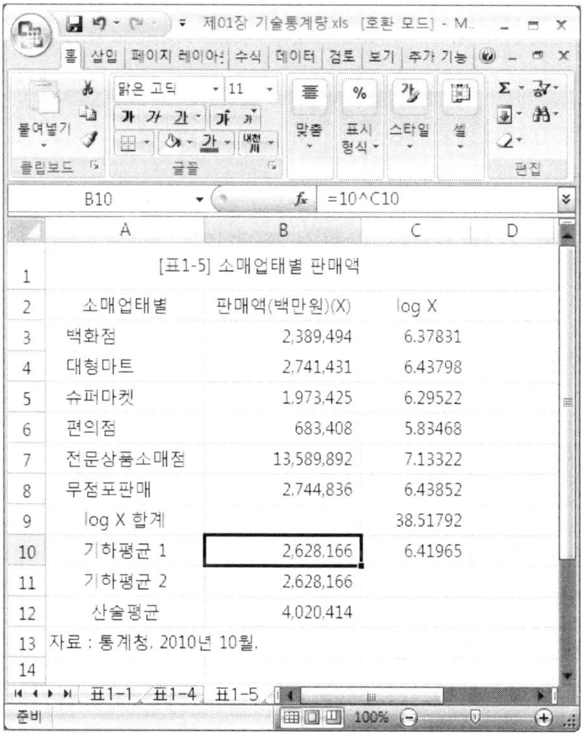

	A	B	C
1	[표1-5] 소매업태별 판매액		
2	소매업태별	판매액(백만원)(X)	log X
3	백화점	2,389,494	6.37831
4	대형마트	2,741,431	6.43798
5	슈퍼마켓	1,973,425	6.29522
6	편의점	683,408	5.83468
7	전문상품소매점	13,589,892	7.13322
8	무점포판매	2,744,836	6.43852
9	log X 합계		38.51792
10	기하평균 1	2,628,166	6.41965
11	기하평균 2	2,628,166	
12	산술평균	4,020,414	
13	자료 : 통계청, 2010년 10월.		

이어서 셀 A2에 '소매업태별', 셀 B2에 '판매액(백만원)(X)', 셀 C2에 'log X' 등을 순서대로 입력한다. 셀 A9를 마우스로 클릭한 후 'logX 합계'라고 입력하고, 같은 방법으로 셀 A10에 '기하평균 1', 셀 A11에 '기하평균 2', 셀 A12에 '산술평균' 등을 입력한다.

기하평균을 구하는 방법은 수작업으로 하는 것과 함수를 이용하는 방법 두 가지가 있다.

우선 수작업으로 하는 방법을 이용하여 '기하평균 1'을 구하기로 한다. 소매업태별 판매액의 차이가 있기 때문에 기하평균을 이용하기로 한다. 마우스로 셀 C3을 클릭한 후 셀 C3에 '=log(B3)'이라고 입력하고, 키 캡 Enter↵를 누르면 셀 C3에 밑수가 10인 상용대수의 계산결과가 수치로 변환되어 나타난다.

셀 C3을 마우스포인터로 누른 후 '자릿수 늘림' 아이콘 [icon] 혹은 '자릿수 줄임' 아이콘 [icon]을 클릭하여 소수점 이하 5자릿수까지 조정한다.

셀 C3은 복사를 나타내는 아이콘 [icon]을 눌러 액티브 셀로 한 상태에서 마우스 포인터를 셀 C3의 우측 아래 구석으로 이동하여, 마우스포인터를 검은색 십자의 필 핸들로 바꾸어 셀 C8까지 드래그하면 셀 C3부터 셀 C8까지 계산된 지역별 상용대수의 값이 나타난다.

셀 C9에 마우스포인터를 지정한 후 '=SUM(C3:C8)'이라고 입력하고 키 캡 [Enter↵]를 누르면, 셀 C9에 대수로 변환한 합계 값이 계산결과로 나타난다. 기하평균을 구하기 전에 셀 C10에 대수로 변환한 평균값을 '=C9/6'이라고 입력하여 구한다.

여기의 '=C9/6'의 '6'은 [표 1-5]의 소매업태별 개수를 나타내고 있는데, '6'을 입력하는 대신 관측수를 계산하는 함수인 '=COUNT(C3:C8)'을 입력해도 상관이 없다. 즉, '=C9/COUNT(C3:C8)'이라고 입력하면 같은 값을 얻을 수 있다.

'기하평균 1'의 계산결과는 대수로 변환한 값을 원래의 값으로 환원하면 얻을 수 있는데 셀 B10를 마우스로 클릭한 후 '=10^C10'라고 입력하고 키 캡 [Enter↵]를 누르면 2,628,166백만원의 값이 나타난다.

다음으로 함수를 이용하여 '기하평균 2'의 값을 구하기로 한다. 셀 B11에 기하평균 함수를 나타내는 GEOMEAN를 '=GEOMEAN(B3:B9)'을 입력한 후 키 캡 [Enter↵]를 누르면 '기하평균 1'의 값과 동일한 결과 값인 2,628,166백만원이 나타난다.

셀 A12의 산술평균은 기하평균 1, 기하평균 2와 비교하기 위해서 계산하였는데 마우스로 셀 B12을 클릭한 후 '=AVERAGE(B3:B8)'이라고 입력하고 키 캡 [Enter↵]를 누르면 산술평균의 계산결과 값 4,020,414백만원이 나타난다.

3) 조화평균

조화평균은 평균하고자 하는 변수의 역수를 합계평균을 만들고, 그 역수를 가지고 대푯값으로 하는 계산적 평균이다. 조화평균은 기준을 어떻게 취하느냐에 따라 값이 달라질 경우에 대푯값으로 사용된다.

두 종류의 변수에 대응하는 값을 Y_i, Z_i로 하고, 비율 $X_i = \frac{Z_i}{Y_i}$를 취하여 $h = \frac{\Sigma Z_i}{\Sigma Y_i}$라고 할 경우, 만일에 Z_i를 일정하게 하여 $Z_i = Z(i = 1, 2, \cdots, N)$, 그리고 $X_i = \frac{Z}{Y_i}$라고 한다면, $Y_i = \frac{Z}{X_i}$이 되기 때문에

$$X_h = \frac{\Sigma Z}{\Sigma\left(\frac{Z}{X_i}\right)} = \frac{NZ}{Z\Sigma\left(\frac{1}{X_i}\right)} = \frac{N}{\Sigma\left(\frac{1}{X_i}\right)}$$

이 되는데, 이것을 X_i의 조화평균이라고 한다.

예를 들면, 어떤 상품의 가격을 기준으로 하면 1만원에 10㎏이지만, 수량을 기준으로 하면 1㎏에 1천원이 되는 경우와 같다.

조화평균 계산은 수량을 기준으로 하는 방법을 기반으로 하여 공공기관에서 공시하고 있는 실제 자료를 사용하기로 한다.

[표 1-6]은 농수산물유통공사의 웹사이트에 공시되어 있는 자료인데 지역별 사과의 가격 1㎏당 도매가격을 조화평균으로 활용하기로 한다.

[표 1-6] 지역별 사과의 도매가격

(단위: 원)

지역별	가격(㎏)
서울	2,878
부산	2683
대구	2,856
광주	2,756
대전	3122

자료 : 농수산물유통공사, 2010년 12월10일.

마이크로소프트사의 엑셀 프로그램을 이용하여 지역별 사과의 도매가격을 조화평균으로 계산하기로 한다. 엑셀 프로그램의 스프레드시트에 [표 1-6]의 내용을 셀 A1에서 셀 B7까지 [그림 1-7]과 같이 입력한다.

[그림 1-7] 지역별 사과의 도매가격 조화평균

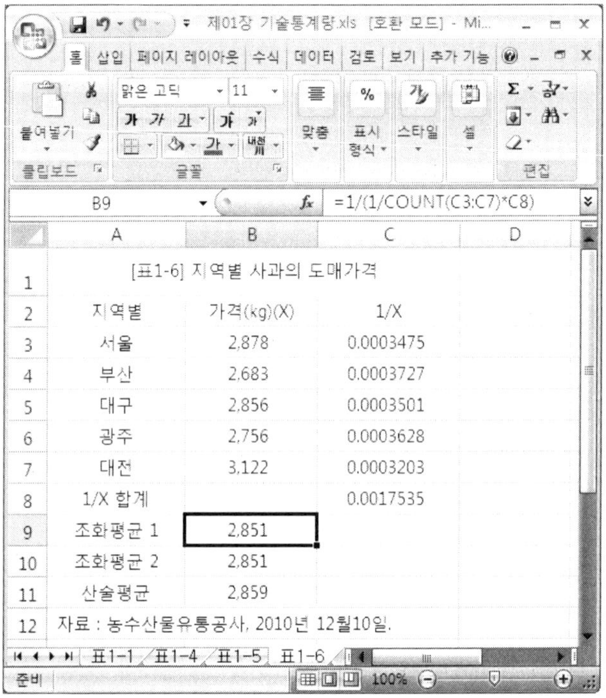

	A	B	C
1	[표1-6] 지역별 사과의 도매가격		
2	지역별	가격(kg)(X)	1/X
3	서울	2,878	0.0003475
4	부산	2,683	0.0003727
5	대구	2,856	0.0003501
6	광주	2,756	0.0003628
7	대전	3,122	0.0003203
8	1/X 합계		0.0017535
9	조화평균 1	2,851	
10	조화평균 2	2,851	
11	산술평균	2,859	
12	자료 : 농수산물유통공사, 2010년 12월10일.		

셀 A1에 '[표 1-6] 지역별 사과의 도매가격'이라고 입력하고, 마우스로 셀 A1을 클릭한 후 마우스 왼쪽 버튼을 누른 상태에서 셀 C1까지 드래그하면 셀의 색상이 반전이 된다.

이렇게 반전이 된 상태에서 마우스의 왼쪽 버튼을 누른 것을 뗀 후 마우스 포인터를 '병합하고 가운데 맞춤'의 기능을 가지고 있는 아이콘 을 클릭하면 셀 A1에서 셀 C1까지 셀을 병합하고 제목을 가운데로 맞춰 준다.

이어서 셀 A2에 '지역별', 셀 B2에 '가격(kg)(X)', 셀 C2에 '1/X' 등을 순서대로 입력한다. 셀 A8을 마우스로 클릭한 후 '1/X 합계'라고 입력하고, 같은 방법으로 셀 A9에 '조화평균 1', 셀 A10에 '조화평균 2', 셀 A11에 '산술평균' 등을 입력한다.

조화평균을 구하는 방법은 수작업으로 하는 것과 함수를 이용하는 방법 두 가지가 있다.

우선 수작업으로 하는 방법을 이용하여 '조화평균 1'을 구하기로 한다. 지역별 사과의 도매가격을 수량 기준으로 하는 조화평균을 이용하기로 한다. 마우스로 셀 C3을 클릭한 후 셀 C3에 '=1/B3'이라고 입력하고, 키 캡 Enter↵를 누르면 셀 C3에 역수의 계산결과가 수치로 변환되어 나타난다.

셀 C3을 마우스포인터로 누른 후 '자릿수 늘림' 아이콘 혹은 '자릿수 줄임' 아이콘 을 클릭하여 소수점 이하 7자릿수까지 조정한다.

셀 C3은 복사를 나타내는 아이콘 을 눌러 액티브 셀로 한 상태에서 마우스 포인터를 셀 C3의 우측 아래 구석으로 이동하여, 마우스포인터를 검은색 십자의 필 핸들로 바꾸어 셀 C3부터 셀 C7까지 드래그하면 셀 C3부터 셀 C7까지 계산된 지역별 역수의 값이 자동으로 계산되어 수치로 나타난다.

셀 C8에 마우스포인터를 지정한 후 '=SUM(C3:C7)'이라고 입력하고 키 캡 Enter↵를 누르면, 셀 C8에 역수로 변환한 합계인 '1/X 합계' 값의 계산결과가 나타난다. 조화평균을 구하기 전에 셀 C8에 역수로 변환한 평균값을 '=C8/5'라고 입력하여 구한다. 여기의 '=C8/5'의 '5'는 [표 1-6]의 지역별 개수를 나타내고 있다.

'5'를 입력하는 대신 관측수를 계산하는 함수인 '=COUNT(C3:C7)'을 입력해도 상관이 없다. 즉, '=C8/=COUNT(C3:C7)'이라고 입력하면 같은 값을 얻을 수 있다. '조화평균 1'의 계산결과는 셀 B9에 사과의 도매가격 조화평균이 수량을 기준으로 했을 경우 kg당 2,851원의 값이 나타났다.

다음으로 함수를 이용하여 '조화평균 2'의 값을 구하기로 한다. 셀 B10에 기하평균 함수를 나타내는 HARMEAN을 '=HARMEAN(B3:B7)'을 입력한 후 키 캡 Enter↵를 누르면 '조화평균 2'의 값과 동일한 결과 값 2,851원이 나타난다.

셀 A11의 산술평균은 기하평균 1, 기하평균 2와 비교하기 위해서 계산하였다. 마우스의 왼쪽 버튼으로 셀 B11을 클릭한 후 산술평균 함수인 AVERAGE를 '=AVERAGE(B3:B7)'이라고 입력하고 키 캡 Enter↵를 누르면 산술평균의 계산 결과 값 2,859원이 나타난다.

4) 중앙값

중앙값은 표본집단의 모든 변수를 크기 순서로 나열했을 때, 그것들의 중앙에 자리하는 값을 가지고 표본집단의 대푯값으로 나타내는 위치적 평균이다.

단일 도수분포의 중앙값은 변수의 개수가 홀수인 경우, 변수의 크기 순서로 나열하여 $\frac{N+1}{2}$번째에 위치하는 변수의 값이 된다. 예를 들면, $N=5$라고 한다면 중앙값 M_e는 $\frac{5+1}{2}=3$번째에 위치하고 있는 변수의 값 X_3이 된다. 즉, $M_e = X_3$이 된다.

만일에 변수의 개수가 짝수인 경우, 중앙값은 중앙에 위치하는 두 개의 변수의 중간에 있다. 예를 들면, $N=6$이라고 한다면, 중앙값은 $\frac{6+1}{2}=3.5$번째에 위치하는 변수가 된다. 3번째 변수의 값 X_3와 4번째에 위치하는 변수의 값 X_4이 되므로 결국 산술평균 $M_e = \frac{X_3 + X_4}{2}$가 된다.

중앙값은 단일 도수분포 이외에 계간 도수분포의 중앙값도 있는데 모든 변수를 크기 순서로 나열하여 그것들 중 중앙에 위치하는 변수가 있는 계급의 특정 위치를 가지고 대푯값으로 한다.

[표 1-7]은 한국의 총조사인구 총괄을 나타내고 있다. 통계청에서 2005년 조사한 총인구조사 인구수는 47,041,434명이다. 연령계층별은 0~4세부터 100세 이상까지 5세의 계급으로 총 21개의 계층으로 구분되어 있다.

총인구를 순서대로 나열하였을 때 어느 계층이 중앙에 해당하는 인구수인지는 N의 값이 홀수이므로 $\frac{N+1}{2}=\frac{21+1}{2}=11$이 된다. 중앙값은 연령계층21개 중에서 11번째 계층에 속해 있는 인구수가 중앙값이 된다.

여기에서 총인구조사를 근거로 총인구의 중앙값은 어느 연령계층에 속하는지 다음의 [표 1-7]을 이용하여 알아보기로 한다.

총인구조사 자료는 2005년 국가기관인 통계청에서 집계한 자료로 이러한 유형의 자료는 5년마다 정례적으로 실시하고 있다.

[표 1-7] 총조사인구 총괄

(단위: 명)

연령별	인구수
0 - 4세	2,382,350
5 - 9세	3,168,887
10 - 14세	3,434,891
15 - 19세	3,100,523
20 - 24세	3,662,123
25 - 29세	3,671,847
30 - 34세	4,096,282
35 - 39세	4,112,785
40 - 44세	4,123,041
45 - 49세	3,900,899
50 - 54세	2,855,297
55 - 59세	2,278,438
60 - 64세	1,888,853
65 - 69세	1,680,067
70 - 74세	1,252,734
75 - 79세	766,870
80 - 84세	432,259
85 - 89세	171,521
90 - 94세	50,738
95 - 99세	10,069
100세 이상	960

자료 : 통계청 조사관리국 인구총조사과, 2005년.

마이크로소프트사의 엑셀 프로그램을 이용하여 2005년 총인구조사 총괄 자료의 중앙값을 계산하기로 한다.

엑셀 프로그램의 스프레드시트에 [표 1-7]의 내용을 셀 A1에서 셀 B23까지 [그림 1-8]과 같이 문자와 숫자를 순차적으로 입력한다.

[그림 1-8] 총조사인구 총괄의 중앙값

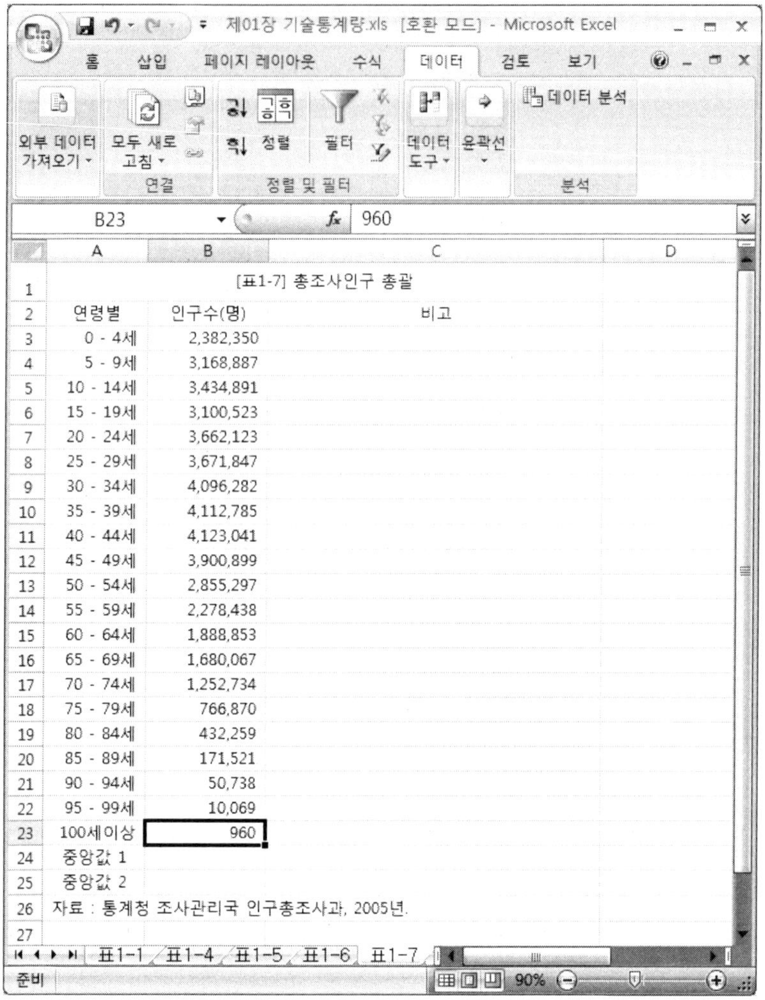

	A	B	C	D
1	[표1-7] 총조사인구 총괄			
2	연령별	인구수(명)	비고	
3	0 - 4세	2,382,350		
4	5 - 9세	3,168,887		
5	10 - 14세	3,434,891		
6	15 - 19세	3,100,523		
7	20 - 24세	3,662,123		
8	25 - 29세	3,671,847		
9	30 - 34세	4,096,282		
10	35 - 39세	4,112,785		
11	40 - 44세	4,123,041		
12	45 - 49세	3,900,899		
13	50 - 54세	2,855,297		
14	55 - 59세	2,278,438		
15	60 - 64세	1,888,853		
16	65 - 69세	1,680,067		
17	70 - 74세	1,252,734		
18	75 - 79세	766,870		
19	80 - 84세	432,259		
20	85 - 89세	171,521		
21	90 - 94세	50,738		
22	95 - 99세	10,069		
23	100세이상	960		
24	중앙값 1			
25	중앙값 2			
26	자료 : 통계청 조사관리국 인구총조사과, 2005년.			
27				

셀 A1에 '[표 1-7] 총조사인구 총괄'이라고 입력하고, 마우스로 셀 A1을 클릭한 후 마우스 왼쪽 버튼을 누른 상태에서 셀 C1까지 드래그하면 셀의 색상이 반전이 된다. 이렇게 반전이 된 상태에서 마우스의 왼쪽 버튼을 누른 것을 뗀 후 마우스 포인터를 '병합하고 가운데 맞춤'의 기능을 가지고 있는 아이콘 을 클릭하면 셀 A1에서 셀 D1까지 셀을 병합하고 제목을 가운데로 맞춰 준다.

이어서 셀 A2에 '연령별', 셀 B2에 '인구수(명)', 셀 C2에 '비고' 등을 순서대로 입력한다.

마우스포인터로 셀 A3을 클릭한 후 '0-4세'를 입력한 후 키 캡 [Enter↵]를 누르고, 이어서 셀 A4에 '5-9세', 셀 A5에 '10-14세', 셀 A6에 '15-19세', 셀 A7에 '20-24세', 셀 A8에 '25-29세', 셀 A9에 '30-34세', 셀 A10에 '35-39세', 셀 A11에 '40-44세', 셀 A12에 '45-49세', 셀 A13에 '50-54세', 셀 A14에 '55-59세', 셀 A15에 '60-64세', 셀 A16에 '65-69세', 셀 A17에 '70-74세', 셀 A18에 '75-79세', 셀 A19에 '80-84세', 셀 A20에 '85-89세', 셀 A21에 '90-94세', 셀 A22에 '95-99세' 그리고 셀 A23에 '100세'까지 연속하여 총 21개의 변수를 입력한다.

마우스포인터로 셀 A24를 클릭한 후 '중앙값 1', 셀 A25를 마우스로 클릭한 후 '중앙값 2'라고 입력한다.

마우스포인터로 셀 B3을 클릭한 후 셀 B3부터 셀 B23까지 드래그하면 셀의 색이 반전이 되는데 그 상태에서 '쉼표 스타일' 아이콘 ,을 클릭하면, 1,000단위 구분 기호를 사용하여 셀 값을 표시해 준다.

입력한 자료를 인구수의 크기 순서로 정렬하는 작업을 하기 위해서 왼쪽과 오른쪽 자료의 위치를 바꾸고, 이어서 인구수 크기별로 연령을 정렬하기위해서 다음의 [표 1-9]와 같은 절차를 밟기로 한다.

우선 마우스포인터로 셀 A2를 클릭한 후 왼쪽 마우스 버튼을 누른 상태에서 셀 A2에서 셀 B23까지 드래그를 하면 색이 반전이 된다.

이렇게 색이 반전이 된 상태에서 마우스 왼쪽 버튼을 떼고, 메뉴에서 데이터 탭 데이터 를 누르면, '정렬 및 필터' 아이콘에서 정렬을 나타난다. 여기에서 정렬을 나타내는 아이콘 위에 마우스포인터를 올려놓으면, [그림 1-9]와 같은 정렬을 위한 메뉴 상태가 되는데 이것을 누르면 정렬 작업을 위한 대화창이 [그림 1-10]과 같이 열린다.

'정렬' 대화창은 '열'에는 정렬기준이 있고, '정렬기준'에는 값, 셀 색, 글꼴 색, 셀 아이콘 등이 있으며, '정렬'에는 오름차순, 내림차순 등이 있다.

[그림 1-9] 자료 정렬 절차 메뉴화면

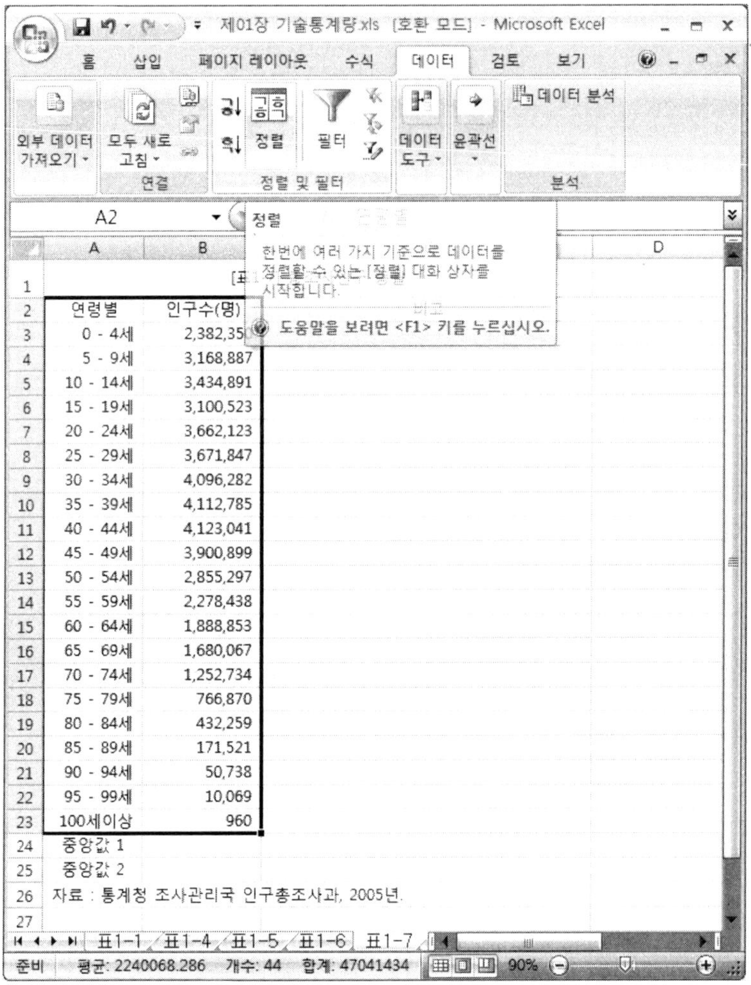

[그림 1-10] 정렬 대화창

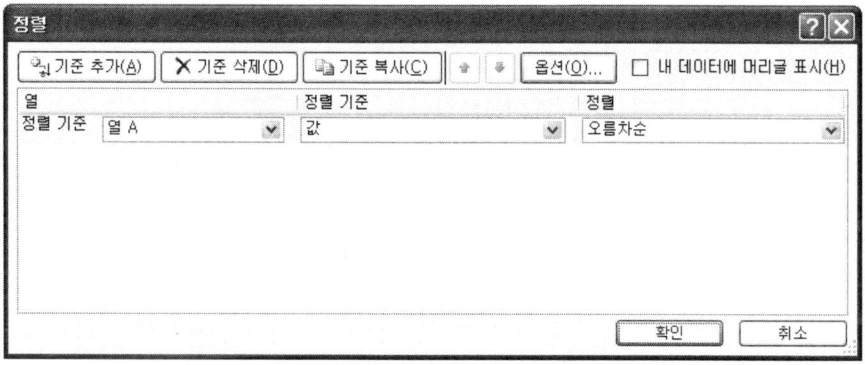

대화창에서 옵션(O)...을 누르면, '정렬 옵션'을 나타내는 새로운 대화창이 [그림 1-11]과 같이 열리는데 '방향'을 '왼쪽에서 오른쪽(L)'을 지정하고, '확인' 버튼을 누르면 이전의 '정렬' 대화창으로 되돌아간다.

[그림 1-11] 정렬 옵션 대화창

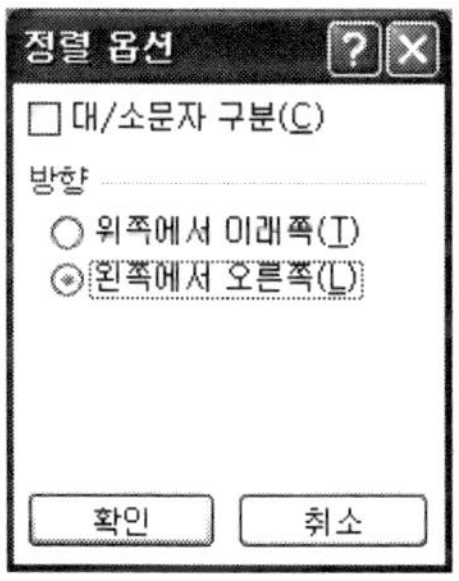

정렬 대화창에서 [그림 1-12]와 같이 '행'의 '정렬 기준'을 '행 2'를 선택하고, '정렬'에서 '내림차순'을 지정한 후 '확인' 버튼을 누르면 [그림 1-13]과 같이 '인구수(명)'과 '연령별' 열의 위치가 바뀌게 된다.

[그림 1-12] 정렬의 행 정렬기준 및 정렬 대화창

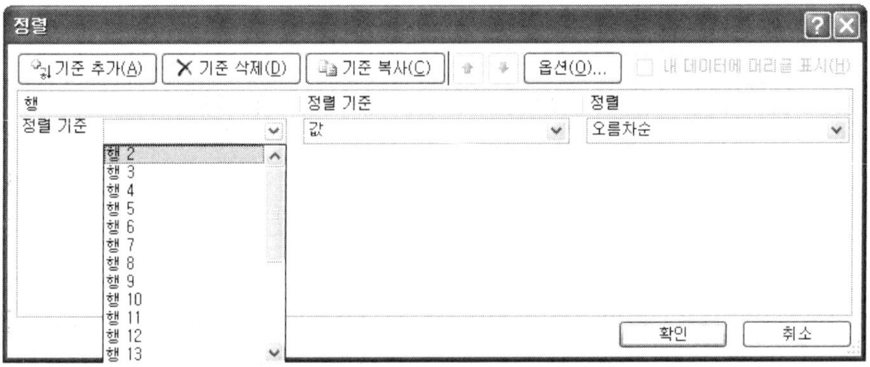

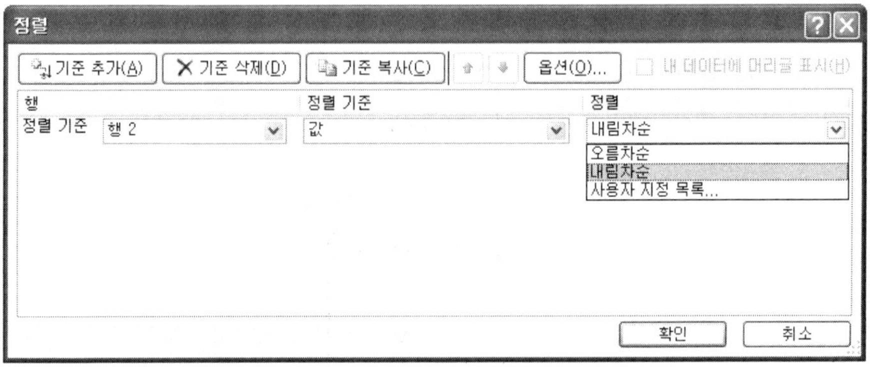

[그림 1-13] 행 정렬기준 결과

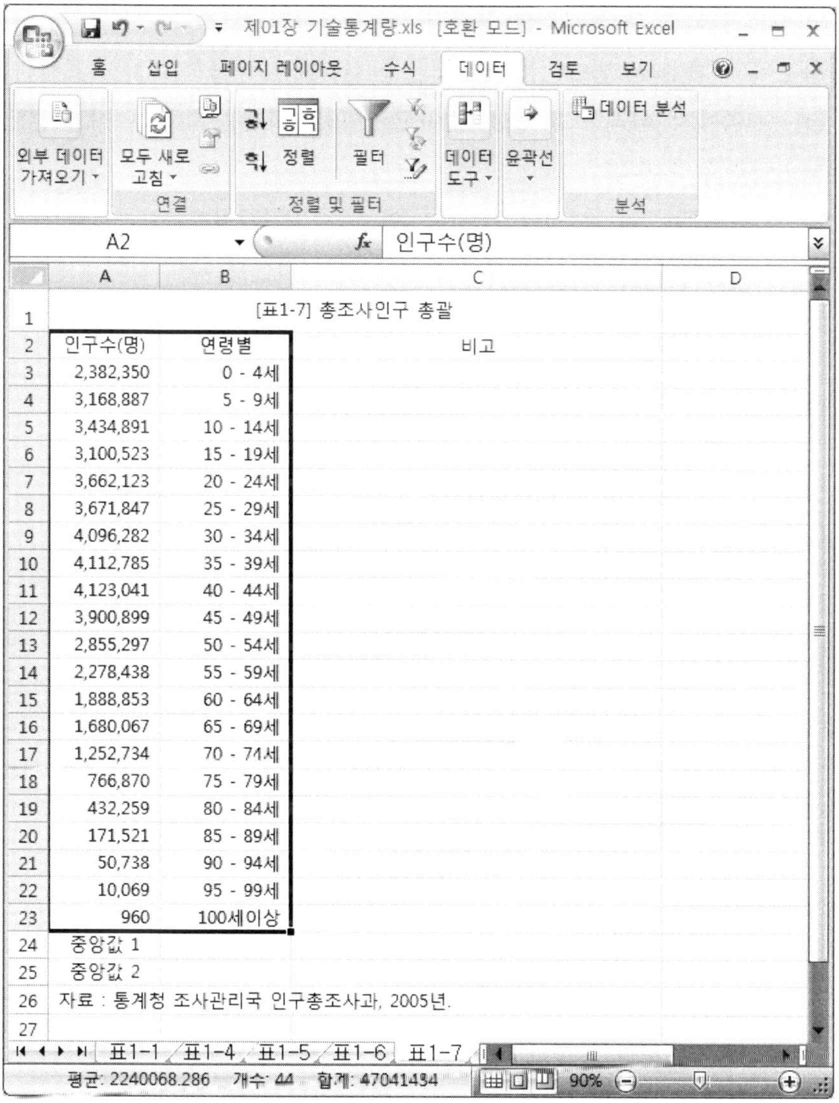

마우스포인터로 셀 A2를 클릭한 후 왼쪽 마우스 버튼을 누른 상태에서 셀 A2에서 셀 B23까지 드래그를 하면 색이 반전이 된다.

색이 반전이 된 상태에서 마우스 왼쪽 버튼을 떼고, 메뉴에서 데이터 탭을 누르면, '정렬 및 필터' 아이콘에서 정렬을 나타난다. 여기에서 정렬을 나타내는 아이콘 위에 마우스포인터를 올려놓으면, 정렬을 위한 메뉴 상태가 되는데 이것을 누르면 정렬 작업을 위한 대화창이 열린다.

대화창에서 '옵션'을 누르면, '정렬 옵션'을 나타내는 새로운 대화창이 열리는데 '방향'을 '위쪽에서 아래쪽(T)'를 지정하고, '확인' 버튼을 누르면 이전의 '정렬' 대화창으로 되돌아간다.

정렬 대화창에서 '열'의 '정렬 기준'을 '인구수(명)'을 선택하고, '정렬'에서 '오름차순'을 지정한 후 '확인' 버튼을 누르면 [그림 1-14]와 같이 인구수별로 자료가 정렬되어 정리된다. 이 자료를 근거로 중앙값을 구하기로 한다.

[그림 1-14] 총조사인구수 총괄 중앙값

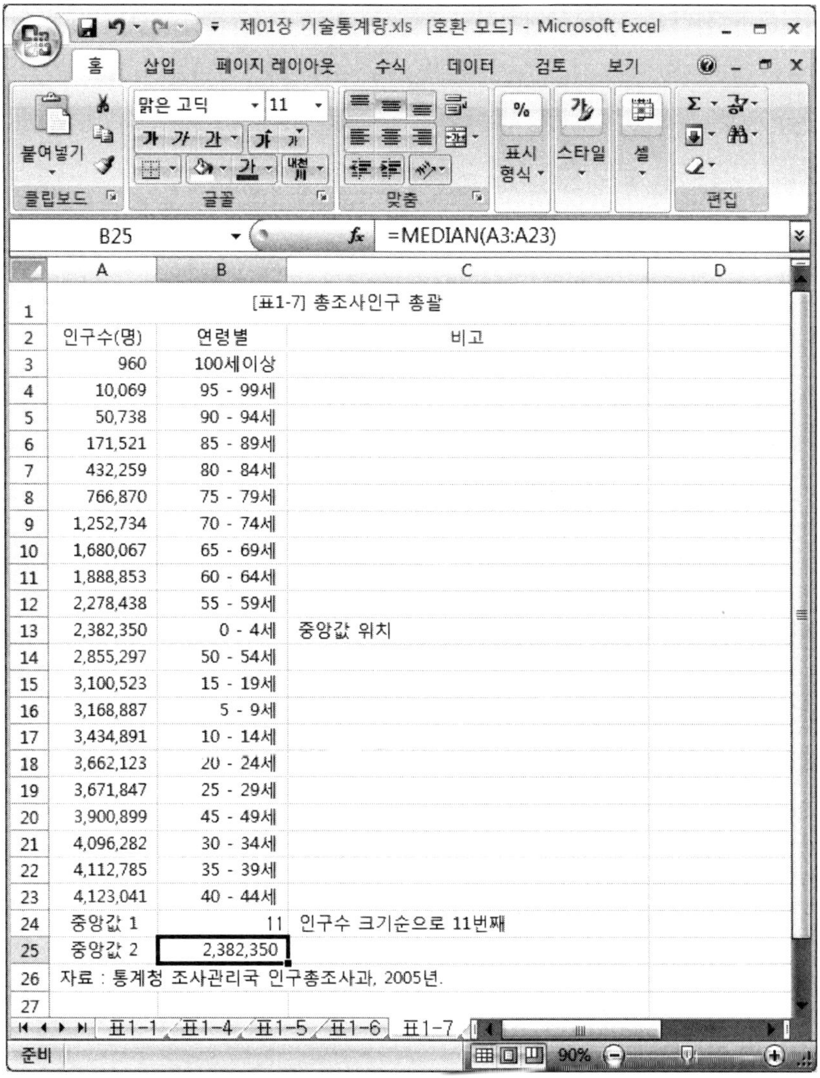

[표1-7] 총조사인구 총괄

인구수(명)	연령별	비고
960	100세이상	
10,069	95 - 99세	
50,738	90 - 94세	
171,521	85 - 89세	
432,259	80 - 84세	
766,870	75 - 79세	
1,252,734	70 - 74세	
1,680,067	65 - 69세	
1,888,853	60 - 64세	
2,278,438	55 - 59세	
2,382,350	0 - 4세	중앙값 위치
2,855,297	50 - 54세	
3,100,523	15 - 19세	
3,168,887	5 - 9세	
3,434,891	10 - 14세	
3,662,123	20 - 24세	
3,671,847	25 - 29세	
3,900,899	45 - 49세	
4,096,282	30 - 34세	
4,112,785	35 - 39세	
4,123,041	40 - 44세	
중앙값 1	11	인구수 크기순으로 11번째
중앙값 2	2,382,350	

자료 : 통계청 조사관리국 인구총조사과, 2005년.

중앙값을 구하는 방법은 수작업으로 하는 것과 함수를 이용하는 방법 두 가지가 있다.

우선 수작업으로 하는 방법을 이용하여 '중앙값 1'을 구하기로 한다. 셀 B24를 마우스포인터로 지정한 후 '=(COUNT(A3:A23)+1)/2'이라고 입력하고 키 캡 Enter↵를 누르면, '11'의 값이 계산결과로 나타난다. '11'은 인구수 크기순으로 나열했을 때 11번째로 많은 인구수인 2,382,350명에 해당하는 연령계층이 중앙에 위치한 값이 된다는 것을 의미한다.

'중앙값 2'는 함수를 이용하여 중앙값을 구하기로 한다. 마우스포인터를 셀 B25를 클릭한 후 중앙값을 구하는 함수 '=MEDIAN(A3:A23)'을 입력한 후 키캡 [Enter↵]를 누르면 총인구의 중앙값 2,382,350이 수치로 변환되어 나타난다.

5) 4분위수

4분위수는 표본집단의 모든 변수를 크기의 순서로 나열하여 $\frac{1}{4}$, $\frac{3}{4}$에 위치하는 변수의 값을 가지고 각각의 위치를 대표하는 대푯값으로 간주하기 때문에 이들 대푯값을 각각 제1-4분위수, 제3-4분위수라고 부른다.

4분위수는 단일 도수의 4분위수와 계간 도수의 4분위수가 있다. 단일 도수의 4분위수는 모든 변수를 크기의 순서대로 나열하여 $\frac{1}{4}$, $\frac{3}{4}$에 위치하는 변수의 값을 가지고 제1-4분위수, 제3-4분위수로 하면 된다.

계간 도수분포의 4분위수는 모든 변수를 크기의 순서대로 나열하여 $\frac{1}{4}$, $\frac{3}{4}$에 위치하는 변수가 있는 제1-4분위수 계급, 제3-4분위수 계급, 그리고 계간 내의 어느 위치를 가지고 각각 대푯값으로 할 것인지 따라서 계산방법이 세 가지로 나눌 수 있다.

여기에서는 단순한 한 가지 방법만 설명하기로 한다. 제1-4분위수, 제3-4분위수에 있는 누적도수의 위치를 변수 N의 개수가 홀수일 때 각각 다음과 나타낼 수 있다.

제1-4분위수의 경우 : $\frac{N+1}{4}$

제3-4분위수의 경우 : $\frac{3N+1}{4}$

[표 1-8]은 교육서비스업의 종사자 규모별 종사자수를 나타내는 표이다. 종사규모는 1명부터 300명 이상까지 계간은 불규칙하지만 9개의 변수로 구분한 자료

이다.

9개의 종사자규모별 교육 서비스업은 종사자수가 대부분 100명 이하에 집중되어 있는 것을 알 수 있다.

[표 1-8] 교육 서비스업의 종사자규모별 종사자수

(단위: 명)

종사자규모별	종사자수
1명	35,413
2~4명	123,568
5~9명	116,287
10~19명	122,576
20~49명	210,442
50~99명	355,094
100~199명	71,872
200~299명	20,120
300명 이상	134,412

자료 : 통계청 경제통계국 경제총조사과, 2005년.

마이크로소프트사의 엑셀 프로그램을 이용하여 2005년 교육 서비스업자료의 4분위수를 계산하기로 한다. 엑셀 프로그램의 스프레드시트에 [표 1-8]의 내용을 셀 A1에서 셀 B11까지 [그림 1-15]와 같이 입력한다.

셀 A1에 '[표 1-8] 교육 서비스업의 종사자규모별 종사자수'라고 입력하고, 마우스로 셀 A1을 클릭한 후 마우스 왼쪽 버튼을 누른 상태에서 셀 C1까지 드래그하면 셀의 색상이 반전이 된다.

[그림 1-15] 교육 서비스업의 종사자규모별 종사자수

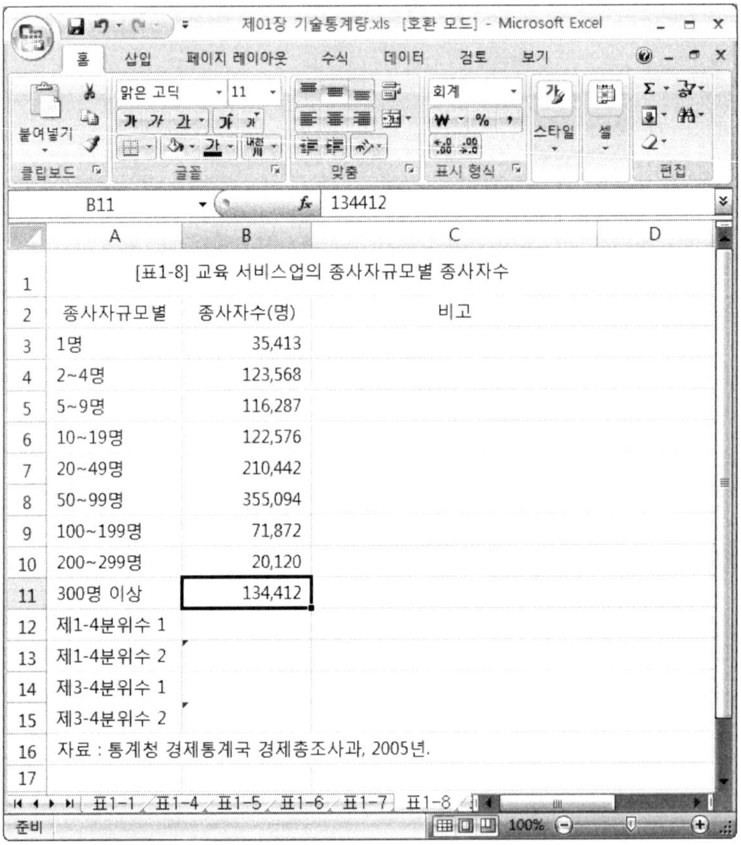

반전이 된 상태에서 마우스의 왼쪽 버튼을 누른 것을 뗀 후 마우스 포인터를 '병합하고 가운데 맞춤'의 기능을 가지고 있는 아이콘 을 클릭하면 셀 A1에서 셀 C1까지 셀을 병합하고 제목을 가운데로 맞춰 준다.

이어서 셀 A2에 '종사자규모별', 셀 B2에 '종사자수(명)', 셀 C2에 '비고' 등을 순서대로 입력한다.

마우스포인터로 셀 A3을 클릭한 후 '1명'을 입력한 후 키 캡 Enter↵를 누르고, 이어서 셀 A4에 '2~4명', 셀 A5에 '5~9명', 셀 A6에 '10~19명', 셀 A7에 '20~49명', 셀 A8에 '50~99명', 셀 A9에 '100~199명', 셀 A10에 '200~299명' 그리고 셀 A11에 '300명 이상'까지 연속하여 총 9개의 변수를 입력한다.

마우스포인터로 셀 A12를 클릭한 후 '제1-4분위수 1', 셀 A13을 마우스로 클릭

한 후 '제1-4분위수 2'라고 입력한다.

마우스포인터로 셀 A14를 클릭한 후 '제3-4분위수 1', 셀 A15를 마우스로 클릭한 후 '제3-4분위수 2'라고 입력한다.

마우스로 셀 B3을 클릭한 후 셀 B3부터 셀 B11까지 드래그하면 셀의 색이 반전이 되는데 그 상태에서 '쉼표 스타일' 아이콘 , 을 클릭하면, 1,000단위 구분기호를 사용하여 셀 값을 표시해 준다.

4분위수 계산 과정은 다음의 [그림 1-16]과 같이 자료를 정리한 후 실행한다. 우선 마우스포인터로 셀 A2를 클릭한 후 왼쪽 마우스 버튼을 누른 상태에서 셀 A2에서 셀 11까지 드래그를 하면 색이 반전이 된다.

[그림 1-16] 교육 서비스업의 종사자규모별 종사자수 4분위수

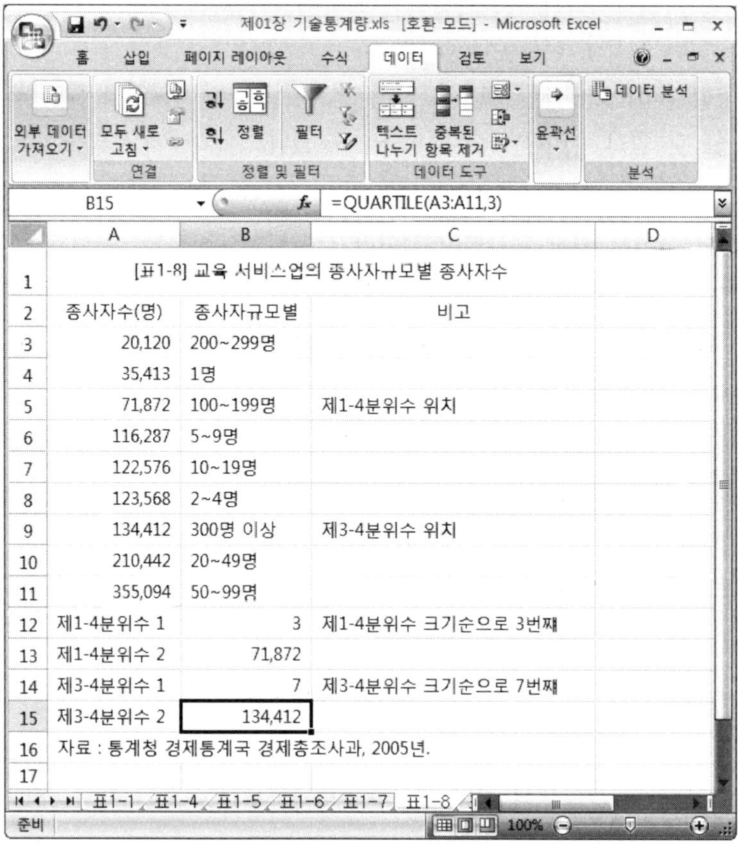

	A	B	C	D
1	[표1-8] 교육 서비스업의 종사자규모별 종사자수			
2	종사자수(명)	종사자규모별	비고	
3	20,120	200~299명		
4	35,413	1명		
5	71,872	100~199명	제1-4분위수 위치	
6	116,287	5~9명		
7	122,576	10~19명		
8	123,568	2~4명		
9	134,412	300명 이상	제3-4분위수 위치	
10	210,442	20~49명		
11	355,094	50~99명		
12	제1-4분위수 1	3	제1-4분위수 크기순으로 3번째	
13	제1-4분위수 2	71,872		
14	제3-4분위수 1	7	제3-4분위수 크기순으로 7번째	
15	제3-4분위수 2	134,412		
16	자료 : 통계청 경제통계국 경제총조사과, 2005년.			
17				

표1-1 표1-4 표1-5 표1-6 표1-7 표1-8

색이 반전이 된 상태에서 마우스 왼쪽 버튼을 떼고, 메뉴에서 데이터 탭을 누르면, '정렬 및 필터' 아이콘에서 정렬을 나타난다. 여기에서 정렬을 나타내는 아이콘 위에 마우스포인터를 올려놓으면, 정렬을 위한 메뉴 상태가 되는데 이것을 누르면 정렬 작업을 위한 대화창이 열린다.

대화창에서 옵션을 누르면, '정렬 옵션'을 나타내는 새로운 대화창이 열리는데 '방향'을 '왼쪽에서 오른쪽(L)'을 지정하고, '확인' 버튼을 누르면 이전의 '정렬' 대화창으로 되돌아간다.

정렬 대화창에서 '행'의 '정렬 기준'을 '행 2'를 선택하고, '정렬'에서 '내림차순'을 지정한 후 '확인' 버튼을 누르면 '종사자수(명)'과 '종사자규모별' 열의 위치가 바뀌게 된다.

이어서 마우스포인터로 셀 A3을 클릭한 후 왼쪽 마우스 버튼을 누른 상태에서 셀 A3에서 셀 B11까지 드래그를 하면 색이 반전이 된다.

색이 반전이 된 상태에서 마우스 왼쪽 버튼을 떼고, 메뉴에서 데이터 탭을 누르면, '정렬 및 필터' 아이콘에서 정렬을 나타난다. 여기에서 정렬을 나타내는 아이콘 위에 마우스포인터를 올려놓으면, 정렬을 위한 메뉴 상태가 되는데 이것을 누르면 정렬 작업을 위한 대화창이 열린다.

대화창에서 '옵션'을 누르면, '정렬 옵션'을 나타내는 새로운 대화창이 열리는데 '방향'을 '위쪽에서 아래쪽(T)'를 지정하고, '확인' 버튼을 누르면 이전의 '정렬' 대화창으로 되돌아간다.

정렬 대화창에서 '열'의 '정렬 기준'을 '열 A'를 선택하고, '정렬'에서 '오름차순'을 지정한 후 '확인' 버튼을 누르면, 종사자수로 자료가 정렬되어 정리된다. 이 자료를 근거로 4분위수를 구하기로 한다.

4분위수를 구하는 방법은 수작업으로 하는 것과 함수를 이용하는 방법 두 가지가 있다.

우선 수작업으로 하는 방법을 이용하여 '제1-4분위수 1'을 구하기로 한다. 셀 B12를 마우스포인터로 지정한 후 '=(COUNT(A3:A11)+1)/4'이라고 입력하고 키 캡 [Enter↵]를 누르면, '3'의 값이 계산결과로 나타난다. '3'은 종사자규모별 크기순으로 3번째에 해당하는 종사자인 71,872명으로 종사자규모가 100~199명이 종사자수 크기순으로 나열했을 때 $\frac{1}{4}$에 위치한 값이 된다는 것을 의미한다.

'제1-4분위수 2'는 함수를 이용하여 4분위수를 구하기로 한다. 마우스포인터를 셀 B13으로 이동하여 마우스 왼쪽 버튼으로 셀 B13을 클릭한 후 4분위를 구하는 함수 '=QUARTILE(A3:A11,1)'을 입력한 후 키 캡 [Enter↵]를 누르면 제1-4분위수 71,872명이 수치로 변화되어 나타난다.

다음으로 수작업으로 제3-4분위수를 구하기로 한다. 셀 B14를 마우스포인터로 지정한 후 '=(3*COUNT(A3:A11)+1)/4'이라고 입력하고 키 캡 [Enter↵]를 누르면, '7'의 값이 계산결과로 나타난다. '7'은 종사자수를 크기순으로 7번째에 해당하는 종사자수 13,4412명으로 종사자규모가 300명 이상이 종사자수를 크기순으로 나열했을 때 $\frac{3}{4}$에 위치한 값이 된다는 것을 의미한다.

'제3-4분위수 2'는 함수를 이용하여 4분위수를 구하기로 한다. 마우스포인터를 셀 B15를 클릭한 후 4분위를 구하는 함수 '=QUARTILE(A3:A11,3)'을 입력한 후 키 캡 [Enter↵]를 누르면 제3-4분위수 13,4412명이 수치로 변환되어 나타난다.

6) 최빈값

최빈값은 표본집단의 모든 변수 중에서 같은 값이 가장 많이 나타난 변수의 값을 대표하는 위치적 평균을 일컫는다.

최빈값은 단일도수분포, 계간도수분포 등이 있다. 단일 도수분포의 최빈값은 도수 중에서 가장 많은 변수의 값을 가진 대푯값으로 하면 된다.

표본집단에서 같은 값이 가장 많이 나타난 값은 함수를 이용하면 편리하다. 함수를 이용한 최빈값의 계산 방법은 변수의 값이 들어 있는 자료의 범위를 마우스포인터로 지정한 후 함수를 실행하면(최빈값이 존재할 경우) 값이 얻어진다.

마이크로소프트사의 엑셀 프로그램을 이용하여 2009년 업황전망 지역별(시장경기동향지수)의 최빈값을 스프레드시트에 [표 1-9]의 내용을 셀 A1에서 셀 B18까지 [그림 1-17]과 같이 입력한다.

마우스로 셀 A1을 클릭한 후 마우스 왼쪽 버튼을 누른 상태에서 셀 B1까지 드래그하면 셀의 색상이 반전이 된다.

[표 1-9] 업황전망 지역별(시장경기동향지수)

지역별	2009년 3월	지역별	2009년 3월
서울	89.0	강원	89.9
부산	82.3	충북	83.6
대구	86.9	충남	86.9
인천	93.2	전북	91.7
광주	88.3	전남	86.4
대전	102.1	경북	77.0
울산	81.4	경남	81.9
경기	86.9	제주	81.7

자료 : 시장경영진흥원, 2010년.

[그림 1-17] 업황전망 지역별(시장경기동향지수) 최빈값

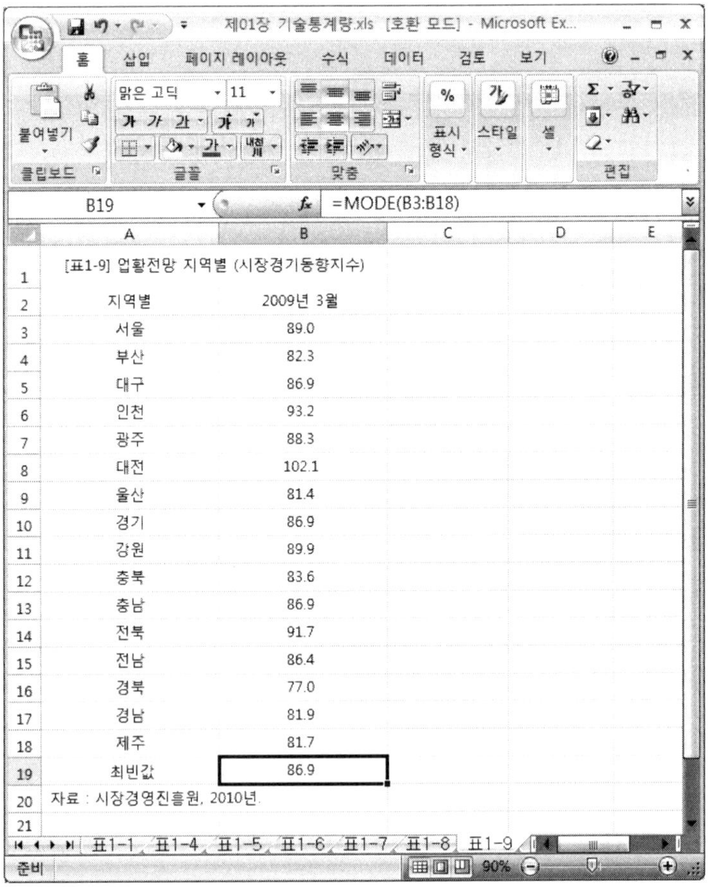

셀 A1에 '[표 1-9] 업황전망 지역별(시장경기동향지수)'라고 입력하고, 반전이 된 상태에서 마우스의 왼쪽 버튼을 누른 것을 뗀 후 마우스 포인터를 '병합하고 가운데 맞춤'의 기능을 가지고 있는 아이콘 을 클릭하면 셀 A1에서 셀 B1까지 셀을 병합하고 제목을 가운데로 맞춰 준다.

이어서 셀 A2에 '지역별', 셀 B2에 '2009년 3월' 등을 순서대로 입력한다. 마우스포인터로 셀 A3을 클릭한 후 '서울'을 입력하고, 키 캡 Enter↵를 누른다. 이어서 셀 A4에 '부산', 셀 A5에 '대구', 셀 A6에 '인천', 셀 A7에 '광주', 셀 A8에 '대전', 셀 A9에 '울산', 셀 A10에 '경기', 셀 A11에 '강원', 셀 A12에 '충북', 셀 A13에 '충남', 셀 A14에 '전북', 셀 A15에 '전남', 셀 A16에 '경북', 셀 A17에 '경남' 그리고 셀 A18 '제주'까지 연속하여 총 16개의 변수를 입력한다.

마우스로 셀 A2를 클릭한 후 셀 A2부터 셀 B19까지 드래그하면 셀의 색이 반전이 되는데 이러한 상태에서 '홈' 메뉴 탭의 '맞춤' 아이콘 모음 중에서 '가운데 맞춤'을 나타내는 아이콘 을 누르면 입력된 셀의 문자나 숫자는 가운데로 맞춰진다.

마우스 왼쪽 버튼으로 셀 B3을 클릭한 후 셀 B3부터 셀 B19까지 드래그하면 셀의 색이 반전되는데 이러한 상태에서 마우스포인터로 누른 후 '자릿수 늘림' 아이콘 혹은 '자릿수 줄임' 아이콘 을 클릭하여 소수점 이하 1자릿수까지 조정한다.

마우스포인터로 셀 A19를 지정한 후 '최빈값'이라고 입력하고, 키 캡 Enter↵를 누른다. 이어서 셀 B19를 마우스포인터로 지정한 후 최빈값을 구하는 함수를 다음과 같이 '=MODE(B3:B18)'이라고 입력하고 키 캡 Enter↵를 누르면 최빈값이 구해진다.

7) 4분위편차

범위가 표본분포 전체의 흩어짐 정도를 나타내는 산포도라면, 4분위편차는 분포의 중심부의 $\frac{1}{2}$ 변수가 포함되는 넓이로 표본분포의 흩어짐 정도를 나타내는 산포도이다.

총 도수가 처음부터 제1-4분위수 Q_1을 나타내는 값의 위치는 $\frac{1}{4}$이고, 제3-4분위수 Q_3을 나타내는 값의 위치는 $\frac{3}{4}$이 되는데 둘 사이의 차이는 $\frac{1}{2}$로 표본분포의 흩어짐 정도를 나타내는 산포도이다. 이러한 관계를 구체적인 수식으로 나타내면 다음과 같다.

$$Q_V = \frac{1}{2}(Q_3 - Q_1)$$

Q_V : 4분위편차

Q_1 : 제1-4분위수

Q_3 : 제3-4분위수

4분위편차는 표본분포가 극단적으로 크거나 작은 변수가 포함되어 있어도 범위처럼 분포의 흩어짐 정도가 크게 치우치지 않는다.

여기에서 4분위편차는 '[표 1-10] 금융 및 보험업의 종사자규모별 사업체수'의 자료를 근거로 계산한다. 종사규모는 1명부터 300명 이상까지 계간은 불규칙하지만 9개의 변수로 구분한 자료이다. 9개의 종사자규모별 금융 및 보험업은 사업체수가 대부분 50명 이하에 집중되어 있다.

[표 1-10] 금융 및 보험업의 종사자규모별 사업체수

종사자규모별	사업체수(개)
1명	3,122
2~4명	6,161
5~9명	7,304
10~19명	9,229
20~49명	6,602
50~99명	1,064
100~199명	214
200~299명	102
300명 이상	106

자료 : 통계청 경제통계국 경제총조사과, 2005년.

마이크로소프트사의 엑셀 프로그램을 이용하여 2005년의 [표 1-10] 금융 및 보험업의 종사자규모별 사업체수의 4분위수를 계산하기로 한다. 엑셀 프로그램의

스프레드시트에 [표 1-10]의 내용을 셀 A1에서 셀 B11까지 [그림 1-18]과 같이 입력한다.

[그림 1-18] 금융 및 보험업의 종사자규모별 사업체수

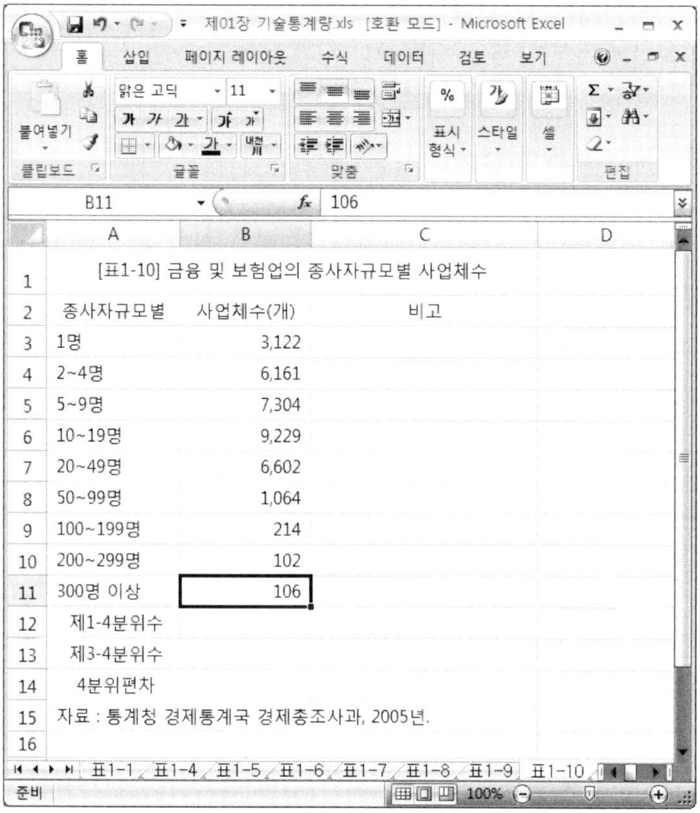

셀 A1에 '[표 1-10] 금융 및 보험업의 종사자규모별 사업체수'라고 입력하고, 마우스로 셀 A1을 클릭한 후 마우스 왼쪽 버튼을 누른 상태에서 셀 C1까지 드래그하면 셀의 색상이 반전이 된다.

반전이 된 상태에서 마우스의 왼쪽 버튼을 누른 것을 뗀 후 마우스 포인터를 '병합하고 가운데 맞춤'의 기능을 가지고 있는 아이콘 을 클릭하면 셀 A1에서 셀 C1까지 셀을 병합하고 제목을 가운데로 맞춰 준다.

이어서 셀 A2에 '종사자규모별', 셀 B2에 '사업체수(개)', 셀 C2에 '비고' 등을 순서대로 입력한다.

마우스포인터로 셀 A3을 클릭한 후 '1명'을 입력한 후 키 캡 [Enter↵]를 누르고, 이어서 셀 A4에 '2~4명', 셀 A5에 '5~9명', 셀 A6에 '10~19명', 셀 A7에 '20~49명', 셀 A8에 '50~99명', 셀 A9에 '100~199명', 셀 A10에 '200~299명' 그리고 셀 A11에 '300명 이상'까지 연속하여 총 9개의 변수를 입력한다.

마우스포인터로 셀 A12를 클릭한 후 '제1-4분위수', 이어서 셀 A13을 마우스로 클릭한 후 '제3-4분위수', 그리고 셀 A14를 마우스로 클릭한 후 '4분위편차'라고 입력한다.

마우스로 셀 B3을 클릭한 후 셀 B3부터 셀 B11까지 드래그하면 셀의 색이 반전이 되는데 그 상태에서 '쉼표 스타일' 아이콘 ,을 클릭하면, 1,000단위 구분 기호를 사용하여 셀 값을 표시해 준다.

4분위편차 계산 과정은 다음의 [그림 1-19]와 같이 자료를 정리한 후 실행한다.

[그림 1-19] 금융 및 보험업의 종사자규모별 사업체수 4분위편차

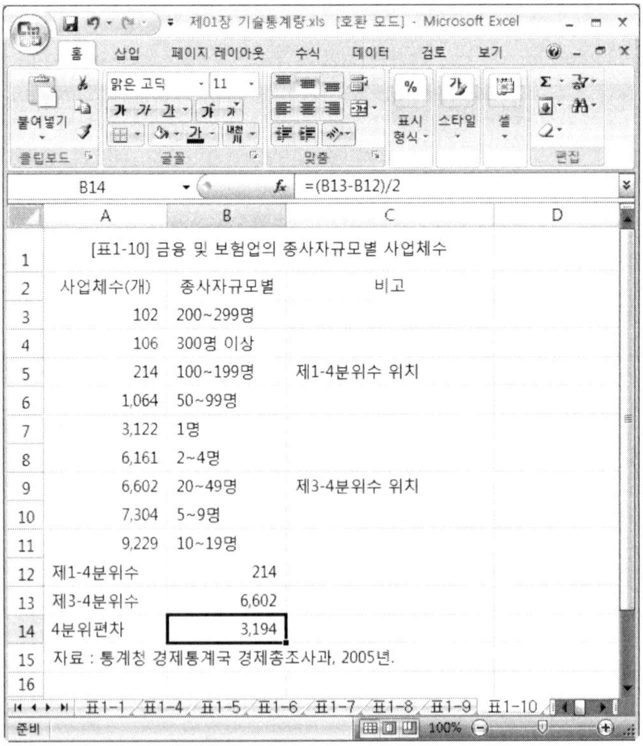

	A	B	C
2	사업체수(개)	종사자규모별	비고
3	102	200~299명	
4	106	300명 이상	
5	214	100~199명	제1-4분위수 위치
6	1,064	50~99명	
7	3,122	1명	
8	6,161	2~4명	
9	6,602	20~49명	제3-4분위수 위치
10	7,304	5~9명	
11	9,229	10~19명	
12	제1-4분위수	214	
13	제3-4분위수	6,602	
14	4분위편차	3,194	

우선 마우스포인터로 셀 A2를 클릭한 후 왼쪽 마우스 버튼을 누른 상태에서 셀 A2에서 셀 11까지 드래그를 하면 색이 반전이 된다.

색이 반전이 된 상태에서 마우스 왼쪽 버튼을 떼고, 메뉴에서 데이터 탭을 누르면, '정렬 및 필터' 아이콘에서 정렬을 나타난다. 여기에서 정렬을 나타내는 아이콘 위에 마우스포인터를 올려놓으면, 정렬을 위한 메뉴 상태가 되는데 이것을 누르면 정렬 작업을 위한 대화창이 열린다.

대화창에서 옵션을 누르면, '정렬 옵션'을 나타내는 새로운 대화창이 열리는데 '방향'을 '왼쪽에서 오른쪽(L)'을 지정하고, '확인' 버튼을 누르면 이전의 '정렬' 대화창으로 되돌아간다.

정렬 대화창에서 '행'의 '정렬 기준'을 '행 2'를 선택하고, '정렬'에서 '올림차순'을 지정한 후 '확인' 버튼을 누르면 '사업체수(개)'와 '종사자규모별' 열의 위치가 바뀌게 된다.

이어서 마우스포인터로 셀 A3을 클릭한 후 왼쪽 마우스 버튼을 누른 상태에서 셀 A3에서 셀 B11까지 드래그를 하면 색이 반전이 된다.

색이 반전이 된 상태에서 마우스 왼쪽 버튼을 떼고, 메뉴에서 데이터 탭을 누르면, '정렬 및 필터' 아이콘에서 정렬을 나타난다. 여기에서 정렬을 니다내는 아이콘 위에 마우스포인터를 올려놓으면, 정렬을 위한 메뉴 상태가 되는데 이것을 누르면 정렬 작업을 위한 대화창이 열린다.

대화창에서 '옵션'을 누르면, '정렬 옵션'을 나타내는 새로운 대화창이 열리는데 '방향'을 '위쪽에서 아래쪽(T)'를 지정하고, '확인' 버튼을 누르면 이전의 '정렬' 대화창으로 되돌아간다.

정렬 대화창에서 '열'의 '정렬 기준'을 '열 A'를 선택하고, '정렬'에서 '오름차순'을 지정한 후 '확인' 버튼을 누르면, 종사자수로 자료가 정렬되어 정리된다. 이 자료를 근거로 4분위편차를 구하기로 한다.

4분위편차는 '제1-4분위수'와 '제3-4분위수' 두 분위 간의 차이를 말한다. 우선 '제1-4분위수'는 셀 B12를 마우스포인터로 지정한 후 함수를 이용하여 '=QUARTILE(A3:A11,1)'을 입력한 후 키 캡 [Enter↵]를 누르면 제1-4분위수 214개가 수치로 변환되어 나타난다.

다음으로 '제3-4분위수'는 셀 B13을 클릭하여 '=QUARTILE(A3:A11,3)'라고 입력한 후 키 캡 [Enter↵]를 누르면 6,602개가 수치로 변환되어 나타난다.

마우스포인터로 셀 B14를 클릭한 후 '=(B13-B12)/2'를 입력한 후 키 캡 [Enter↵]를 누르면 4분위편차 3,194개의 계산결과를 얻을 수 있다.

종사자규모별 사업체수는 [그림 1-20]과 같이 제1-4분위수(Q_1) 214개, 제3-4분위수(Q_3) 6,602개 사이에 3,194개가 4분위편차 내에 포함된다.

[그림 1-20] 4분위편차

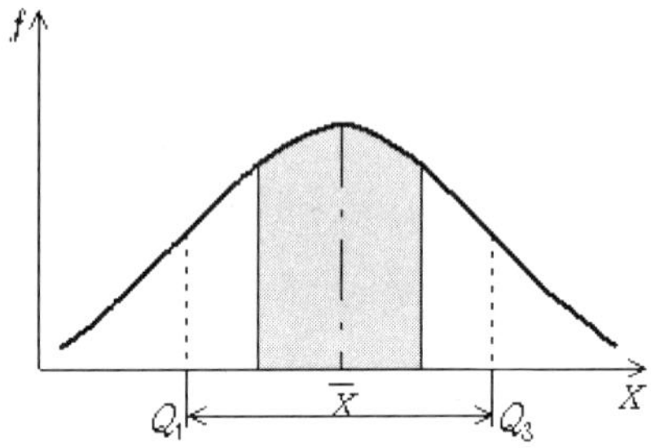

2. 산포도(dispersion)

산포도는 표본분포의 평균에서 흩어짐 정도를 나타내는 것을 말하는데 두 개의 표본집단의 평균이 같을지라도 평균으로부터 흩어짐의 정도는 서로 다를 수 있다. 산포도는 절대적 산포도와 상대적 산포도로 크게 두 가지로 나누어지고 있다.

절대적 산포도에서 표본분포의 집중도를 나타내는 산포도는 편차, 편차평방합, 평균편차, 분산, 표준편차, 확률편차 등이 있고, 표본분포의 폭을 나타내는 산포도는 범위, 4분위편차 등이 있다.

상대적 산포도에서 표본분포의 집중도를 나타내는 산포도는 평균편차계수, 표준편차계수, 변동계수 등이 있고, 표본분포의 폭을 나타내는 산포도는 4분위편차계수가 있다.

1) 표준오차(standard error)

표준오차는 표준편차를 표본의 크기로 나누면 값이 얻어지는데 표본평균분포의 표준편차를 일컫는다. 여기에서 표준오차를 수식으로 나타내면 다음과 같다.

모집단 : $S_e = \dfrac{S}{\sqrt{N}}$

표본집단 : $S_e = \dfrac{S}{\sqrt{N-1}}$

S_e : 표준오차

S : 표준편차

N : 변수의 총 개수

[표 1-11]은 근로자 가구 월평균 1인당 가계지출을 나타내는 시계열자료이다. 이 자료를 기초하여 표준오차의 값을 구하기로 한다.

마이크로소프트사의 엑셀 프로그램을 이용하여 근로자 가구 월평균 1인당 가계지출을 계산하기로 한다. 엑셀 프로그램의 스프레드시트에 [표 1-11]의 내용을 셀 A1에서 셀 B9까지 [그림 1-21]과 같이 입력한다.

[표 1-11] 근로자 가구 월평균 1인당 가계지출

(단위: 원)

연도	지출액
2003	676,013
2004	707,444
2005	726,186
2006	756,077
2007	780,025
2008	775,531
2009	779,325

자료 : 통계청 사회통계국 복지통계과, 2010년.

셀 A1에 '[표 1-11] 근로자 가구 월평균 1인당 가계지출'이라고 입력하고, 마우스포인터로 셀 A1을 클릭한 후 마우스 왼쪽 버튼을 누른 상태에서 셀 D1까지 드래그하면 셀의 색상이 반전이 된다.

[그림 1-21] 근로자 가구 월평균 1인당 가계지출의 표준오차

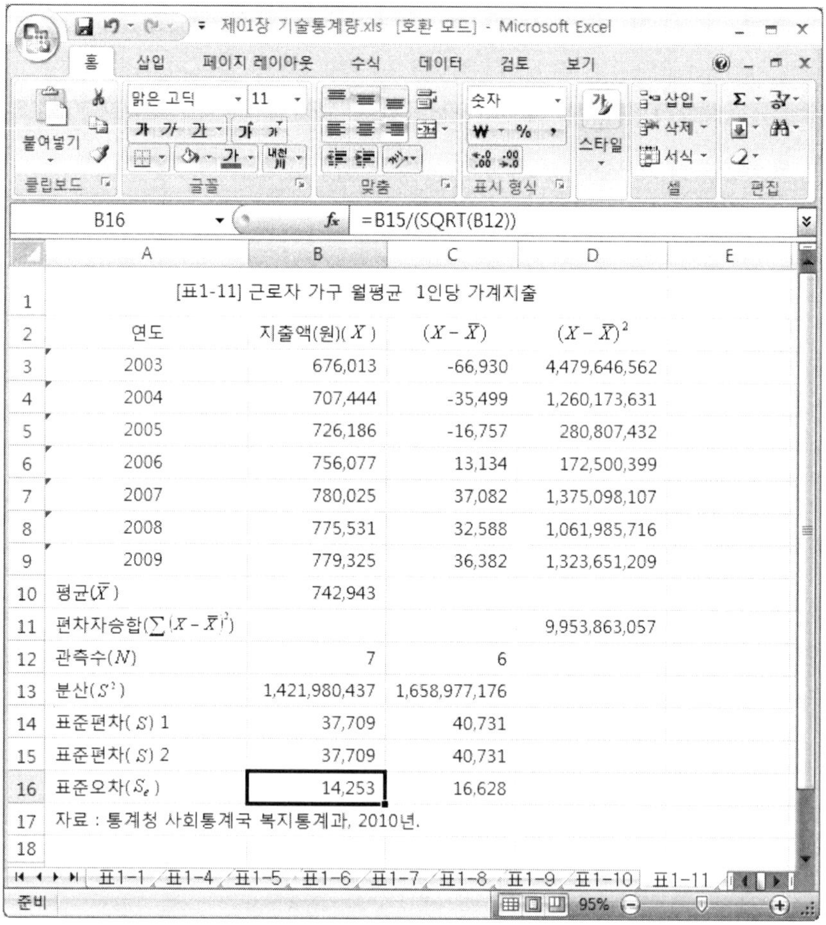

	A	B	C	D
1	[표1-11] 근로자 가구 월평균 1인당 가계지출			
2	연도	지출액(원)(X)	$(X-\overline{X})$	$(X-\overline{X})^2$
3	2003	676,013	-66,930	4,479,646,562
4	2004	707,444	-35,499	1,260,173,631
5	2005	726,186	-16,757	280,807,432
6	2006	756,077	13,134	172,500,399
7	2007	780,025	37,082	1,375,098,107
8	2008	775,531	32,588	1,061,985,716
9	2009	779,325	36,382	1,323,651,209
10	평균($\overline{X}$)	742,943		
11	편차자승합($\sum(X-\overline{X})^2$)			9,953,863,057
12	관측수(N)	7	6	
13	분산(S^2)	1,421,980,437	1,658,977,176	
14	표준편차(S) 1	37,709	40,731	
15	표준편차(S) 2	37,709	40,731	
16	표준오차(S_e)	14,253	16,628	
17	자료 : 통계청 사회통계국 복지통계과, 2010년.			
18				

이렇게 반전이 된 상태에서 마우스의 왼쪽 버튼을 누른 것을 뗀 후 마우스 포인터를 '병합하고 가운데 맞춤'의 기능을 가지고 있는 아이콘 을 클릭하면 셀 A1에서 셀 D1까지 셀을 병합하고 제목을 가운데로 맞춰 준다.

이어서 셀 A2에 '연도', 셀 B2에 '지출액(원)(X)', 셀 C2에 '$(X-\overline{X})$', 셀 D2에 '$(X-\overline{X})^2$' 등을 순서대로 입력한다.

엑셀에서 수식을 입력하려면 다음과 같은 절차를 거친다. 메뉴화면에서 '삽입'을 누르면 [그림 1-22]와 같은 아이콘 화면으로 바뀐다.

[그림 1-22] 삽입 관련 각종 기능

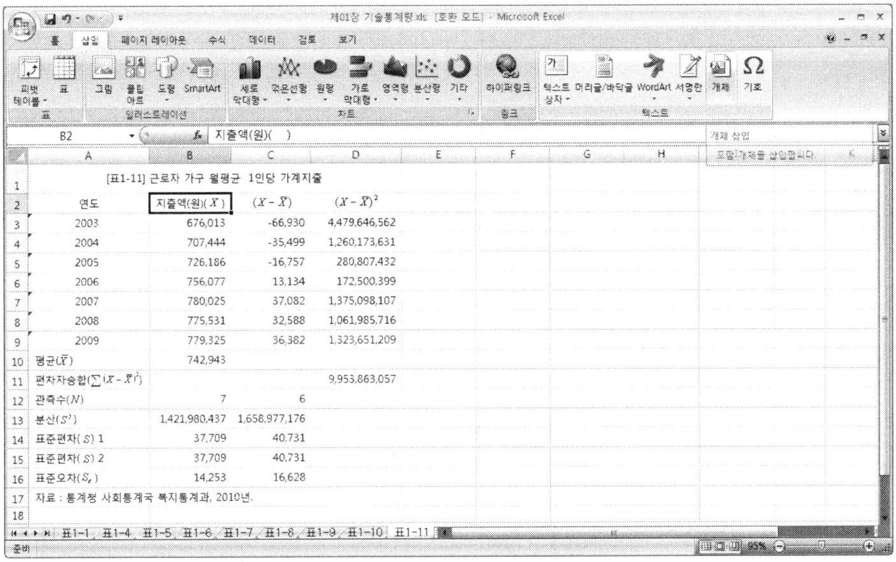

수식을 입력 하려면 마우스포인터로 셀 B2를 클릭 한 후 삽입 메뉴 아이콘 중에서 '개체' 를 마우스로 클릭하면 다음의 [그림 1-23]과 같은 개체 삽입 대화창이 열린다.

[그림 1-23] 개체삽입 관련 각종 기능

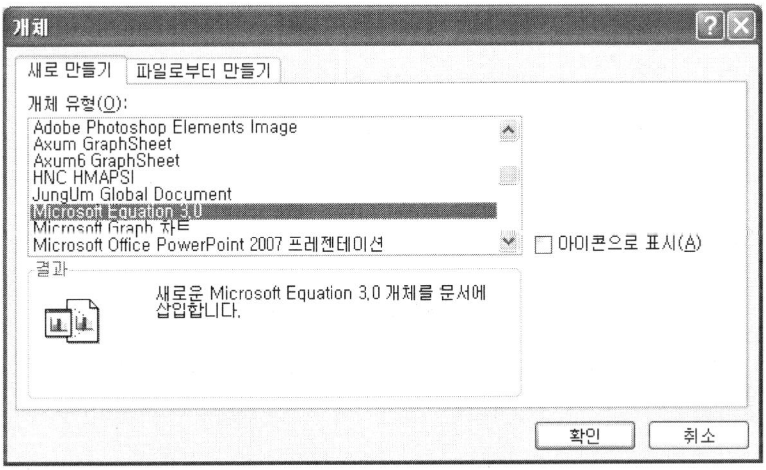

여러 가지 개체 삽입 기능이 포함되어 있는 '새로 만들기' 탭 중에서 수식의 기능을 가지고 있는 'Microsoft Equation 3.0'을 마우스로 스크롤바를 이용하여 선택하면 잠시 후에 다음의 [그림 1-24]와 같은 수식입력 대화창이 열리면서 사용자가 직접 각종 수식을 입력할 수 있는 상태가 되면서 다양한 수식을 구현할 수 있다.

[그림 1-24] 개체삽입의 수식입력 대화창

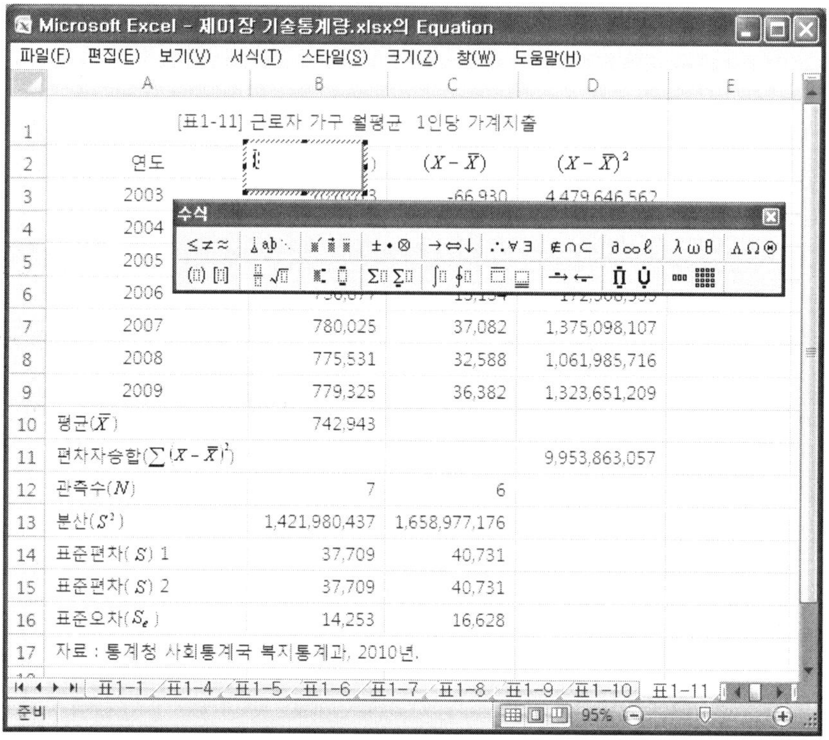

수식을 입력하는 상태에서 'X'를 입력한 후 마우스로 워크시트 화면의 임의의 부분을 누르면 셀 B2 근처에 테두리가 포함된 수식 $\boxed{X}$가 나타난다. 수식의 테두리를 없애려면 마우스로 $\boxed{X}$를 누르면 $\boxed{X}$ 상태가 되는데 이때 마우스를 $\boxed{X}$ 위에 올려놓으면 상하좌우 화살표 십자가가 나타난다. 이러한 상태에서 마우스 오른쪽 버튼을 누르면 '잘라내기(T)', '복사(C)', '붙여넣기(P)', 'Equation 개체(O)', '그룹화(G)', '순서(R)', '매크로 지정(N)', '개체 서식(F)' 등 지정한 개체에 대한 작업을 할 수 있는 대화창이 다음 의 [그림 1-25]와 같이 열린다.

이들 중에서 마우스로 '개체 서식(F)'을 지정하면 개체 서식에 관련된 기능을 탭으로 조정할 수 있도록 되어 있는데 [그림 1-26]과 같다.

[그림 1-25] 개체 작업 대화창

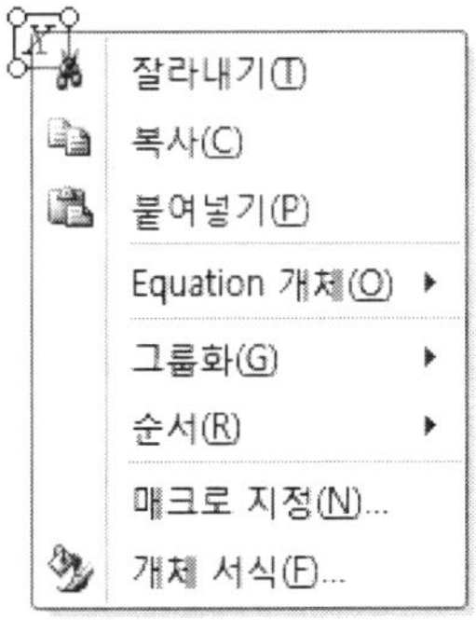

$\boxed{X}$의 테두리를 없애려면 개체 서식 대화창에서 마우스로 '색 및 선' 탭을 누른 후 '채우기'의 '색'을 눌러 '채우기 없음'을 지정하고, 이어서 '선'의 '색'을 눌러 '선 없음'을 지정하고 나서 확인 버튼을 누르면 지정한 개체에 대한 서식의 수정 작업은 끝난다.

[그림 1-26] 개체 서식 대화창

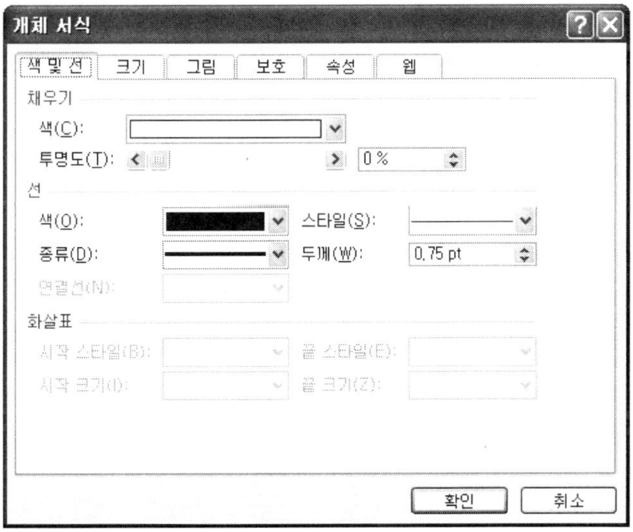

모든 수식 삽입은 앞서 설명한 절차를 거치면 가능하지만 수식 삽입이 불가능할 경우에는 수식 기능 소프트웨어를 구입하여 인스톨해야만 수식 삽입이 가능해진다.

마우스포인터로 셀 A3을 클릭하여 '2003'을 입력한 후 키 캡 [Enter↵]를 누르고, 이어서 셀 A4에 '2004', 셀 A5에 '2005', 셀 A6에 '2006', 셀 A7에 '2007', 셀 A8에 '2008' 그리고 셀 A9에 '2009'까지 연속하여 총 7개의 변수를 입력한다.

마우스포인터로 셀 A10을 클릭한 후 '평균($\overline{X}$)', 셀 A11에 '편차자승합($\sum(X-\overline{X})^2$)', 셀 A12에 '관측수(N)', 셀 A13에 '분산(S^2)', 셀 A14에 '표준편차(S) 1', 셀 A15에 '표준편차(S) 2', 셀 A16에 '표준오차(S_e)'라고 입력한다.

마우스포인터로 셀 B3을 클릭한 후 셀 B3부터 셀 B9까지 드래그하면 셀의 색이 반전이 되는데 그 상태에서 '쉼표 스타일' 아이콘 을 클릭하면, 1,000단위 구분 기호를 사용하여 셀 값을 표시해 준다.

근로자 가구 월평균 1인당 가계지출의 2003년부터 2009년까지 평균지출액은 마우스포인터로 셀 B10을 클릭한 후 '=AVERAGE(B3:B9)'라고 입력하고, 키 캡 [Enter↵]를 누르면 된다.

여기에서 월평균 1인당 지출액 편차는 마우스포인터로 셀 C3을 클릭한 후 '=B3-$B$10'이라 입력하고, 이어서 키 캡 [Enter↵]를 누르면 셀 C3에 '-66,930'의 수치로 변환되어 나타난다. 이 값은 2003년부터 2009년까지 근로자 가구의 월평균 1인당 가계지출의 평균과 2003년 지출액의 차이, 즉 편차 값이 나타낸다.

셀 C3의 수치를 1,000단위 구분으로 할 경우에는 마우스로 셀 B3을 클릭한 후 서식복사 아이콘 을 마우스로 클릭하고, 이어서 셀 C3을 클릭하면 1,000단위로 구분된다. 또한 연속적으로 반복하여 서식을 복사할 경우에는 서식복사 아이콘 을 더블클릭하면 된다.

셀 C3을 마우스포인터로 누른 후 복사를 나타내는 아이콘 을 눌러 액티브 셀로 한 상태에서 마우스포인터를 셀 C3의 우측 아래 구석으로 이동하여, 마우스포인터를 검은색 십자의 필 핸들로 바꾸어 셀 C9까지 드래그하면 셀 C3부터 셀 C9까지 편차가 계산되어 나타난다. 편차 값은 편차합을 계산하면 의미가 없는 값이 되기 때문에 이를 보완하기 위해서 편차자승합의 값을 이용해야 한다.

연도별 편차자승은 마우스포인터로 셀 D3을 지정한 후 '=C3^2'를 입력한 후 키 캡 Enter↵를 누르면 2003년의 값을 얻을 수 있다.

셀 D3을 마우스포인터로 누른 후 복사를 나타내는 아이콘 을 눌러 액티브 셀로 한 상태에서 마우스포인터를 셀 D3의 우측 아래 구석으로 이동하여, 마우스포인터를 검은색 십자의 필 핸들로 바꾸어 셀 D9까지 드래그하면 셀 D3부터 셀 D9까지 연도별 편차자승 값이 자동으로 계산되어 나타난다.

편차자승합 값은 마우스포인터로 셀 D11을 클릭한 후 '=SUM(D3:D9)' 이라고 입력하고, 키 캡 Enter↵를 누르면 된다.

모집단의 관측수는 마우스포인터로 셀 B12를 클릭한 후 '=COUNT(B3:B9)' 라고 입력하고, 키 캡 Enter↵를 누르면 된다. 이어서 표본집단의 관측수는 마우스포인터로 셀 C12를 클릭한 후 '=COUNT(B3:B9)-1'이라고 입력하고, 키 캡 Enter↵를 누르면 된다.

모집단 분산은 마우스포인터로 셀 B13을 클릭한 후 '=D11/B12'라고 입력한 후 키 캡 Enter↵를 누르면 얻을 수 있다.

표본집단 분산은 마우스포인터로 셀 B13을 클릭한 후 '=D11/C12'라고 입력한 후 키 캡 Enter↵를 누르면 얻을 수 있다.

표준편차는 두 가지 측면에서 계산할 수 있다. 하나는 수작업으로 하는 방법과 다른 또 하나는 함수를 이용하는 방법이다.

수작업으로 하는 모집단 표준편차는 마우스포인터로 셀 B14를 클릭한 후 '=SQRT(B13)'이라고 입력한 후 키 캡 Enter↵를 누르면 된다.

함수를 이용한 모집단 표준편차는 마우스포인터로 셀 B15를 클릭한 후 '=STDEVP(B3:B9)'이라고 입력한 후 키 캡 Enter↵를 누르면 된다.

수작업으로 하는 표본집단 표준편차는 마우스포인터로 셀 C14를 클릭한 후 '=SQRT(C13)'이라고 입력한 후 키 캡 Enter↵를 누르면 된다.

함수를 이용한 표본집단 표준편차는 마우스포인터로 셀 C15를 클릭한 후 '=STDEV(B3:B9)'이라고 입력한 후 키 캡 Enter↵를 누르면 된다.

표준오차는 표준편차와 마찬가지로 모집단과 표본집단이 있다. 모집단은 마우스포인터로 셀 B16을 클릭한 후 '=B15/(SQRT(B12))'이라고 입력 한 후 키 캡

Enter↵를 누르면 된다.

표본집단은 마우스포인터로 셀 C16을 클릭한 후 '=C15/(SQRT(C12))'이라고 입력 한 후 키 캡 Enter↵를 누르면 된다.

2) 표준편차(standard derviation)

분산은 각각의 편차를 제곱하여 합계를 계산하기 때문에 원래의 변수와 비교할 경우 불편하다. 이러한 불편을 피하기 위해서 분산에 제곱근을 씌워서 구한 값이 표준편차이다.

이와 같이 표준편차는 분산에 제곱근을 씌워서 구한 값으로 원래의 변수의 값과 직접적으로 비교할 수 있기 때문에 매우 편리하다.

$$\text{모집단} : S = \sqrt{\frac{\Sigma(X_i - \overline{X})^2}{N}} = \sqrt{\frac{\Sigma x_i^2}{N}}$$

$$\text{표본집단} : S = \sqrt{\frac{\Sigma(X_i - \overline{X})^2}{N-1}} = \sqrt{\frac{\Sigma x_i^2}{N-1}}$$

S : 표준편차

X_i : 변수 X

$\overline{X}$: 평균

N : 변수의 총 개수

3) 분산(variance)

편차는 표본분포의 평균에서 흩어짐 정도를 나타내는 모든 변수에 대하여 직접 계산하는 방법이지만, 이러한 흩어짐 정도를 가지고 표본분포 전체의 흩어짐 정도를 하나의 계산한 값으로 나타낼 수 없다.

그래서 편차의 합계를 구하고, 그것을 변수의 총 개수로 나누어 평균적인 편차로 계산하는 방법을 생각할 수 있다. 그렇지만 여기에서 분포의 평균을 산술평균하여 편차를 모두 더하면 플러스와 마이너스의 편차가 상쇄되어 제로가 되기 때문에 편차를 그대로 합계하여 평균을 내는 것은 의미가 없다.

그래서 이러한 부호에 의한 영향을 피하기 위해 편차를 제곱하고, 모두 더하여 평균을 내는데 이것을 편차제곱합평균이라고 한다. 이것은 분포 전체의 흩어짐 정도를 나타내는 하나의 계산 값으로 볼 수 있다. 이렇게 구해진 산포도를 제곱평균(mean square) 혹은 분산(variance)이라 부르고, 통계학에서 가장 중요한 통계량 중의 하나이다. 분산을 나타내는 기호는 S^2 혹은 V로 나타낸다.

$$\text{모집단}: S^2 = \frac{\Sigma(X_i - \overline{X})^2}{N} = \frac{\Sigma x_i^2}{N}$$

$$\text{표본집단}: S^2 = \frac{\Sigma(X_i - \overline{X})^2}{N-1} = \frac{\Sigma x_i^2}{N-1}$$

S^2 : 분산

X_i : 변수 X

$\overline{X}$: 평균

N : 변수의 총 개수

4) 범위(range)

산포도는 모두 표본분포의 평균에 집중하는 정도를 나타내지만, 표본분포의 넓이 정도를 나타내는 산포도에는 범위, 4분위편차 등이 있다.

범위는 분포 중에서 가장 큰(최대값) 변수와 가장 작은(최소값) 변수의 차이로 나타낸다. 범위를 나타내는 수식은 다음과 같다.

$$R = X_{max} - X_{min}$$

R : 범위

X_{max} : 최대값 X변수

X_{min} : 최소값 X변수

[표 1-12]는 월소득 5분위별 가구 1인당 통신 가계수지를 나타내는 시계열자료이다. 이 자료를 기초하여 범위의 값을 구하기로 한다.

[표 1-12] 월소득 5분위별 가구 1인당 통신 가계수지

(단위: 원)

구분	2005년	2009년
1분위	28,740	30,709
2분위	36,530	37,488
3분위	39,826	40,037
4분위	42,255	42,768
5분위	45,655	44,933

자료 : 통계청 사회통계국 복지통계과, 2010년.

마이크로소프트사의 엑셀 프로그램을 이용하여 2005년, 2009년 월소득 5분위별 가구 1인당 통신 가계수지를 계산하기로 한다. 엑셀 프로그램의 스프레드시트에 [표 1-12]의 내용을 셀 A1에서 셀 C7까지 [그림 1-27]과 같이 입력한다.

[그림 1-27] 월소득 5분위별 가구 1인당 통신 가계수지의 범위

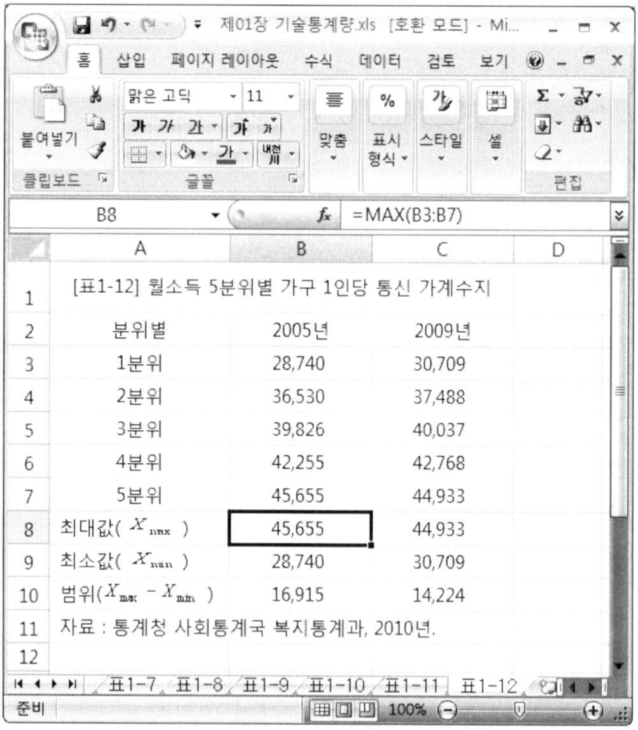

셀 A1에 '[표 1-12] 월소득 5분위별 가구 1인당 통신 가계수지'라고 입력하고,

마우스포인터로 셀 A1을 클릭한 후 마우스 왼쪽 버튼을 누른 상태에서 셀 C1까지 드래그하면 셀의 색상이 반전이 된다. 이렇게 반전이 된 상태에서 마우스의 왼쪽 버튼을 누른 것을 뗀 후 마우스포인터를 '병합하고 가운데 맞춤'의 기능을 가지고 있는 아이콘 을 클릭하면 셀 A1에서 셀 C1까지 셀을 병합하고 제목을 가운데로 맞춰 준다.

이어서 셀 A2에 '분위별', 셀 B2에 '2005년', 셀 C2에 '2009년' 등을 순서대로 입력한다.

마우스포인터로 셀 A3을 클릭한 후 '1분위'을 입력한 후 키 캡 Enter↵를 누르고, 이어서 셀 A4에 '2분위', 셀 A5에 '3분위', 셀 A6에 '4분위' 그리고 셀 A7에 '5분위'까지 연속하여 총 5개의 변수를 입력한다.

마우스포인터로 셀 A8을 클릭한 후 '최대값(X_{max})', 셀 A9에 '최소값(X_{min})', 셀 A10에 '범위($X_{max}-X_{min}$)'이라고 입력한다.

마우스포인터로 셀 B3을 클릭한 후 셀 B3부터 셀 C10까지 드래그하면 셀의 색이 반전이 되는데 그 상태에서 '쉼표 스타일' 아이콘 을 클릭하면, 1,000단위 구분 기호를 사용하여 셀 값을 표시해 준다.

마우스포인터로 셀 B8을 클릭한 후 최대값 함수를 '=MAX(B3:B7)'라고 입력하고, 키 캡 Enter↵를 누르면 2005년 월소득 5분위별 가구 1인당 통신 가계수지 중에서 가장 큰 값인 최대값이 수치로 변환되어 나타난다.

이어서 월평균 5분위별 가구 1인당 통신 가계수지의 최소값은 마우스포인터로 셀 B9를 클릭한 후 최소값 함수를 '=MIN(B3:B7)'라고 입력하고, 이어서 키 캡 Enter↵를 누르면 가장 작은 값인 최소값이 수치로 변환되어 나타난다.

월평균 5분위별 가구 1인당 통신 가계수지의 범위는 마우스포인터로 셀 B10을 클릭한 후 앞서 구한 최대값에서 최소값의 차이를 '=B8-B9'라고 입력하고, 키 캡 Enter↵를 누르면 수치로 변환되어 나타난다.

이어서 2009년 월평균 5분위별 가구 1인당 통신 가계수지의 최대값, 최소값, 범위를 구하려면 마우스포인터로 B8을 클릭한 후 마우스 왼쪽 버튼을 누른 상태에서 B10까지 드래그하면 셀 색상이 반전된다. 누르고 있었던 마우스 왼쪽 버튼 해제하고, 마우스를 이동하여 셀 B10 오른쪽 하단에 맞추면 굵은 검은 십자가 모양이 나타난다.

이때 마우스 왼쪽 버튼을 누른 상태에서 오른쪽으로 셀 C10까지 끌어당기면 셀 C8에서 셀C10까지 상대참조의 수식복사가 실행이 되면서 2009년 월평균 5분위별 가구 1인당 통신 가계수지의 최대값, 최소값, 범위에 대한 계산 결과가 나타난다.

5) 변동계수

변동계수는 표본분포의 집중도를 나타내는 상대적인 산포도이다. 이 산포도는 절대적인 산포도인 표준편차를 산술평균으로 나누어 상대적인 것으로 하여 그것을 백분율 형태로 나타내는 것으로 자주 사용되는 중요한 분산계수인데 다음과 같은 수식으로 나타낸다.

$$CV = \frac{S}{\overline{X}} \times 100$$

CV : 변동계수

S : 표준편차

$\overline{X}$: 산술평균

[표 1-13]은 경상수지(백만달러)를 나타내는 시계열자료이다. 이 자료를 기초하여 변동계수의 값을 구하기로 한다.

[표 1-13] 경상수지

(단위: 백만 달러)

연도별	경상수지
2005	18,607
2006	14,083
2007	21,770
2008	3,198
2009	32,791

자료 : 한국은행 경제통계국 국제수지팀, 2010년.

마이크로소프트사의 엑셀 프로그램을 이용하여 2005년부터 2009년까지 국제수지 중에서 경상수지의 변동계수를 계산하기로 한다. 엑셀 프로그램의 스프레드시트에 [표 1-13]의 내용을 셀 A1에서 셀 B7까지 [그림 1-28]과 같이 입력한다.

[그림 1-28] 경상수지의 변동계수

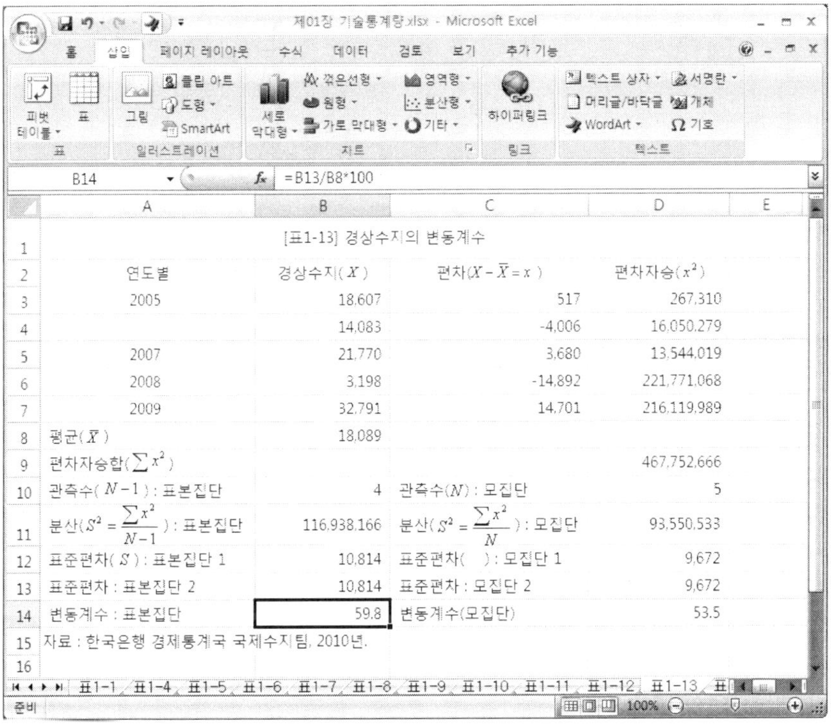

B14 f_x =B13/B8*100

	A	B	C	D
1	[표1-13] 경상수지의 변동계수			
2	연도별	경상수지(X)	편차($X-\overline{X}=x$)	편차자승(x^2)
3	2005	18,607	517	267,310
4		14,083	-4,006	16,050,279
5	2007	21,770	3,680	13,544,019
6	2008	3,198	-14,892	221,771,068
7	2009	32,791	14,701	216,119,989
8	평균($\overline{X}$)	18,089		
9	편차자승합($\sum x^2$)			467,752,666
10	관측수($N-1$) : 표본집단	4	관측수(N) : 모집단	5
11	분산($S^2=\frac{\sum x^2}{N-1}$) : 표본집단	116,938,166	분산($S^2=\frac{\sum x^2}{N}$) : 모집단	93,550,533
12	표준편차(S) : 표본집단 1	10,814	표준편차( ) : 모집단 1	9,672
13	표준편차 : 표본집단 2	10,814	표준편차 : 모집단 2	9,672
14	변동계수 : 표본집단	59.8	변동계수(모집단)	53.5
15	자료 : 한국은행 경제통계국 국제수지팀, 2010년.			

셀 A1에 '[표 1-13] 경상수지의 변동계수'라고 입력하고, 마우스포인터로 셀 A1을 클릭한 후 마우스 왼쪽 버튼을 누른 상태에서 셀 D1까지 드래그하면 셀의 색상이 반전이 된다.

이렇게 반전이 된 상태에서 마우스의 왼쪽 버튼을 누른 것을 뗀 후 마우스 포인터를 '병합하고 가운데 맞춤'의 기능을 이용한다.

이러한 기능을 가지고 있는 아이콘 [아이콘]을 클릭하면 셀 A1에서 셀 D1까지 셀을 병합하고 제목을 가운데로 맞춰 준다.

마우스포인터로 셀 A2를 클릭한 후 '연도별', 셀 B2에 '경상수지(X)', 셀 C2에 '편차($X-\overline{X}=x$)', 셀 D2에 '편차자승(x^2)' 등을 순서대로 입력한다.

마우스포인터로 셀 A3을 클릭한 후 '2005'를 입력한 후 키 캡 Enter↵를 누르고, 이어서 셀 A4에 '2006', 셀 A5에 '2007', 셀 A6에 '2008' 그리고 셀 A7에 '2009'까지 연속하여 총 5개의 변수를 입력한다.

마우스포인터로 셀 A8을 클릭한 후 '평균($\overline{X}$)'를 입력한 후 키 캡 Enter↵를 누르고, 이어서 순차적으로 셀 A9에 '편차자승합($\sum x^2$)', 셀 A10에 '관측수 ($N-1$) : 표본집단', 셀 A11에 '분산($S^2 = \frac{\sum x^2}{N-1}$) : 표본집단', 셀 A12에 '표준편차($S$) : 표본집단 1', 셀 A13에 '표준편차 2 : 표본집단 ', 셀 A14에 '변동계수 : 표본집단'이라고 입력한다.

마우스포인터로 셀 C10에 '관측수(N) : 모집단'을 입력한 후 키 캡 Enter↵를 누르고, 이어서 순차적으로 셀 C11에 '분산($S^2 = \frac{\sum x^2}{N}$) : 모집단', 셀 C12에 '표준편차(S) : 모집단 1', 셀 C13에 '표준편차 2 : 모집단 ', 셀 C14에 '변동계수 : 모집단'이라고 입력한다.

마우스로 셀 A2를 클릭한 후 셀 A2부터 셀 C2까지 드래그하면 셀의 색이 반전이 되는데 이러한 상태에서 '홈'의 '맞춤' 아이콘 나타내는 것들 중에서 '가운데 맞춤'을 나타내는 아이콘 ≡을 누르면 입력된 셀의 문자나 숫자는 가운데로 맞춰진다.

이어서 같은 방법으로 마우스로 셀 A3를 클릭한 후 셀 A3부터 셀 A7까지 드래그하면 셀의 색이 반전이 되는데 이러한 상태에서 '홈'의 '맞춤' 아이콘 나타내는 것들 중에서 '가운데 맞춤'을 나타내는 아이콘 ≡을 누르면 입력된 셀의 문자나 숫자는 가운데로 맞춰진다.

마우스로 셀 A8을 클릭한 후 셀 A8부터 셀 A14까지 드래그하면 셀의 색이 반전이 되는데 이러한 상태에서 '홈'의 '맞춤' 아이콘 나타내는 것들 중에서 '텍스트 왼쪽 맞춤'을 나타내는 아이콘 ≡을 누르면 입력된 셀의 문자나 숫자는 왼쪽으로 맞춰진다.

마우스로 셀 C8을 클릭한 후 셀 C8부터 셀 C14까지 드래그하면 셀의 색이 반전이 되는데 이러한 상태에서 '홈'의 '맞춤' 아이콘 나타내는 것들 중에서 '텍스트 왼쪽 맞춤'을 나타내는 아이콘 ≡을 누르면 입력된 셀의 문자나 숫자는 왼쪽으로 맞춰진다.

마우스포인터로 셀 B8을 클릭한 후 평균 함수를 '=AVERAGE(B3:B7)'라고 입력하고, 키 캡 Enter↵를 누르면 2005년부터 2009년까지 연평균 경상수지 값이 수치로 변환되는데 약 181억달러로 나타난다.

마우스포인터로 셀 C3을 클릭한 후 2005년의 편차를 나타내는 계산식 '=B3-$B$8'을 입력하고, 키 캡 Enter↵를 누르면 된다. 이어서 마우스포인터로 셀 C3을 클릭한 후 마우스포인터를 셀 C3의 우측 아래 구석으로 이동한다.

마우스포인터를 검은색 십자의 필 핸들로 바꾸고 마우스 왼쪽 버튼을 누른 상태에서 셀 C7까지 아래로 드래그하면 2009년까지 자동으로 연도별 편차 값이 계산된다.

연도별 편차자승의 계산식은 마우스포인터로 셀 D3을 클릭한 후 '=C3^2'를 입력하고, 키 캡 Enter↵를 누르면 2005년의 편차자승의 값이 얻어진다.

이어서 마우스포인터로 셀 D3을 클릭한 후 마우스포인터를 셀 D3의 우측 아래 구석으로 이동하면 검은색 십자의 필 핸들로 바뀌는데 마우스 왼쪽 버튼을 누른 상태에서 셀 D7까지 아래로 드래그하면 2009년까지 자동으로 연도별 편차자승 값의 계산이 완료된다.

편차자승합은 마우스포인터로 셀 D9를 클릭한 후 '=SUM(D3:D7)'을 입력하고, 키 캡 Enter↵를 누르년 된나.

표본집단의 관측수 계산은 마우스포인터로 셀 B10을 클릭한 후 함수를 이용하여 '=COUNT(B3:B7)-1'을 입력하고, 키 캡 Enter↵를 누르면 된다.

표본집단의 분산은 마우스포인터로 셀B11을 클릭한 후 '=D9/B10'을 입력하고, 키 캡 Enter↵를 누르면 된다.

이어서 표본집단의 표준편차를 계산하려면 마우스포인터로 셀 B12를 클릭한 후 '=SQRT(B11)'을 입력하고, 키 캡 Enter↵를 누르면 된다.

표준편차의 같은 값을 구하려면 함수를 이용하면 더욱 간편한 방법이 있는데 마우스포인터로 셀 B13을 클릭하고 '=STDEV(B3:B7)'을 입력하면 된다.

표본집단의 변동계수는 마우스포인터로 셀 B14를 클릭한 후 계산식을 '=B13/B8*100'이라고 입력하고, 키 캡 Enter↵를 누르면 된다.

마우스포인터로 셀 B14를 클릭한 후 '자릿수 늘림' 아이콘 혹은 '자릿수 줄임' 아이콘 을 클릭하여 소수점 이하 1자릿수까지 조정한다.

모집단의 관측수 계산은 마우스포인터로 셀 D10을 클릭한 후 함수 '=COUNT(B3:B7)'을 입력하고, 키 캡 [Enter↵]를 누르면 된다.

모집단의 분산은 마우스포인터로 셀B11을 클릭한 후 '=D9/D10'을 입력하고, 키 캡 [Enter↵]를 누르면 된다.

이어서 모집단의 표준편차를 계산하려면 마우스포인터로 셀 D12를 클릭한 후 '=SQRT(D11)'을 입력하고, 키 캡 [Enter↵]를 누르면 된다.

표준편차의 같은 값을 구하려면 함수를 이용하면 더욱 간편한 방법이 있는데 마우스포인터로 셀 D13을 클릭하고 '=STDEVP(B3:B7)'을 입력하면 된다.

모집단의 변동계수는 마우스포인터로 셀 D14를 클릭한 후 계산식을 '=D13/B8*100'이라고 입력하고, 키 캡 [Enter↵]를 누르면 된다.

마우스포인터로 셀 D14를 클릭한 후 '자릿수 늘림' 아이콘 혹은 '자릿수 줄임' 아이콘 을 클릭하여 소수점 이하 1자릿수까지 조정한다.

6) 4분위편차계수

4분위편차계수는 표본분포의 흩어짐 정도를 나타내는 상대적 산포도로 4분위편차 Q를 중앙값 M_e로 나눈 상대적인 분산계수이다.

$$V_Q = \frac{Q}{M_e} = \frac{\frac{1}{2}(Q_3 - Q_1)}{M_e}$$

V_Q : 4분위편차계수

Q : 4분위편차

M_e : 중앙값

[표 1-14]는 무선통신기기 수출액을 나타내는 자료이다. 4분위편차계수를 구하기 위해서 마이크로소프트사의 엑셀 프로그램을 이용하기로 한다.

[표 1-14] 무선통신기기 수출액

(단위: 천 달러)

통신기기별	수출액
무선통신단말기	1,845,226
무선통신시스템	41,707
무선통신송수신기기	12,797
무선통신기기 부분품	948,185
기타 무선통신기기	19,891

자료 : 한국정보통신진흥협회 통계정보센터 조사통계팀, 2009년.

엑셀 프로그램의 스프레드시트에 [표 1-14]의 내용을 셀 A1에서 셀 C7까지 [그림 1-29]와 같이 입력한다.

[그림 1-29] 무선통신기기 수출액

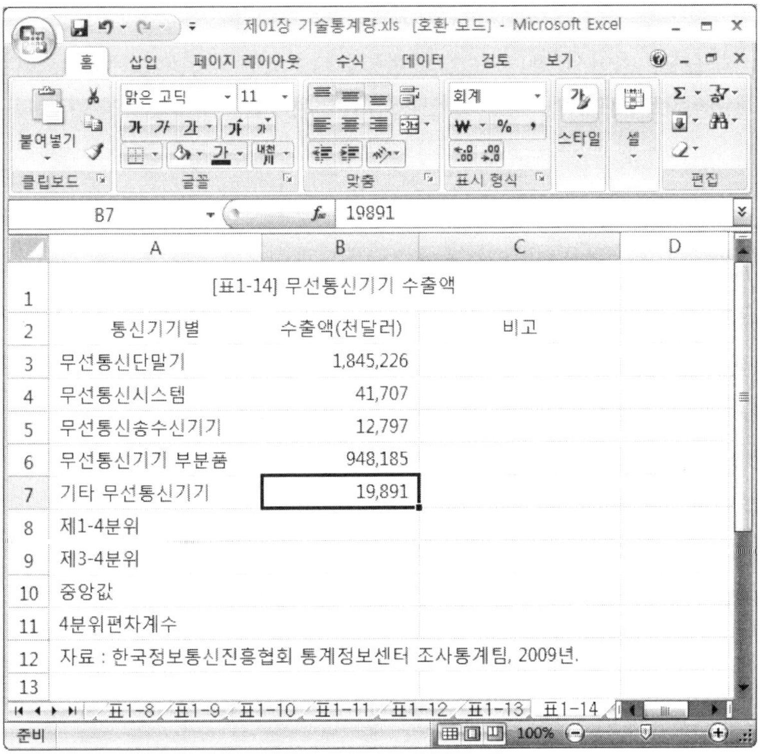

셀 A1에 '[표 1-14] 무선통신기기 수출액'이라고 입력하고, 마우스로 셀 A1을

클릭한 후 마우스 왼쪽 버튼을 누른 상태에서 셀 C1까지 드래그하면 셀의 색상이 반전이 된다.

반전이 된 상태에서 마우스의 왼쪽 버튼을 누른 것을 뗀 후 마우스 포인터를 '병합하고 가운데 맞춤'의 기능을 가지고 있는 아이콘 을 클릭하면 셀 A1에서 셀 C1까지 셀을 병합하고 제목을 가운데로 맞춰 준다.

이어서 셀 A2에 '통신기기별', 셀 B2에 '수출액(천달러)', 셀 C2에 '비고' 등을 순서대로 입력한다.

마우스로 셀 A2를 클릭한 후 셀 A2부터 셀 C2까지 드래그하면 셀의 색이 반전이 되는데 이러한 상태에서 '홈'의 '맞춤' 아이콘 나타내는 것들 중에서 '가운데 맞춤'을 나타내는 아이콘 을 누르면 입력된 셀의 문자나 숫자는 가운데로 맞춰진다.

마우스포인터로 셀 A3을 클릭한 후 '무선통신단말기'를 입력한 후 키 캡 Enter↵를 누르고, 이어서 셀 A4에 '무선통신시스템', 셀 A5에 '무선통신송수신기기', 셀 A6에 '무선통신기기 부분품' 그리고 셀 A7에 '기타 무선통신기기'까지 연속하여 총 5개의 변수를 입력한다.

마우스포인터로 셀 A8을 클릭한 후 셀 A8에 '제1-4분위', 이어서 셀 A9에 '제3-4분위', 셀 A10에 '중앙값' 그리고 셀 A11에 '4분위편차계수'라고 입력한다.

마우스로 셀 A3를 클릭한 후 셀 A3부터 셀 A11까지 드래그하면 셀의 색이 반전이 되는데 이러한 상태에서 '홈'의 '맞춤' 아이콘 나타내는 것들 중에서 '텍스트 왼쪽 맞춤'을 나타내는 아이콘 을 누르면 입력된 셀의 문자나 숫자는 왼쪽으로 맞춰진다.

마우스로 셀 B3을 클릭한 후 셀 B3부터 셀 B7까지 드래그하면 셀의 색이 반전이 되는데 이러한 상태에서 '쉼표 스타일' 아이콘 ,을 클릭하면, 1,000단위 구분 기호를 사용하여 셀 값을 표시해 준다.

여기에서 4분위편차계수의 계산 과정은 다음의 [그림 1-30]과 같이 자료를 정리한 후 제1-4분위, 제3-4분위, 중앙값 그리고 4분위편차계수를 실행한다.

[그림 1-30] 무선통신기기 수출액 4분위편차계수

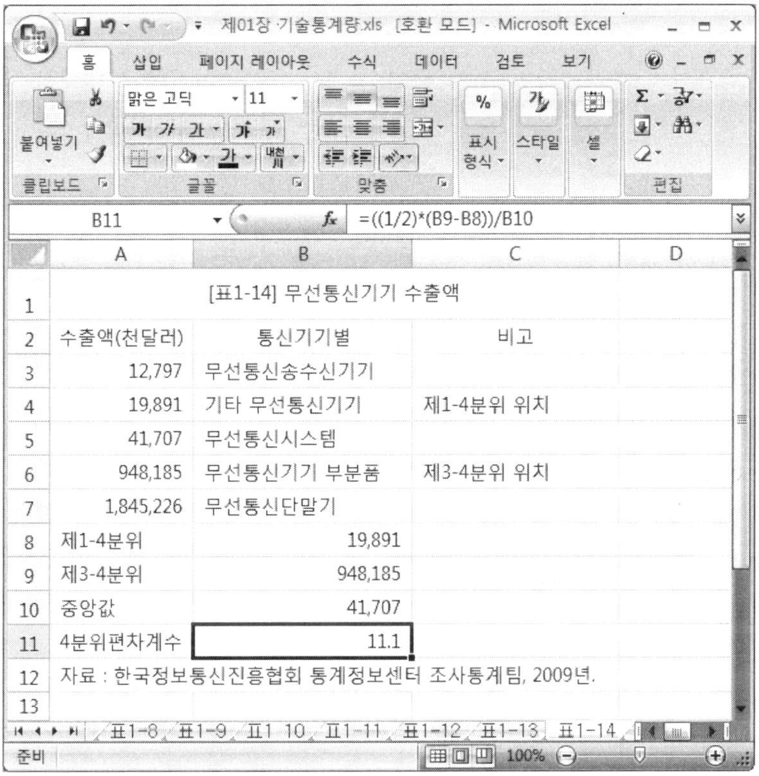

	A	B	C	D
1		[표1-14] 무선통신기기 수출액		
2	수출액(천달러)	통신기기별	비고	
3	12,797	무선통신송수신기기		
4	19,891	기타 무선통신기기	제1-4분위 위치	
5	41,707	무선통신시스템		
6	948,185	무선통신기기 부분품	제3-4분위 위치	
7	1,845,226	무선통신단말기		
8	제1-4분위	19,891		
9	제3-4분위	948,185		
10	중앙값	41,707		
11	4분위편차계수	11.1		
12	자료 : 한국정보통신진흥협회 통계정보센터 조사통계팀, 2009년.			
13				

우선 마우스포인터로 셀 A2를 클릭한 후 왼쪽 마우스 버튼을 누른 상태에서 셀 A2에서 셀 B7까지 드래그를 하면 색이 반전이 된다.

색이 반전이 된 상태에서 마우스 왼쪽 버튼을 떼고, 메뉴에서 데이터 탭을 누르면, '정렬 및 필터' 아이콘에서 정렬을 나타난다. 여기에서 정렬을 나타내는 아이콘 위에 마우스포인터를 올려놓으면, 정렬을 위한 메뉴 상태가 되는데 이것을 누르면 정렬 작업을 위한 대화창이 열린다.

대화창에서 옵션을 누르면, '정렬 옵션'을 나타내는 새로운 대화창이 열리는데 '방향'을 '왼쪽에서 오른쪽(L)'을 지정하고, '확인' 버튼을 누르면 이전의 '정렬' 대화창으로 되돌아간다.

정렬 대화창에서 '행'의 '정렬 기준'을 '행 2'를 선택하고, '정렬'에서 '올림차순'을 지정한 후 '확인' 버튼을 누르면 '통신기기별'과 '수출액(천달러)' 열의 위치가 바뀌게 된다.

마우스포인터로 셀 A2를 클릭한 후 마우스 왼쪽 버튼을 누른 상태에서 셀 A2에서 셀 B11까지 드래그하면 셀의 색이 반전이 된다. 이러한 상태에서 '홈' 메뉴 탭에서 '셀' 아이콘 모음 중에서 '서식' 아이콘을 누르면 서식 대화창이 열리는데 마우스로 '열 너비 자동맞춤(I)'를 선택하면 열의 간격이 자동으로 조정이 된다.

이어서 마우스포인터로 셀 A3을 클릭한 후 왼쪽 마우스 버튼을 누른 상태에서 셀 A3에서 셀 B7까지 드래그를 하면 색이 반전이 된다.

색이 반전이 된 상태에서 마우스 왼쪽 버튼을 떼고, 메뉴에서 데이터 탭을 누르면, '정렬 및 필터' 아이콘에서 정렬을 나타난다. 여기에서 정렬을 나타내는 아이콘 위에 마우스포인터를 올려놓으면, 정렬을 위한 메뉴 상태가 되는데 이것을 누르면 정렬 작업을 위한 대화창이 열린다.

대화창에서 '옵션'을 누르면, '정렬 옵션'을 나타내는 새로운 대화창이 열리는데 '방향'을 '위쪽에서 아래쪽(T)'를 지정하고, '확인' 버튼을 누르면 이전의 '정렬' 대화창으로 되돌아간다.

정렬 대화창에서 '열'의 '정렬 기준'을 '열 A'를 선택하고, '정렬'에서 '오름차순'을 지정한 후 '확인' 버튼을 누르면, 수출액으로 자료가 정렬되어 정리된다. 이 자료를 근거로 4분위편차를 구하기로 한다.

4분위편차는 '제1-4분위수'와 '제3-4분위수' 두 분위 간의 차이를 말한다. 우선 '제1-4분위수'는 셀 B8을 마우스포인터로 지정한 후 함수를 이용하여 '=QUARTILE(A3:A7,1)'을 입력한 후 키 캡 [Enter↵]를 누르면 제1-4분위수 19,891이라는 수치(19,891천달러)로 변환되어 나타난다.

다음으로 '제3-4분위수'는 셀 B9를 클릭하여 '=QUARTILE(A3:A7,3)'을 입력한 후 키 캡 [Enter↵]를 누르면 948,185라는 수치로 변환되어 나타난다.

이어서 '중앙값'은 셀 B10을 클릭하여 '=MEDIAN(A3:A7)'을 입력한 후 키 캡 [Enter↵]를 누르면 41,707이라는 수치로 변환되어 나타난다.

마우스포인터로 셀 B11을 클릭한 후 '=((1/2)*(B9-B8))/B10'를 입력한 후 키 캡 [Enter↵]를 누르면 '4분위편차계수' 11.1이 수치로 변환된다.

4분위편차계수의 계산결과 무선통신기기의 수출은 기기 간 편차가 매우 크다고 말할 수 있을 것이다.

3. 첨도(kurtosis)

일반적으로 표본 특성의 값을 나타낼 때 평균, 산포도, 왜도 등 3가지가 있다. 이러한 특성의 값들을 가지고 표본분포의 특성을 완전하게 나타낼 수 없다. 모든 특성의 값이 같을 지라도 표본분포 평균의 뾰족한 정도가 다를 수도 있다. 이러한 특징을 나타낼 수 있는 특성의 값이 첨도이다.

첨도는 통계 자료를 표현하는 분포도에서 정점의 뾰족한 정도를 나타내는데, 첨예도(尖銳度) 혹은 고봉도(高峯度) 등으로도 불려진다.

특성의 값 계산은 표본분포 모든 변수의 산술평균에서 편차의 제곱합계평균으로 그 분포의 특성을 나타낼 수 있다. 분산은 편차의 제곱합계를 평균하고, 왜도는 편차의 세제곱 합계를 평균하여 나타낼 수 있다.

동일하게 편차의 네제곱 합계를 평균하면, 표본분포의 산술평균 흩어짐 정도를 분산 이상으로 강조되는 특성의 값이 첨도이다. 첨도를 수식으로 나타내면 다음과 같다.

$$\alpha_4 = \frac{\Sigma x^4}{N}$$

α_4 : 첨도

Σx^4 : $x = (X - \overline{X})$의 네제곱 합계

N : 변수의 총 개수

절대적인 첨도가 표본분포의 산포도에 따라서 달라지기 때문에 네제곱 표준편차로 나누어 상대적 첨도를 구하게 된다.

$$\alpha_4 = \frac{\frac{\Sigma x^4}{N}}{S^4}$$

S^4 : 표준편차의 네제곱

α_4의 값을 계산하여 다음과 같은 값,

$\alpha_4 > 3$: 예봉(銳峯)분포

$\alpha_4 = 3$: 정규분포

$\alpha_4 < 3$: 둔봉(鈍峯)분포

등으로 표본분포를 정리할 수 있다. 예를 들면, 첨도의 값이 3을 취할 경우에는 표본분포가 정규분포를 나타낸다고 볼 수 있다.

첨도를 구하는 구체적인 방법은 다음의 수식을 이용하면 손쉽게 구할 수 있다.

$$\alpha^4 = \left\{ \frac{N(N+1)}{(N-1)(N-2)(N-3)} \sum \left(\frac{X_i - \overline{X}}{S} \right)^4 \right\} - \frac{3(N-1)^2}{(N-2)(N-3)}$$

S : 표본집단의 표준편차

[표 1-15]는 2008년 당해연도 지역내총생산에 대한 지출액을 나타내는 자료이다. 이 자료를 근거로 첨도를 구하는데 마이크로소프트사의 엑셀 프로그램을 이용하기로 한다. 첨도는 앞에서 서술한 바와 같이 분포의 뾰족한 정도를 정규분포와 비교하여 나타내는데 정(+)의 첨도는 상대적으로 더 뾰족하고, 부(−)의 첨도는 덜 뾰족하다.

[표 1-15] 지역내총생산에 대한 지출

(단위: 백만원)

행정구역별	지출액
서울	248,383,240
부산	56,182,324
대구	32,714,330
인천	47,827,269
광주	21,745,349
대전	23,218,135
울산	52,408,173

자료 : 통계청 경제통계국 지역소득통계팀, 2008년.

엑셀 프로그램의 스프레드시트에 [표 1-15]의 내용을 셀 A1에서 셀 B9까지 [그림 1-31]과 같이 입력한다.

[그림 1-31]　지역내총생산에 대한 지출의 첨도

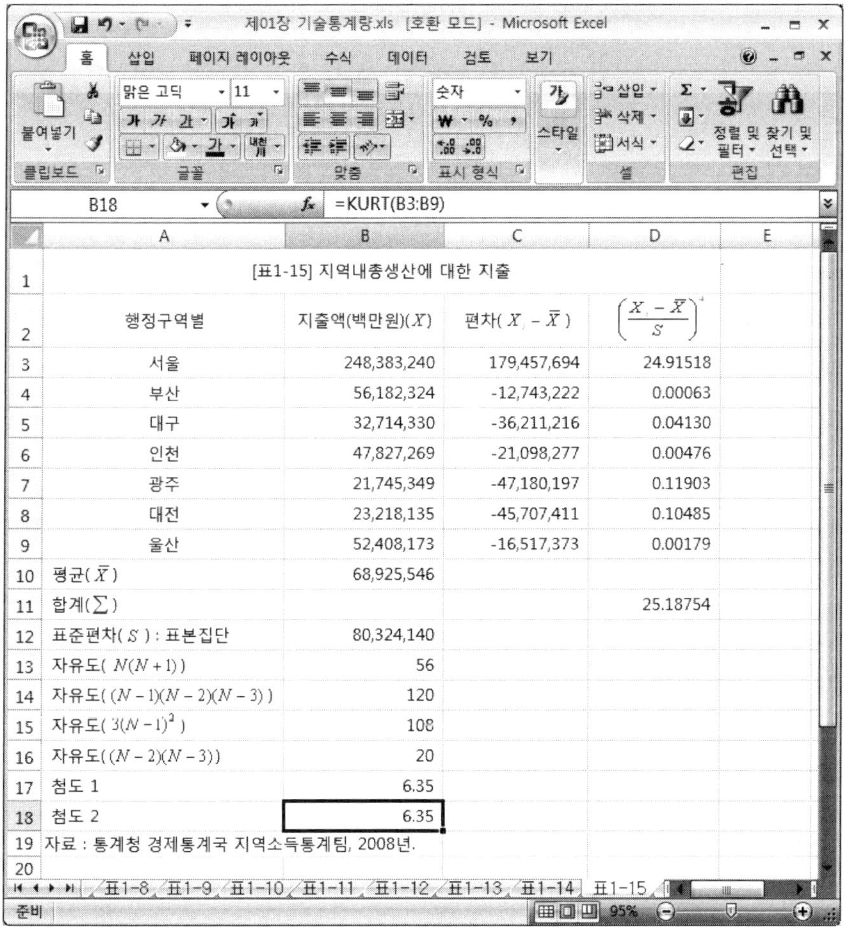

셀 A1에 '[표 1-15] 지역내총생산에 대한 지출'이라고 입력하고, 마우스로 셀 A1을 클릭한 후 마우스 왼쪽 버튼을 누른 상태에서 셀 D1까지 드래그하면 셀의 색상이 반전이 된다.

반전이 된 상태에서 마우스의 왼쪽 버튼을 누른 것을 뗀 후 마우스 포인터를 '병합하고 가운데 맞춤'의 기능을 가지고 있는 아이콘 을 클릭하면 셀 A1에서 셀 C1까지 셀을 병합하고 제목을 가운데로 맞춰 준다.

이어서 셀 A2에 '행정구역별', 셀 B2에 '지출액(백만원)(X)', 셀 C2에 '편차

$(X_i - \overline{X})$' 그리고 편차네제곱을 셀 D2에 '$\left(\frac{X_i - \overline{X}}{S}\right)^4$' 등을 순서대로 입력한다.

마우스로 셀 A2를 클릭한 후 셀 A2부터 셀 D2까지 드래그하면 셀의 색이 반전이 되는데 이러한 상태에서 '홈'의 '맞춤' 아이콘 나타내는 것들 중에서 '가운데 맞춤'을 나타내는 아이콘 을 누르면 입력된 셀의 문자나 숫자는 가운데로 맞춰진다.

마우스포인터로 셀 A3을 클릭한 후 '서울'을 입력한 후 키 캡 Enter↵를 누르고, 이어서 셀 A4에 '부산', 셀 A5에 '대구', 셀 A6에 '인천', 셀 A7에 '광주', 셀 A8에 '대전' 그리고 셀 A9에 '울산'까지 연속하여 총 7개의 변수를 입력한다.

마우스로 셀 A3을 클릭한 후 셀 A3부터 셀 A9까지 드래그하면 셀의 색이 반전이 되는데 이러한 상태에서 '홈'의 '맞춤' 아이콘 나타내는 것들 중에서 '가운데 맞춤'을 나타내는 아이콘 을 누르면 입력된 셀의 문자나 숫자는 가운데로 맞춰진다.

마우스포인터로 셀 A10을 클릭한 후 셀 A10에 '평균($\overline{X}$)', 이어서 셀 A11에 '합계($\sum$)', 셀 A12에 '표준편차(S) : 표본집단', 셀 A13에 '자유도($N(N+1)$)', 셀 A14에 '자유도($(N-1)(N-2)(N-3)$)', 셀 A15에 '자유도($3(N-1)^2$)', 셀 A16에 '자유도($(N-2)(N-3)$)', 셀 A17에 '첨도 1' 그리고 셀 A18에 '첨도 2'라고 입력한다.

마우스로 셀 A10을 클릭한 후 셀 A10부터 셀 A18까지 드래그하면 셀의 색이 반전이 되는데 이러한 상태에서 '홈'의 '맞춤' 아이콘 나타내는 것들 중에서 '텍스트 왼쪽 맞춤'을 나타내는 아이콘 을 누르면 입력된 셀의 문자나 숫자는 왼쪽으로 맞춰진다.

마우스로 셀 B3을 클릭한 후 셀 B3부터 셀 B9까지 드래그하면 셀의 색이 반전이 되는데 이러한 상태에서 '쉼표 스타일' 아이콘 ,을 클릭하면, 1,000단위 구분 기호를 사용하여 셀 값을 표시해 준다.

지역내총생산에 대한 지출액 평균은 마우스로 셀 B10을 클릭한 후 셀 B10에 '=AVERAGE(B3:B9)'라고 입력한 후 키 캡 Enter↵를 누르면 수치로 변환된 평균값이 나타난다.

행정구역별 편차는 마우스로 셀 C3을 클릭한 후 '=B3-$B$10'이라고 입력한 후 키 캡 Enter↵를 누르면 '서울'의 편차값이 구해진다. '부산'부터 '울산'까지의 행정구역에 대한 편차는 다음과 같은 절차를 밟으면 자동으로 손쉽게 계산할 수 있다.

마우스포인터로 셀 C3을 클릭한 후 마우스포인터를 셀 C3의 우측 아래 구석으로 이동한다. 마우스포인터를 검은색 십자의 필 핸들로 바꾸고 마우스 왼쪽 버튼을 누른 상태에서 셀 C3에서 셀 C9까지 아래로 드래그하면 행정구역별 편차값이 자동으로 계산된다.

표본집단의 표준편차는 마우스포인터로 셀 B12를 클릭하고 셀 B12에 '=STDEV(B3:B9)'라고 입력한 후 키 캡 Enter↵를 누르면 표준편차값이 계산된다.

편차네제곱 평균네제곱$\left(\frac{X_i - \overline{X}}{S}\right)^4$의 값은 마우스포인터로 셀 D3을 클릭한 후 '=(C3/$B$12)^4'라고 입력하면 '서울'의 $\left(\frac{X_i - \overline{X}}{S}\right)^4$값이 계산된다. '부산'부터 '울산'까지의 행정구역에 대한 $\left(\frac{X_i - \overline{X}}{S}\right)^4$값은 다음과 같은 절차를 밟으면 자동으로 손쉽게 계산할 수 있다.

마우스포인터로 셀 D3을 클릭한 후 마우스포인터를 셀 D3의 우측 아래 구석으로 이동한다. 마우스포인터를 검은색 십자의 필 핸들로 바꾸고 마우스 왼쪽 버튼을 누른 상태에서 셀 D3에서 셀 D9까지 아래로 드래그하면 행정구역별 $\left(\frac{X_i - \overline{X}}{S}\right)^4$값이 자동으로 계산된다.

편차네제곱 평균네제곱 $\sum\left(\frac{X_i - \overline{X}}{S}\right)^4$값은 마우스포인터로 셀 D11을 클릭한 후 셀 D11에 '=SUM(D3:D9)'라고 입력 후 키 캡 Enter↵를 누르면 $\sum\left(\frac{X_i - \overline{X}}{S}\right)^4$값이 계산된다.

셀 A13의 자유도($N(N+1)$)는 마우스포인터로 셀 B13을 클릭한 후 셀 B13에 '=COUNT(B3:B9)*(COUNT(B3:B9)+1)'이라 입력하고 키 캡 Enter↵를 누르면

자유도($N(N+1)$) 값이 계산된다.

셀 A14의 자유도($(N-1)(N-2)(N-3)$)는 마우스포인터로 셀 B14를 클릭하고 '=(COUNT(B3:B9)-1)*(COUNT(B3:B9)-2)*(COUNT(B3:B9)-3)'이라 입력한 후 키 캡 [Enter↵]를 누르면 자유도($(N-1)(N-2)(N-3)$) 값이 계산된다.

셀 A15의 자유도($3(N-1)^2$)는 마우스포인터로 셀 B15를 클릭한 후 셀 B15에 '=3*(COUNT(B3:B9)-1)^2'라 입력하고 키 캡 [Enter↵]를 누르면 자유도($3(N-1)^2$) 값이 계산된다.

셀 A16의 자유도($(N-2)(N-3)$)는 마우스포인터로 셀 B16을 클릭한 후 셀 B16에 '=(COUNT(B3:B9)-2)*(COUNT(B3:B9)-3)이라 입력하고 키 캡 [Enter↵]를 누르면 자유도($(N-2)(N-3)$) 값이 계산된다.

첨도 값은 두 가지 측면에서 접근하여 구할 수 있다. 하나는 앞에서 언급한 수식인 $\alpha^4 = \left\{ \frac{N(N+1)}{(N-1)(N-2)(N-3)} \sum \left(\frac{X_i - \overline{X}}{S} \right)^4 \right\} - \frac{3(N-1)^2}{(N-2)(N-3)}$에 대입하여 구할 수 있다.

셀 A17의 '첨도 1'은 이 수식에 각각의 값을 대입하여 얻을 수 있는데 마우스포인터로 셀 B17을 클릭하고, '=(B13/B14*D11)-(B15/B16)'이라고 입력하고 키 캡 [Enter↵]를 누르면 수치로 변환된 첨도 값을 얻을 수 있다.

다른 또 하나는 함수를 이용하여 첨도 값을 얻을 수 있다. 셀 A18의 '첨도 2'는 마우스포인터로 셀 B18을 클릭한 후, '=KURT(B3:B9)'라고 입력하고 키 캡 [Enter↵]를 누르면 수치로 변환된 첨도의 값을 얻을 수 있다.

4. 왜도(skewness)

일반적으로 표본 특성의 값을 나타낼 때 평균, 산포도, 비대칭도 등 3가지가 있다. 그러나 이것만으로 표본분포의 특징을 완전하게 나타낼 수 없다. 표본분포의 평균과 표준편차가 같을지라도 분포의 형태가 완전하게 대칭이 되거나 오른쪽으로 치우치거나 왼쪽으로 치우치는 등의 양상이 달라질 수 있다.

이와 같이 표본분포의 평균에서 치우침 정도를 나타내어 분포의 특성을 나타내고자 하는 특성의 값을 왜도, 치우침 정도, 비대칭도(asymmetry) 등이라 부른다. 왜도의 계산법은 다양하지만, 피어슨(Pearson)법과 편차세제곱 평균세제곱근법에 대하여 설명하기로 한다.

1) 피어슨(Pearson)

대칭분포는 분포의 중에 해당하는 산술평균과 빈도가 가장 큰 변수에 해당하는 최빈수가 일치하지만, 비대칭분포는 양자가 일치하지 않고, 치우침 정도가 크며, 산술평균은 분포의 넓이가 큰 쪽으로 이동하여 최빈수로부터 멀어진다.

왜도를 측정하는 수식은 다음과 같이 나타낼 수 있다.

$$D_k = \overline{X} - M_0$$

D_k : 절대적 왜도

$\overline{X}$: 산술평균

M_0 : 최빈수

그러나 일반적으로 이렇게 측정한 왜도는 산포도가 큰 분포에 비하여 작은 분포보다도 큰 것은 당연하다. 그래서 이러한 문제점을 보완하기 위해서 절대적인 왜도를 나타내는 위의 식을 표준편차 S(산포도)로 나누어 상대적인 왜도의 수식으로 나타내면 다음과 같다.

$$S_k = \frac{\overline{X} - M_0}{S}$$

S_k : 상대적 왜도

S : 표준편차

위의 식이 피어슨 왜도라고 하는데, 왜도를 측정한 결과 S_k의 값이

$S_k > 0$: 정(+)의 왜도분포

$S_k = 0$: 대칭분포

$S_k < 0$: 부(−)의 왜도분포

등이 된다.

2) 편차세제곱 평균세제곱근법

이 방법은 각 변수의 평균에서 편차의 총합계평균을 계산하여 플러스인가 마이너스인가에 따라 편차가 얼마나 큰가에 의해서 분포의 방향과 왜도를 알고자 하는데 있다.

그러나 산술평균의 편차 합계는 플러스와 마이너스의 편차가 상쇄되어 항상 제로가 되므로 편차를 그대로 합계하여 평균하는 것은 의미가 없다. 그래서 산술평균의 편차 총합계평균을 세제곱합계평균을 취하면 편차의 부호가 그대로 유지되고, 편차가 큰 변수는 작은 변수로 강조되어 나타나기 때문에 표본분포의 왜도와 방향을 측정할 수 있는데 수식으로 나타내면 다음과 같다.

$$D_k = \frac{\Sigma f(X-\overline{X})^3}{\Sigma f} = \frac{\Sigma f x^3}{\Sigma f}$$

D_k : 절대적 왜도

Σf : 도수 합계

$\overline{X}$: 산술평균

x^3 : 편차 세제곱

그러나 이렇게 측정한 왜도는 절대적인 왜도이기 때문에 산포도가 큰 분포에 비하여 작은 분포보다도 큰 것은 당연하다. 그래서 위의 식을 표준편차 S^3(산포도)로 나누어 상대적인 왜도의 수식으로 나타내면 다음과 같다.

$$S_k = \frac{\frac{\Sigma f x^3}{\Sigma f}}{S^3} \quad \text{또는} \quad S_k = \frac{\sqrt[3]{\frac{\Sigma f x}{\Sigma f}}}{S}$$

왜도를 구하는 구체적인 방법은 편차세제곱 평균세제곱근법을 다음의 수식을 이용하면 손쉽게 구할 수 있다.

$$\alpha^3 = \frac{N}{(N-1)(N-2)} \sum \left(\frac{X_i - \overline{X}}{S} \right)^3$$

S : 표본집단의 표준편차

[표 1-16]은 도시 가구주산업별 1인당 월평균 교육비 수지를 나타내는 자료이다. 이 자료를 근거로 왜도를 구하는데 마이크로소프트사의 엑셀 프로그램을 이용하기로 한다.

[표 1-16] 도시 가구주산업별 1인당 월평균 교육비 수지

(단위: 원)

가구주산업별	교육비
광업제조업	92,211
전기, 하수, 건설업	98,419
도소매, 운수, 숙박음식업	89,737
출판, 금융, 부동산, 전문과학, 사업시설	100,451
공공행정, 교육, 보건, 예술, 협회, 가구내고용	108,564
기타	49,722

자료 : 통계청 경제통계국 지역소득통계팀, 2008년.

왜도는 앞에서 언급한 바와 같이 표본분포의 평균과 표준편차가 같을지라도 분포의 형태가 대칭, 좌우 치우침 등의 양상이 달라질 수 있다. 이러한 양상을 왜도로 알아보기 위해서 엑셀 프로그램의 스프레드시트에 [표 1-16]의 내용을 셀 A1에서 셀 B8까지 [그림 1-32]와 같이 입력한다.

[그림 1-32] 도시 가구주산업별 1인당 월평균 교육비 수지의 왜도

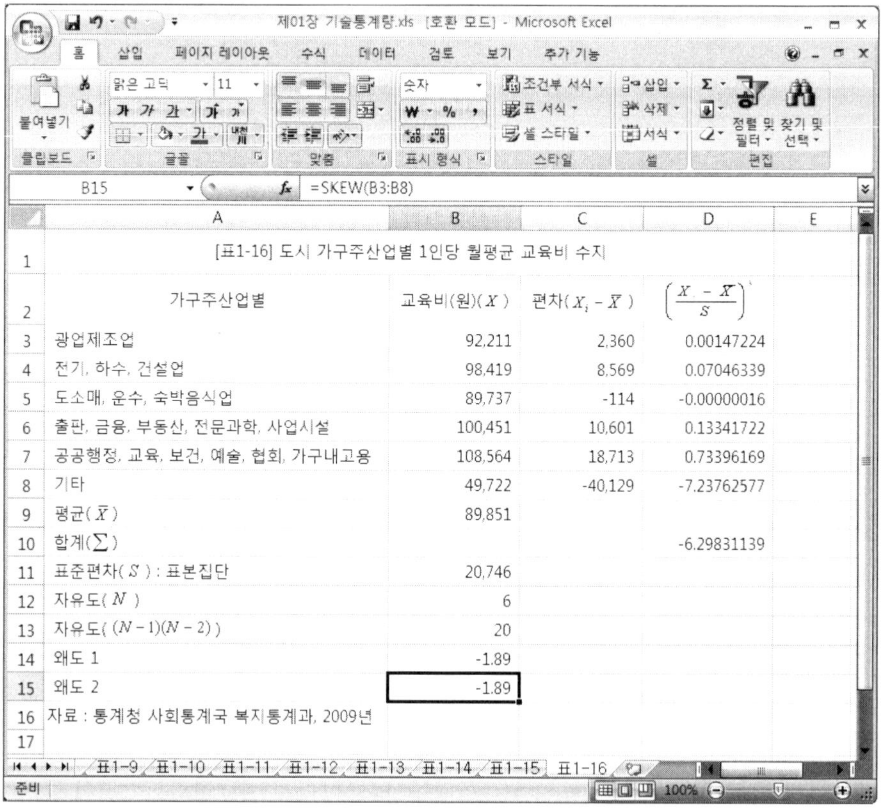

	A	B	C	D
1	[표1-16] 도시 가구주산업별 1인당 월평균 교육비 수지			
2	가구주산업별	교육비(원)(X)	편차($X_i - \overline{X}$)	$\left(\frac{X_i - \overline{X}}{S}\right)^3$
3	광업제조업	92,211	2,360	0.00147224
4	전기, 하수, 건설업	98,419	8,569	0.07046339
5	도소매, 운수, 숙박음식업	89,737	-114	-0.00000016
6	출판, 금융, 부동산, 전문과학, 사업시설	100,451	10,601	0.13341722
7	공공행정, 교육, 보건, 예술, 협회, 가구내고용	108,564	18,713	0.73396169
8	기타	49,722	-40,129	-7.23762577
9	평균($\overline{X}$)	89,851		
10	합계($\sum$)			-6.29831139
11	표준편차(S) : 표본집단	20,746		
12	자유도(N)	6		
13	자유도($(N-1)(N-2)$)	20		
14	왜도 1	-1.89		
15	왜도 2	-1.89		
16	자료 : 통계청 사회통계국 복지통계과, 2009년			

셀 A1에 '[표 1-16] 도시 가구주산업별 1인당 월평균 교육비 수지'라고 입력하고, 마우스로 셀 A1을 클릭한 후 마우스 왼쪽 버튼을 누른 상태에서 셀 D1까지 드래그하면 셀의 색상이 반전이 된다.

반전이 된 상태에서 마우스의 왼쪽 버튼을 누른 것을 뗀 후 마우스 포인터를 '병합하고 가운데 맞춤'의 기능을 가지고 있는 아이콘 을 클릭하면 셀 A1에서 셀 C1까지 셀을 병합하고 제목을 가운데로 맞춰 준다.

이어서 셀 A2에 '가구주산업별', 셀 B2에 '교육비(원)(X)', 셀 C2에 '편차($X_i - \overline{X}$)' 그리고 편차세제곱 평균세제곱을 셀 D2에 '$\left(\frac{X_i - \overline{X}}{S}\right)^3$' 등을 순서대로 입력한다.

마우스로 셀 A2를 클릭한 후 셀 A2부터 셀 D2까지 드래그하면 셀의 색이 반

전이 되는데 이러한 상태에서 '홈'의 '맞춤' 아이콘 나타내는 것들 중에서 '가운데 맞춤'을 나타내는 아이콘 ≡을 누르면 입력된 셀의 문자나 숫자는 가운데로 맞춰진다.

마우스포인터로 셀 A3을 클릭한 후 '광업제조업'을 입력한 후 키 캡 [Enter↵]를 누르고, 이어서 셀 A4에 '전기, 하수, 건설업', 셀 A5에 '도소매, 운수, 숙박음식업', 셀 A6에 '출판, 금융, 부동산, 전문과학, 사업시설', 셀 A7에 '공공행정, 교육, 보건, 예술, 협회, 가구내고용' 그리고 셀 A8에 '기타'까지 연속하여 총 6개의 변수를 입력한다.

마우스로 셀 A3을 클릭한 후 셀 A3부터 셀 A8까지 드래그하면 셀의 색이 반전이 되는데 이러한 상태에서 '홈'의 '맞춤' 아이콘 나타내는 것들 중에서 '텍스트 왼쪽 맞춤'을 나타내는 아이콘 ≡을 누르면 입력된 셀의 문자나 숫자는 왼쪽으로 맞춰진다.

마우스포인터로 셀 A9를 클릭한 후 셀 A9에 '평균(X)', 이어서 셀 A10에 '합계($\sum$)', 셀 A11에 '표준편차(S) : 표본집단', 셀 A12에 '자유도(N)', 셀 A13에 '($N-1$)($N-2$)', 셀 A14에 '왜도 1' 그리고 셀 A15에 '왜도 2'라고 입력한다.

마우스로 셀 A9을 클릭한 후 셀 A9부터 셀 A15까지 드래그하면 셀의 색이 반전이 되는데 이러한 상태에서 '홈'의 '맞춤' 아이콘 나타내는 것들 중에서 '텍스트 왼쪽 맞춤'을 나타내는 아이콘 ≡을 누르면 입력된 셀의 문자나 숫자는 왼쪽으로 맞춰진다.

마우스로 셀 B3을 클릭한 후 셀 B3부터 셀 B9까지 드래그하면 셀의 색이 반전이 되는데 이러한 상태에서 '홈'의 '서식'을 나타내는 아이콘을 누르면 [그림 1-33]과 같은 대화창이 열리면서 '셀 크기', '표시유형', '시트구성', '보호' 등의 각종 서식을 선택하는 메뉴가 나타난다.

'셀 크기' 메뉴에는 '행 높이(H)...', '행 높이 자동 맞춤(A)', '열 높이(W)...', '열 높이 자동 맞춤(I)', '기본 너비(D)...' 등의 기능이 내장되어 있다.

'표시 유형' 메뉴에는 '숨기기 및 숨기기 취소(U)'가 기능이 내장되어 있고, '시트 구성' 메뉴에는 '시트 이름 바꾸기(R)', '시트 이름/복사(M)...', '탭 색(T)' 등의 기능이 내장되어 있다.

[그림 1-33] 서식 메뉴의 각종 기능

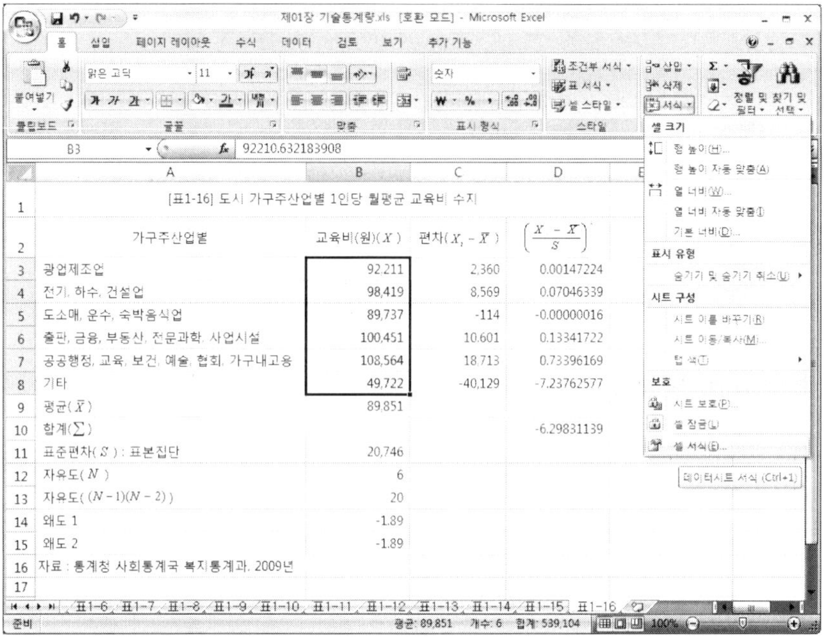

이어서 '보호' 메뉴에는 '시트 보호(P)...', '셀 잠금(L)', '셀 서식(E)...' 등의 기능이 포함되어 있다.

마우스포로 셀 서식을 클릭하면 [그림 1-34]와 같은 대화창이 열린다.

[그림 1-34] 셀 서식 메뉴 기능

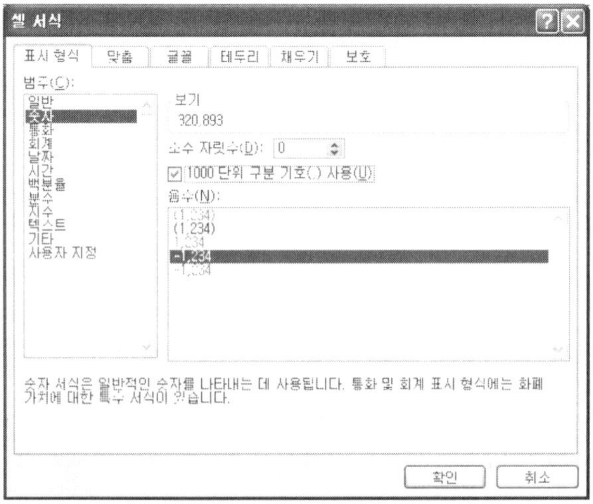

셀 서식은 각 탭에 '표시 형식', '맞춤', '글꼴', '테두리', '채우기' 그리고 '보호' 등의 6가지 각종 셀의 서식을 사용자가 지정할 수 있다

마우스로 '표시 형식' 탭을 누르고, '범주(C)'에서 '숫자'를 지정하고, '보기'의 '소수 자릿수(D)'를 '0'으로 하며, '1000 단위 구분 기호(,) 사용(U)'의 사각형을 체크 표시하고, '음수(N)'를 '-1234'를 지정한 후 '확인' 버튼을 누르면 지정한 셀의 서식이 바뀐다.

도시 가구주산업별 1인당 월평균 교육비 수지의 평균은 마우스로 셀 B9를 클릭한 후 셀 B9에 '=AVERAGE(B2:B8)'이라고 입력한 후 키 캡 [Enter↵]를 누르면 수치로 변환된 평균값이 나타난다.

가구주산업별 편차는 마우스로 셀 C3을 클릭한 후 '=B3-$B$9'이라고 입력한 후 키 캡 [Enter↵]를 누르면 '광업제조업'의 편차값이 구해진다. '전기, 하수, 건설업'부터 '기타'까지의 행정구역에 대한 편차는 다음과 같은 절차를 밟으면 자동으로 손쉽게 계산할 수 있다.

마우스포인터로 셀 C3을 클릭한 후 마우스포인터를 셀 C3의 우측 아래 구석으로 이동한다. 마우스포인터를 검은색 십자의 필 핸들로 바꾸고 마우스 왼쪽 버튼을 누른 상태에서 셀 C3에서 셀 C8까지 아래로 드래그하면 행정구역별 편차값이 자동으로 계산된다.

표본집단의 표준편차는 마우스포인터로 셀 B11을 클릭한 후 셀 B11에 '=STDEV(B3:B8)'라고 입력한 후 키 캡 [Enter↵]를 누르면 표준편차값이 계산된다.

편차세제곱 평균세제곱근법 $\left(\dfrac{X_i-\overline{X}}{S}\right)^3$의 값은 마우스포인터로 셀 D3을 클릭한 후 '=(C3/$B$11)^3'라고 입력하면, '광업제조업'의 편차세제곱 평균세제곱근법 $\left(\dfrac{X_i-\overline{X}}{S}\right)^3$값이 계산된다. '전기, 하수, 건설업'부터 '기타'까지의 가구주산업별에 대한 $\left(\dfrac{X_i-\overline{X}}{S}\right)^3$값은 다음과 같은 절차를 밟으면 자동으로 손쉽게 계산할 수 있다.

마우스포인터로 셀 D3을 클릭한 후 마우스포인터를 셀 D3의 우측 아래 구석으로 이동한다. 마우스포인터를 검은색 십자의 필 핸들로 바꾸고 마우스 왼쪽 버튼을 누른 상태에서 셀 D3에서 셀 D8까지 아래로 드래그하면 가구주산업별 $\left(\frac{X_i - \overline{X}}{S}\right)^3$ 값이 자동으로 계산된다.

편차세제곱 평균세제곱근의 합계 $\sum\left(\frac{X_i - \overline{X}}{S}\right)^3$ 값은 마우스포인터로 셀 D10을 클릭한 후 셀 D10에 '=SUM(D3:D8)이'라고 입력후 키 캡 [Enter↵]를 누르면 $\sum\left(\frac{X_i - \overline{X}}{S}\right)^3$ 값이 계산된다.

셀 A12의 자유도(N)은 마우스포인터로 셀 B12를 클릭한 후 셀 B12에 '=COUNT(B2:B8)'이라 입력하고 키 캡 [Enter↵]를 누르면 자유도(N) 값이 계산된다.

셀 A13의 자유도($(N-1)(N-2)$)는 마우스포인터로 셀 B13을 클릭하고 '=(COUNT(B2:B8)-1)*(COUNT(B2:B8)-2)'이라 입력한 후 키 캡 [Enter↵]를 누르면 자유도($(N-1)(N-2)$) 값이 계산된다.

왜도 값은 두 가지 측면에서 접근하여 구할 수 있다. 하나는 앞에서 언급한 수식인 $\alpha^3 = \frac{N}{(N-1)(N-2)}\sum\left(\frac{X_i - \overline{X}}{S}\right)^3$에 대입하여 구할 수 있다. 셀 A14의 '왜도 1'은 이 수식에 각각의 값을 대입하여 얻을 수 있는데 마우스포인터로 셀 B14를 클릭하고 이어서 셀 B14에 '=((B12/B13)*D10)'이라고 입력하고, 키 캡 [Enter↵]를 누르면 왜도 값을 얻을 수 있다.

다른 또 하나는 함수를 이용하여 왜도 값을 얻을 수 있다. 셀 A15의 '왜도 2'는 마우스포인터로 셀 B15를 클릭한 후, '=SKEW(B3:B8)'라고 입력하고 키 캡 [Enter↵]를 누르면 수치로 변환된 첨도의 값을 얻을 수 있다.

제 3 절 기술통계량 분석도구

기술통계량의 계산은 수집된 표본의 특징을 파악하기 위해서 변수통계표로 정리하여 공개하고 있는 자료를 근거로 한다. 우선 가장 손쉬운 방법을 이용하여 실행하기로 한다.

1. 분석도구 구성요소

마우스 왼쪽 버튼으로 '데이터' 탭을 클릭하고, '데이터 분석' 아이콘을 누르면 [그림 1-35]와 같은 '통계 데이터 분석'의 대화창이 열린다.

[그림 1-35] 통계 데이터 분석 대화창

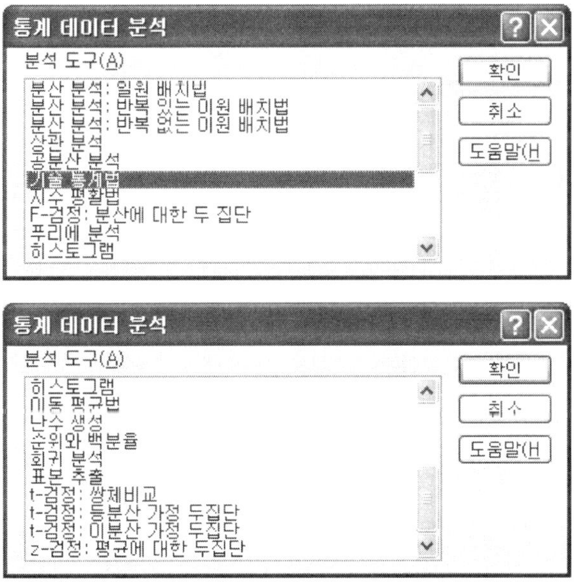

여기에는 '분산분석: 일원배치법', '분산분석: 반복 있는 이원배치법', '분산분석: 반복 없는 이원 배치법', '상관분석', '공분산분석', '기술 통계법', '지수 평활

법', 'F-검정: 분산에 대한 두 집단', '푸리에 분석', '히스토그램', '이동 평균법', '난수 생성', '순위와 백분율', '회귀 분석', '표본 추출', 't-검정: 쌍체비교', 't-검정: 등분산 가정 두 집단', 't-검정: 이분산 가정 두 집단', 'z-검정: 평균에 대한 두 집단' 등의 통계 데이터 분석 도구가 내장되어 있어 사용자가 통계 데이터 분석에 편리하도록 구성되어 있다.

기술 통계법을 활용하려면 '통계 데이터 분석'의 '분석 도구(A)' 중에서 '기술 통계법'을 선택하고 '확인' 버튼을 클릭하면, [그림 1-36]과 같이 '기술 통계법' 대화창이 열린다.

[그림 1-36] 기술 통계법 대화창

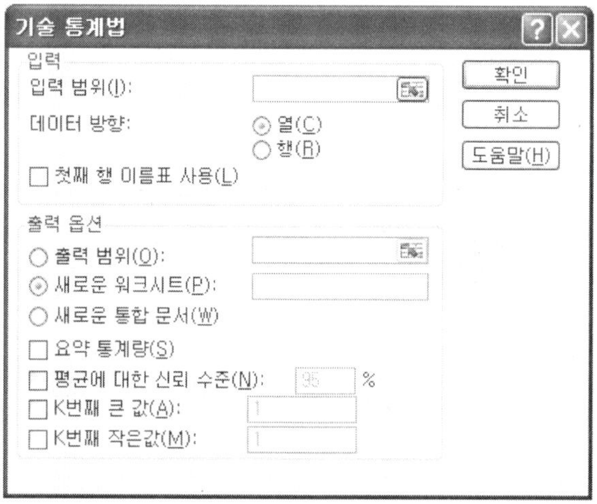

'입력'에는 '입력 범위(I)', '데이터 방향'에 열과 행, '첫째 행 이름표시 사용(L)' 등의 선택사항이 있고, '출력 옵션'에는 '출력 범위(O):', '새로운 워크시트(P):', '새로운 통합 문서(W)', '요약 통계량(S)', '평균에 대한 신뢰 수준(N):', 'K번째 큰 값(A):', 'K번째 작은값(M):' 등의 옵션으로 구성되어 있다.

입력과 출력 옵션을 지정한 후 '확인' 버튼을 누르면, '평균', '표준 오차', '중앙값', '최빈값', '표준 편차', '분산', '첨도', '왜도', '범위', '최소값', '최대값', '합', '관측수' 등 기술 통계에 대한 값이 산출된다.

2. 분석도구 설정

만일에 '분석도구'가 메뉴에 없는 경우 다음과 같은 과정을 거쳐 실행한다. Microsoft Office 단추 를 클릭한 다음 Excel 옵션[Excel 옵션(I)]을 클릭한다. 이어서 '추가 기능'을 클릭한다. '관리' 상자에서 'Excel 추가 기능'을 클릭한 다음 '이동'을 클릭한다.

'사용 가능한 추가 기능' 상자에서 다음 중 하나를 [그림 1-37]과 같이 실행한다. 여기에는 '레이블 인쇄 마법사', '분석 도구', 분석 도구 - VBA', '유로화 도구', 인터넷 길잡이 VBA', '조건부 합계 마법사', 조회 마법사, '해 찾기 추가기능' 등의 기능이 내장되어 있다.

[그림 1-37] 추가기능 설정 대화창

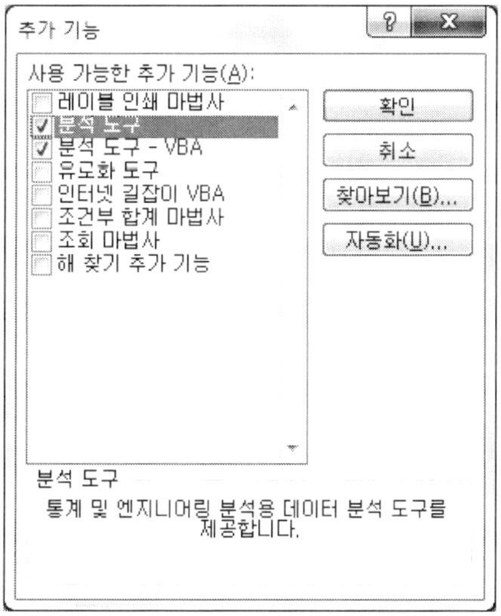

'분석 도구'가 컴퓨터에 현재 설치되어 있지 않음을 알리는 메시지가 표시되면 '예'를 클릭하여 '분석 도구'를 설치한다. 팁 분석 도구를 로드한 후에는 '데이터' 탭의 분석 그룹에서 데이터 분석 [데이터 분석] 명령을 실행할 수 있다.

제 2 장

도수분포

모집단 자료뿐만 아니라 표본을 수집하여 관측치를 얻는 경우에 집계된 자료는 분량이 많고 산만하기 때문에 관측치에 포함된 내용을 파악하기가 용이하지 않다. 이렇게 수집된 자료를 보다 손쉽게 파악하기 위해서 도표나 그림 등으로 나타내는 방법은 모집단과 표본에 내포된 내용을 이해하는데 편리한 통계적 방법 중 하나이다.

제 1 절 도수분포표

본 장에서는 우리나라의 대표적 기업 중의 하나인 자동차 회사의 주식투자수익률이 일반적으로 사용되고 있는 계산식을 이용하여 계산하고, 자동차 회사의 기술통계량을 계산하기로 한다. 그리고 자동차 회사의 자료를 토대로 표본집단의 변수를 정리하는 방법 중 하나로 도수분포표와 도수분포도를 작성하기로 한다.

1. 자동차 회사의 주가수익률

자동차 회사의 주가수익률을 이용하여 도수분포표를 작성하기로 한다. 기업의 주가수익률은 주가금액에 대한 배당과 가치가 상승한 이익의 비율을 지칭하는 것으로 아래와 같은 수식으로 나타낸다.

$$\text{주가수익률}(\%) = \frac{\text{배당} + \text{가치가 상승한 이익}}{\text{주가금액}} \times 100\%$$

주가수익률 R_t를 일반식으로 나타내면 다음과 같다.

$$R_t = \frac{D_t + P_t - P_{t-1}}{P_{t-1}}$$

P_t : 금기(今期)의 주가

P_{t-1} : 전기(前期)의 주가

D_t : 배당

단, 첨자 t : 금기(今期), 첨자 $t-1$: 전기(前期)

위의 식에서 배당 D_t를 고려하지 않으면, 주가기간 당 주가자수익률 R_t를 다음과 같이 수정하여 나타낼 수 있다.

$$R_t = \frac{P_t - P_{t-1}}{P_{t-1}} = \frac{P_t}{P_{t-1}} - 1$$

주가기간을 초단기로 하여 수익을 나타내는 순간복리수익률은 다음과 같이 나타낼 수 있다.

$$R_t = \log\left(\frac{P_t}{P_{t-1}}\right) = \log P_t - \log P_{t-1}$$

$\log P_t$: P_t의 자연대수

[표 2-1]은 자동차 회사의 월별 주가 일부분을 나타낸 자료이며, 주어진 2004년 1월부터 2010년 8월까지의 주가를 위의 식을 이용하여 기업의 주가수익률을 계산할 수 있다.

[표 2-1] 자동차회사의 월별 주가

연/월	주가	연/월	주가
2004/01	52,560	2007/05	64,438
2004/02	47,739	2007/06	72,442
2004/03	50,824	2007/07	78,553
2004/04	50,274	2007/08	72,129
2004/05	44,097	2007/09	70,678
2004/06	42,409	2007/10	67,608
2004/07	42,908	2007/11	68,671
2004/08	47,364	2007/12	72,141
2004/09	53,556		
2004/10	56,476	2008/01	68,761
2004/11	53,702	2008/02	68,419
2004/12	52,092	2008/03	70,874
		2008/04	81,155
2005/01	56,989	2008/05	86,444
2005/02	56,832	2008/06	78,275
2005/03	56,698	2008/07	70,542
2005/04	55,441	2008/08	71,363
2005/05	53,853	2008/09	70,521
2005/06	57,856	2008/10	60,442
2005/07	64,818	2008/11	47,116
2005/08	71,170	2008/12	42,950
2005/09	78,732		
2005/10	76,664	2009/01	45,609
2005/11	82,477	2009/02	50,124
2005/12	95,224	2009/03	52,201
		2009/04	64,075
2006/01	91,356	2009/05	65,936
2006/02	82,553	2009/06	72,255
2006/03	81,831	2009/07	79,265
2006/04	86,088	2009/08	98,867
2006/05	79,761	2009/09	109,557
2006/06	75,418	2009/10	105,190
2006/07	73,958	2009/11	101,774
2006/08	77,773	2009/12	109,878
2006/09	82,264		
2006/10	77,743	2010/01	108,653
2006/11	72,066	2010/02	115,128
2006/12	67,339	2010/03	113,163
		2010/04	125,180
2007/01	65,550	2010/05	136,539
2007/02	70,101	2010/06	139,684
2007/03	67,597	2010/07	137,488
2007/04	63,926	2010/08	139,419

자료 : 한국거래소(http://www.krx.co.kr), 2010년.

본문에서는 원래의 자료를 모두 게재하게 되면 많은 지면을 차지하므로 일부분만 게재하고, 나머지 부분은 부록에 수록하기로 한다.

[표 2-1] 자동차 회사의 월별 주가에 대한 평균수익률을 일반적으로 널리 사용되고 있는 마이크로소프트사의 엑셀 프로그램을 이용하여, 계산하는 과정을 아래와 같이 설명하기로 한다.

엑셀 프로그램의 워크시트 1~2행은 [그림 2-1]과 같이 제목, 연/월, 주가 등의 항목을 입력하고, 셀 C2에는 '수익률'이라 입력한다.

[그림 2-1] 자동차 회사의 주가수익률

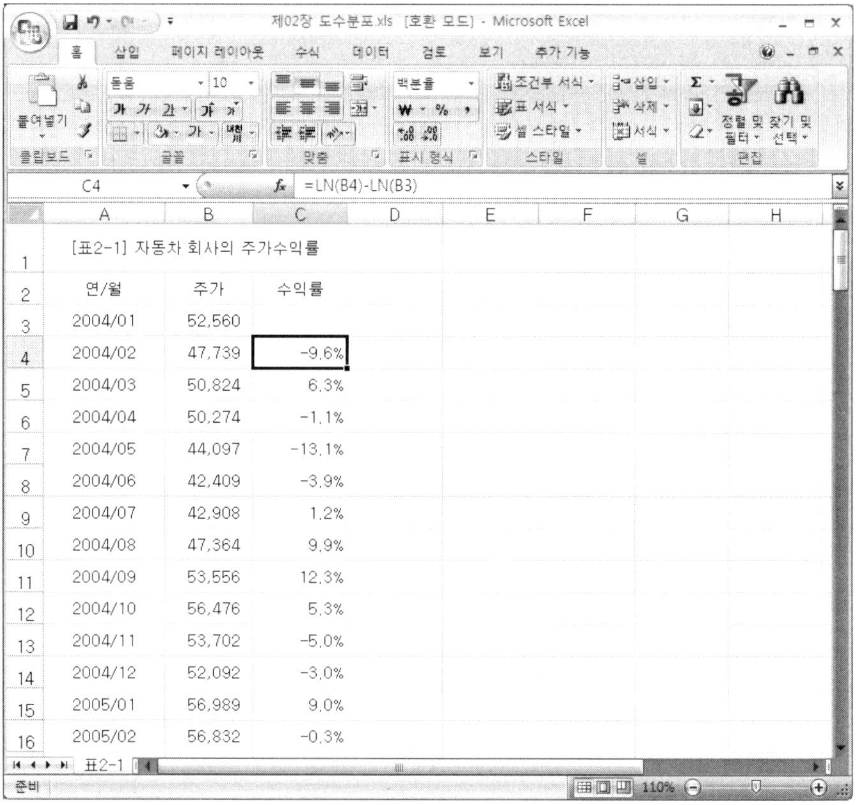

연/월	주가	수익률
2004/01	52,560	
2004/02	47,739	-9.6%
2004/03	50,824	6.3%
2004/04	50,274	-1.1%
2004/05	44,097	-13.1%
2004/06	42,409	-3.9%
2004/07	42,908	1.2%
2004/08	47,364	9.9%
2004/09	53,556	12.3%
2004/10	56,476	5.3%
2004/11	53,702	-5.0%
2004/12	52,092	-3.0%
2005/01	56,989	9.0%
2005/02	56,832	-0.3%

마우스로 셀 A1을 클릭한 후 마우스 왼쪽 버튼을 누른 상태에서 셀 C1까지 드래그하면 셀의 색상이 반전이 된다. 이렇게 반전이 된 상태에서 마우스의 왼쪽 버튼을 누른 것을 뗀 후 마우스 포인터를 '병합하고 가운데 맞춤'의 기능을 가지

고 있는 아이콘 을 클릭하면 셀 A1에서 셀 C1까지 셀을 병합하고 제목을 가운데로 맞춰 준다.

마우스포인터로 셀 A2를 클릭한 후 셀A2에 '연/월', 셀 B2에 '주가' 그리고 셀 C2에 '수익률'이라고 입력하고, 마우스로 셀 A2에서 셀 D2까지 드래그하면 색이 반전이 되는데 이러한 상태에서 '홈'의 '맞춤' 아이콘 나타내는 것들 중에서 '가운데 맞춤'을 나타내는 아이콘 을 누르면 입력된 셀의 문자나 숫자는 가운데로 맞춰진다.

연월을 사용자가 지정하는 순서 절차로 다음과 같이 실행할 수 있다. 우선 마우스로 셀 A3을 클릭하고 이어서 마우스 왼쪽 버튼을 누른 상태에서 셀 A4까지 드래그를 하면 셀의 색상이 반전된다.

색상이 반전된 상태에서 '홈'의 '서식'을 나타내는 아이콘을 누르고, 풀다운메뉴의 맨 아래 부분에 있는 '셀 서식'을 선택한다. 그러면 [그림 2-2]와 같이 '셀 서식'의 새로운 대화창이 나타나게 된다.

[그림 2-2] 셀 서식 대화창

셀 서식 대화창에서 '표시 형식' 탭을 지정하고, '범주(C):' 중에서 '사용자 지정'을 선택한다.

'보기'의 '형식(T):' 아래 공란에 'yyyy/mm'이라고 사용자가 직접 입력한다. 'yyyy'는 연도 4자리수를 나타내고, 'mm'은 월별 2자리수를 나타내는 것을 의미한다.

마우스로 셀 A3을 클릭한 후 셀 A3에 '2004/01'이라고 입력하고, 키 캡 [Enter↵]를 누르면, 셀 A3의 셀 표면에는 '2004/01'로 나타나지만, 셀 A3 안에는 자동으로 '2004-01-01'이라고 입력된다.

이어서 마우스로 셀 A4를 클릭한 후 셀 A4에 '2004/02'이라 입력하고, 키 캡 [Enter↵]를 누르면, 셀 A4에 '2004/02'로 입력되어 나타난다.

마우스로 셀 A3을 클릭하고 셀 A3부터 셀 A4까지 마우스 왼쪽 버튼을 누른 상태에서 드래그를 하면 셀 색상이 반전이 된다.

마우스 버튼 키를 손에서 떼고, 마우스를 셀 A4의 오른쪽 아래 구석으로 이동한다. 마우스포인터는 흰색 십자에서 검은색 십자(필 핸들)로 변하는데, 여기에서 마우스 왼쪽 버튼을 누른 상태에서 셀 A82까지 드래그를 하고, 목적한 장소에서 마우스 왼쪽 버튼을 뗀다.

또는 마우스를 셀 A4의 오른쪽 아래 구석으로 이동하고, 마우스 오른쪽 버튼을 누른 상태에서 목적한 장소까지 드래그를 하고 마우스 버튼을 떼면 오른쪽에 메뉴 화면이 열리면서 '셀 복사(C)', '연속 데이터 채우기(S)', '서식만 채우기(F)', '서식 없이 채우기(O)', '일 단위 채우기(D)', '평일 단위 채우기(W)', '월 단위 채우기(M)', '연 단위 채우기(Y)' 그리고 '연속 데이터(E)' 등의 메뉴가 나타난다.

이들 메뉴 중에서 '연속 데이터 채우기(S)'를 선택하면 지정된 빈 셀을 연도와 월별로 숫자가 '2004/01'에서 '2010/08까지의 형식으로 연속하여 채워준다.

마우스로 셀 B3을 클릭한 후 셀 B3에 '주가' 자료를 입력하여 셀 B82까지 순차적으로 입력한다. 마우스포인터로 셀 B3을 지정한 후 마우스 왼쪽 버튼을 누른 상태에서 셀 B3에서 셀 B82까지 셀의 색상이 반전이 되는데 이때 마우스로 '쉼표 스타일' 아이콘 , 을 클릭하면, 1000단위 구분 기호를 사용하여 셀 값을 표시해 준다.

'수익률' 마우스로 셀 C4를 클릭한 후 셀 C4에 '=LN(B4)-LN(B3)'이라 입력한다. 수익률 계산 방법은 사용자가 직접 키보드로 입력할 수도 있지만, 함수마법사를 사용하면 편리하게 전월 대비 주가 수익률을 도출할 수 있다. 셀 C4를 액티브 셀로 한 상태에서 함수 마법사 아이콘 버튼 fx을 클릭하면 [그림 2-3]과 같은 '함수 마법사' 대화창이 열린다.

[그림 2-3] 함수 마법사 대화창

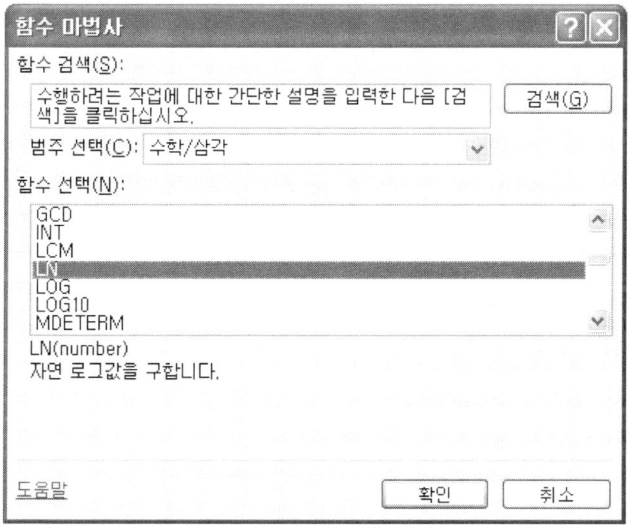

함수 마법사의 '범주 선택(C):'에서 '수학/삼각'을 선택하여, '함수 선택(N):'에서 'LN'을 선택하고, '확인' 버튼을 누르면 [그림 2-4]와 같은 '함수 인수' 대화창이 열린다.

[그림 2-4] 함수 인수 대화창

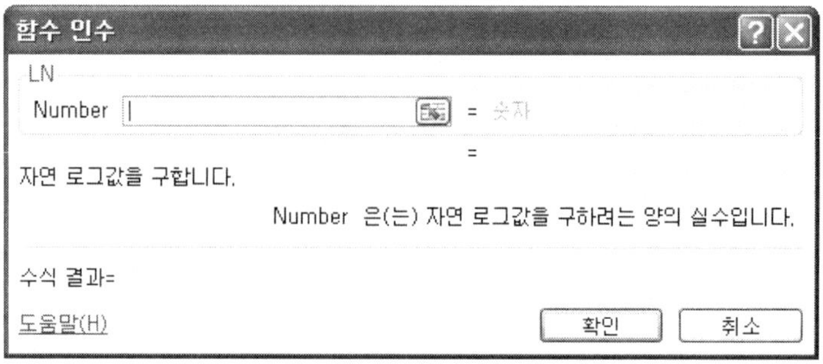

'Number'란에는 'B4'라 입력하고, 워크시트 상에서는 셀 B4를 클릭하면 입력된다.

'확인' 버튼을 클릭하면 셀 C4에는 '=LN(B4)'로 입력된다. 셀 C4를 액티브 셀로 한 상태에서 수식 바의 '=LN(B4)'에 이어서 마이너스 기호 '-'를 입력한 후 다시 함수 마법사 을 클릭한다.

'범주 선택(C):'에서 '최근 사용한 함수'를 선택하여, '함수명(N)'에서 'LN'을 선택하고, '확인' 버튼을 클릭한다. 'Number'란에는 이번에 'B3'이라 입력하고, '확인' 버튼을 누른다. 즉, '=LN(B4)-LN(B3)'가 셀 C4에 입력이 된다.

마우스로 셀 C4를 클릭한 후 '백분율 스타일' 아이콘 버튼 %과 '자릿수 늘림' 아이콘 버튼 과 '자릿수 내림' 아이콘 버튼 을 클릭하여, 자릿수 1자리의 백분율로 표시한다.

이어서 마우스포인터를 셀 C4를 클릭한 후 셀 C4의 오른쪽 아래 구석으로 이동하여 검은색 십자를 필 핸들하여 마우스 왼쪽 버튼을 누른 상태에서 셀 C82까지 드래그하면 셀 C4부터 셀 C82까지 전월 대비주가 수익률의 등락률이 자동으로 계산된다.

2. 도수분포 계급의 결정방법

표본집단의 변량을 눈금으로 정리하면 이 변량을 눈금으로 표본집단을 몇 개의 계급으로 나눌 수 있는 데 이 계급에 포함되는 표본 수를 표로 정리한 것을 도수분포표라 한다.

도수분포표는 계급의 폭인 계간(class interval), 계급의 중앙값인 계심(class mark)이 있다. 도수분포표를 만들 경우 계급 수를 나누는 각 계급의 상하 경계 값인 계간을 정하는 것이 문제이다.

계급수를 결정하는 방법 중에서 자주 사용되는 스터지(Sturges)방식이 있다. 이 방법은 표본집단의 표본수를 계급수로 나누는 데 다음의 식과 같다.

$$n = 1 + \frac{\log N}{\log 2} \equiv 1 + 3.32\log N$$

n : 계급수

N : 표본수

단, log : 상용대수

상기의 스터지방식으로 계산하여 표로 정리한 것이 [표 2-2]에 명시한 스터지표(Sturges' Table)이다. 이 표를 이용하면 계급수를 결정하는 데 편리하다.

[표 2-2] 스터지표(Sturges ' Table)

N	32 ~ 64 ~ 128 ~ 256 ~ 512 ~ 1,024 ~ 2,048 ~ 4,096 ~ 8,192
n	6 ~ 7 ~ 8 ~ 9 ~ 10 ~ 11 ~ 12 ~ 13 ~ 14

[표 2-2]와 같이 계급수가 정해지면 계급 수에 대응하여 경계치를 정하는 문제가 있다. 이러한 문제를 해결하려면 우선 계심을 알기 쉬운 개수가 되도록 경계치를 결정하거나 때에 따라서는 경계치를 정하지 않고 계심을 정하기도 하며, 또는 각 계급의 경계치를 연속시킨다. 단, 표본의 관측치가 이웃하는 계급의 경계가 누락되지 않도록 관측치의 마지막 수치의 1/2을 계급의 경계치로 선정한다.

이상과 같이 계급수와 경계치의 결정기준이 정해지면 이것을 토대로 도수분포표를 손쉽게 만들 수 있다. 도수분포표의 작성 순서는 우선 표본집단 크기 N의 계급수 n을 스터지방식으로 구한다. 다음으로 표본 집단의 최대값 X_{max}와 최소값 X_{min}의 차이에 대한 범위 R을 구한다. 이어서 범위R을 계급수로 나누어 계급 간 h를 선택한다. 마지막으로 계심을 알기 쉬운 경계값을 정하여 표를 작성한다.

일반적으로 좌표의 가로축(x-axis)에 변수, 세로축(y-axis)에 도수를 나타내는데 이를 도수분포도라고 한다. 도수분포도의 유형은 도수주상도(histogram), 도수다각형(frequency polygon), 도수곡선(frequency curve), 누적도수분포곡선(cumulative frequency curve) 등이 있다.

도수주상도는 각 계심의 중심에 계간을 토대로 그것에 대응하는 도수의 높이를 기둥모양으로 나타낸다. 도수다각형은 계심을 가로축에 그것에 대응하는 도수를 세로축으로 취하여 연결하여 나타낸다. 도수곡선은 도수분포표의 계간을 작게 할수록 도수주상도가 곡선모양을 나타낸다. 누적도수분포곡선은 각 계급의 도수를 누적시켜서 총 도수의 비율로 나타낸다.

[표 2-3]은 위에서 설명한 도수, 누적도수, 누적상대도수를 계산하여 표로 나타낸 것이 도수분포표이다.

[표 2-3] 누적도수 및 상대누적도수분포표의 모형

계급	도수 f	누적도수 F	누적상대도수 $\frac{F}{N}$
$C_0 \sim C_1$	f_1	$F_1 = f_1$	$\frac{F_1}{N}$
$C_1 \sim C_2$	f_2	$F_2 = f_1 + f_2$	$\frac{F_2}{N}$
⋮	⋮	⋮	⋮
$C_{n-1} \sim C_n$	f_n	$F_n = f_1 + f_2 + \cdots + f_n$	$\frac{F_n}{N} = 1$
계	N		

제 2 절 도수분포도

'[표 2-1] 자동차 회사의 주가수익률'의 월별 주가에 대한 도수분포표와 도수분포도는 앞에서 계산한 [그림 2-1] 자동차 회사의 주가수익률의 값을 이용하여 설명하기로 한다. [그림 2-5]는 자동차 회사의 주가수익률에 대한 최대값과 최소값을 워크시트 상에서 구한다.

1. 도수분포도의 계급

마이크로소프트사의 엑셀 프로그램 워크시트 상에서 마우스로 셀 E2를 클릭하고, 셀 E2에 '최소값'이라고 입력한 후 키 캡 Enter↵를 누른다. 이어서 마우스로 셀 E3을 클릭한 후 '최대값'이라고 입력하고, 키 캡 Enter↵를 누르면 [그림 2-5]와 같이 나타낼 수 있다.

[그림 2-5] 자동차 회사의 주가수익률의 최대값과 최소값

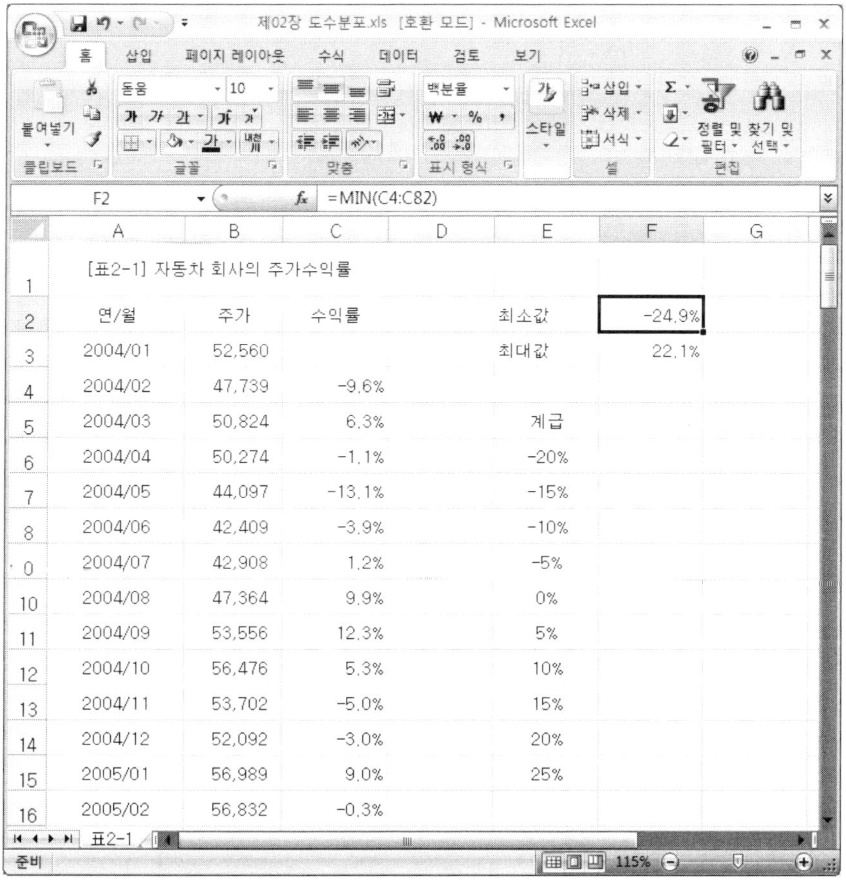

	A	B	C	D	E	F	G
1	[표2-1] 자동차 회사의 주가수익률						
2	연/월	주가	수익률		최소값	-24.9%	
3	2004/01	52,560			최대값	22.1%	
4	2004/02	47,739	-9.6%				
5	2004/03	50,824	6.3%		계급		
6	2004/04	50,274	-1.1%		-20%		
7	2004/05	44,097	-13.1%		-15%		
8	2004/06	42,409	-3.9%		-10%		
9	2004/07	42,908	1.2%		-5%		
10	2004/08	47,364	9.9%		0%		
11	2004/09	53,556	12.3%		5%		
12	2004/10	56,476	5.3%		10%		
13	2004/11	53,702	-5.0%		15%		
14	2004/12	52,092	-3.0%		20%		
15	2005/01	56,989	9.0%		25%		
16	2005/02	56,832	-0.3%				

마우스포인터로 셀 F2를 클릭한 후 최소값 함수 '=MIN(C4:C82)'를 입력하고, 키 캡 Enter↵를 누르면 수치로 변환된 값이 나타난다.

최대값을 구하는 방법은 최소값을 구하는 방법과 마찬가지로 마우스 포인터로 셀 F3을 클릭한 후 최대값 함수 '=MAX(C4:C82)'라고 입력하고, 키 캡 Enter↵를 누르면 수치로 변환된 값이 나타난다.

마우스로 셀 F3에서 셀 F4까지 마우스 왼쪽 버튼을 누른 상태에서 드래그한 후 '백분율 스타일' 아이콘 버튼 과 '자릿수 늘림' 아이콘 버튼 과 '자릿수 내림' 아이콘 버튼 을 클릭하여, 자릿수 1자리의 백분율로 표시한다.

기술통계량 중에서 최소값은 -24.9%, 최대값는 22.1%이므로, 여기에서는 계급의 폭을 5%로 하고, 10개의 계급을 만들기로 한다. 즉,

-25%~-20%, -20%~-15%, -15%~-10%, -10%~5%, 5%~0%,
0%~5%, 5%~10%, 10%~15%, 15%~20%, 20%~25%

10개의 계급을 만든다.

[그림 2-5]와 같이 셀 E5에 '계급'이라 입력하고, 셀 E6~E14에

-20%, -15%, -10%, -5%, 0%, 5%, 10%, 15%, 20%, 25%

라는 10개 계급의 상한 값을 입력한다.

메뉴 화면에서 '데이터' 탭 를 클릭하고, 이어서 '데이터 분석'을 지정하는 아이콘 을 누르면, [그림 2-6]과 같이 '통계 데이터 분석' 대화창이 나타난다.

[그림 2-6] 통계 데이터 분석의 대화창

'통계 데이터 분석'의 '분석 도구(A)' 중에는 여기에는 '분산분석: 일원배치법', '분산분석: 반복 있는 이원배치법', '분산분석: 반복 없는 이원 배치법', '상관분석', '공분산분석', '기술 통계법', '지수 평활법', 'F-검정: 분산에 대한 두 집단', '푸리에 분석', '히스토그램', '이동 평균법', '난수 생성', '순위와 백분율', '회귀 분석', '표본 추출', 't-검정: 쌍체비교', 't-검정: 등분산 가정 두 집단', 't-검정: 이분산 가정 두 집단', 'z-검정: 평균에 대한 두 집단' 등의 통계 데이터 분석 도구가 내장되어 있어 사용자가 통계 데이터 분석에 편리하도록 구성되어 있다.

'통계 데이터 분석'의 '분석 도구(A)' 중에서 '히스토그램'을 선택하고 '확인' 버튼을 누르면 [그림 2-7]과 같이 '히스토그램' 대화창이 열린다.

[그림 2-7] 히스토그램 대화창

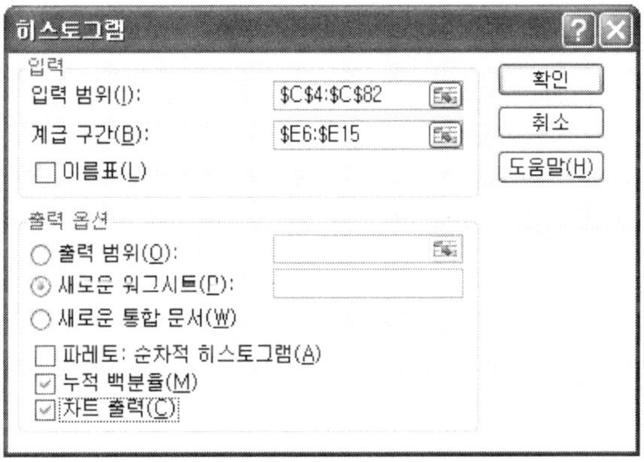

여기에서 '입력 범위(I)'에는 '$C$4: $C$82'라 마우스로 지정하여 입력한다. '계급 구간(B)'에는 '$E6: $E15'라 입력하며, '새로운 워크시트(P)'를 지정하고, '누적 백분율(M)'과 '차트 출력(C)'에 체크마크를 붙이고 '확인' 버튼을 클릭한다.

이때 [그림 2-8]과 같이 새로운 워크시트에 히스토그램이 출력된다. 새로운 워크시트에 히스토그램이 출력하게 된 것은 히스토그램을 생성하는 '출력 옵션'에서 '새로운 워크시트(P)'를 지정한 결과이다.

[그림 2-8] 자동차 회사의 주가수익률 히스토그램

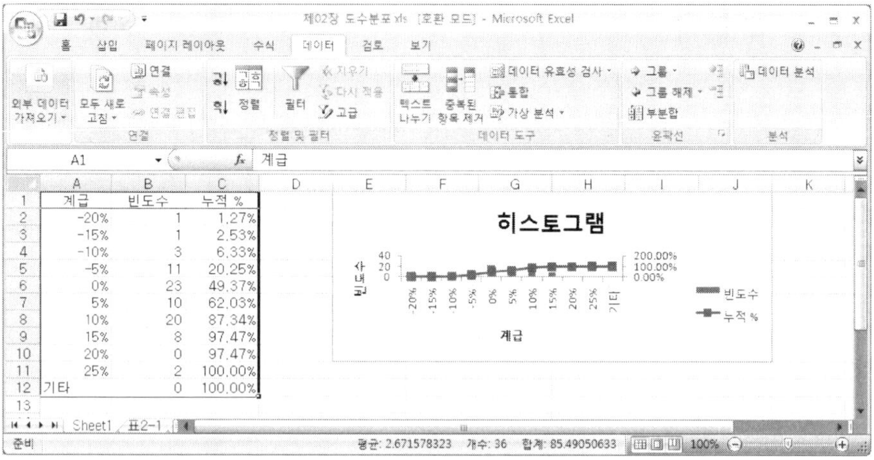

새로운 워크시트 'Sheet1'은 마우스포인터로 지정한 후 마우스 왼쪽 버튼을 더블클릭하면 워크시트 탭의 색상이 반전이 되면서 워크시트 탭 이름을 수정할 수 있는 상태가 된다. 워크시트 탭 이름을 '도수분포도'라고 수정하여 정리하면 [그림 2-9]와 같이 나타낼 수 있다.

[그림 2-9] 자동차 회사의 주가수익률 도수분포도

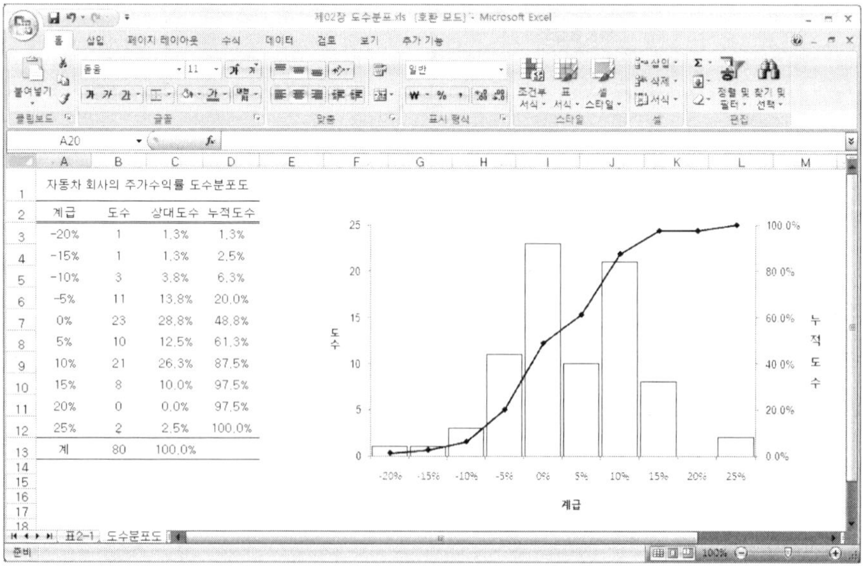

[그림 2-8]의 워크시트 상의 좌측 끝의 행 번호 '12'에 해당하는 '기타'는 25%를 넘어 제로이기 때문에 마우스포인터로 12번째 행을 지정하고, '홈' 메뉴 탭 [홈]을 마우스로 클릭한 후 '삭제' 아이콘 [삭제]'을 눌러 삭제한다.

마우스로 C열을 열 지정하고, '홈' 메뉴 탭 [홈]을 마우스로 클릭한 후 '삽입' 아이콘 [삽입]을 클릭하면, '빈도'와 '누적도수 %' 사이에 빈 열이 만들어 진다.

이어서 1행을 마우스로 지정하고, '홈' 메뉴 탭 [홈]을 마우스로 클릭한 후 '삽입' 아이콘 [삽입]을 클릭한다. 새롭게 삽입된 빈 행이 만들어진다.

마우스포인터로 셀 A1을 클릭하고, 제목을 '자동차 회사의 주가수익률 도수분포도'라고 입력한다. 마우스로 셀 A1을 클릭하고, 마우스 왼쪽 버튼을 누른 상태에서 셀 A1에서 셀 D1까지 드래그하면 셀의 색상이 반전이 된다.

반전이 된 상태에서 마우스의 왼쪽 버튼을 누른 것을 뗀 후 마우스 포인터를 '병합하고 가운데 맞춤'의 기능을 가지고 있는 아이콘 [병합하고 가운데 맞춤]을 클릭하면 셀 A1에서 셀 D1까지 셀을 병합하고 제목을 가운데로 맞춰 준다.

마우스로 셀 B2를 클릭한 후 셀 B2의 '빈도'는 '도수'로 입력하고, 키 캡 [Enter↵]를 누른다. 마우스로 셀 C2를 클릭한 후 셀 C2는 '상대도수'라 입력하고, 키 캡 [Enter↵]를 누른다. 마우스로 셀 D2를 클릭한 후 셀 D2에는 '누적도수'라 수정하고, 키 캡 [Enter↵]를 누른다. 마우스로 셀 A13을 클릭한 후 셀 A13에 '계'라 입력하고, 키 캡 [Enter↵]를 누른다. 이어서 마우스로 셀 B13을 클릭하고, 셀 B13에 총 도수를 구한다.

마우스포인터로 셀 B13을 클릭한 후 '자동 합계' 아이콘 버튼 [Σ]을 누르면, 셀 B13에 '=SUM(B3:B12)'이 자동으로 입력되어 계산된다.

다음으로 '상대도수'를 구하려면, 마우스로 셀 C3을 클릭한 후 셀 C3에 '=B3/$B$13'이라 입력한다. '절대 참조'라 부르는 $마크가 붙은 $B$13은 B13이라 입력한 후 기능 키 [F4]를 눌러서 $마크를 붙인다.

마우스로 셀 C3을 클릭한 후 '백분율 스타일' 아이콘 버튼 [%]과 '자릿수 늘림' 아이콘 버튼 [.00]과 '자릿수 내림' 아이콘 버튼 [.0]을 클릭하여, 자릿수 1자리의 백분율로 표시한다.

마우스포인터로 셀 C3을 클릭한 후 셀 C3의 우측 아래 구석으로 이동하여 검은색 십자를 필 핸들하여 셀 C12까지 드래그하면 나머지 값이 자동으로 계산된다.

마우스로 셀 C13을 클릭한 후 셀 C13에 '자동 합계' 아이콘 버튼 Σ▾을 클릭하고, 키 캡 Enter↵를 누르면 상대도수의 합계 '=SUM(C3:C12)'가 자동으로 계산된다.

'누적도수'는 마우스포인터로 셀 D3에 클릭한 후 셀 D3에 '=C3'이라 입력하고, 셀 D4에는 '=D3+C4'라 입력한다. 마우스로 셀 D4를 클릭한 후 셀 D4를 액티브 셀로 한 상태에서 마우스포인터를 셀 D4의 우측 아래 구석으로 이동하여 검은색 십자를 필 핸들하고, 셀 D12의 우측 아래 구석까지 드래그한다.

지금까지 설명한 내용을 서식의 기능을 활용하여 셀 A1에서 셀 D13까지의 내용을 정리하기로 한다.

마우스포인터로 셀 A1을 클릭한 후 '홈' 홈 메뉴 탭을 누르고 이어서 '셀 서식' 아이콘 서식▾을 누르면 [그림2-10]과 같은 셀 서식에 관련된 기능을 지정하는 풀다운 메뉴화면이 나타난다.

마우스로 '셀 서식' 아이콘 서식▾을 누르면 '셀 크기', '표시 유형', '시트 구성', '보호' 등의 기능을 지정할 수 있는 메뉴 항목이 [그림 2-10]의 왼쪽 메뉴 화면이 나타난다.

여기에서 마우스포인터로 '행 높이(H)..' 메뉴를 갔다대면 [그림 2-10]의 오른쪽 메뉴 화면처럼 '행 높이(H).' 메뉴가 주황색으로 반전이 된다.

[그림 2-10] 셀 서식 설정 메뉴화면

이러한 상태에서 마우스 왼쪽 버튼을 누르면 [그림 2-11]과 같은 '행 높이'를 설정하는 '행 높이(R):'의 입력 공간에 '30'이라고 입력한 후 '확인' 버튼 [확인]을 누르면 지정한 행의 높이가 벌어진다.

이어서 마우스로 셀 A2를 클릭하고, 마우스 왼쪽 버튼을 누른 상태에서 셀 A2에서 셀 A13까지 드래그하면 셀의 색상이 반전이 된다.

[그림 2-11] 행 높이 설정 메뉴화면

이렇게 셀의 색상이 반전이 된 상태에서 마우스로 '홈' [홈] 메뉴 탭을 누르고 이어서 '셀 서식' 아이콘 [서식]을 누르면 [그림 2-10]과 같은 셀 서식에 관련된 기능을 지정하는 풀다운 메뉴화면이 나타난다.

마우스로 '셀 서식' 아이콘 [서식]을 누르면 '셀 크기', '표시 유형', 시트 구성', '보호' 등의 기능을 지정할 수 있는 메뉴 항목이 [그림 2-10]의 왼쪽 메뉴 화면이 나타난다.

여기에서 마우스포인터로 '행 높이(H)...' 메뉴를 갔다대면 [그림 2-10]의 오른쪽 메뉴 화면처럼 '행 높이(H)...' 메뉴가 주황색으로 반전이 된다.

이러한 상태에서 마우스 왼쪽 버튼을 누르면 [그림 2-11]과 같은 '행 높이'를 설정하는 '행 높이(R):'의 입력 공간에 '20'이라고 입력한 후 '확인' 버튼을 누르면 지정한 행의 높이가 벌어진다.

마우스로 셀 A2를 클릭하고, 마우스 왼쪽 버튼을 누른 상태에서 셀 A2에서 셀 D2까지 드래그하면 셀의 색상이 반전이 된다.

이러한 상태에서 마우스로 '홈' 메뉴 탭을 누르고 이어서 '테두리'를 지정하는 아이콘 의 오른쪽 역삼각형 기호를 누르면 [그림 2-12]의 왼쪽과 같은 셀 테두리를 설정하는 풀다운 메뉴화면이 펼쳐진다.

여기에서 마우스포인터를 메뉴화면 위에 올려놓으면 메뉴의 색상이 주황색으로 반전이 되는데 테두리 설정 종류 중에서 마우스를 '위쪽/아래쪽 이중 테두리(U)' 아이콘 을 누르면 셀 A2에서 셀 D2까지의 테두리 설정이 완료된다.

[그림 2-12] 셀 테두리 설정 메뉴화면

이어서 마우스로 셀 A13을 클릭하고, 마우스 왼쪽 버튼을 누른 상태에서 셀 A13에서 셀 D13까지 드래그하면 셀의 색상이 반전이 된다.

이러한 상태에서 마우스로 '홈' 메뉴 탭 을 누르고 이어서 '테두리'를 지정하는 아이콘 의 오른쪽 역삼각형 기호를 누르면, '테두리'를 설정하는 풀다운 메뉴가 펼쳐진다. 여기에서 마우스포인터로 '위쪽/아래쪽 테두리(D)' 아이콘 을 누르면 셀 A13에서 셀 D13까지의 테두리 설정이 완료된다.

처음에 만든 [그림 2-8]의 히스토그램을 [그림 2-9]와 같은 모양으로 바꾸려면 다음과 같은 절차를 거치면 가능해 진다.

우선 마우스포인터로 히스토그램의 그림영역을 왼쪽 버튼을 눌러 지정하면 '차트 도구' 로 바뀌고, 이어서 마우스 왼쪽 버튼으로 더블클릭하면 '디자인' 탭 으로 전환되면서 차트의 각종 설정을 사용자가 지정할 수 있는 메뉴화면 상태로 된다.

옆으로 되어 있는 세로 축 제목 '빈도수'를 사용자가 수정하려면 다음과 같은 절차를 거친다. 우선 마우스로 '차트 도구'의 '서식' 탭 을 마우스로 클릭하면 차트의 서식 메뉴화면이 아래 [그림 2-13]의 왼쪽과 같은 화면으로 바뀐다.

[그림 2-13] 차트 도구 서식 메뉴화면

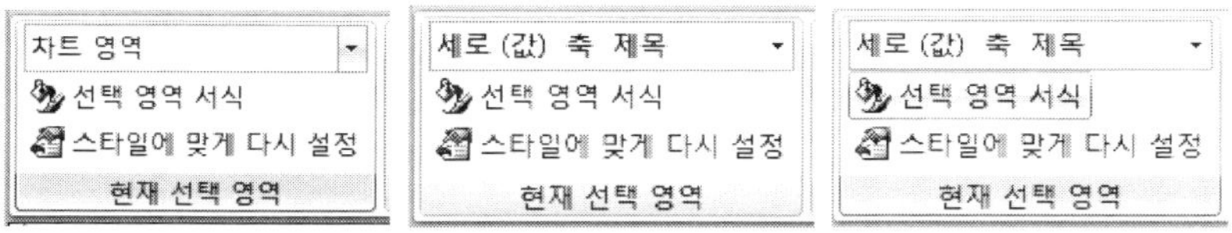

이어서 마우스로 차트 영역을 클릭한 후 옆으로 누어있는 '빈도수'를 클릭하면 [그림 2-13]의 가운데와 같은 메뉴화면으로 바뀐다.

그리고 마우스를 '세로 (값) 축 제목' 위에 올려놓으면 '선택 영역 서식' 메뉴화면 이 주황색으로 바뀐다. 이때 마우스 왼쪽 버튼으로 '맞춤' 누르면 [그림 2-14]와 같은 '축 제목 서식' 대화창이 열린다.

마우스포인터로 '맞춤' 을 선택한 후 '텍스트 방향(X)'의 옵션을 [그림 2-14]의 위쪽 화면 중에서 '세로형'을 선택하면 [그림 2-14]의 아래와 같은 메뉴화면으로 바뀌고 '닫기'를 누르면 옆으로 누워있던 세로 축 제목 '빈도수'가 세로형식으로 바뀌진다.

나머지 '선택 영역 서식'에 해당하는 '세로 (값) 축', '가로 항목 축 제목', '가로 항목 축', '보조 세로 (값) 축', '계열 "빈도수" 범례 항목', '계열 "누적 %" 범례 항목' 등은 [그림 2-14]와 동일한 절차를 거쳐서 사용자가 구현하고자 하는 목적에 맞춰서 차트의 서식을 설정할 수 있다.

[그림 2-14] 축 제목 서식 대화창

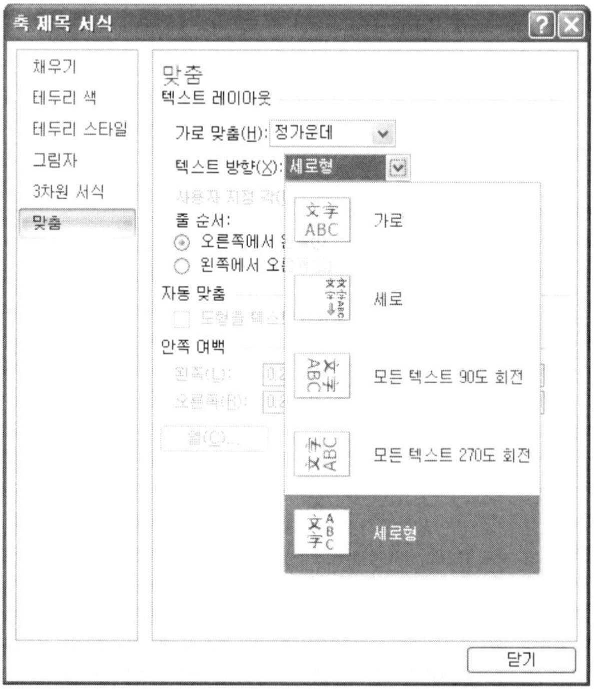

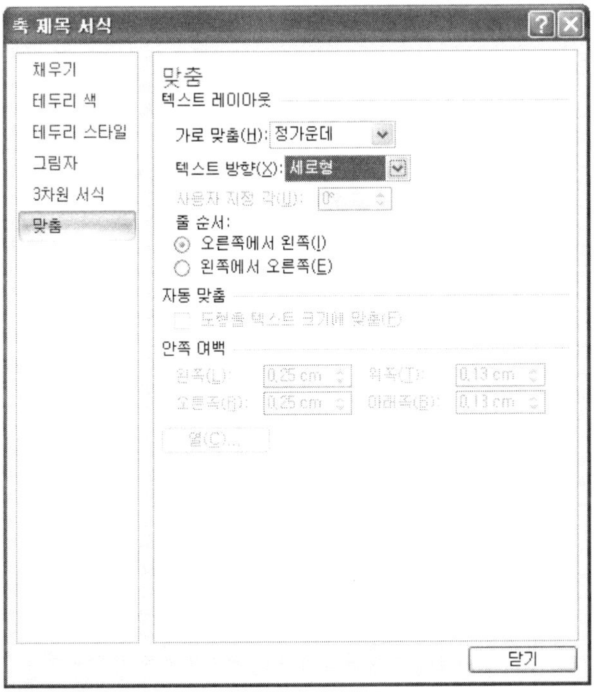

아직까지 언급하지 않은 '세로 (값) 축'과 '보조 세로 (값) 축'의 서식은 마우스로 '선택 영역 서식' 메뉴화면 을 클릭하면 [그림 2-15]와 같은 '축 서식' 대화창이 나타난다. 여기에서 축 서식 옵션에 관련된 서식을 사용자가 지정한 후 '닫기' 버튼 을 누르면 축 서식의 설정이 완료된다.

[그림 2-15] 축 서식 대화창

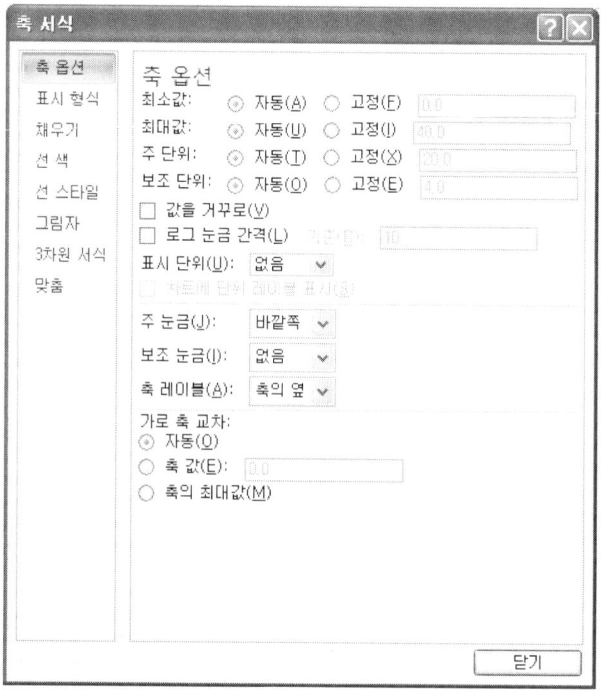

'축 옵션'은 최소값, 최대값, 주 단위, 보조 단위, 값을 거꾸로(V), 로그 눈금 간격(L), 표시 단위(U):, 주 눈금(J):, 보조눈금(I):, 축 레이블(A): 등이 있고, '가로 축 교차:'에는 자동(O), 축 값(E):, 축의 최대값(M) 등을 사용자가 선택하여 설정할 수 있다.

이외에 '표시 형식', '채우기', '선 색', '선 스타일', '그림자', '3차원 서식' 그리고 '맞춤' 등도 사용자가 차트의 서식에 맞추어 설정할 수 있다.

이어서 '가로 항목 축 제목'의 서식은 마우스로 '선택 영역 서식' 메뉴화면 선택 영역 서식 을 클릭하면 [그림 2-16]과 같은 '축 제목 서식'의 대화창이 나타난다. 여기에서 축 제목 옵션에 관련된 서식을 사용자가 지정한 후 '닫기' 버튼 닫기 를 누르면 서식 설정이 완료된다.

[그림 2-16] 축 제목 서식 대화창

'채우기'는 채우기 없음(N), 단색 채우기(S), 그라데이션 채우기(G), 그림 또는 질감 채우기(P) 그리고 자동(O) 등이 있다.

이외에도 '테두리 색', '테두리 스타일', '그림자', '3차원 서식' 그리고 '맞춤' 등을 사용자가 지정할 수 있는 부분이다.

다음으로 '가로 항목 축'의 서식은 마우스로 '선택 영역 서식' 메뉴화면 선택 영역 서식 을 클릭하면 [그림 2-17]과 같은 '가로 항목 축' 대화창이 나타난다. 여기에서 축 옵션에 관련된 서식을 사용자가 지정한 후 '닫기' 버튼 닫기 를 누르면 서식 설정이 완료된다.

[그림 2-17] 가로 항목 축의 서식 대화창

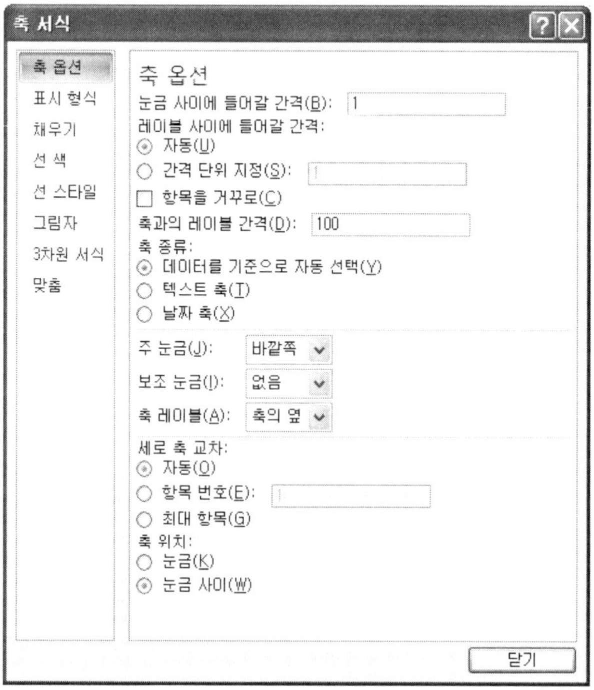

가로 항목 축의 서식은 축 서식의 '축 옵션'이 '눈금 사이에 들어갈 간격(B):'에 직접 빈 공간에 사용자가 입력하고, '레이블 사이에 들어갈 간격:'에는 '자동'이나 '간격 단위 지정(S):'의 빈 공란에 직접 입력한다.

'항목을 거꾸로(C):'의 설정이 필요할 경우 사각형을 체크하면 가능하고, '축과의 레이블 간격(D):'의 설정은 사용자가 직접 입력하면 가능하다.

'축 종류:'는 '데이터를 기준으로 자동 선택(Y)', '텍스트 축(T)', '날짜(X)' 중에서 하나를 선택할 수 있다.

'주 눈금(J)', '보조 눈금(I)', '축 레이블(A)' 등은 각 옵션을 지정하면 된다. '세로 축 교차:'는 '자동', '항목 번호(E)', '최대 항목(G)' 등을 선택할 수 있다. '축 위치:'는 '눈금(K)', '눈금 사이(W)' 중에서 선택할 수 있다.

'축 옵션' 이외에 '표시 형식', '채우기', '선 색', '선 스타일', '그림자', '3차원 서식', '맞춤' 등 중에서 사용자가 마우스로 클릭하면 옵션을 설정하는 다양한 기능이 내장되어 있다.

또한 '계열 "빈도수" 범례 항목'과 '계열 "누적 %" 범례 항목'의 서식은 마우스로 '선택 영역 서식' 메뉴화면 [선택 영역 서식]을 클릭하면 [그림 2-18]과 같은 '범례 서식'의 대화창이 나타난다. 여기에서 축 옵션에 관련된 서식을 사용자가 지정한 후 '닫기' 버튼 [닫기]를 누르면 서식 설정이 완료된다.

[그림 2-18] 가로 항목 축의 서식 대화창

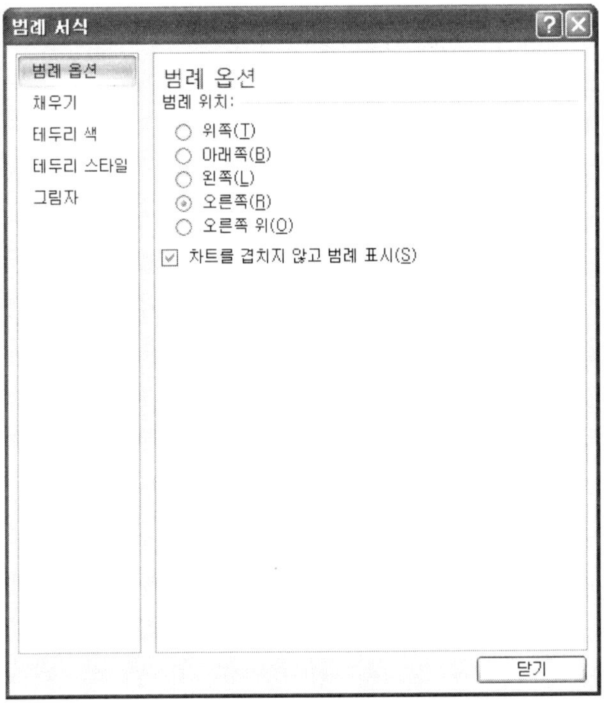

'범례 서식'의 '범례 옵션'은 '범례 위치:'에 '위쪽(T)', '아래쪽(B)', '왼쪽(L)', '오른쪽(R)' 그리고 '오른쪽 위(O)' 등이 있다. '차트를 겹치지 않고 범례 표시(S)'는 사각형 체크 여부에 따라 옵션 설정을 결정할 수 있다.

전술한 바와 같이 차트의 각 영역별 옵션은 사용자의 목적에 맞추어 설정하면 섬세한 모양을 구현할 수 있다.

[그림 2-8]의 히스토그램의 차트 영역을 앞에서 설명한 각 차트 서식을 정리하여 나타낸 도수분포도가 다음의 [그림 2-19]이다.

[그림 2-19] 자동차 회사의 주가수익률 도수분포도 수정

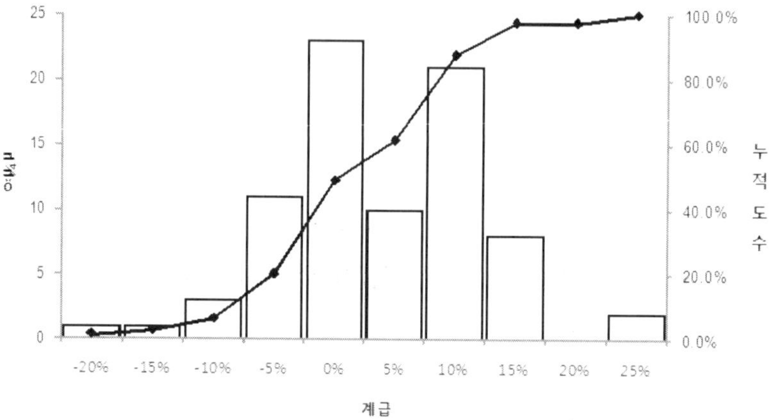

[그림 2-19]는 이미 앞에서 명시한 [그림 2-9]의 오른쪽에 있는 도수분포도를 [그림 2-20]의 '차트 영역 서식'을 이용하여 수정한 것이다.

[그림 2-20] 차트 영역 서식 대화창

마우스로 차트 영역을 클릭한 후 마우스로 '선택 영역 서식' 메뉴화면 선택 영역 서식 을 클릭하면 [그림 2-20]과 같이 '차트 영역 서식'을 설정할 수 있다. '차트 영역 서식'의 '채우기'에는 '채우기 없음(N)', '단색 채우기(S)', '그라데이션 채우기(G)', '그림 또는 질감 채우기(P)' 그리고 '자동(U)' 중에서 '채우기 없음(N)'을 지정하고 '닫기'를 누르면 설정이 완성된다.

이어서 '테두리 색'의 설정은 [그림 2-21] 차트 영역 서식 대화창에 나타낸 바와 같다.

[그림 2-21] 차트 영역 서식 대화창

마우스로 차트 영역을 클릭한 후 마우스로 '선택 영역 서식' 메뉴화면 선택 영역 서식 을 클릭하면 [그림 2-21]과 같이 '차트 영역 서식'을 설정할 수 있다. '차트 영역 서식'의 '테두리 색'에는 '선 없음(N)', '실선(S)', '그라데이션 선(G)' 그리고 '자동(U)' 중에서 '선 없음(N)'을 지정하고 '닫기'를 누르면 설정이 완성된다.

이렇게 차트 영역 서식의 설정을 완료하면 도수분포도는 워크시트의 눈금선이 투명하게 된 차트 영역에 비춰진다.

마우스포인터로 '보기' 보기 메뉴의 탭을 클릭하면 [그림 2-22]의 워크시트 눈금선 옵션 중에서 왼쪽과 같은 화면이 나타난다. 선택 옵션 중에서 '눈금선' ☑ 눈금선 의 왼쪽 사각형에 체크 표시가 되어 있는데 이것은 워크시트의 눈금선을 나타내는 기능을 가지고 있다.

[그림 2-22] 워크시트 눈금선 옵션

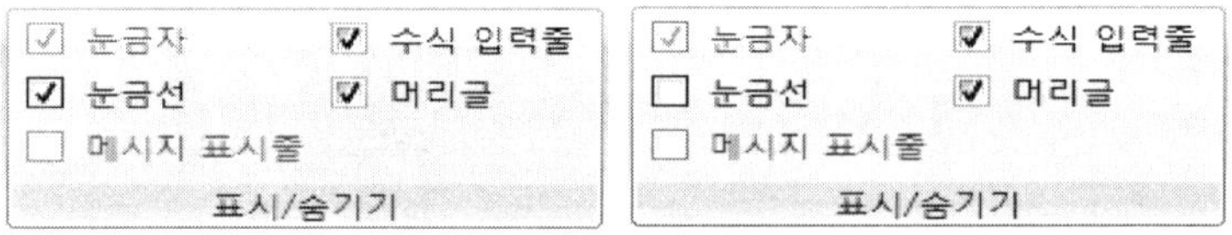

이미 설정을 완료한 '[그림 2-9] 자동차 회사의 주가수익률 도수분포도'는 차트 영역이 투명하게 설정이 되어 있기 때문에 워크시트의 눈금선이 차트 영역에 비춰지고 있다.

워크시트 눈금선을 제거하려면 [그림 2-22]의 오른쪽 옵션 화면과 같이 '눈금선'의 왼쪽 사각형 체크 기호를 제거 즉, ☐ 눈금선 이와 같이 제거하면 워크시트의 눈금선이 없어지고 워크시트 바탕 화면 전체가 흰색으로 바뀌게 된다.

2. 도수분포도의 분석결과

2004년 1월부터 2010년 8월까지 월별 자동차 회사의 주가수익에 대한 분석결과 주가수익률은 [그림 2-5]와 같이 최소값 -24.9%, 최대값 22.1%가 얻어졌다. 여기에서 기초통계 값을 가지고 10개의 계급으로 나누어 주상도수분포도(histogram)를 [그림 2-19]와 같이 작성하였다.

자동차 회사의 주가수익률은 2004년 이후 7년 8개월 동안 월별 주가수익률은 0%가 가장 많고, 10%가 그 뒤를 이어가고 있다. 자동차 회사의 주가수익률의 주상도수분포도는 주로 10% 이하로 편중 되는 경향을 보이는 것을 알 수 있다. 지난 7년 8개월 동안 자동차 회사의 주가수익률이 10% 이하인 것으로 보아 자동차 회사는 주식을 통하여 괄목할 만한 수익을 올리지 못했다고 판단할 수 있을 것이다.

구체적으로 [그림 2-19]의 '자동차 회사의 주가수익률 도수분포도'를 보기로 한다. 상대도수를 보면 주식투자 수익률이 -25% 이하인 것은 과거 7년 8개월 동안의 80개(월별) 관측치의 1.3%이라는 것을 알 수 있다. 동일하게 주가수익률이 5% 이상 10% 이하인 것은 80개 관측치의 38.8%인 것을 알 수 있다.

누적도수를 보면 주가수익률이 0%이하인 것은 80개의 관측치의 48.8%이고, 0%를 넘는 것은 관측치의 51.2%(=100%-48.8%)이라는 것을 알 수 있다. 어쨌든 최근 데이터에서 향후 자동차 회사의 주가수익률을 예측하는 경우에 참고가 될 것으로 상정한다.

제 3 장

평균(mean)

통계학에서 가장 중요한 개념 중의 하나가 평균(mean) 또는 대푯값(average)이다. 평균은 표본집단을 구성하는 모든 변수를 어떤 방법을 가지고 분포의 평균으로 보는 계산적인 평균이 있고, 모든 변수 중에서 어떤 의미의 중심적인 위치를 차지하는 변수를 가지고 분포의 평균으로 보는 위치적인 평균이 있다.

각 평균은 이용하는 목적에 따라 구분한다. 계산적인 평균에는 산술평균, 기하평균, 조화평균 등이 있다. 위치적인 평균에는 중앙값, 4분위값, 최빈값(mode) 등이 있다.

경영이나 경제 분야에서 시간이 중요한 변수로 인식되는 경우가 있는데 시간에 따라 관측한 값을 이동평균을 취하여 순환변동, 계절변동, 불규칙변동 등을 제거하는데 활용된다.

제 1 절 산술평균(arithmetic mean)

산술평균은 표본집단 변수의 합계를 그 변수의 개수로 나누어 얻는 평균이다. 산술평균은 단순산술평균, 가중산술평균 등이 있다.

단순산술평균은 표본집단의 모든 변수를 직접 합하여 그것을 변수의 개수로 나누어 얻을 수 있다. 모든 변수 X_1, X_2, ⋯, X_N의 합계 $\sum_{i=1}^{N} X_i$를 변수의 개수 N으로 나누어 단순산술평균 $\overline{X}$를 나타내면 다음과 같다.

$$\overline{X} = \frac{X_1 + X_2 + \cdots + X_N}{N} = \frac{1}{N}\sum_{i=1}^{N} X_i$$

가중산술평균은 각 변수를 각각의 중요도에 비례하여 평균한 계산적 평균이다. 모든 변수 X_1, X_2, ⋯,X_N에 중요도 w_1, w_2, ⋯,w_N라 하면 가중산술평균 $\overline{X_w}$는 다음과 같다.

$$\overline{X_w} = \frac{w_1 X_1 + w_2 X_2 + \cdots + w_N X_N}{w_1 + w_2 + \cdots + w_N} = \frac{\sum w_i X_i}{\sum w_i}$$

가중산술평균은 각 변수의 중요도에 차이가 있는 경우에 이용되는 산술평균이기 때문에 비례수의 평균에는 당연히 가중산술평균이 이용되지만, 그 외의 비율, 평균치의 평균에도 가중산술평균을 이용해야 한다. 왜냐하면 비율, 평균치는 평균해야 할 표본집단의 배경에 있는 모집단의 크기에 따라 각각 중요도가 다르기 때문이다.

1. 자동차회사의 주식 평균

아래의 [표 3-1]은 자동차회사의 2010년 8월말 주가와 거래량을 나타내고 있다. 자동차회사의 주식에 대한 산술평균, 가중산술평균을 계산할 수 있다.

[표 3-1] 자동차회사의 주가와 거래량

(단위: 원, 개)

회사명	주가	거래량
A자동차	31,106	64,737,138
B자동차	11,201	35,966,652
C자동차	139,419	22,149,230

자료 : 한국거래소(http://www.krx.co.kr), 2010년.

[표 3-1]의 자동차회사의 주식에 대한 평균은 일반적으로 널리 사용되고 있는 마이크로소프트사의 엑셀 프로그램을 이용하여 계산하는 과정을 아래와 같이 설명하기로 한다.

엑셀 프로그램의 워크시트 1~2행과 A열~D열은 [그림 3-1]과 같이 입력한다. 마우스로 셀 A1을 클릭한 후 셀 A1에 '[표 3-1] 자동차 회사의 주식에 대한 산술평균'이라고 입력한다.

마우스로 셀 A1을 클릭한 후 마우스 왼쪽 버튼을 누른 상태에서 셀 D1까지 드래그하면 셀의 색상이 반전이 된다. 이렇게 반전이 된 상태에서 마우스의 왼쪽 버튼을 누른 것을 뗀 후 마우스 포인터를 '병합하고 가운데 맞춤'의 기능을 가지고 있는 아이콘 을 클릭하면 셀 A1에서 셀 D1까지 셀을 병합하고 제목을 가운데로 맞춰 준다.

[그림 3-1] 자동차회사의 주가와 거래량에 대한 산술평균

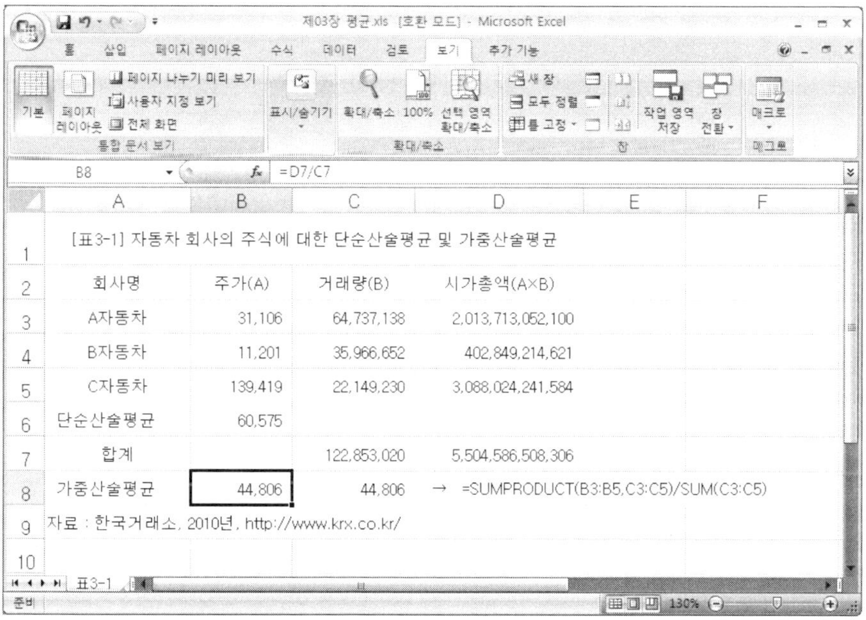

	A	B	C	D
1	[표3-1] 자동차 회사의 주식에 대한 단순산술평균 및 가중산술평균			
2	회사명	주가(A)	거래량(B)	시가총액(A×B)
3	A자동차	31,106	64,737,138	2,013,713,052,100
4	B자동차	11,201	35,966,652	402,849,214,621
5	C자동차	139,419	22,149,230	3,088,024,241,584
6	단순산술평균	60,575		
7	합계		122,853,020	5,504,586,508,306
8	가중산술평균	44,806	44,806	→ =SUMPRODUCT(B3:B5,C3:C5)/SUM(C3:C5)
9	자료 : 한국거래소, 2010년, http://www.krx.co.kr/			

마우스포인터로 셀 A2를 클릭한 후 셀A2에 '회사명', 셀 B2에 '주가(A)', 셀 C2에 '거래량(B)' 그리고 셀 D2에 '시가총액(A×B)'이라고 입력한다.

마우스로 셀 A2에서 셀 D2까지 드래그하면 색이 반전이 되는데 이러한 상태

에서 '홈'의 '맞춤' 아이콘 나타내는 것들 중에서 '가운데 맞춤'을 나타내는 아이콘 을 누르면 입력된 셀의 문자는 가운데로 맞춰진다.

마우스로 셀 A3을 클릭한 후 셀 A3에 'A자동차', 셀 A4에 'B자동차', 셀 A5에 'C자동차', 셀 A6에 '단순산술평균', 셀 A7에 '합계' 그리고 셀 A8에 '가중산술평균'이라고 입력한다.

마우스로 셀 A3에서 셀 A8까지 드래그하면 색이 반전이 되는데 이러한 상태에서 '홈'의 '맞춤' 아이콘 나타내는 것들 중에서 '가운데 맞춤'을 나타내는 아이콘 을 누르면 입력된 셀의 문자는 가운데로 맞춰진다.

마우스로 셀 B3을 클릭한 후 셀 B3부터 셀 B5까지 자동차회사별 주가를 입력하고, 이어서 마우스로 셀 C3을 클릭한 후 셀 C3부터 셀 C5까지 자동차회사별 주가 거래량을 입력한다.

단순산술평균은 마우스로 셀 B6을 클릭한 후 셀 B6에 함수 마법사 아이콘 버튼 fx을 클릭하면 다음의 [그림 2-2]와 같은 '함수 마법사'의 대화창이 나타난다.

[그림 3-2] 함수 마법사 대화창

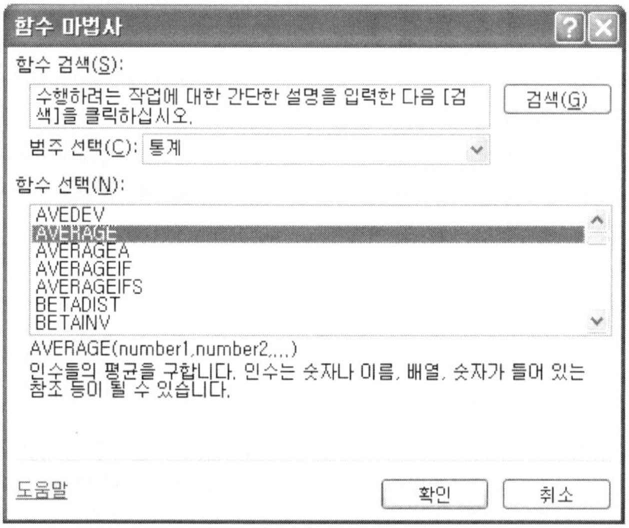

'함수 마법사' 대화창의 '범주 선택(C)'에서 '통계'를 선택하여 '함수 선택(N)'에서 'AVERAGE'를 선택하고, 마우스 왼쪽 버튼으로 '확인' 버튼을 누른다.

그러면 [그림 2-3]과 같이 'AVERAGE'에 관련된 인수를 입력하는 '함수인수' 대화창이 나타난다.

'Number1'의 공란에 'B3:B5'를 입력하거나 또는 마우스로 셀 B3을 클릭하면 액티브 셀 상태에서 마우스 왼쪽 버튼을 누른 채로 셀 B3에서 셀 B5까지 드래그 한다.

마우스 왼쪽 버튼에서 손가락을 뗀 후 마우스포인터를 이동하여 '확인' 버튼 확인 을 누르면 함수 마법사를 이용하여 계산된 단순산술평균이 수치로 변환되어 나타난다.

[그림 3-3] 함수 인수 대화창

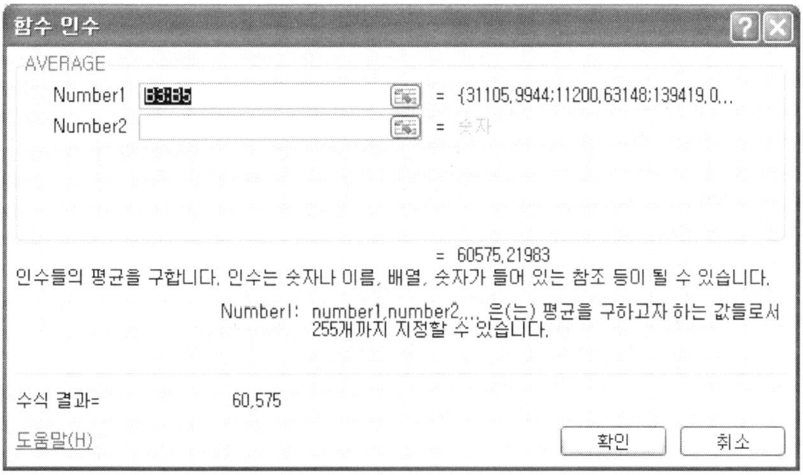

사용자가 직접 셀에 함수를 입력하여 단순산술평균을 구할 경우에는 마우스포인터로 셀 B6을 클릭한 후 셀 B6에 '=AVERAGE(B3:B5)'라고 입력해도 동일한 결과를 얻을 수 있다.

자동차회사별 '시가총액(A×B)'는 마우스로 셀 D3을 클릭한 후 셀 D3에 '=B3*C3'이라고 입력한다. 마우스로 셀 D3을 클릭한 후 마우스포인터를 셀 D3의 우측 아래 구석으로 이동하여 마우스포인터를 검은색 십자의 필 핸들로 바꾸고, 마우스 왼쪽 버튼을 누른 상태에서 셀 D5까지 드래그하면 셀의 색상이 반전이 되면서 자동으로 계산된다.

자동차회사의 '거래량(B)' 합계는 마우스로 '홈' 메뉴 탭 을 누른 후 마우스포인터를 셀 C7로 이동한다.

마우스로 셀 C7을 클릭한 후 셀 C7에 자동 합계 아이콘 버튼 Σ 을 누르면, 셀 C7에 '=SUM(C3:C5)'라고 자동을 입력되는데 여기에서 키 캡 Enter↵를 누르면 전체 자동차회사의 주가 '거래량(B)' 합계가 수치로 변환되어 나타난다.

마우스로 셀 C7을 클릭한 후 셀 C7에 마우스포인터를 셀 C7의 우측 아래 구석으로 이동하여, 마우스포인터를 검은색 십자의 필 핸들로 바꾸고, 마우스 왼쪽 버튼을 누른 상태에서 셀 D7까지 드래그하면 자동으로 '시가총액(A×B)'의 합계가 수치로 변환되어 나타난다.

가중산술평균은 마우스로 셀 B8을 클릭한 후 셀 B8에 '=D7/C7)'이라 입력하면 구해진다.

여기에서 함수마법사를 이용하여 가중산술평균을 구하기로 한다. 마우스로 셀 C8을 클릭한 후 셀 C8에 함수 마법사 아이콘 버튼 fx을 클릭하면 [그림 3-4]와 같은 함수 마법사가 나타난다.

[그림 3-4] 함수 마법사 대화창

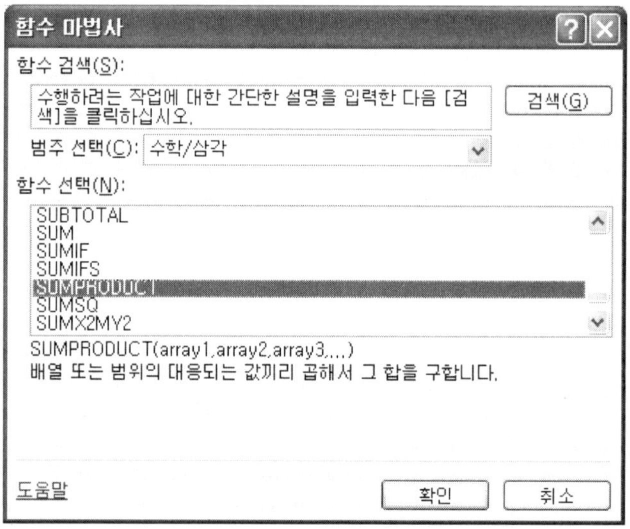

'함수 마법사' 대화창의 '범주 선택(C):'에서 '수학/삼각'을 선택하고, 이어서 '함수 선택(N):'에서 'SUMPRODUCT'를 선택한 후 마우스 왼쪽 버튼으로 '확인'

버튼 [확인]을 누른다.

그러면 [그림 3-5]와 같이 '함수 인수' 대화창이 나타나는데 여기의 '함수 인수' 대화창에서는 배열이나 범위에 대응하는 값끼리 곱하여 합을 구할 수 있다.

'SUMPRODUCT' 함수 인수의 배열 입력은 'Array'의 공란에서 실행할 수 있는데 배열 입력창 오른쪽 버튼을 누르면 함수 인수를 입력할 수 있는 새로운 입력창이 [그림 3-6]과 같이 나타난다.

[그림 3-5] 함수 인수 대화창

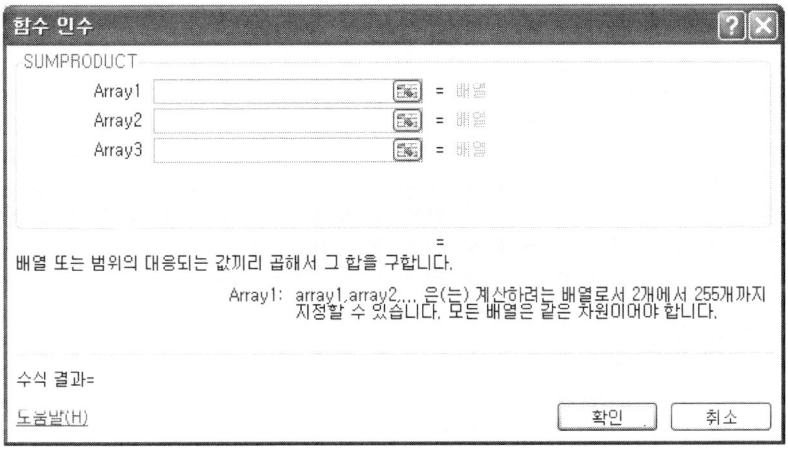

[그림 3-6] 함수 인수 입력창

마우스로 'Array1'의 공란에 'B3:B5'를 직접 입력하거나 또는 마우스로 'Array1'의 공란을 클릭한 후 마우스로 셀 B3을 클릭하여 액티브 셀 상태에서 마우스 왼쪽 버튼을 누른 채로 셀 B5까지 드래그를 한다.

그러면 다시 '함수 인수'의 처음 대화창으로 되돌아가는데, 여기에서 또 다시 마우스로 'Array2'의 공란을 클릭한 후 마우스로 셀 C3을 클릭하여 액티브 셀 상태에서 마우스 왼쪽 버튼을 누른 채로 셀 C5까지 드래그를 한 후 '확인' 버튼 [확인]을 누른다.

그러면 셀 C8에는 '=SUMPRODUCT(B3:B5,C3:C5)'라는 함수로 입력되고,

'시가총액(A×B)'의 합계가 수치로 변환되어 나타난다.

경우에 따라서는 셀의 열 넓이가 좁아서 셀 C8이 ######### 이렇게 되기도 하지만 셀 C8의 내부에는 '=SUMPRODUCT(B3:B5,C3:C5)'가 입력되어 있어서 문제가 되지 않는다.

여기에서 키 캡 F2를 누르면 이미 입력된 '=SUMPRODUCT(B3:B5,C3:C5)'가 있는데 이어서 '/'를 입력하고, 다시 함수 마법사 아이콘 fx을 클릭하여 '범주 선택(C)', '수학/삼각'을 순차적으로 선택하고, '함수 선택(N)'에서 'SUM'을 선택하여 'Number1'의 공란에 'C3:C5'이라 입력한 후 '확인' 버튼을 누른다.

그러면 셀 C8에 '=SUMPRODUCT(B3:B5,C3:C5)/SUM(C3:C5)'라 입력되면서 가중산술평균의 값이 구해진다.

마우스로 셀 B3을 클릭한 후 마우스 왼쪽 버튼을 누른 상태에서 셀 D8까지 드래그를 하면 셀의 색상이 반전이 된다.

이렇게 색상이 반전이 된 상태에서 마우스로 '홈' 메뉴 탭 홈 을 누른 후 마우스로 '쉼표 스타일' 아이콘 , 을 클릭하면, 1000단위 구분 기호를 사용하여 셀 값을 표시해 준다.

2. 자동차 회사의 주식에 대한 분석결과

단순산술평균보다 가중산술평균이 크게 되어 있다. 이것은 H자동차의 주식 수가 많기 때문에 가중평균을 계산할 때 고가의 H자동차 주식의 중요도(weight)가 크기 때문이다.

3. 한국의 주가지수

한국증권선물 평균주가는 2007년 현재 745개 회사 906종목 주가의 단순평균의 주가지수이고, KOSPI(코스피지수)는 한국증권선물거래소 제1부의 모든 상품의 주가를 각 종목의 시가총액에 의해서 가중산술평균한 주가지수이다.

KOSDAQ(코스닥지수)는 코스닥시장을 대표하는 상품성 지수로서 코스닥시장에 상장된 종목 중에서 시장대표성, 유동성 및 재무·경영건전성 요건 등을 감안하여 100종목을 선정한 장외주가지수이다.

1) 코스피지수(KOSPI)

KOSPI(코스피지수, KOrea composite Stock Price Index, 한국 종합주가지수)는 한국증권선물거래소의 유가증권시장에 상장된 회사들에 주식에 대한 총합인 시가총액의 기준시점과 비교시점을 비교하여 나타낸 지표다.

시장전체의 주가 움직임을 측정하는 지표로 이용되며, 투자성과 측정, 다른 금융상품과의 수익률 비교척도, 경제상황 예측지표로도 이용된다.

증권거래소는 1964년 1월 4일을 기준시점으로 미국의 다우 존스식 주가평균을 지수화한 수정주가 평균지수를 산출하여 발표하였는데, 점차 시장규모가 확대되어 감에 따라 1972년 1월 4일부터는 지수의 채용종목을 늘리고 기준시점을 변경한 한국종합주가지수를 발표하였다.

KOSPI 산출은 1980년 1월 4일을 기준시점으로 그 날의 시가총액을 100, 비교시점을 100으로 하여 비교시점의 시가 총액을 지수화한다. 코스피지수 정의는 1980년 1월 4일의 시가총액을 분모로 하고, 산출시점의 시가총액을 분자로 하여 지수화한 것으로 그 계산식은 다음과 같다.

$$KOSPI = \frac{\text{비교시점의 시가총액}}{\text{기준시점의 시가총액}} \times 100$$

한편 지수를 산출할 때 연속성을 유지하기 위하여 유가증권시장 상장종목중 유·무상증자, 주식배당, 합병 등에 의해 주가가 떨어지거나 상장주식수에 변동이 있는 경우에는 기준시가총액과 비교시가총액을 수정한다.

2) 코스닥지수(KOSDAQ)

KOSDAQ(코스닥지수, Korean Securities Dealers' Automated Quotation, 한국 장외 주식시장)은 코스닥 시장에 상장된 기업의 주가에 주식수를 가중한 시가총액지수이다.

파셰식 주가지수이며 1996년 7월 1일을 기준치 1,000으로 하고 있으며, 1997년

1월 3일부터 실시간으로 산출 발표되고 있다.

코스닥지수의 산출방법은 기준시점의 시가총액에 대한 비교시점의 시가총액에 기준단위를 1,000으로 하는 값으로 구체적인 계산식을 나타내면 다음과 같다.

$$KOSDAQ = \frac{\text{비교시점의 시가총액}}{\text{기준시점의 시가총액}} \times 1,000$$

기준단위는 1996년 최초 개장 시에 기준시점과 비교시점의 주가비율에 곱하는 기준단위가 100이었으나, 2004년 1월 26일부터 기준단위를 100에서 1,000으로 변경하여 산출하고 있다.

코스닥지수는 코스닥시장을 대표하는 상품성 지수로서 코스닥시장에 상장된 종목 중에서 시장대표성, 유동성 및 재무 · 영건전성 요건 등을 감안하여 100종목을 선정하여 구성종목으로 하고 있다.

제 2 절 기하평균(geometric mean)

기하평균은 평균을 내야 할 변수 중에서 극단적으로 크거나 작은 변수를 포함하고 있는 경우에 사용하는 대표적인 계산방법이다.

기하평균은 평균을 내야할 각 변수를 대수의 형태로 바꾼 후 다시 산술평균을 하지만 이는 대수의 성질상 큰 변수는 상대적으로 작게, 작은 변수는 상대적으로 크게 산술평균을 할 경우에 적당한 평균이다.

1. 단순기하평균

단순기하평균은 산술평균과 마찬가지로 단순기하평균과 가중기하평균으로 계산하는 방법이 있다. 단순기하평균은 표본 집단이 N개의 변수 X_1, X_2, …, X_N의 기하평균을 다음과 같은 수식으로 나타낼 수 있다.

$$G = \sqrt[N]{X_1 \times X_2 \times \cdots \times X_N} \qquad (X_i > 0)$$

그러나 실제로 계산할 경우에는 위의 식을 양변에 대수를 취하여 계산해야 하는데 다음과 같다.

$$\log G = \frac{1}{N}(\log X_1 + \log X_2 + \cdots + \log X_N) = \frac{1}{N}\sum \log X_i$$

단순기하평균의 성질은 이용하는데 있어서 매우 중요하다. 위의 식에서 본바와 같이 변수의 총 상승(相乘)곱과 변수의 총 개수만 알고 있으면 각각의 변수를 몰라도 계산할 수 있다.

1) 한국의 인구증가율 추정

기하평균의 성질을 이용하여 평균 변동률, 예를 들면 연평균증가율 등을 계산할 수 있다. 즉, $(N+1)$연간 인구를 X_0, X_1, X_2, …, X_{N-1}, X_N이라 하고, 그 사이의 연평균증가율을 r로 나타내면, 인구의 총 상승곱과 연평균증가율의 관계는 다음과 같다.

$$\frac{X_1}{X_0} \cdot \frac{X_2}{X_1} \cdot \frac{X_3}{X_2} \cdots \frac{X_{N-1}}{X_{N-2}} \cdot \frac{X_N}{X_{N-1}} = (1+r)^N$$

위 식의 좌변을 정리하면 $\frac{X_N}{X_0}$이 되므로 다음과 같이 간단하게 된다.

$$\frac{X_N}{X_0} = (1+r)^N$$

위 식은 첫 번째 변수 X_0, 모든 변수 중에서 마지막 변수 X_N의 값을 알고, 그 사이의 변수를 몰라도 다음과 같이 두 가지 방법으로 필요한 값을 도출해 낼 수 있다.

하나는 위 식의 첫 번째 변수 X_0, 모든 변수 중에서 마지막 변수 X_N의 값을 알고, 그 사이의 변수를 몰라도 연평균증가율 r값은 다음과 같이 변환하면 값을 구할 수 있다.

$$r = \left(\frac{X_N}{X_0} \right)^{\frac{1}{N}} - 1$$

다른 또 하나는 첫 번째 변수 X_0, 모든 변수 중에서 마지막 변수 X_N의 값을 알고, 그 사이의 변수를 몰라도 기하평균의 성질을 이용하여 계산할 수 있다. 실제로 계산할 경우에는 위의 식을 양변에 대수를 취하면 다음과 같이 나타낼 수 있다.

$$\frac{1}{N}(\log X_N - \log X_0) = \log(1+r)^N$$

[표 3-2]는 2001년부터 2010년까지 한국의 추계인구이다. 위의 기하평균 수식의 성질을 이용하여 9년 동안 추계인구의 증가율을 손쉽게 구할 수 있다.

2001년부터 2010년까지 매년 인구증가에 대한 인구수는 몰라도 처음과 마지막 연도의 인구수만 알아도 인구성장률을 계산할 수 있다.

[표 3-2] 한국의 추계인구

(단위: 명)

연도	총인구	연도	총인구
2001	47,357,362	2006	48,297,184
2002	47,622,179	2007	48,456,369
2003	47,859,311	2008	48,606,787
2004	48,039,415	2009	48,746,693
2005	48,138,077	2010	48,874,539

자료 : 통계청(http://www.kosis.kr), 2010년.

[표 3-2]의 한국 추계인구에 대한 성장률을 일반적으로 널리 사용되고 있는 마이크로소프트사의 엑셀 프로그램을 이용하여 계산하는 과정을 아래와 같이 설명하기로 한다.

엑셀 프로그램의 워크시트 1~2행과 A열~B열은 [그림 3-7]과 같이 입력한다. 마우스로 셀 A1을 클릭한 후 '[표 3-2] 한국의 추계인구'라고 입력한다.

마우스로 셀 A1을 클릭한 후 마우스 왼쪽 버튼을 누른 상태에서 셀 B1까지 드래그하면 셀의 색상이 반전이 된다.

반전이 된 상태에서 마우스의 왼쪽 버튼을 누른 것을 뗀 후 마우스 포인터를 '병합하고 가운데 맞춤'의 기능을 가지고 있는 아이콘 을 클릭하면 셀 A1에서 셀 B1까지 셀을 병합하고 제목을 가운데로 맞춰 준다.

[그림 3-7] 한국의 추계인구

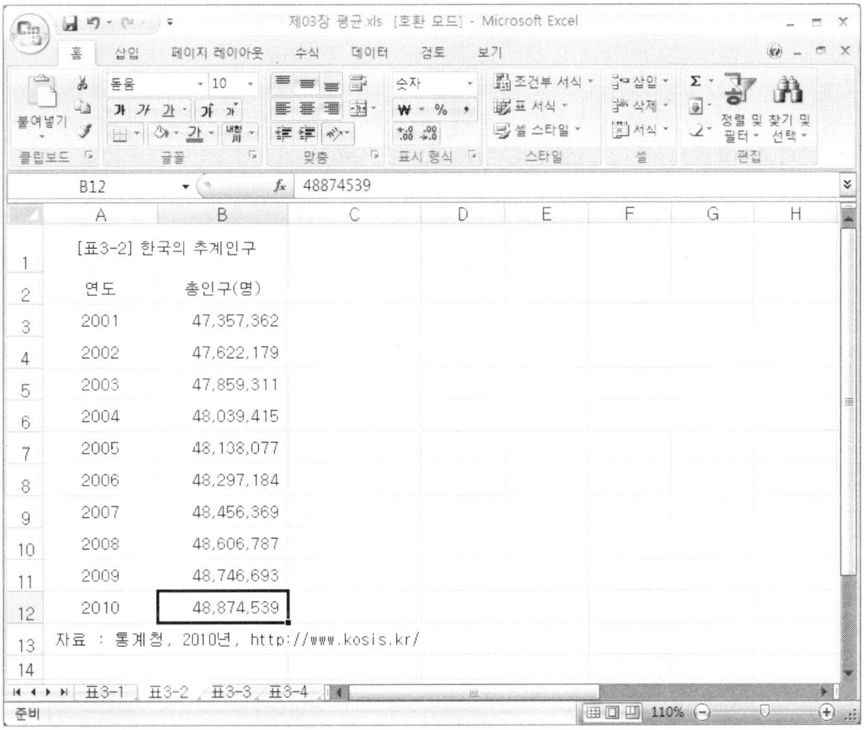

[표3-2] 한국의 추계인구

연도	총인구(명)
2001	47,357,362
2002	47,622,179
2003	47,859,311
2004	48,039,415
2005	48,138,077
2006	48,297,184
2007	48,456,369
2008	48,606,787
2009	48,746,693
2010	48,874,539

자료 : 통계청, 2010년, http://www.kosis.kr/

한국의 인구증가율은 앞에서 언급한 기하평균의 수식을 이용하여 구할 수 있다. 기하평균 수식을 한국의 인구증가율에 적용한 것을 구체적으로 설명하면 다음과 같다.

$$\frac{X_N}{X_0} = (1+r)^N$$

N : 추정기간 수

X_N : 2010년 인구수

X_0 : 2001년 인구수

r : 인구증가율

[표 3-2] 한국의 추계인구를 위의 수식에 대입하면 다음과 같이 나타낼 수 있다.

$$\frac{48.9}{47.4} = (1+r)^9$$

앞에서 언급한 바와 같이 연평균 인구증가율 r값은 위의 식에 대입한 후 계산이 용이하게 변환하면 다음과 같이 나타낼 수 있다.

$$r = \left(\frac{48.9}{47.4}\right)^{\frac{1}{9}} - 1$$

엑셀 프로그램을 이용하면 위 식의 연평균증가율 r의 값은 용이하게 구할 수 있다.

[그림 3-8]과 같이 마우스로 셀 D2를 클릭한 후 셀 D2에 '방법1)'을 입력하고, 마우스로 셀 D3을 클릭한 후 셀 D3에 '구하려는 값'을 입력하고, 이어서 마우스로 셀 E3을 클릭한 후 셀 E3에 '계산결과'를 입력한다.

[그림 3-8] 한국의 추계인구 증가율

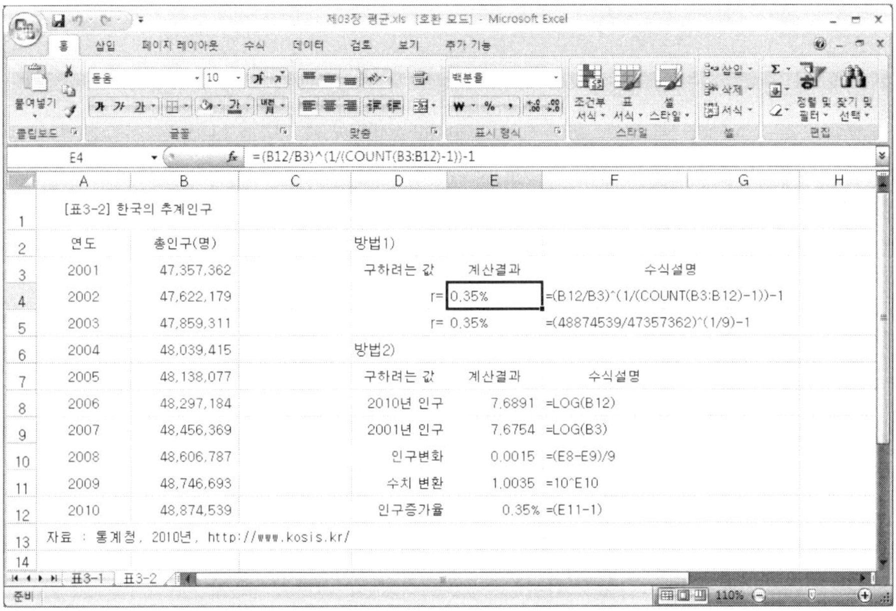

	A	B	C	D	E	F
1	[표3-2] 한국의 추계인구					
2	연도	총인구(명)		방법1)		
3	2001	47,357,362		구하려는 값	계산결과	수식설명
4	2002	47,622,179		r=	0.35%	=(B12/B3)^(1/(COUNT(B3:B12)-1))-1
5	2003	47,859,311		r=	0.35%	=(48874539/47357362)^(1/9)-1
6	2004	48,039,415		방법2)		
7	2005	48,138,077		구하려는 값	계산결과	수식설명
8	2006	48,297,184		2010년 인구	7.6891	=LOG(B12)
9	2007	48,456,369		2001년 인구	7.6754	=LOG(B3)
10	2008	48,606,787		인구변화	0.0015	=(E8-E9)/9
11	2009	48,746,693		수치 변환	1.0035	=10^E10
12	2010	48,874,539		인구증가율	0.35%	=(E11-1)
13	자료 : 통계청, 2010년, http://www.kosis.kr/					

마우스로 셀 F3을 클릭한 후 셀 F3에 '수식설명'을 입력하고, 마우스로 셀 F3을 클릭한 후 마우스 왼쪽 버튼을 누른 상태에서 셀 G3까지 드래그하면 셀의 색상이 반전이 된다. 이렇게 반전이 된 상태에서 마우스의 왼쪽 버튼을 누른 것을 뗀 후 마우스 포인터를 '병합하고 가운데 맞춤'의 기능을 가지고 있는 아이콘 을 클릭하면 셀 F3에서 셀 G3까지 셀을 병합하고 제목을 가운데로 맞춰 준다.

마우스로 셀 D4를 클릭한 후 셀 D4에 'r='을 입력하고, 키 캡 Enter↵를 누르며, 셀 D5도 같은 방법으로 입력한다.

마우스로 셀 D4를 클릭한 후 마우스 왼쪽 버튼을 누른 상태에서 셀 D5까지 드래그하면 셀의 색상이 반전이 되는데 '홈' 메뉴 탭 홈 을 마우스로 누른 후 '맞춤' 아이콘 나타내는 것들 중에서 '텍스트 오른쪽 맞춤'을 나타내는 아이콘 을 누르면 입력된 셀의 문자는 오른쪽으로 맞춰진다.

마우스로 셀 D6을 클릭한 후 셀 D6에 '방법2)'를 입력하고, 마우스로 셀 D7을 클릭한 후 셀 D7에 '구하려는 값'을 입력하고, 이어서 마우스로 셀 E3을 클릭한 후 셀 E3에 '계산결과'를 입력하며, 이어서 마우스로 셀 F7을 클릭한 후 셀 F7에

'수식설명'을 입력한다.

마우스로 셀 D8을 클릭한 후 셀 D8에 '2010년 인구'를 입력하고, 키 캡 [Enter↵]를 누른다. 이어서 셀 D9에 '2001년 인구'를 입력한 후 키 캡 [Enter↵]를 누르고, 셀 D10에 '인구변화'를 입력한 후 키 캡 [Enter↵]를 누르고, 셀 D11에 '수치 변환'을 입력한 후 키 캡 [Enter↵]를 누르고, 셀 D12에 '인구증가율'을 입력한 후 키 캡 [Enter↵]를 연속적으로 이어간다.

마우스로 셀 D7을 클릭한 후 마우스 왼쪽 버튼을 누른 상태에서 셀 D12까지 드래그하면 셀의 색상이 반전되는데 '홈' 메뉴 탭 [≡]을 마우스로 누른 후 '맞춤' 아이콘 나타내는 것들 중에서 '텍스트 오른쪽 맞춤'을 나타내는 아이콘 [≡]을 누르면 입력된 셀의 문자는 오른쪽으로 맞춰진다.

'방법1)'은 마우스로 셀 E4를 클릭한 후 한국의 추계 인구 성장률 수식을 셀 E4에 '=(B12/B3)^(1/(COUNT(B3:B12)-1))-1'이라고 입력하고, 키 캡 [Enter↵]를 누르면 9년 동안 한국 추계인구의 성장률 구할 수 있다.

마우스로 셀 E4를 클릭한 후 '백분율 스타일' 아이콘 버튼 [%]와 '자릿수 늘림' 아이콘 버튼 [⁺.0 .00]과 '자릿수 내림' 아이콘 버튼 [.00 ⁺.0]을 클릭하여, 자릿수 2자리의 백분율로 표시한다.

마지막으로 마우스로 셀 E4를 클릭한 후 '텍스트 맞춤' 아이콘 버튼 [≡]을 '텍스트 왼쪽 맞춤'을 클릭한다.

다른 또 하나의 방법은 위의 수식 양변에 대수를 취하면 다음과 같이 기하평균의 수식으로 나타낼 수 있다.

$$\frac{1}{N}(\log X_N - \log X_0) = \log(1+r)$$

위의 수식에 [표 3-2] 한국의 추계인구를 대입하면 다음과 같다. 아래의 값을 엑셀을 이용하면 연평균증가율을 구할 수 있다.

$$\frac{1}{9}(\log 48.9 - \log 47.4) = \log(1+r)$$

위의 수식을 정리하면 다음과 같다.

$$0.00150339 = \log(1+r)$$

위의 수식을 좌변과 우변을 동일하게 지수로 환원하면 다음과 같다.

$$1+r = 10^{0.00150339}$$

위의 식을 지수로 변환한 값은 다음과 같다.

$$1+r = 1.00346768$$

위 식에서 연평균증가율 r값에 대하여 정리한다.

$$r = 1.00347 - 1$$

연평균인구증가율 r값은 다음과 같다.

$$r = 0.35\%$$

이상과 같이 한국의 인구증가율을 추계한 결과, 2001년 이후 2010년까지 9년 동안 연평균증가율은 0.35% 정도 늘어나는 것에 불과하다는 사실이다.

'빙법2)'는 위 식의 계산 질사에 맞추어 마우스로 셀 E8을 클릭한 후 셀 E8에 '=LOG(B12)', 셀 E9에 '=LOG(B3)'을 입력하면 각각 2010년, 2001년의 인구수가 대수 값으로 변환되어 계산된다.

셀 E10에 '=(E8-E9)/9'라고 입력하고, 이어서 셀 E11에 '=10^E10'을 입력하여 원래의 값으로 되돌린다. 그리고 마우스로 셀 E12를 클릭한 후 셀 E12에 '=(E11-1)'이라고 입력하면 한국 추계인구의 성장률이 얻어진다.

마우스로 셀 E12를 클릭한 후 '백분율 스타일' 아이콘 버튼 % 을 누르면 성장률의 값이 백분율로 전환된다.

'홈' 메뉴 탭을 누른 후 '자릿수 늘림' 아이콘 버튼 과 '자릿수 내림' 아이콘 버튼 을 클릭하여, 자릿수 2자리의 백분율로 표시한다.

기하평균을 이용하여 추정한 결과, 한국 인구증가율의 추정 값은 지난 9년 동안 증가율이 0.35% 밖에 되지 않는 낮은 수준의 비율로 인구가 성장할 것으로 추정되었다.

2) 한국의 GDP 성장률

기하평균 수식을 응용하여 아래 [표 3-3] 한국의 명목GDP(명목국내총생산)의 성장률을 추정하기로 한다.

[표 3-3] 한국의 명목GDP

(단위: 억 달러)

연도	명목GDP	연도	명목GDP
1970	81		
1971	95	1991	3,155
1972	108	1992	3,381
1973	138	1993	3,722
1974	194	1994	4,355
1975	216	1995	5,313
1976	298	1996	5,728
1977	382	1997	5,323
1978	535	1998	3,582
1979	640	1999	4,616
1980	643	2000	5,335
1981	724	2001	5,046
1982	775	2002	5,759
1983	859	2003	6,436
1984	949	2004	7,224
1985	984	2005	8,447
1986	1,137	2006	9,511
1987	1,434	2007	10,493
1988	1,923	2008	9,309
1989	2,363	2009	8,329
1990	2,703		

주 : 1970년 이후 주요지표는 2005년 지수 기준년도로 계열화하였다.
자료 : 한국은행(http://ecos.bok.or.kr), 2010년.

마이크로소프트사의 엑셀 프로그램을 이용하여 [그림 3-9]와 같이 1~2행에 각 항목, A열에 연도, B열에 명목GDP(억 달러)를 입력한다. 마우스로 셀 A1을 클릭한 후 셀 A1에 '[표 3-3] 한국의 명목GDP'라고 입력한다.

[그림 3-9] 한국의 명목GDP

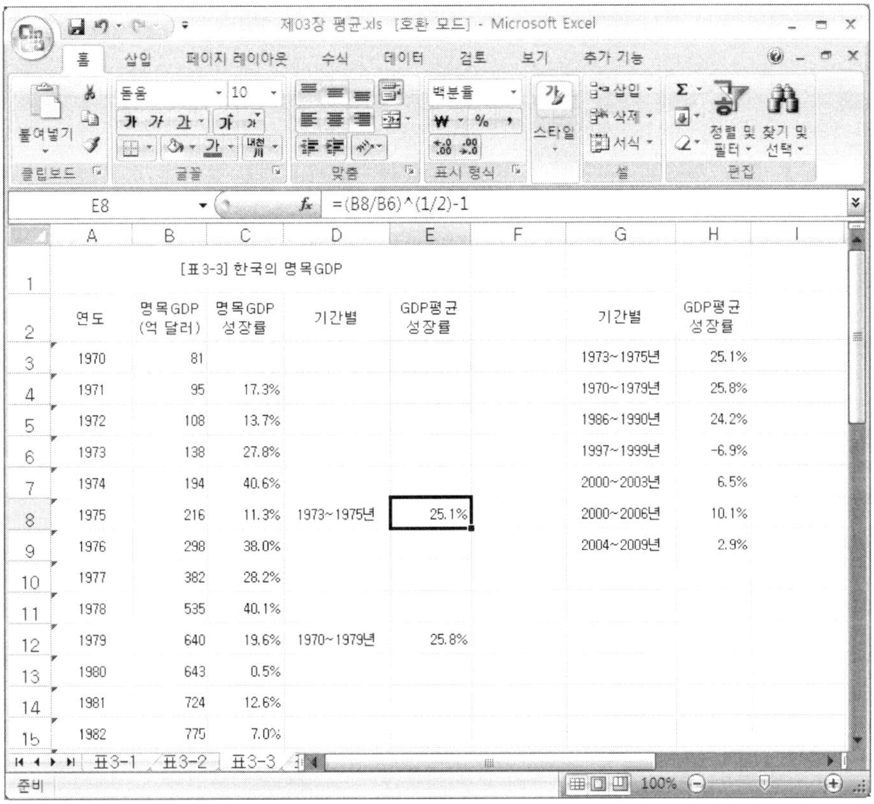

[표 3-3] 한국의 명목GDP

연도	명목GDP (억 달러)	명목GDP 성장률	기간별	GDP평균 성장률		기간별	GDP평균 성장률
1970	81					1973~1975년	25.1%
1971	95	17.3%				1970~1979년	25.8%
1972	108	13.7%				1986~1990년	24.2%
1973	138	27.8%				1997~1999년	-6.9%
1974	194	40.6%				2000~2003년	6.5%
1975	216	11.3%	1973~1975년	25.1%		2000~2006년	10.1%
1976	298	38.0%				2004~2009년	2.9%
1977	382	28.2%					
1978	535	40.1%					
1979	640	19.6%	1970~1979년	25.8%			
1980	643	0.5%					
1981	724	12.6%					
1982	775	7.0%					

마우스로 셀 A1을 클릭한 후 마우스 왼쪽 버튼을 누른 상태에서 셀 E1까지 드래그하면 셀의 색상이 반전이 된다.

이러한 상태에서 마우스의 왼쪽 버튼을 누른 것을 뗀 후 마우스 포인터를 '병합하고 가운데 맞춤'의 기능을 가지고 있는 아이콘 을 클릭하면 셀 A1에서 셀 E1까지 셀을 병합하고 제목을 가운데로 맞춰 준다.

마우스로 셀 A2를 클릭한 후 셀 A2에 '연도'를 입력하고 키 캡 Enter↵를 누른다. 이어서 같은 방법으로 마우스로 셀 B2를 마우스 왼쪽 버튼으로 클릭한 후 셀 B2에 '명목GDP(억 달러)', 셀 C2에 '명목GDP 성장률', 셀 D2에 '기간별' 그리고 셀 E2에 'GDP평균 성장률' 등을 반복하여 입력한다.

마우스로 셀 A3을 클릭한 후 셀 A3에 '1970'을 입력하고, 키 캡 Enter↵를 누른다. 이어서 마우스로 셀 A3을 클릭한 후 '홈'의 '맞춤' 아이콘 나타내는 것들 중에서 '가운데 맞춤'을 나타내는 아이콘 을 누르면 입력된 셀의 숫자는 가운데로 맞춰진다.

다시 마우스로 셀 A3을 클릭한 후 마우스포인터를 셀 A3의 우측 아래 구석으로 이동하고, 검은 십자를 필 핸들하여 마우스 오른쪽 버튼을 누른 상태에서 셀 A42까지 드래그한 후 마우스에서 손을 떼면, 셀 A4에서 셀 A42까지 셀이 빈 공란으로 되고 지정한 셀의 테두리는 굵은 점선 형태로 바뀌면서 [그림 3-10]과 같은 풀다운 메뉴가 열린다.

풀다운 메뉴에서 마우스포인터를 이동하여 '연속 데이터 채우기(S)'를 누르면, 1970년 이후 2009년까지의 데이터가 채워진다.

[그림 3-10] 연속 데이터 채우기 화면

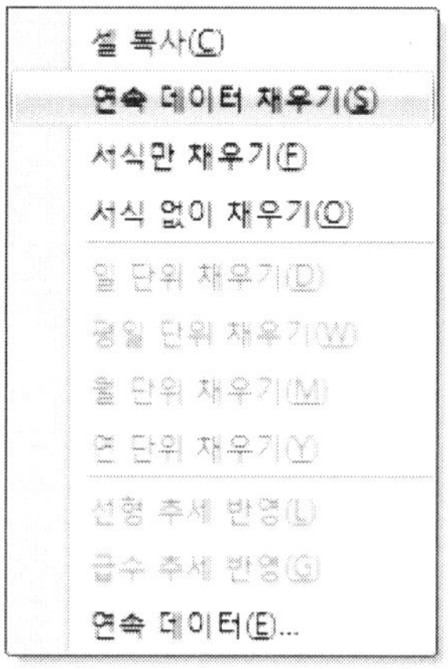

마우스로 셀 B3을 클릭한 후 셀 B3부터 B42까지 데이터를 입력하고, 다시 마우스로 셀 B3을 클릭한 후 마우스 왼쪽 버튼을 누르면 마우스포인터가 굵은 흰색 십자가 형태가 되는데 이러한 상태에서 셀 B3부터 B42까지 드래그한다.

그러면 셀 B4부터 B42까지 셀의 색상이 반전이 되는데 이러한 상태에서 마우스 왼쪽 버튼을 뗀 후 '홈' 메뉴 탭을 누르고, '표시 형식'을 지정하는 아이콘 표시 형식 에서 오른쪽 대각선 화살표 기호를 누르면 다음의 [그림 3-11]과 같은 '셀 서식' 대화창이 열린다.

[그림 3-11] 셀 서식 대화창

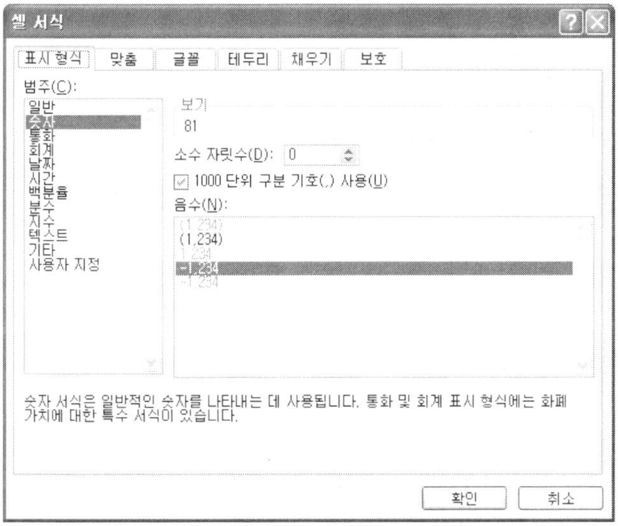

'셀 서식' 대화창에서 '표시형식' 탭을 누르면, '범주(C):'에서 '숫자'를 마우스 왼쪽 버튼으로 지정하고, '보기'에서 '소숫자릿수(D):' 입력 공란에 '0'을 입력하며, '1000 단위 구분 기호(,) 사용(U)'의 왼쪽 사각형을 체크 표시하고, '음수(N):'을 '-1234'로 지성한 후 '확인' 버튼을 누른다.

이어서 '홈'의 '맞춤' 아이콘 나타내는 것들 중에서 '오른쪽 맞춤'을 나타내는 아이콘 을 누르면 입력된 셀의 숫자는 오른쪽으로 맞춰진다.

'명목GDP 성장률'은 마우스로 셀 C4를 클릭한 후 셀 C4에 '=B4/B3-1'이라고 입력한다. 마우스로 셀 C4를 클릭한 후 '백분율 스타일' 아이콘 버튼 %과 '자릿수 늘림' 아이콘 버튼 과 '자릿수 내림' 아이콘 버튼 을 클릭하여, 자릿수 1자리의 백분율로 표시한다.

마우스포인터를 셀 C4의 우측 아래 구석으로 이동하여 검은색 십자를 필 핸들하고, 마우스 왼쪽 버튼을 누른 상태에서 셀 C4에서 셀 C42까지 드래그하면 셀의 색상이 셀 C5에서 셀 C42까지 반전이 된다.

지정한 셀의 테두리는 굵은 선으로 변하면서 빈 셀에는 자동으로 전년대비 성장률의 값이 채워진다.

'기간별'은 마우스로 셀 D8을 클릭한 후 셀 D8에 '1973~1975년'이라고 입력하고, 키 캡 Enter↵를 누른다. 동일한 방법으로 셀 D12에 '1970~1979년', 셀 D23에 '1986~1990년', 셀 D32에 '1997~1999년', 셀 D36에 '2000~2003년', 셀 D39에 '2000~2006년' 그리고 셀 D42에 '2004~2009년' 등을 입력한다.

'GDP평균 성장률'은 기하평균 수식을 이용하여 '기간별'에 대응하여 정리하면 다음과 같다.

1973~1975년의 GDP평균 성장률은 마우스로 셀 E8을 클릭한 후 셀 E8에 '=(B8/B6)^(1/2)-1'을 입력하고, 키 캡 Enter↵를 누르면 된다.

이어서 1970~1979년은 셀 E12에 '=(B12/B3)^(1/9)-1'을 입력하고,

1986~1990년은 셀 E23에 '=(B23/B19)^(1/4)-1'을 입력하고,

1997~1999년은 셀 E32에 '=(B32 /B30)^(1/2)-1'을 입력하고,

2000~2003년은 셀 E36에 '=(B36/B33)^(1/3)-1'을 입력하고,

2000~2006년은 셀 E39에 '=(B39/B33)^ (1/6)-1'을 입력하고,

2004~2009년은 셀 E42에 '=(B42/B37)^(1/5)-1'을 입력하고, 키 캡 Enter↵를 누르면 된다.

키 캡 Ctrl을 누른 상태에서 마우스의 왼쪽 버튼으로 셀 E8, 셀 E12, 셀 E23, 셀 E32, 셀 E36, 셀 E39, 셀 E42 등을 누르면 셀의 색상이 반전이 된다. 이러한 상태에서 '백분율 스타일' 아이콘 버튼 % 와 '자릿수 늘림' 아이콘 버튼 과 '자릿수 내림' 아이콘 버튼 을 클릭하여, 자릿수 1자리의 백분율로 표시한다.

3) 한국의 GDP 성장률 분석결과

1970~90년의 고도경제성장기에는 명목GDP의 평균성장률이 1970년대 12.9%로 높은 수준에 있었으며, 1980년 대 후반에도 14.9%의 높은 수준을 유지하고 있었다.

그러나 1990년 후반에는 재정적인 압박을 받으면서 금융위기, 해외요인 등으로 인하여 마이너스 성장을 하게 되었다. 2000년대에 들어서면서 경기회복으로 향하고 있지만, 이전 수준에 훨씬 미치지 못하는 상황에 놓여 있는 것으로 나타났다. 최근 2000년대 후반에는 미국의 금융회사인 리먼브러더스 충격으로 인하여 3% 이하의 수준에 머무르고 있다.

2. 가중기하평균

가중기하평균은 변수 중에서 극단적으로 크거나 극단적으로 작은 변수가 존재하고 있고, 그것 덧붙여 각 변수의 중요도에 차이가 있는 경우에 이용되는 평균 계산이다.

가중기하평균의 중요도를 w_i로 하면 다음의 식과 같이 나타낼 수 있다.

$$G_w = \sqrt[w_1 + w_2 + \cdots + w_N]{X_1^{w_1} X_2^{w_2} \cdots X_N^{w_N}}$$

그러나 실제로 계산할 경우에는 위의 식을 양변에 대수를 취하여 계산해야 하는데 다음과 같이 나타낸다.

$$\log G_w = \frac{w_1 \log X_1 + w_2 \log X_2 + \cdots + w_N \log X_N}{w_1 + w_2 + \cdots + w_N} = \frac{\sum w_i \log X_i}{\sum w_i}$$

1) 자동차회사의 평균 주가

가중기하평균 수식을 응용하여 아래 [표 3-4] 자동차의 연도별 평균 주가와 거래량에 대한 가중산술평균을 추정하기로 한다.

[표 3-4] 자동차회사의 연도별 평균 주가와 거래량

(단위: 원, 개)

연도	주가	거래량
2004	49,500	26,151,823
2005	67,230	22,999,521
2006	79,012	23,080,429
2007	69,486	32,803,956
2008	68,072	39,185,289
2009	79,561	37,880,852
2010	126,907	23,730,036

자료 : 한국거래소(http://www.krx.co.kr), 2010년.

마이크로소프트사의 엑셀 프로그램을 이용하여 [그림 3-12]와 같이 워크시트 1~2행과 A열~E열을 입력한다.

마우스로 셀 A1을 클릭한 후 셀 A1에 '[표 3-4] 자동차 회사의 연도별 평균 주가와 거래량'이라고 입력하고, 키 캡 Enter↵를 누른다.

[그림 3-12] 자동차의 연도별 평균 주가와 거래량 가중기하평균

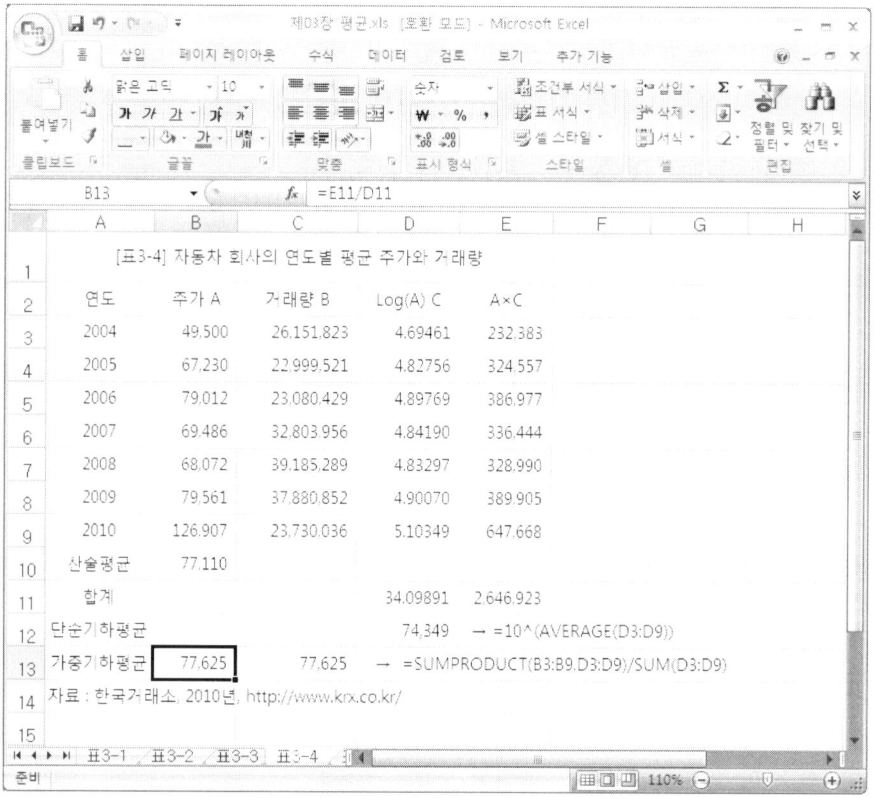

[표3-4] 자동차 회사의 연도별 평균 주가와 거래량

연도	주가 A	거래량 B	Log(A) C	A×C
2004	49,500	26,151,823	4.69461	232,383
2005	67,230	22,999,521	4.82756	324,557
2006	79,012	23,080,429	4.89769	386,977
2007	69,486	32,803,956	4.84190	336,444
2008	68,072	39,185,289	4.83297	328,990
2009	79,561	37,880,852	4.90070	389,905
2010	126,907	23,730,036	5.10349	647,668
산술평균	77,110			
합계			34.09891	2,646,923
단순기하평균			74,349	→ =10^(AVERAGE(D3:D9))
가중기하평균	77,625	77,625	→ =SUMPRODUCT(B3:B9,D3:D9)/SUM(D3:D9)	

자료 : 한국거래소, 2010년, http://www.krx.co.kr/

마우스로 셀 A1을 클릭한 후 마우스 왼쪽 버튼을 누른 상태에서 셀 E1까지 드래그하면 셀의 색상이 반전이 된다. 이렇게 반전이 된 상태에서 마우스의 왼쪽 버튼을 누른 것을 뗀 후 마우스 포인터를 '병합하고 가운데 맞춤'의 기능을 가지고 있는 아이콘 을 클릭하면 셀 A1에서 셀 D1까지 셀을 병합하고 제목을 가운데로 맞춰 준다.

마우스포인터로 셀 A2를 클릭한 후 셀A2에 '연도'를 입력하고, 키 캡 Enter↵를

누른다. 같은 방법을 반복하여 셀 B2에 '주가 A', 셀 C2에 '거래량 B', 셀 D2에 'Log(A) C' 그리고 셀 E2에 'A×C'라고 각각 입력하고, 키 캡 [Enter↵]를 누른다.

마우스로 셀 A2에서 셀 E2까지 드래그하면 색이 반전이 되는데 이러한 상태에서 '홈'의 '맞춤' 아이콘 나타내는 것들 중에서 '가운데 맞춤'을 나타내는 아이콘 을 누르면 입력된 셀의 문자는 가운데로 맞춰진다.

마우스로 셀 A3을 클릭한 후 셀 A3에 '2004'를 입력하고, 키 캡 [Enter↵]를 누른다. 마우스로 셀 A3을 클릭한 후 마우스를 셀 A3의 오른쪽 아래 구석으로 이동한다.

마우스포인터는 흰색 십자에서 검은색 십자(필 핸들)로 변하는데, 여기에서 마우스 오른쪽 버튼을 누른 상태에서 셀 A9까지 드래그를 하고, 목적한 장소에서 마우스 오른쪽 버튼을 뗀다.

그러면 오른쪽에 메뉴 화면이 열리는데 마우스포인터를 '연속 데이터 채우기(S)'로 이동하여 지정하고, 마우스 오른쪽 버튼을 뗀 후 다시 마우스 왼쪽 버튼을 누르면 빈 공간의 셀에 '2005'부터 '2010'까지 일련의 연속 숫자가 자동으로 채워진다.

이어서 셀 A10에 '단순산술평균', 셀 A11에 '합계', 셀 A12에 '단순기하평균' 그리고 셀 A13에 '가중기하평균'이라고 각각 입력하고, 키 캡 [Enter↵]를 누른다.

이어서 마우스로 셀 A3에서 셀 A13까지 드래그하면 색이 반전이 되는데 이러한 상태에서 '홈'의 '맞춤' 아이콘 나타내는 것들 중에서 '가운데 맞춤'을 나타내는 아이콘 을 누르면 입력된 셀의 문자나 숫자는 가운데로 맞춰진다.

마우스로 셀 B3을 클릭한 후 셀 B3부터 셀 B5까지 연도별 주가를 입력하고, 이어서 마우스로 셀 C3을 클릭한 후 셀 C3부터 셀 C5까지 연도별별 주가 거래량을 입력한다.

마우스로 셀 B3을 클릭한 후 마우스 왼쪽 버튼을 누른 상태에서 셀 C9까지 드래그를 하면 셀의 색상이 반전이 된다.

이렇게 색상이 반전이 된 상태에서 마우스로 '홈' 메뉴 탭 을 누른 후 마우스로 '쉼표 스타일' 아이콘 을 클릭하면, 1000단위 구분 기호를 사용하여 셀 값을 표시해 준다.

단순산술평균은 마우스로 셀 B10을 클릭한 후 셀 B10에 함수 마법사 아이콘 버튼 [fx]을 누르고, '함수 마법사' 대화창의 '범주 선택(C):'에서 '통계'를 선택하여 '함수 선택(N)'에서 'AVERAGE'를 선택하고, 마우스 왼쪽 버튼으로 '확인' 버튼 [확인]을 누른다.

그러면 'AVERAGE'에 관련된 인수를 입력하는 '함수인수' 대화창이 나타난다. 'Number1'의 공란에 'B3:B9'를 입력하거나 또는 마우스로 셀 B3을 클릭하면 액티브 셀 상태에서 마우스 왼쪽 버튼을 누른 채로 셀 B3에서 셀 B9까지 드래그하고, 마우스 왼쪽 버튼에서 손가락을 뗀 후 마우스포인터를 이동하여 '확인' 버튼 [확인]을 누르면 함수 마법사를 이용하여 계산된 단순산술평균이 수치로 변환되어 나타난다.

사용자가 직접 셀에 함수를 입력하여 단순산술평균을 구할 경우에는 마우스포인터로 셀 B10을 클릭한 후 셀 B10에 '=AVERAGE(B3:B9)'라고 입력하고, 키 캡 [Enter↵]을 눌러도 동일한 결과를 얻을 수 있다.

연도별 'Log(A) C'는 마우스로 셀 D3을 클릭한 후 셀 D3에 '=LOG(B3)'이라고 입력하고, 키 캡 [Enter↵]를 누른다. 다시 마우스로 셀 C3을 클릭한 후 '홈' 메뉴 탭을 누르고, '자릿수 늘림' 아이콘 버튼 [.00]과 '자릿수 내림' 아이콘 버튼 [.0]을 클릭하여, 자릿수 5자리로 표시한다.

마우스포인터를 셀 D3의 우측 아래 구석으로 이동하여 마우스포인터를 검은색 십자의 필 핸들로 바꾸고, 마우스 왼쪽 버튼을 누른 상태에서 셀 D9까지 드래그하면 셀의 색상이 반전이 되면서 자동으로 계산된다.

연도별 'A×C'는 마우스로 셀 E3을 클릭한 후 셀 E3에 '=B3*D3'이라고 입력하고, 키 캡 [Enter↵]를 누른다. 다시 마우스로 셀 E3을 클릭한 후 마우스로 '홈' 메뉴 탭 [홈]을 누른 후 마우스로 '쉼표 스타일' 아이콘 [,]을 클릭하면, 1000단위 구분 기호를 사용하여 셀 값을 표시해 준다.

마우스포인터를 셀 E3의 우측 아래 구석으로 이동하여 마우스포인터를 검은색 십자의 필 핸들로 바꾸고, 마우스 왼쪽 버튼을 누른 상태에서 셀 E9까지 드래그하면 셀의 색상이 반전이 되면서 자동으로 계산된다.

연도의 'Log(A) C' 합계는 마우스로 '홈' 메뉴 탭 [홈]을 누른 후 마우스포인터를 셀 D11로 이동한다.

마우스로 셀 D11을 클릭한 후 셀 D11에 자동 합계 아이콘 버튼 Σ를 누르고, 이어서 마우스로 셀 D3을 누르면 셀 D3이 액티브 셀 상태로 된다. 이러한 상태에서 마우스 왼쪽 버튼을 셀 D3을 누른 채로 셀 D9까지 드래그를 하면 셀 D3에서 셀 D9까지 액티브 셀 상태가 된다.

이때 마우스 왼쪽 버튼을 놓으면 셀 D11에 '=SUM(D3:D9)'라고 자동을 입력되는데 여기에서 키 캡 Enter↵를 누르면 전체 연도별 'Log(A) C' 합계가 수치로 변환되어 나타난다.

연도의 'A×C' 합계는 마우스로 '홈' 메뉴 탭 홈을 누른 후 마우스포인터를 셀 E11로 이동한다.

마우스로 셀 E11을 클릭한 후 셀 E11에 자동 합계 아이콘 버튼 Σ를 누르고, 이어서 마우스로 셀 E3을 누르면 셀 E3이 액티브 셀 상태로 된다. 이러한 상태에서 마우스 왼쪽 버튼을 셀 E3을 누른 채로 셀 E9까지 드래그를 하면 셀 E3에서 셀 E9까지 액티브 셀 상태가 된다.

이때 마우스 왼쪽 버튼을 놓으면 셀 E11에 '=SUM(E3ED9)'라고 자동을 입력되는데 여기에서 키 캡 Enter↵를 누르면 전체 연도별 'A×C' 합계가 수치로 변환되어 나타난다. 다시 마우스로 셀 E11을 클릭한 후 '홈' 메뉴 탭 홈을 누른 후 마우스로 '쉼표 스타일' 아이콘 ,을 클릭하면, 1000단위 구분 기호를 사용하여 셀 값을 표시해 준다.

연도의 단순기하평균을 구하려면 마우스로 셀 D12를 클릭한 후 셀 D12에 '=10^(AVERAGE(D3:D9))'라고 입력한 후 키 캡 Enter↵를 누르면 된다.

다시 마우스로 셀 D12를 클릭한 후 '홈' 메뉴 탭 홈을 누른 후 마우스로 '쉼표 스타일' 아이콘 ,을 클릭하면, 1000단위 구분 기호를 사용하여 셀 값을 표시해 준다.

가중기하평균은 마우스로 셀 B13을 클릭한 후 셀 B13에 '=E11/D11'이라 입력하면 구해진다.

여기에서 함수마법사를 이용하여 가중기하평균을 구하기로 한다. 마우스로 셀 C13을 클릭한 후 셀 C13에 함수 마법사 아이콘 버튼 fx을 클릭하면 함수 마법사가 나타난다.

'함수 마법사' 대화창의 '범주 선택(C):'에서 '수학/삼각'을 선택하고, 이어서 '함수 선택(N):'에서 'SUMPRODUCT'를 선택한 후 마우스 왼쪽 버튼으로 '확인' 버튼 [확인]을 누른다.

그러면 '함수 인수' 대화창이 나타나는데 여기의 '함수 인수' 대화창에서는 배열이나 범위에 대응하는 값끼리 곱하여 합을 구할 수 있다.

'SUMPRODUCT' 함수 인수의 배열 입력은 'Array'의 공란에서 실행할 수 있는데 배열 입력창 오른쪽 을 누르면 함수 인수 입력이 가능하다.

마우스로 'Array1'의 공란을 클릭한 후 마우스로 셀 B3을 클릭하여 액티브 셀 상태에서 마우스 왼쪽 버튼을 누른 채로 셀 B9까지 드래그한다.

그러면 다시 '함수 인수'의 처음 대화창으로 되돌아가는데, 여기에서 또 다시 마우스로 'Array2'의 공란을 클릭한 후 마우스로 셀 D3을 클릭하여 액티브 셀 상태에서 마우스 왼쪽 버튼을 누른 채로 셀 D9까지 드래그를 한 후 '확인' 버튼 [확인]을 누른다.

그러면 셀 C13에는 'SUMPRODUCT(B3:B9,D3:D9)'라는 함수로 입력되고, 'A×C'의 합계가 수치로 변환되어 나타난다.

여기에서 키 캡 [F2]를 누르고, 이미 입력된 'SUMPRODUCT(B3:B9,D3:D9)'가 있는데 이어서 '/'를 입력하고, 다시 함수 마법사 아이콘 fx을 클릭하여 '범주 선택(C)', '수학/삼각'을 순차적으로 선택하고, '함수 선택(N)'에서 'SUM'을 선택하여 'Number1'의 공란에 'D3:D9'이라 입력한 후 '확인' 버튼 [확인]을 누른다.

그러면 셀 C13에 '=SUMPRODUCT(B3:B9,D3:D9)/SUM(D3:D9)'라 입력되면서 가중기하평균의 값이 구해진다.

마우스로 셀 B13을 클릭한 후 마우스 왼쪽 버튼을 누른 상태에서 셀 C13까지 드래그를 하면 셀의 색상이 반전이 된다.

이렇게 색상이 반전이 된 상태에서 마우스로 '홈' 메뉴 탭 [홈]을 누른 후 마우스로 '쉼표 스타일' 아이콘 ,을 클릭하면, 1000단위 구분 기호를 사용하여 셀 값을 표시해 준다.

2) 자동차회사의 평균 주가 분석결과

2004년 초반부터 2010년 후반까지 자동차회사의 평균 주가는 산술평균, 기하평균을 구하였다. 다양한 평균을 계산한 결과 자동차회사의 연평균은 단순산술평균 77,110원, 단순기하평균 74,349원, 가중기하평균 77,625원 등의 주가를 나타내고 있다.

단순산술평균과 가중산술평균의 주가는 근사 값을 나타내고 있는 반면, 단순기하평균은 다소 차이가 있는 것을 볼 수가 있다. 단순기하평균은 원래의 주가를 대수로 변환하는 과정에서 주가에 영향을 미쳤기 때문에 차이가 발생하였다고 볼 수 있다.

제 3 절 조화평균(harmonic mean)

조화평균은 평균을 내려는 변수의 역수를 더하고, 그 역수를 취한 것을 가지고 대푯값을 계산한다. 조화평균은 기준을 어떻게 취하느냐에 따라 값이 다른 경우에 대푯값으로 사용한다.

예를 들면, 어떤 상품은 가격을 기준으로 하여 10,000원에 10㎏이지만, 수량을 기준으로 하면 1㎏에 1,000원이 된다.

또한 시간을 기준으로 하면 자동차의 속도를 시속 60㎞로 표현하지만, 거리를 기준으로 하면 1㎞가 1분이 된다. 이와 같이 관측치의 기준을 통일하여 같은 기준 하에서 변수를 평균하여 대푯값으로 하는 것을 조화평균의 계산방법이다.

여기에서 두 종류의 변수가 서로 대응하는 값을 Y_i, Z_i로 하고, 비율로 $X_i = \dfrac{Z_i}{Y_i}$을 취하여 $H = \dfrac{\Sigma Z_i}{\Sigma Y_i}$로 바꿀 수 있다. 이때 Z_i를 일정하게 하여 $Z_i = Z(i = 1, 2, \cdots, N)$, 그리고 $X_i = \dfrac{Z_i}{Y_i}$라고 한다면, $Y_i = \dfrac{Z}{X_i}$이 되기 때문에 다음과 같이 나타낼 수 있다.

$$H = \frac{\Sigma Z}{\Sigma\left(\frac{Z}{X_i}\right)} = \frac{NZ}{Y\Sigma\left(\frac{1}{X_i}\right)} = \frac{N}{\Sigma\left(\frac{1}{X_i}\right)} = \frac{1}{\frac{1}{N}\left(\frac{1}{X_1} + \frac{1}{X_2} + \cdots + \frac{1}{X_N}\right)}$$

이 되고, 상기의 수식이 X_i의 조화평균이라고 한다.

또한 여기에서 Y_i를 일정하게 하고, $Y_i = Y(i = 1, 2, \cdots, N)$으로 한다면, $X_i = \frac{Z_i}{Y}$가 되고, $Z_i = X_i Y$로 되기 때문에 다음과 같이 나타낼 수 있다.

$$H = \frac{\Sigma X_i Y}{\Sigma Y} = \frac{Y\Sigma X_i}{NY} = \frac{\Sigma X_i}{N} = \overline{X}$$

이 되고, 상기의 수식이 X_i의 단순산술평균이 된다.

이것으로 2변수의 비율로 나타내는 변수의 평균을 구할 경우, 분모로 오는 변수를 기준하게 되면 산술평균이 되고, 분자를 기준으로 하게 되면 조화평균이 된다는 것을 인지해야 할 것이다.

1. 직종별 평균임금의 조화평균

[표 3-5]는 우리나라의 직종별 평균임금을 나타내고 있다. 각 직업을 구체적으로 보면 관리자, 전문가 및 관련 종사자, 사무 종사자, 서비스 종사자, 판매 종사자, 농림어업 숙련 종사자, 기능원 및 관련 기능 종사자, 장치, 기계조작 및 조립 종사자, 단순노무 종사자 등 9가지 유형으로 구분하고 있다. 조화평균은 아래 표를 이용하여 계산하기로 한다.

[표 3-5] 직종별 평균임금(2009년)

(단위: 원)

No.	직종별	금액(원)
1	관리자	4,285,756
2	전문가 및 관련 종사자	2,696,829
3	사무 종사자	2,367,193
4	서비스 종사자	1,612,133
5	판매 종사자	2,167,108
6	농림어업 숙련 종사자	1,769,519
7	기능원 및 관련 기능 종사자	2,046,643
8	장치, 기계조작 및 조립종사자	1,916,041
9	단순노무 종사자	1,374,138

자료 : 한국은행(http://ecos.bok.or.kr), 2009년.

마이크로소프트사의 엑셀 프로그램을 이용하여 '[표 3-5] 직종별 평균임금'을 [그림 3-13]과 같이 입력한다.

마우스로 셀 A1을 클릭한 후 셀 A1에 '[표 3-5] 직종별 평균임금'이라고 입력하고, 키 캡 [Enter↵]를 누른다.

마우스로 셀 A1을 클릭한 후 마우스 왼쪽 버튼을 누른 상태에서 셀 E1까지 드래그하면 셀의 색상이 반전이 된다. 이렇게 반전이 된 상태에서 마우스의 왼쪽 버튼을 누른 것을 뗀다.

[그림 3-13] 직종별 평균임금의 조화평균

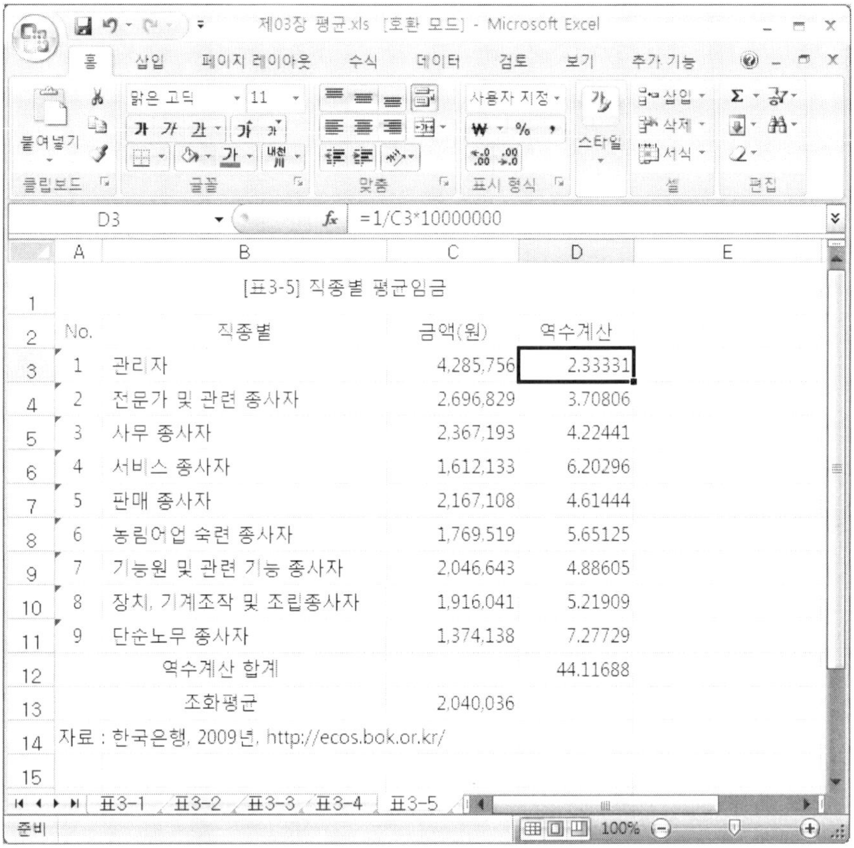

	A	B	C	D
1		[표3-5] 직종별 평균임금		
2	No.	직종별	금액(원)	역수계산
3	1	관리자	4,285,756	2.33331
4	2	전문가 및 관련 종사자	2,696,829	3.70806
5	3	사무 종사자	2,367,193	4.22441
6	4	서비스 종사자	1,612,133	6.20296
7	5	판매 종사자	2,167,108	4.61444
8	6	농림어업 숙련 종사자	1,769,519	5.65125
9	7	기능원 및 관련 기능 종사자	2,046,643	4.88605
10	8	장치, 기계조작 및 조립종사자	1,916,041	5.21909
11	9	단순노무 종사자	1,374,138	7.27729
12		역수계산 합계		44.11688
13		조화평균	2,040,036	
14	자료 : 한국은행, 2009년, http://ecos.bok.or.kr/			
15				

이어서 마우스포인터를 '병합하고 가운데 맞춤'의 기능을 가지고 있는 아이콘 을 클릭하면 셀 A1에서 셀 D1까지 셀을 병합하고 제목을 가운데로 맞춰 준다.

마우스로 셀 A2를 클릭한 후 셀 A2에 'No.'라고 입력하고, 키 캡 Enter↵를 누른다. 같은 방법으로 셀 B2에 '직종별', 셀 C2에 '금액(원)' 그리고 셀 D2에 '역수계산' 등을 각각 입력하고, 키 캡 Enter↵를 누르면 된다.

마우스로 셀 A2에서 셀 D2까지 드래그하면 색이 반전이 되는데 이러한 상태에서 '홈'의 '맞춤' 아이콘 나타내는 것들 중에서 '가운데 맞춤'을 나타내는 아이콘 을 누르면 입력된 셀의 문자는 가운데로 맞춰진다.

마우스로 셀 A3을 클릭한 후 셀 A3에 '1'이라고 입력하고, 키 캡 Enter↵를 누른다. 다시 마우스로 셀 A3을 클릭한 후 마우스를 셀 A3의 오른쪽 아래 구석으로 이동한다.

마우스포인터는 흰색 십자에서 검은색 십자(필 핸들)로 변하는데, 여기에서 마우스 오른쪽 버튼을 누른 상태에서 셀 A11까지 드래그를 하고, 목적한 장소에서 마우스 오른쪽 버튼을 뗀다.

그러면 오른쪽에 메뉴 화면이 열리는데 마우스포인터를 '연속 데이터 채우기(S)'로 이동하여 지정하고, 마우스 오른쪽 버튼을 뗀 후 다시 마우스 왼쪽 버튼을 누르면 빈 공간의 셀에 '2'부터 '9'까지 일련의 연속 숫자가 자동으로 채워진다.

마우스로 셀 A3에서 셀 A11까지 드래그하면 색이 반전이 되는데 이러한 상태에서 '홈'의 '맞춤' 아이콘 나타내는 것들 중에서 '가운데 맞춤'을 나타내는 아이콘 ≡을 누르면 입력된 셀의 숫자는 가운데로 맞춰진다.

마우스로 셀 A12를 클릭한 후 셀 A12에 '역수계산 합계'라고 입력하고, 키 캡 Enter↵를 누른다.

마우스로 셀 A12를 클릭하고, 마우스 왼쪽 버튼을 누른 상태에서 셀 A12에서 셀 B12까지 드래그하면 셀의 색상이 반전이 된다.

반전이 된 상태에서 마우스의 왼쪽 버튼을 누른 것을 뗀 후 마우스 포인터를 '병합하고 가운데 맞춤'의 기능을 가지고 있는 아이콘 을 클릭하면 셀 A12에서 셀 B12까지 셀을 병합하고 가운데로 맞춰 준다.

마우스로 셀 A13을 클릭한 후 셀 A13에 '조화평균'이라고 입력하고, 키 캡 Enter↵를 누른다.

마우스로 셀 A13을 클릭하고, 마우스 왼쪽 버튼을 누른 상태에서 셀 A13에서 셀 B13까지 드래그하면 셀의 색상이 반전이 된다.

반전이 된 상태에서 마우스의 왼쪽 버튼을 누른 것을 뗀 후 마우스 포인터를 '병합하고 가운데 맞춤'의 기능을 가지고 있는 아이콘 을 클릭하면 셀 A13에서 셀 B13까지 셀을 병합하고 가운데로 맞춰 준다.

마우스로 셀 B3을 클릭한 후 셀 B3에 '관리자'라고 입력하고, 키 캡 Enter↵를 누른다. 같은 방법으로 셀 B4에 '전문가 및 관련 종사자', 셀 B5에 '사무 종사자',

셀 B6에 '서비스 종사자', 셀 B7에 '판매 종사자', 셀 B8에 '농림어업 숙련 종사자', 셀 B9에 '기능원 및 관련 기능 종사자', 셀 B10에 '장치, 기계조작 및 조립종사자' 그리고 셀 B11에 '단순노무 종사자'라고 각각 입력하고, 키 캡 Enter↵를 누른다.

마우스로 셀 B3에서 셀 B11까지 드래그하면 색이 반전이 되는데 이러한 상태에서 '홈'의 '맞춤' 아이콘 나타내는 것들 중에서 '왼쪽 맞춤'을 나타내는 아이콘 ≡을 누르면 입력된 셀의 문자가 왼쪽으로 맞춰진다.

'금액(원)'은 마우스로 셀 C3을 클릭한 후 데이터를 순서대로 셀 C3부터 셀 C11까지 각각 입력하고, 키 캡 Enter↵를 누른다.

다시 마우스로 셀 C3을 클릭한 후 마우스 왼쪽 버튼을 누른 상태에서 셀 C11까지 드래그를 하면 셀의 색상이 반전이 된다.

이렇게 반전이 된 상태에서 마우스로 '홈' 메뉴 탭 ≡을 누른 후 마우스로 '쉼표 스타일' 아이콘 ,를 클릭하면, 1000단위 구분 기호를 사용하여 셀 값을 표시해 준다.

'역수계산'은 마우스로 셀 D3을 클릭한 후 셀 D3에 '=1/C3*10000000'라고 입력하고, 키 캡 Enter↵를 누르면 수치로 변환되어 나타난다.

다시 마우스로 셀 D3을 클릭한 후 셀 D3을 클릭한 후 '홈' 메뉴 탭을 누르고, '자릿수 늘림' 아이콘 버튼 ⁺.00과 '자릿수 내림' 아이콘 버튼 .00을 클릭하여, 자릿수 5자리로 표시한다.

이어서 마우스로 셀 D3을 클릭한 후 마우스를 셀 D3의 오른쪽 아래 구석으로 이동한다. 마우스포인터는 흰색 십자에서 검은색 십자(필 핸들)로 변하는데, 여기에서 마우스 오른쪽 버튼을 누른 상태에서 셀 D11까지 드래그를 하면 셀 D4부터 셀 D11까지 셀의 색상이 반전이 되고, 빈 셀에 자동으로 계산 결과의 수치가 채워진다.

역수를 계산한 값에 10,000,000을 곱한 이유는 소수점이하의 값이 너무 작기 때문에 인지하기 용이하게 하기 위해서 값을 조정했다면 최종적인 값을 계산할 때 $\frac{1}{10,000,000}$으로 환원하면 원래의 단위로 돌아간다.

마우스로 셀 D3을 클릭한 후 마우스포인터를 셀 D3의 우측 아래 구석으로 이동하여 검은색 십자를 필 핸들하고, 마우스 왼쪽 버튼을 셀 D3을 누른 상태에서 셀 D11까지 드래그한다.

그러면 셀 D3에서 셀 D11까지 값은 조화평균을 구하기 위한 직종별 평균금액 X_i의 역수인 $\frac{1}{X_i}$의 결과를 나타내고 있다.

'역수계산 합계'는 마우스로 셀 D12를 클릭한 후 셀 D12에 자동 합계 아이콘 버튼 Σ 을 누르면, 셀 D12에 '=SUM(D3:D11)'이라고 자동을 입력되는데 여기에서 키 캡 Enter↵를 누르면 '역수계산 합계'가 수치로 변환되어 나타난다.

마우스로 셀 D12를 클릭한 후 '홈' 메뉴 탭을 누르고, '자릿수 늘림' 아이콘 버튼 과 '자릿수 내림' 아이콘 버튼 을 클릭하여, 자릿수 5자리로 표시한다.

'조화평균'은 마우스로 셀 B13을 클릭하고, 셀 B13에 조화평균의 수식 '=1/((1/9)*D12*(1/10000000))'을 직접 입력하고, 키 캡 Enter↵를 누르면 '조화평균'이 수치로 변환되어 나타난다.

마우스로 셀 B13을 클릭한 후 마우스로 '홈' 메뉴 탭 을 누른 후 마우스로 '쉼표 스타일' 아이콘 , 를 클릭하면, 1000단위 구분 기호를 사용하여 셀 값을 표시해 준다.

조화평균을 나타내는 함수를 이용하면 앞에서 밟아온 복잡한 절차를 거치지 않고 간편하게 구할 수 있다.

마우스로 셀 C13을 클릭한 후 셀 C13에 함수 마법사 아이콘 버튼 fx을 누르고, '함수 마법사' 대화창의 '범주 선택(C):'에서 '통계'를 선택하여 '함수 선택(N)'에서 '=HARMEAN'를 선택하고, 마우스 왼쪽 버튼으로 '확인' 버튼 확인 을 누른다.

그러면 '=HARMEAN'에 관련된 인수를 입력하는 '함수인수' 대화창이 나타난다. 'Number1'의 공란에 'C3:C11'을 입력하거나 또는 마우스로 셀 C3을 클릭하면 액티브 셀 상태에서 마우스 왼쪽 버튼을 누른 채로 셀 C3에서 셀 C11까지 드래그하고, 마우스 왼쪽 버튼에서 손가락을 뗀 후 마우스포인터를 이동하여 '확인' 버튼 확인 을 누르면 함수 마법사를 이용하여 계산된 조화평균이 수치로 변환되어 나타난다.

마우스로 셀 C13을 클릭한 후 마우스로 '홈' 메뉴 탭 홈 을 누른 후 마우스로 '쉼표 스타일' 아이콘 ,를 클릭하면, 1000단위 구분 기호를 사용하여 셀 값을 표시해 준다.

마우스로 셀 A2를 클릭한 후 마우스 왼쪽 버튼을 누른 상태에서 셀 D13까지 드래그를 하면 셀의 색상이 반전이 되고, 테두리는 굵게 변한다.

마우스 왼쪽 버튼을 뗀 후 '홈' 메뉴 탭을 누르고, '서식' 옵션을 클릭하면 '셀 크기', '표시 유형', '시트 구성' 그리고 '보호' 등이 있다.

'셀 크기' 옵션 중에서 '열 너비 자동 맞춤(I)' 열 너비 자동 맞춤(I) 을 클릭하면 지정한 열 전체가 자동으로 조정되어 알맞게 맞춰진다.

2. 직종별 평균임금의 분석결과

한국은행에서 발표한 우리나라의 2009년 직종별 평균임금을 조화평균에 의한 계산방법을 이용하여 산출하였다.

평균하는 기준은 금액으로 하여 평균임금을 계산하였는데 계산결과 2백 4만원으로 나타났다.

다른 평균계산 방법과 비교해보면, 산술평균은 2백 25만원, 기하평균 2백 13만원으로 조화평균의 경우가 가장 적게 나타났다.

제 4 절 이동평균(running mean)

경영이나 경제 분야는 시간이 중요한 변수로 인식되는 경우가 있는데 시간에 따라 관측한 값을 나타내는 것을 시계열자료라 한다.

이동평균은 시계열 관측한 값에 대하여 전기, 금기, 후기 등 관측한 값의 평균을 구하는 것으로 순환변동, 계절변동, 불규칙변동 등을 제거하고, 장기변동을 파악하는 방법이다.

변수 X에 대한 t기의 이동평균은 다음과 같이 정의할 수 있다.

$$\overline{X_t} = \frac{X_{t-\frac{(M-1)}{2}} + X_{t+1-\frac{(M-1)}{2}} + X_{t+2-\frac{(M-1)}{2}} + \cdots + X_{t+\frac{(M-1)}{2}}}{M}$$

t : 기(시간)

M : 평균이동 기간

이동기간이 홀수인 경우 예를 들어 평균이동 기간이 $M=3$이라면 이동평균의 수식은 다음과 같이 나타낼 수 있다.

$$\overline{X_2} = \frac{X_1 + X_2 + X_3}{3}$$

이동기간이 짝수인 경우 예를 들어 평균이동 기간이 $M=4$이라면 이동평균의 수식은 다음과 같이 2단계를 거쳐 이동평균을 구해야 한다.

$$\overline{X_1} = \frac{X_1 + X_2 + X_3 + X_4}{4}$$

$$\overline{X_2} = \frac{X_2 + X_3 + X_4 + X_5}{4}$$

$$\overline{X_{1,2}} = \frac{\overline{X_1} + \overline{X_2}}{2}$$

1. 주식가격의 추이

[표 3-6]은 주가가격의 추이를 나타내는 자료이다. 위 식을 이용하면 $M=3$ 이동평균, $M=5$ 이동평균을 구할 수 있고, 각 계열에 근거하여 차트도 작성할 수 있다.

[표 3-6] 한국은행의 평균주가 추이

(단위: 원)

연도	평균주가	연도	평균주가
		1991	17,858
		1992	11,992
		1993	10,835
1974	3,385	1994	13,859
1975	2,950	1995	18,437
1976	2,427	1996	15,076
1977	1,849	1997	5,855
1978	2,114	1998	4,829
1979	1,672	1999	5,039
1980	1,536	2000	2,548
1981	962	2001	2,198
1982	1,045	2002	1,237
1983	1,269	2003	2,654
1984	1,183	2004	4,444
1985	1,181	2005	5,626
1986	1,294	2006	10,221
1987	4,404	2007	10,638
1988	21,248	2008	6,549
1989	28,101	2009	7,227
1990	24,990		

자료 : 한국은행(http://ecos.bok.or.kr), 2010년.

마이크로소프트사의 엑셀 프로그램을 이용하여 '[표 3-6] 한국은행의 평균주가 추이'를 [그림 3-14]와 같이 입력한다.

마우스로 셀 A1을 클릭한 후 셀 A1에 '[표 3-6] 한국은행의 평균주가 추이'이라고 입력하고, 키 캡 Enter↵를 누른다.

마우스로 셀 A1을 클릭한 후 마우스 왼쪽 버튼을 누른 상태에서 셀 D1까지 드래그하면 셀의 색상이 반전이 된다. 이렇게 반전이 된 상태에서 마우스의 왼쪽 버튼을 누른 것을 떼고, 이어서 마우스포인터를 '병합하고 가운데 맞춤'의 기능을 가지고 있는 아이콘 을 클릭하면 셀 A1에서 셀 D1까지 셀을 병합하고 제목을 가운데로 맞춰 준다.

[그림 3-14] 한국은행의 평균주가 추이 이동평균

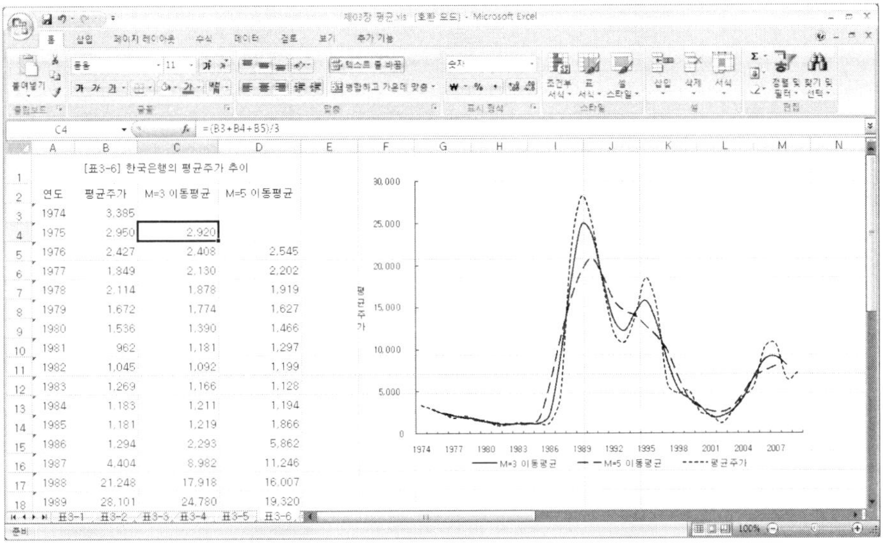

마우스로 셀 A2를 클릭한 후 셀 A2에 '연도'라고 입력하고, 키 캡 Enter↵를 누른다. 같은 방법으로 셀 B2에 '평균주가', 셀 C2에 'M=3 이동평균' 그리고 셀 D2에 'M=5 이동평균' 등을 각각 입력하고, 키 캡 Enter↵를 누르면 된다.

마우스로 셀 A2에서 셀 D2까지 드래그하면 색이 반전이 되는데 이러한 상태에서 '홈'의 '맞춤' 아이콘 나타내는 것들 중에서 '가운데 맞춤'을 나타내는 아이콘 ≡을 누르면 입력된 셀의 문자는 가운데로 맞춰진다.

마우스로 셀 A3을 클릭한 후 셀 A3에 '1974'이라고 입력하고, 키 캡 Enter↵를 누른다. 다시 마우스로 셀 A3을 클릭한 후 마우스를 셀 A3의 오른쪽 아래 구석으로 이동한다.

마우스포인터는 흰색 십자에서 검은색 십자(필 핸들)로 변하는데, 여기에서 마우스 오른쪽 버튼을 누른 상태에서 셀 A38까지 드래그를 하고, 목적한 장소에서 마우스 오른쪽 버튼을 뗀다.

그러면 오른쪽에 메뉴 화면이 열리는데 마우스포인터를 '연속 데이터 채우기(S)'로 이동하여 지정하고, 마우스 오른쪽 버튼을 뗀 후 다시 마우스 왼쪽 버튼을 누르면 빈 공간의 셀에 '1974'부터 '2009'까지 일련의 연속 숫자가 자동으로 채워진다.

마우스로 셀 A3에서 셀 A38까지 드래그하면 색이 반전이 되는데 이러한 상태에서 '홈'의 '맞춤' 아이콘 나타내는 것들 중에서 '가운데 맞춤'을 나타내는 아이콘 을 누르면 입력된 셀의 숫자는 가운데로 맞춰진다.

마우스로 셀 B3을 클릭한 후 셀 B3에 주어진 데이터를 입력하고, 키 캡 Enter↵를 누른다. 같은 방법으로 셀 B4에서 셀 B38까지 각각 입력하고, 키 캡 Enter↵를 누른다.

마우스로 셀 B3을 클릭한 후 마우스 왼쪽 버튼을 누른 상태에서 셀 B3에서 셀 B38까지 드래그하면 셀의 색상이 반전된다.

이렇게 반전이 된 상태에서 마우스로 '홈' 메뉴 탭 을 누른 후 마우스로 '쉼표 스타일' 아이콘 ,를 클릭하면, 1000단위 구분 기호를 사용하여 셀 값을 표시해 준다.

'M=3 이동평균'은 마우스로 셀 C4를 클릭한 후 셀 C4에 3년간 이동평균을 나타내는 수식 '=(B3+B4+B5)/3'이라고 입력하고, 키 캡 Enter↵를 누른다.

다시 마우스로 셀 C4를 클릭한 후 마우스로 '홈' 메뉴 탭 을 누른 후 마우스로 '쉼표 스타일' 아이콘 ,를 클릭하면, 1000단위 구분 기호를 사용하여 셀 값을 표시해 준다.

이어서 마우스로 셀 C4를 클릭한 후 마우스포인터를 셀 C4의 우측 아래 구석으로 이동하여 검은색 십자를 필 핸들하고, 마우스 왼쪽 버튼으로 셀 C4를 누른 상태에서 셀 C37까지 드래그 하면 3년간 이동평균 값이 얻어진다.

'M=5 이동평균'은 마우스로 셀 D5를 클릭한 후 셀 D5에 5년간 이동평균을 나타내는 수식 '=(B3+B4+B5+B6+B7)/5'라고 입력하고, 키 캡 Enter↵를 누른다.

다시 마우스로 셀 D5를 클릭한 후 마우스로 '홈' 메뉴 탭 을 누른 후 마우스로 '쉼표 스타일' 아이콘 ,를 클릭하면, 1000단위 구분 기호를 사용하여 셀 값을 표시해 준다.

이어서 마우스로 셀 D5를 클릭한 후 마우스포인터를 셀 D5의 우측 아래 구석으로 이동하여 검은색 십자를 필 핸들하고, 마우스 왼쪽 버튼으로 셀 D5를 누른 상태에서 셀 D36까지 드래그 하면 5년 간 이동평균 값이 얻어진다.

마우스로 셀 A2를 클릭한 후 마우스 왼쪽 버튼을 누른 상태에서 셀 D38까지 드래그를 하면 셀의 색상이 반전이 되고, 테두리는 굵게 변한다.

마우스 왼쪽 버튼을 뗀 후 '홈' 메뉴 탭을 누르고, '서식' 옵션을 클릭하면 '셀 크기', '표시 유형', '시트 구성' 그리고 '보호' 등이 있다.

'셀 크기' 옵션 중에서 '열 너비 자동 맞춤(I)' 을 클릭하면 지정한 열 전체가 자동으로 조정되어 알맞게 맞춰진다.

차트 작성은 앞에서 계산한 이동평균한 값을 근거로 작성하기로 한다. 차트를 작성한 결과는 [그림 3-14]의 오른쪽에 나타나 있는 그림이다.

엑셀의 워크시트 상에서 마우스로 셀 B2를 클릭 한 후 셀 B2를 마우스 왼쪽 버튼을 누른 상태에서 셀 D38까지 드래그하여 범위를 지정한다.

지정한 범위의 셀 색상이 반전이 되는데 이렇게 반전된 상태에서 '삽입' 메뉴 탭 을 누르면 이어서 [그림 3-15]의 위쪽 그림 같은 차트 옵션 화면이 나타난다.

[그림 3-15] 차트 옵션 화면

이어서 차트에서 '꺾은선형'을 클릭하면, [그림 3-15]의 아래쪽 그림 같은 '2차원 꺾은선형', '3차원 꺾은선형' 그리고 '모든 차트 종류(A)...'가 나타난다. 여기에서 '2차원 꺾은 선형' 중에서 왼쪽 위에 있는 꺾은 선형을 지정하면 차트가 자동

으로 만들어진다.

자동으로 만들어진 차트는 사용자가 차트 영역의 각종 부위별로 마우스 왼쪽 버튼으로 클릭하면 사용자의 기호에 맞추어 수정할 수 있는데 '차트 도구' 

의 '디자인' 메뉴 탭 

에서 다양한 작업을 할 수 있다.

세로 축의 제목을 추가하거나 수정할 경우에는 마우스 왼쪽 버튼을 세로 축의 영역을 클릭하면 직사각형의 테두리가 생긴다. 이때 '차트 도구'의 '레이아웃' 메뉴 탭 

을 누르면, '현재 선택 영역', '삽입', '레이블', '축', '배경', '분석' 그리고 '속성' 등의 기능이 있다.

여기에서 '레이블' 아이콘을 선택한 후 '축 제목' 을 누르면, [그림 3-16]과 같은 '레이블' 화면에서 '축 제목'을 클릭한다. 그러면 풀다운 메뉴가 나타나는데 '기본 세로 축 제목(V)'을 선택하면, '없음', '제목 회전', '세로제목' 그리고 '가로제목' 등의 옵션이 나타난다. '세로 제목'을 선택하면 세로 축 제목이 생성된다.

[그림 3-16] 레이아웃 화면 중 레이블

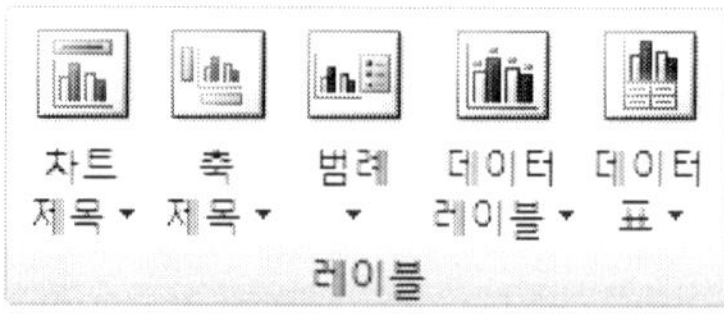

차트 영역의 나머지 각 영역별 수정 작업은 '차트 도구'의 '디자인' 메뉴 탭을 이용하면 사용자의 기호에 맞게 수정이 가능한데 [그림 3-17]과 같은 형태로 나타낼 수 있다. 나머지 차트 영역 내의 각 부위별 영역의 상세한 수정 작업 과정의 설명은 내용이 방대하고 비슷한 내용이 반복되기 때문에 생략하기로 한다.

여기에서 시계열자료가 분기별 자료와 같이 관측치가 짝수인 경우에는 다른 방법을 이용해야 한다. 우선 짝수의 이동평균을 2개 만들고, 그리고 그 2개의 이동평균을 만드는 과정을 거쳐야 하는데 이것을 중심화이동평균이라 말한다. 중심화이동평균에 대한 구체적인 설명은 다음 소절에서 전개하기로 한다.

[그림 3-17] 한국은행의 평균주가와 이동평균 추이

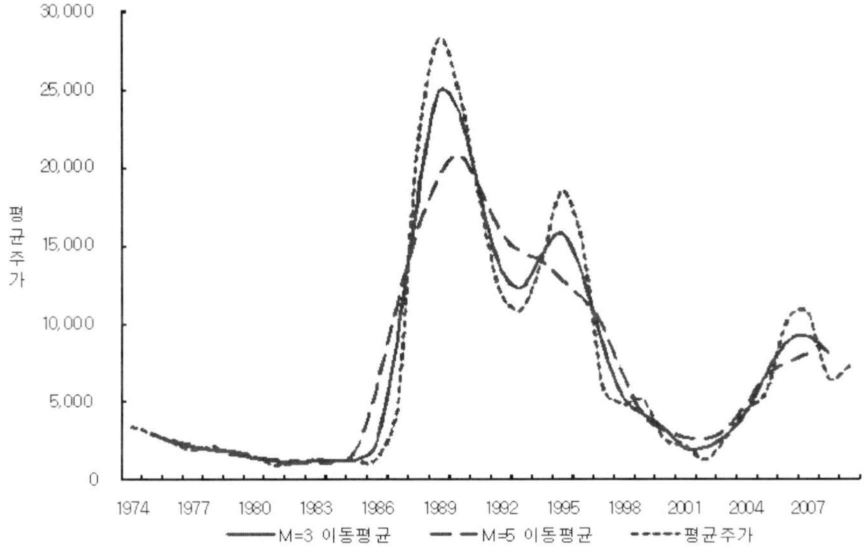

2. 휘발유 제조업의 중심화이동평균

[표 3-7]은 휘발유 제조업의 생산량 추이에 대한 분기별 추이를 나타내고 있다. 중심화이동평균은 아래 표를 이용하여 구하고, 각 계열에 근거하여 차트를 작성하기로 한다.

마이크로소프트사의 엑셀 프로그램을 이용하여 '[표 3-7] 휘발유 제조업의 생산량 분기별 추이'를 [그림 3-18]과 같이 입력한다.

마우스로 셀 A1을 클릭한 후 셀 A1에 '[표 3-7] 휘발유 제조업의 생산량 분기별 추이'이라고 입력하고, 키 캡 Enter↵를 누른다.

[표 3-7] 휘발유 제조업의 생산량 분기별 추이

(단위: kl)

연도/분기	휘발유	연도/분기	휘발유
1995 1/4	727,381	2003 1/4	922,545
1995 2/4	736,523	2003 2/4	975,735
1995 3/4	872,449	2003 3/4	995,403
1995 4/4	867,208	2003 4/4	965,250
1996 1/4	880,300	2004 1/4	998,294
1996 2/4	1,036,443	2004 2/4	1,009,465
1996 3/4	877,285	2004 3/4	1,002,079
1996 4/4	988,348	2004 4/4	1,003,192
1997 1/4	950,255	2005 1/4	969,376
1997 2/4	1,028,994	2005 2/4	911,183
1997 3/4	1,169,321	2005 3/4	985,463
1997 4/4	1,188,923	2005 4/4	1,057,631
1998 1/4	1,026,351	2006 1/4	1,033,111
1998 2/4	1,007,483	2006 2/4	1,019,404
1998 3/4	1,070,395	2006 3/4	1,058,576
1998 4/4	943,926	2006 4/4	1,052,744
1999 1/4	1,060,810	2007 1/4	1,071,581
1999 2/4	912,162	2007 2/4	1,024,482
1999 3/4	1,046,198	2007 3/4	1,062,024
1999 4/4	1,010,488	2007 4/4	1,080,587
2000 1/4	1,004,634	2008 1/4	1,098,691
2000 2/4	1,016,978	2008 2/4	1,054,566
2000 3/4	1,026,541	2008 3/4	1,373,010
2000 4/4	997,481	2008 4/4	1,575,282
2001 1/4	970,101	2009 1/4	1,371,208
2001 2/4	974,678	2009 2/4	1,540,634
2001 3/4	1,078,171	2009 3/4	1,395,989
2001 4/4	1,081,516	2009 4/4	1,494,578
2002 1/4	1,024,681	2010 1/4	1,421,843
2002 2/4	1,016,410	2010 2/4	1,391,531
2002 3/4	1,002,345	2010 3/4	1,165,837
2002 4/4	1,048,234		

자료 : 한국은행(http://ecos.bok.or.kr), 2010년.

마우스로 셀 A1을 클릭한 후 마우스 왼쪽 버튼을 누른 상태에서 셀 E1까지 드래그하면 셀의 색상이 반전이 된다. 이렇게 반전이 된 상태에서 마우스의 왼쪽 버튼을 누른 것을 뗀다. 이어서 마우스포인터를 '병합하고 가운데 맞춤'의 기능을 가지고 있는 아이콘 을 클릭하면 셀 A1에서 셀 E1까지 셀을 병합하고 제목을 가운데로 맞춰 준다.

[그림 3-18] 휘발유 제조업의 생산량 분기별 추이

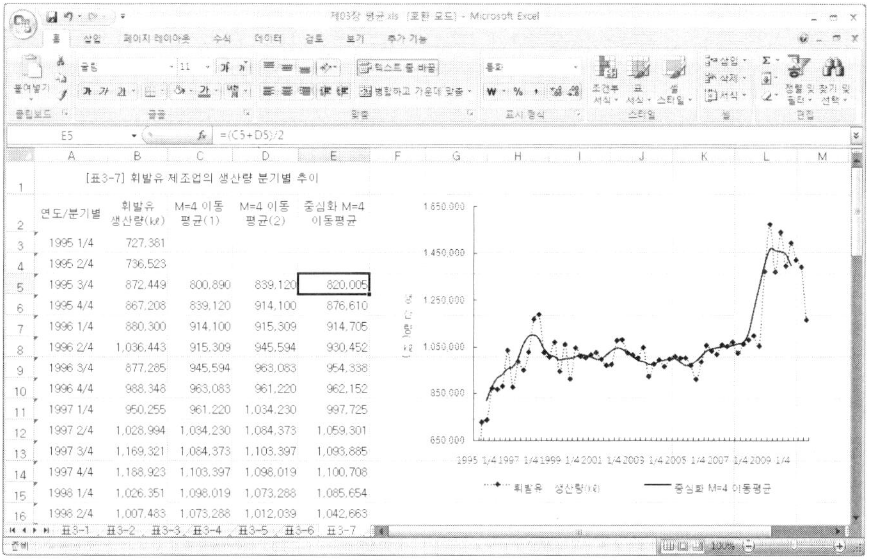

마우스로 셀 A2를 클릭한 후 셀 A2에 '연도/분기별'이라고 입력하고, 키 캡 Enter↵를 누른다. 같은 방법으로 셀 B2에 '휘발유 생산량(kl)', 셀 C2에 'M=4 이동평균(1)', 셀 D2에 'M=4 이동평균(2)' 그리고 셀 D2에 '중심화 M=4 이동평균'등을 각각 입력하고, 키 캡 Enter↵를 누르면 된다.

마우스로 셀 A2에서 셀 E2까지 드래그하면 색이 반전이 되는데 이러한 상태에서 '홈'의 '맞춤' 아이콘 나타내는 것들 중에서 '가운데 맞춤'을 나타내는 아이콘 을 누르면 입력된 셀의 문자는 가운데로 맞춰진다.

마우스로 셀 A3을 클릭한 후 셀 A3에 '1995 1/4'라고 입력하고, 키 캡 Enter↵를 누른다. 마우스로 셀 A4를 클릭한 후 셀 A4에 '1995 2/4'라고 입력하고, 키 캡 Enter↵를 누른다. 마우스로 셀 A5를 클릭한 후 셀 A5에 '1995 3/4'라고 입력하고, 키 캡 Enter↵를 누른다. 마우스로 셀 A6을 클릭한 후 셀 A6에 '1995 4/4'라고 입력하고, 키 캡 Enter↵를 누른다.

마우스로 셀 A3에서 셀 A6까지 드래그하면 색이 반전이 되는데 이러한 상태에서 '홈'의 '맞춤' 아이콘 나타내는 것들 중에서 '가운데 맞춤'을 나타내는 아이콘 ≡을 누르면 입력된 셀의 문자는 가운데로 맞춰진다.

마우스로 셀 A3을 클릭한 후 마우스 왼쪽 버튼을 누른 상태에서 셀 A6까지 드래그 하면 셀의 색상이 반전이 된다. 이렇게 지정한 셀이 반전된 상태에서 마우스포인터를 셀 A6의 오른쪽 아래 구석으로 이동하면, 마우스포인터는 흰색 십자에서 검은색 십자(필 핸들)로 변한다.

여기에서 마우스 왼쪽 버튼을 누른 상태에서 셀 A65까지 드래그한 후 마우스 왼쪽 버튼을 떼면, 빈 셀의 내용이 연도 분기별로 채워진다.

셀 B2의 '휘발유 생산량(㎘)'은 주어진 데이터를 차례대로 입력한다.

'M=4 이동평균(1)'은 마우스로 셀 C5를 클릭한 후 셀 C5에 4년간 이동평균을 나타내는 수식 '=(B3+B4+B5+B6)/4'이라고 입력하고, 키 캡 Enter↵를 누른다.

'M=4 이동평균(2)'는 마우스로 셀 D5를 클릭한 후 셀 D5에 4년간 이동평균을 나타내는 수식 '=(B4+B5+B6+B7)/4'이라고 입력하고, 키 캡 Enter↵를 누른다.

'중심화 M=4 이동평균'은 마우스로 셀 E5를 클릭한 후 중심화 이동평균을 나타내는 수식 '=(C5+D5)/2'이라고 입력하고, 키 캡 Enter↵를 누른다.

마우스로 셀 B3을 클릭한 후 셀 B3을 마우스 왼쪽 버튼을 누른 상태에서 셀 E65까지 드래그하면 셀 색상이 반전이 된다.

이렇게 반전이 된 상태에서 마우스로 '홈' 메뉴 탭 홈을 누른 후 마우스로 '쉼표 스타일' 아이콘 ,를 클릭하면, 1000단위 구분 기호를 사용하여 셀 값을 표시해 준다.

마우스로 셀 A2를 클릭한 후 '홈' 메뉴 탭을 누르고, '서식' 아이콘을 클릭하면 '셀 크기' 중에서 '열 너비(W)' 열 너비(W)...를 클릭하여 열 너비의 대화창에 값을 입력한 후 '확인' 버튼을 누르면 열 너비가 조정된다. 나머지 셀 B열에서 셀 E열까지 동일한 방법으로 사용자가 조정하면 된다.

차트 작성은 앞에서 계산한 중심화 이동평균한 값을 근거로 작성하기로 한다. 차트를 작성한 결과는 [그림 3-17]의 오른쪽에 나타나 있다.

엑셀의 워크시트 상에서 마우스로 셀 A2를 클릭 한 후 셀 B2를 마우스 왼쪽 버튼을 누른 상태에서 셀 B65까지 드래그하여 범위를 지정한다.

계속하여 키 캡 Ctrl을 누른 상태에서 마우스 왼쪽 버튼을 셀 E2에서 셀 E65까지 드래그하여 범위를 지정한다.

지정한 범위의 셀 색상이 반전이 되는데 이렇게 반전된 상태에서 '삽입' 메뉴 탭을 누르면 차트 옵션 화면이 나타난다.

차트 옵션 중에서는 '꺾은선형'을 클릭하고, '2차원 꺾은선형' 중에서 '꺾은 선형'을 지정하면 차트가 자동으로 생성된다.

자동으로 생성된 차트는 사용자가 차트 영역의 각종 부위별로 마우스 왼쪽 버튼으로 클릭하면 사용자의 기호에 맞추어 수정할 수 있는데 '차트 도구'의 '디자인' 메뉴 탭에서 다양한 작업을 할 수 있다.

다양하고 상세한 수정 작업은 앞에서 언급한 [그림 3-15]와 [그림 3-16]의 '차트 도구' 기능을 참조하여 사용할 수 있는데 일련의 수정 작업 과정을 거쳐 나타내면 [그림 3-19]와 같다.

[그림 3-19] 휘발유 제조업의 생산량 분기별 추이

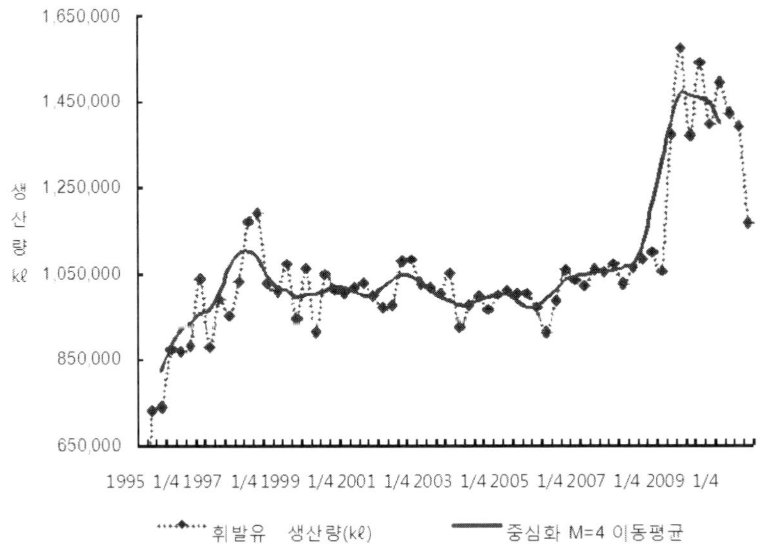

3. 휘발유 제조업 분기별 추이 분석결과

분기별 원래 자료를 보면 매년 제1사분기와 제3사분기는 증가하지만, 제2사분기와 제4사분기에는 감소하므로 계절변동이 있을 것으로 본다. 이동평균을 계산을 하게 되면 이러한 계절변동을 제거하여 장기변동을 파악할 수 있을 것이다.

제 5 절 주식시장의 이동평균

이동평균은 가격의 평균적인 가치를 시간의 흐름에 따라 계산하는 것으로 시장의 불규칙 요인을 제거하여 장기적인 변동, 즉 추세의 변동을 파악하기 위한 지표로 모든 기술적인 지표 중에서 가장 광범위하게 사용되고 있다.

본질적으로 이동평균은 시장을 예측하기 위한 것이 아니라 추세의 추적을 하는 것을 그 목적으로 한다. 이동평균은 새로운 추세가 시작되었거나 추세가 끝나고 전환된 것을 확인시켜 주는 역할을 하는 추세 후행지표이다. 계산 기간을 짧게 하여 시간적 후행을 줄일 수는 있지만, 완전히 제거하지는 못한다.

이동평균 유형은 단순이동평균(SMA, Simple Soving Average), 가중이동평균(WMA, Weighted Moving Average), 기하이동평균(GMA, Geometic Moving Average), 지수이동평균(EMA, Exponential Moving Average) 등이 있다.

이동평균의 기간은 상대적으로 단기의 이동평균은 가격변화에 더 민감하게 반응하기 때문에 새로운 추세를 보다 빨리 포착할 수 있게 하지만 빈번한 방향전환으로 더 많은 톱날 모양을 만든다. 반면 장기의 이동평균은 톱날모양은 적지만, 전환시점을 간과할 우려가 있다.

횡보국면과 추세전환을 할 경우 장기이동평균은 매매신호를 만들지 못하고, 시차(Time Lag)가 커서 신속한 매매시점의 파악이 불리하기 때문에 단기이동평균이 유리하다.

상승과 하락의 추세를 형성한 경우 단기이동평균은 일시적인 조정기에도 추세와 역방향의 거짓신호(False Signal)를 나타낼 수 있는 위험성이 높기 때문에 장기이동평균이 더 유리하다.

그러나 어떠한 시장상황에도 적합한 이동평균은 존재하지 않기 때문에 단기, 중기, 장기의 이동평균을 각 시장상황, 종목의 특성에 맞추어 알맞게 조합하여 사용한다.

우선 가장 일반적으로 종가를 사용하고, 이어서 1일 중 평균가격을 $\left(\frac{\text{고가}+\text{저가}}{2}\right)$, $\left(\frac{\text{고가}+\text{저가}+\text{종가}}{3}\right)$ 등을 사용하고, 마지막으로 고가의 평균과 저가의 평균을 따로 계산하여 가격 띠(Price Band)를 만든다.

1. 이동평균 이격도

이동평균 이격도는 이동평균선 분석방법의 하나로 단기이동평균과 장기이동평균의 차이를 비교하는 것을 지칭한다. 장단기 이동평균을 비교하는 방법은 두 평균의 차이로써 비교하는 방법과 두 평균의 비율로 비교하는 방법이 있는데, 비율로 나타내는 것이 이동평균 이격도이다. 계산식은 단기이동평균으로 장기이동평균을 나누어 백분율을 다음과 같이 구한다.

$$\text{이동평균 이격도} = \frac{\text{단기이동평균}}{\text{장기이동평균}} \times 100$$

단기이동평균은 장기이동평균을 상하로 움직이게 되는데, 단기이동평균이 장기이동평균을 상회하여 이격도가 100% 이상이 되면 강세를 의미하고, 반대로 이격도가 100% 이하이면 약세를 나타낸다.

두 개의 이동평균의 간격이 커질 경우 시장은 침체 혹은 과열 상태가 되어 추세는 잠시 조정을 받게 된다. 이때 단기이동평균이 장기이동평균을 돌파하지 않고 재차 하락 또는 상승하게 되면, 추세는 전환되지 않고 계속 진행을 나타낸다.

단기이동평균이 장기이동평균을 돌파하게 되면 Golden cross 혹은 Dead cross를 나타내어 추세 전환을 하게 된다. 이격도가 100 이하에서 100 이상으로 올라갈 경우 Golden cross로 매수신호를 나타내고, 100 이상에서 100 이하로 내려갈 경우 Dead cross로 매도신호를 나타낸다.

이동평균은 돌파 방향의 상향에 따라서 정배열과 역배열로 구분한다. 이동평균의 정배열은 단기 > 중기 > 장기로 나타내고, 상승추세를 나타내며 우상향하는데 이러한 경우에는 매수에 진입하고, 매도를 자제를 해야 한다.

반면 역배열은 단기 < 중기 < 장기로 나타내고, 하락추세를 나타내며 우하향하는데 이러한 경우에는 매도에 진입하고, 매수를 자제해야한다.

추세와 비추세는 반복하는데 좋은 거래 결과를 얻으려면 수익 폭이 큰 추세시장을 공략해야 한다. 어떤 추세시장은 끝날 무렵에 진입하면 이익이 없기 때문에 추세의 생성시점을 신속하게 인지해야 하는데 비추세에서 앞으로 추세생성의 가능성을 염두에 두고 예의주시하는 것이 필요하다.

2. 단순이동평균

단순이동평균(SMA, Simple Moving Average)은 국내주식시장을 포함해 가장 널리 이용되는 이동평균으로 계산방법도 단순하고, 직관적인 이해가 용이하다.

1) 기본 개념

단순이동평균은 특정기간 동안의 산술평균을 말하는 것으로 5일 단순이동평균은 지난 5일 동안 가격의 평균이고, 20일 단순이동평균은 지난 20일 동안 가격의 평균값을 의미한다.

단순이동평균은 계산이 쉽다는 이유로 가장 널리 사용되고 있지만, 다음과 같은 단점이 있다.

첫째, 특정기간 내의 가격만 포함되어 있다. 하나의 가격에 대해 이동평균값이 두 번씩 반응하게 된다. 즉 새로운 가격이 처음 이동평균에 추가될 때 한 번 반응하고, 가장 오래된 가격이 되어 새로운 이동평균의 계산에서 제외될 때 한 번 더 반응하게 된다.

낮은 가격이 제외되면 이동평균은 상승하게 되고, 높은 가격이 제외되면 이동평균이 하락하게 되어 현재의 실제적인 시장상황과는 무관하게 이동평균값이 변화하게 된다.

둘째, 기간 내의 모든 가격에 대해 동일한 가중치를 두고 있다. 현재의 가격변동과 과거의 가격변동을 동일하게 반영하고 있다. 그러나 인간의 심리상 투자가가 과거의 가격변동보다 현재의 가격에 더 많은 영향을 받고 있기 때문이다.

이러한 투자자의 성향에 따라 시장 역시 과거보다 최근의 가격에 더 큰 영향을 받아도 과거와 현재에 동일한 가중치를 두고 있는 단순이동평균은 현재의 시장분위기를 반영하지 못하고 있다.

단순이동평균을 계산식으로 나타내면 다음과 같다. P_t를 t일의 가격이라 정의할 때, N기간의 단순이동평균 계산식은 다음과 같다.

$$SMA_t = \frac{\sum_{i=1}^{n} P_t}{N}$$

SMA_t : t시점 n일 동안 이동평균

P_t : t시점의 주식가격

[표 3-8]은 일일 주식가격의 변동을 나타내고 있는데 단순이동평균 수식을 이용하여 이동평균의 추이를 파악하기로 한다.

[표 3-8] 일일 주식가격 변동

(단위: 원)

날짜	주식가격
2010/10/01	777,000
2010/10/04	780,000
2010/10/05	773,000
2010/10/06	793,000
2010/10/07	770,000
2010/10/08	758,000
2010/10/11	753,000
2010/10/12	746,000
2010/10/13	744,000
2010/10/14	750,000

자료 : 한국거래소(http://www.krx.co.kr), 2010년.

마이크로소프트사의 엑셀 프로그램을 이용하여 '[표 3-8] 일일 주식가격 변동'

을 [그림 3-20]과 같이 입력한다.

[그림 3-20] 주식가격의 5일 단순이동평균 추이

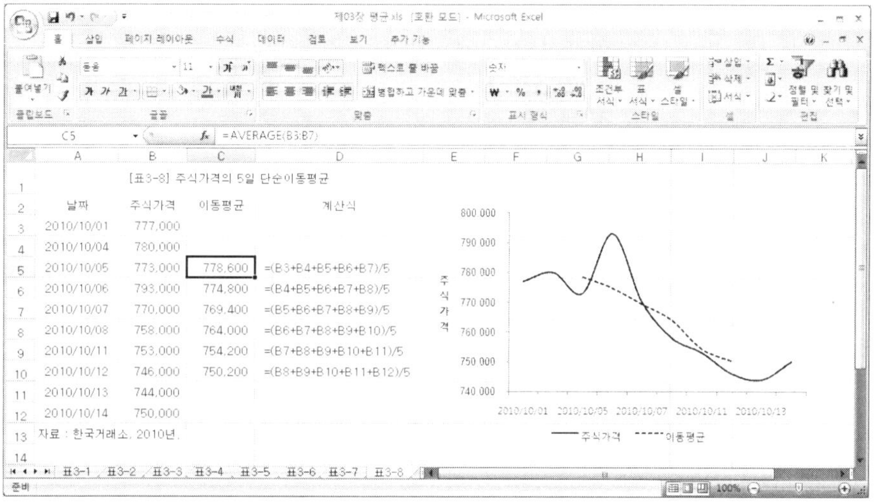

마우스로 셀 A1을 클릭한 후 셀 A1에 '[표 3-8] 주식가격의 5일 단순이동평균'이라고 입력하고, 키 캡 Enter↵를 누른다.

마우스로 셀 A1을 클릭한 후 마우스 왼쪽 버튼을 누른 상태에서 셀 D1까지 드래그하면 셀의 색상이 반전이 된다. 이렇게 반전이 된 상태에서 마우스의 왼쪽 버튼을 누른 것을 뗀다. 이어서 마우스포인터를 '병합하고 가운데 맞춤'의 기능을 가지고 있는 아이콘 을 클릭하면 셀 A1에서 셀 D1까지 셀을 병합하고 제목을 가운데로 맞춰 준다.

마우스로 셀 A2를 클릭한 후 셀 A2에 '날짜'라고 입력하고, 키 캡 Enter↵를 누른다. 같은 방법으로 셀 B2에 '주식가격', 셀 C2에 '이동평균' 그리고 셀 D2에 '계산식'등을 각각 입력하고, 키 캡 Enter↵를 누르면 된다.

마우스로 셀 A2에서 셀 D2까지 드래그하면 색이 반전이 되는데 이러한 상태에서 '홈'의 '맞춤' 아이콘 나타내는 것들 중에서 '가운데 맞춤'을 나타내는 아이콘 을 누르면 입력된 셀의 문자는 가운데로 맞춰진다.

'날짜' 입력은 마우스로 셀 A3을 클릭한 후 셀 A3에 '2010/10/01'라고 입력하고, 키 캡 Enter↵를 누른다. 동일하게 마우스로 셀 A4를 클릭한 후 셀 A4에

'2010/10/04', 셀 A5에 '2010/10/05', 셀 A6에 '2010/10/06', 셀 A7에 '2010/10/07', 셀 A8에 '2010/10/08', 셀 A9에 '2010/10/11', 셀 A10에 '2010/10/12', 셀 A11에 '2010/10/13' 그리고 셀 A12에 '2010/10/14'라고 연이어서 각각의 셀에 입력하고, 키 캡 Enter↵를 누른다.

마우스로 셀 A3을 클릭한 후 마우스 왼쪽 버튼을 누른 상태에서 셀 A3에서 셀 A12까지 드래그하면 색이 반전이 되는데 이러한 상태에서 '홈'의 '맞춤' 아이콘 나타내는 것들 중에서 '가운데 맞춤'을 나타내는 아이콘 ≡을 누르면 입력된 셀의 문자는 가운데로 맞춰진다.

'주식가격'은 마우스로 셀 B3을 클릭하고, 주어진 데이터를 셀 B3부터 셀 B12까지 입력한다.

마우스로 셀 B3을 클릭한 후 마우스 왼쪽 버튼을 누른 상태에서 셀 B3에서 셀 B12까지 드래그하면 색이 반전이 되는데 이러한 상태에서 '홈' 메뉴 탭 ≡을 누른 후 마우스로 '쉼표 스타일' 아이콘 ,를 클릭하면, 1000단위 구분 기호를 사용하여 셀 값을 표시해 준다.

'5일 이동평균'은 마우스로 셀 C5를 클릭한 후 평균을 나타내는 함수 AVERAGE를 이용하여 '=AVERAGE(B3:B7)'이라고 입력하고, 키 캡 Enter↵를 누른다. 다시 마우스로 셀C5를 클릭하여 '홈' 메뉴 탭 ≡을 누른 후 마우스로 '쉼표 스타일' 아이콘 ,를 클릭하면, 1000단위 구분 기호를 사용하여 셀 값을 표시해 준다.

마우스로 셀C5를 클릭한 후 마우스 왼쪽 버튼을 누른 상태에서 셀 C10까지 드래그하면 색이 반전이 되면서 빈 공란에 자동으로 수치로 변환된 값이 채워진다.

셀 D2의 '계산식'은 함수를 이용하지 않고, 사용자가 각 셀을 지정하여 5일 단순이동평균을 산출하는 방법을 예시한 것이다.

차트 작성은 주식가격의 5일 단순이동평균을 근거로 작성하기로 한다. 차트를 작성한 결과는 [그림 3-20]의 오른쪽에 나타나 있다.

엑셀의 워크시트 상에서 마우스로 셀 A2를 클릭 한 후 셀 A2를 마우스 왼쪽 버튼을 누른 상태에서 셀 C12까지 드래그하여 범위를 지정한다.

지정한 범위의 셀 색상이 반전이 되는데 이렇게 반전된 상태에서 '삽입' 메뉴 탭을 누르면 차트 옵션 화면이 나타난다.

차트 옵션 중에서는 '꺾은선형'을 클릭하고, '2차원 꺾은선형' 중에서 '꺾은 선형'을 지정하면 차트가 자동으로 생성된다.

자동으로 생성된 차트는 사용자가 차트 영역의 각종 부위별로 마우스 왼쪽 버튼으로 클릭하면 사용자의 기호에 맞추어 수정할 수 있는데 '차트 도구'의 '디자인' 메뉴 탭에서 다양한 작업을 할 수 있다. 차트 도구의 디자인 메뉴 탭을 이용하여 수정 작업을 한 결과는 [그림 3-21]과 같다.

[그림 3-21] 주식가격의 5일 단순이동평균 추이

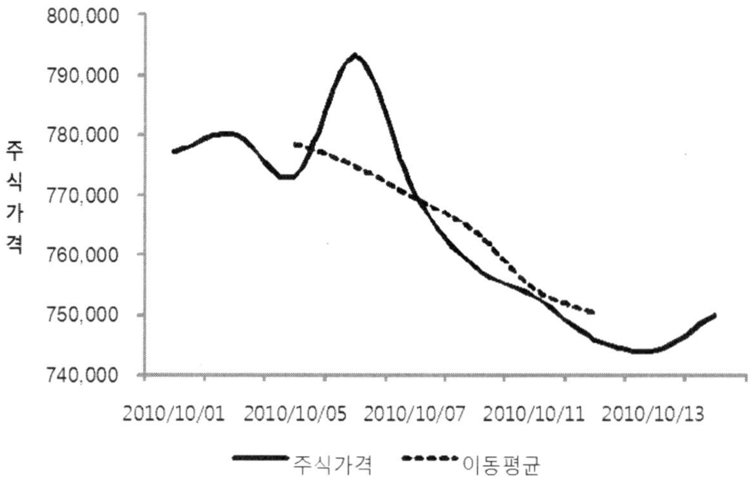

2) 주식가격의 5일 단수이동평균 추이 분석결과

일일별 원래 자료를 보면 일일 주식가격의 등락에 대한 변동이 존재하고 있는 것을 알 수 있다. 일일 주시가격을 5일 단순이동평균을 계산을 하게 되면 이러한 등락에 대한 변동을 제거하여 장기변동을 파악할 수 있을 것이다.

3. 가중이동평균

단순이동평균은 과거 변수와 최근 변수를 같은 비중으로 최근 추세동향에 반영하지 못하는 단점을 가지고 있다. 가중이동평균(WMA, Weighted Moving Average)은 이러한 단점을 극복하기 위해서 과거변수에 낮은 가중치를 두고, 최근 변수에 높은 가중치를 주고, 가중치의 합계로 나누어 평균을 구하는 방법이다. 가중이동평균을 구체적인 수식으로 나타내면 다음과 같다.

$$WMA_t = \frac{\sum_{i=1}^{n} w_i \times P_t}{\sum_{i=1}^{n} w_i}$$

WMA_t : t시점 n일 동안 가중이동평균

P_t : t시점 주가

w_i : 가중치(weighting factor, 단 $w_1 \geq w_2 \cdots \geq w_n$)

단순이동평균, 지수이동평균, 가중이동평균 등의 사용 용도는 적용 방법에 따라 다르다. 예를 들면 가중이동평균은 최근의 움직임을 더 민감하게 반응하도록 방향의 예시를 강화할 목적으로 사용하는데 적절하다.

주식의 동향을 파악하고자 할 경우 이동평균이 투자자들에게 인기를 얻고 있는 것은 가중이동평균에 비하여 지표가 가격의 흐름에 단순하고 명시적으로 나타내기 때문이다.

가중이동평균은 최근 자료에 보다 많은 가중치를 부여하여 평균값에 대해 최신 자료가 보다 많은 영향을 끼치도록 비중을 조절한다.

여기에 가중이동평균에 대하여 구체적인 예를 들어 설명하기로 한다. 가중이동평균을 WMA, 주가를 P, 가중치를 a, 기간을 n으로 표시하면 다음과 같은 식으로 나타낼 수 있다.

$$WMA(n) = a(1) \times P(1) + a(2) \times P(2) + \cdots + a(n) \times P(n)$$

위의 식에서 $a(1) + a(2) + \cdots + a(n) = 1$이 된다는 조건이 주어진다. 가중치의 합은 1이 되어야 한다는 의미이다.

주가가 24,150원, 24,400원, 24,100원, 24,500원, 23,750원 등의 기록을 나타냈다.

가중치는 $\frac{1}{15}$, $\frac{2}{15}$, $\frac{3}{15}$, $\frac{4}{15}$, $\frac{5}{15}$ 등의 순서로 부여하여 가중치의 합을 나타내면 $\frac{15}{15}=1$이 된다. 여기에서 가중치를 이용하여 WMA를 구해보기로 한다.

$$\begin{aligned} WMA(5) &= \left(\frac{1}{15}\right)\times 24,150+\left(\frac{2}{15}\right)\times 24,400+\left(\frac{3}{15}\right)\times 24,100+ \\ &\quad \left(\frac{4}{15}\right)\times 24,450+\left(\frac{5}{15}\right)\times 23,750 \\ &= 24,133 \end{aligned}$$

동일한 주가를 비교하기 위해서 단순이동평균(SMA)으로 나타내면 다음과 같은 식으로 나타낼 수 있다.

$$\begin{aligned} SMA(5) &= \frac{(24,150+24,400+24,100+24,450+23,750)}{5} \\ &= 24,180 \end{aligned}$$

가중이동평균이 단순이동평균보다 다소 낮게 나왔는데, 최근 주가가 내리면서 최근 주가에 가중치를 둔 가중이동평균이 보다 낮게 나왔을 것으로 판단된다.

만일 최근 값에 가중치를 높게 부여하면 가중이동평균이 최근의 변화에 보다 민감하게 반응하게 된다.

4. 지수이동평균

지수이동평균(EMA, Exponetiall Smoothed Moving Average)은 과거의 모든 기간을 계산 대상으로 하며 최근의 가격에 더 높은 가중치를 두는 일종의 가중이동평균법이다.

지수이동평균은 단순이동평균의 계산법에 비하여 원리가 복잡해 보이지만 실제로 이동평균을 산출하는 방법은 전일의 지수이동평균값과 평활계수(smoothing constant), 당일 가격만으로 구할 수 있어 전일의 지수이동평균값만 구해지면 오히려 간편하다.

지수이동평균은 단순이동평균에 비해 몇 가지 강점이 있다. 첫째, 최근의 일자에 가장 큰 가중치를 두어 최근의 시장분위기를 잘 반영한다. 둘째, 단순이동평균과 같이 오래된 가격을 갑자기 제하지 않고, 서서히 그 영향력을 사라지게 한다. 전 기간의 가격을 분석대상으로 하여 가중이동평균에서 문제되는 특정 기간의 가격만을 분석대상으로 하는 단점을 보완하고 있다.

P_t를 t일의 주가라고 정의할 때, n기간의 지수이동평균 계산식은 다음과 같이 나타낼 수 있다.

예를 들면 10일 지수이동평균은 다음과 같은 단계로 계산된다. 지수이동평균의 기간을 10일이다. 이 기간에 해당하는 평활계수 k의 값을 구하면 $k = \frac{2}{(10+1)} = 0.18$이 된다.

10일째 날의 10일 단순이동평균을 구하고, 11일째 날의 지수이동평균을 계산한다. 전일 지수이동평균은 앞에서 계산한 단순이동평균을 대신 사용한다. 다음 일자부터는 위의 공식대로 이어서 계산한다.

지수이동평균은 최근 자료에 가중치를 부여하면서 과거 자료의 효과를 점차 소실시키는 보다 세련된 이동평균 방법이다. 일반적으로 익숙하지 않은 평균이지만 주식 관련 지표에 상당히 많이 응용되는 평균이다.

앞으로 기술적인 지표에 대한 지식을 쌓기 위해서는 지수이동평균의 개념을 필히 익혀 둘 필요가 있다.

지수이동평균은 가중이동평균의 하나로 가중이동평균 중 가중치를 부여할 때 일정비율법(fixed increment)과 비율(percentage) 등의 방법이 있는데 후자의 경우 0보다 크고, 1보다 적은 '지수'를 부여하여 지수에 따라 가중치를 다르게 적용하면 지수이동평균을 계산할 수 있다.

지수이동평균은 가중치를 사용하여 다음과 같은 수식으로 나타낼 수 있는데, 이러한 가중치를 평활계수라고 한다. 평활계수를 적용하여 수식으로 나타낸 지수이동평균은 다음과 같다.

$$EMA = C \times k + P_t(1-k)$$

EMA : 금일 지수이동평균

C : 최근의 종가

P_t : 전일의 이동평균

k : 지수비율(exponential percentage) $k = \dfrac{2}{(n+1)}$

n : 구하고 하는 일수

$$지수이동평균 = 금일종가 \times \frac{2}{(n+1)} + 전일\ 지수이동평균 \times \left(1 - \frac{2}{(n-1)}\right)$$

최근 자료는 k만큼 가중치가 붙고, 과거 자료는 k만큼 영향력이 서서히 소진된다.

앞에서 예를 들어 설명하는데 사용한 자료를 가지고 3일 지수이동평균을 구하기로 한다. 우선 k를 구해야 하는데 k는 다음과 같은 수식으로 구할 수 있다.

$$k = \frac{2}{(n+1)} = \frac{2}{(3+1)} = 0.5$$

다음으로 전일의 3일 이동평균은 다음과 같이 계산한다.

$$전일\ SMA(3) = \frac{(24,400 + 24,100 + 24,500)}{3} = 24,333$$

여기에서 3일 EMA는 다음과 같이 계산하여 구할 수 있다.

$$\begin{aligned} EMA(3) &= 23,750 \times 0.5 + 전일\ EMA(3) \times (1 - 0.5) \\ &= 23,750 \times 0.5 + 24,333 \times (1 - 0.5) \\ &= 24.042 \end{aligned}$$

지금까지 예제를 바탕으로 설명한 지수이동평균은 직접 이용하는 것보다 기술적 지표를 만드는데 이용되는 경우가 많다.

5. 이동평균 수렴·확산

이동평균 수렴·확산(MACD, Moving Average Convergence Divergence)은

단기 12일 지수이동평균, 장기 26일 지수이동평균, 9일 지수이동평균을 지칭한다. 선의 색상으로 각각의 지수이동평균을 나타내는데 예를 들면 적색선을 신호선(Signal line), 검은색선을 지표선 등으로 한다.

적색 신호선은 9일 지수이동평균의 궤적을 나타내고, 검은색 지표선은 12일 지수이동평균선과 26일 지수이동평균선의 차이를 나타낸다.

1) 기본 개념

1960년 Gerald Appel은 장기와 단기 이동평균간의 차이를 이용하여 매매신호를 포착하는 기법을 개발하였다.

원리는 장기이동평균선과 단기이동평균선이 서로 멀어지게 되는 확산(Divergence), 언젠가는 다시 가까워지는 수렴(Convergence)이 어느 시점에서 서로 교차하게 된다는 성질을 이용하여 두 개의 이동평균선이 멀어지게 되는 가장 큰 시점을 찾고자 하는 것이다.

일반적으로 사용하는 이동평균선과의 차이는 최근의 주가에 가중치를 더 주었기 때문에 두 이동평균선 간 이격이 가장 넓어진 상태에서 좁아지기 시작하면 MACD선은 우상향하도록 설계되어 있다.

따라서 이동평균선이 정배열 상태가 되면 MACD선은 모두 0 위에 있게 되며, 역배열 상태가 되면 MACD선은 모두 0 아래에 있게 된다.

2) 계산 방법

Gerald Appel이 제안한 단기 12일, 장기 26일의 주식가격을 수식으로 나타내면 다음과 같다.

$$MACD = EMA(12) - EMA(26)$$

9일을 기준으로 하는 Signal line을 수식으로 나타내면 다음과 같다.

$$Signal = EMA(9)$$

1986년에 Thomas Aspray은 MACD와 Signal의 차이를 나타낼 수 없는 경우

가 있었기 때문에 이러한 문제를 극복하기 위해서 다음과 같이 주상도수분포도(Histogram)의 형태로 간단하게 나타냈다.

$$Histogram = MACD - Signal$$

이와 같은 형태는 Signal보다 지표선의 가격에 대한 동향을 민감하게 만들어 가격의 방향을 분석하는데 용이하게 한다.

이동평균과 동일하게 Signal을 지표선이 상향 돌파하면 골든크로스라 하여 매수하고, 하향 돌파하면 데드크로스라 하여 매도하게 된다.

지표를 나타내는 세로축의 0을 기준으로 0을 상향하면 매수하고, 하향하면 매도의 신호로 수용한다.

이동평균 수렴·확산에 대하여 세 가지를 함께 나타내면 [그림 3-22]와 같다. 가장 위쪽에 있는 선은 주식가격이고, 청색선은 MACD, 적색선은 Signal line 등을 각각 나타낸다.

흰색의 Histogram은 MACD와 Signal line의 차이를 나타낸다. 이동평균기간은 12일, 26일, 9일이 있는데, Appel 등은 다양한 조합을 통하여 실험하였다.

[그림 3-22] 이동평균 수렴·확산(MACD)

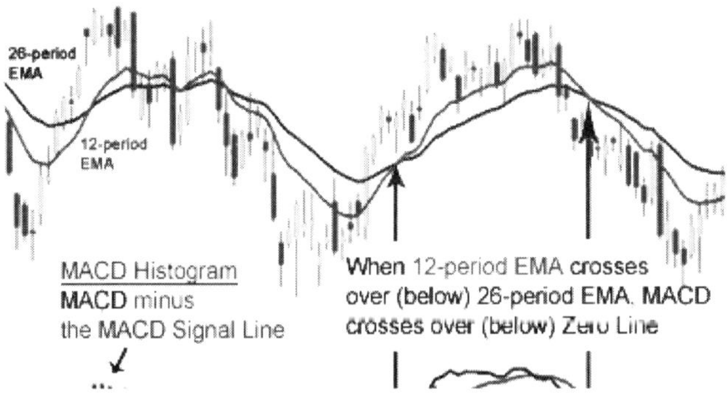

자료 : http://enc.daum.net

6. 주식시장의 보조지표

보조지표는 신중하게 고려하여 사용해야 한다. 보조지표의 활용은 전문가에 따라 다양한 견해를 나타내기 때문에 단정하기가 곤란하다. 보조지표는 비추세와 단기지표, 추세와 장기지표로 구분한다. 비추세와 단기지표는 Stochastics, 상대강도지표(RSI), William's %R, EVC 등을 보조지표로 사용하는 것이 일반적이다. *RSI* 지표는 다음과 같다.

$$RSI=\left(\frac{n\text{일간 주가 상승폭 합계}}{n\text{일간 주가 하락폭 합계}}\right)\times 100$$

추세시장과 장기지표는 ADX(DMI), MACD, SONA, ROC, MAO 등을 보조지표로 사용하는 것이 일반적이다. *ROC*지표는 다음과 같다.

$$ROC=\left(\frac{\text{금일종가}-n\text{일전 종가}}{n\text{일전 종가}}\right)\times 100$$

예를 들면 Stochastics, RSI 등의 보조지표는 일봉차트 같은 추세 여부를 확인해야 하는데 이것을 과매수, 과매도 신호로 보면 큰 손해를 볼 가능성이 있다.

만일 단기매매, 당일매매를 목적으로 하는 보조지표 선택은 지표의 신호 속도가 빠른 것으로 해야 하므로 Stochastics-fast와 Stochastics-slow중 하나, RSI와 momentum 중 하나, RSI, Willian's %R 중 하나를 선택해야 할 것이다.

보조지표를 사용하여 거래하는 방법은 세 가지가 있다. 첫째, 하나의 지표만 보고 매수, 매도 신호에 따라 거래하는 방법이다. 둘째, 서로 다른 보조지표들을 보고 같은 방향으로 신호가 때 거래하는 방법이다. 셋째, 특정한 보조지표를 장기, 단기 값을 설정하여 필터링하면서 거래하는 방법이다.

제 4 장

변화율

수집된 자료의 경향을 파악하기 위해서 사용되는 가장 기본적인 수리적 방법은 구성비를 계산하거나 변화율을 측정한다.

제1절 기본 개념

변화율은 변수의 전기(前期) X_{t-1}에서 금기(今期) X_t의 변화한 부분을 빼고, 전기의 변수로 나눈 값이다. 구체적인 수식의 정의는 다음과 같다.

$$\frac{X_t - X_{t-1}}{X_{t-1}} = \frac{X_t}{X_{t-1}} - 1$$

X_t : 금기 변수X의 값

X_{t-1} : 전기 변수X의 값

구성비(component ratio)는 어떤 변수가 전체에 차지하는 비율을 일컫는 것으로 다음과 같이 나타낼 수 있다.

$$\frac{X_i}{\Sigma X} \times 100(\%)$$

X_i : 변수 X의 값

ΣX : 변수 X의 합계

제 2 절　기업경영의 자금조달과 운용

아래의 [표 4-1]은 1990년~2006년의 제조업 기업경영의 자금조달과 운용에 대한 일부분을 나타내고 있다. 위의 수식을 이용하면 각 내역의 변화율과 구성비를 구할 수 있다.

[표 4-1] 기업경영의 자금조달과 운용

(단위 : 백만 원)

내역	1990	1991	1992
금융자산수요 합계(A)	92,871,680	113,610,637	127,865,654
당좌자산	44,525,172	54,144,601	61,757,952
재고자산 및 기타	48,346,508	59,466,036	66,107,702
실물자산수요 합계(B)	68,842,556	83,524,718	93,049,260
토지	11,535,796	15,010,342	16,805,137
건물 · 구축물	17,027,662	19,668,415	23,597,584
기타 고정자산	40,279,098	48,845,961	52,646,539
자금운용 합계(A+B)	161,714,236	197,135,355	220,914,914
외부조달(C)	119,766,913	148,661,043	168,156,253
회사채	12,467,831	17,300,604	18,916,046
금융기관차입금	33,652,320	39,153,686	43,725,274
기타 부채	73,646,762	92,206,753	105,514,933
내부조달(D)	41,947,323	48,474,313	52,758,660
자본금	19,875,697	21,468,476	23,236,672
기타 잉여금	22,071,626	26,924,881	29,647,137
자본조정	0	80,956	-125,149
자금조달 합계(C+D)	161,714,236	197,135,356	220,914,913

내역	1993	1994	1995
금융자산수요 합계(A)	143,434,815	178,313,203	207,188,944
당좌자산	72,217,859	89,728,836	102,707,677
재고자산 및 기타	71,216,956	88,584,367	104,481,267
실물자산수요 합계(B)	111,936,311	132,291,576	151,466,004
토지	22,541,567	26,477,305	30,579,188
건물 · 구축물	28,929,401	33,968,430	38,756,823
기타 고정자산	60,465,343	71,845,841	82,129,993
자금운용 합계(A+B)	255,371,126	310,604,779	358,654,948
외부조달(C)	190,701,273	233,438,934	265,918,706
회사채	23,266,790	29,196,349	33,469,060
금융기관차입금	49,525,850	58,807,613	66,349,255
기타 부채	117,908,633	145,434,972	166,100,391
내부조달(D)	64,669,853	77,165,845	92,736,244
자본금	27,699,443	31,525,656	32,616,507
기타 잉여금	36,737,192	45,289,478	59,807,269
자본조정	233,218	350,711	312,468
자금조달 합계(C+D)	255,371,126	310,604,779	358,654,950

내역	1996	1997	1998
금융자산수요 합계(A)	230,055,742	286,017,241	279,767,108
당좌자산	111,688,862	160,944,197	147,185,513
재고자산 및 기타	118,366,880	125,073,044	132,581,595
실물자산수요 합계(B)	177,475,992	222,967,706	238,865,121
토지	34,911,228	39,349,710	55,941,700
건물 · 구축물	44,790,843	52,442,705	60,181,128
기타 고정자산	97,773,921	131,175,291	122,742,293
자금운용 합계(A+B)	407,531,734	508,984,947	518,632,229
외부조달(C)	309,828,851	406,418,172	389,946,737
회사채	42,665,030	56,422,173	66,322,886
금융기관차입금	79,950,738	111,410,269	105,177,191
기타 부채	187,213,083	238,585,730	218,446,660
내부조달(D)	97,702,882	102,566,776	128,685,495
자본금	34,803,775	38,833,239	45,551,162
기타 잉여금	64,345,451	64,076,623	84,091,133
자본조정	-1,446,344	-343,086	-956,800
자금조달 합계(C+D)	407,531,733	508,984,948	518,632,232

내역	1999	2000	2001
금융자산수요 합계(A)	308,983,287	292,905,407	285,910,115
당좌자산	152,859,763	146,020,843	141,867,757
재고자산 및 기타	156,123,524	146,884,564	144,042,358
실물자산수요 합계(B)	264,575,553	265,920,699	258,865,772
토지	64,647,296	68,286,159	68,013,961
건물·구축물	68,126,036	68,759,197	69,839,274
기타 고정자산	131,802,221	128,875,343	121,012,537
자금운용 합계(A+B)	573,558,840	558,826,106	544,775,887
외부조달(C)	391,277,162	378,890,403	351,731,399
회사채	57,450,069	41,107,295	49,238,951
금융기관차입금	111,214,844	95,429,481	104,088,160
기타 부채	222,612,249	242,353,627	198,404,288
내부조달(D)	182,281,679	179,935,703	193,044,488
자본금	66,471,494	72,835,829	78,508,152
기타 잉여금	105,411,797	111,920,918	112,214,940
자본조정	10,398,388	-4,821,044	2,321,396
자금조달 합계(C+D)	573,558,841	558,826,106	544,775,887

내역	2002	2003	2004
금융자산수요 합계(A)	315,886,263	350,485,378	384,163,644
당좌자산	164,665,314	187,104,983	201,898,944
재고자산 및 기타	151,220,949	163,380,395	182,264,700
실물자산수요 합계(B)	262,235,735	271,664,262	281,776,980
토지	67,256,885	69,519,046	69,761,062
건물·구축물	71,452,811	76,403,877	78,235,895
기타 고정자산	123,526,039	125,741,339	133,780,023
자금운용 합계(A+B)	578,121,998	622,149,640	665,940,624
외부조달(C)	332,571,701	343,639,994	339,887,601
회사채	41,199,871	33,794,735	32,308,716
금융기관차입금	82,203,901	78,469,693	69,740,880
기타 부채	209,167,929	231,375,566	237,838,005
내부조달(D)	245,550,297	278,509,646	326,053,023
자본금	103,295,389	79,516,239	78,120,700
기타 잉여금	159,039,941	216,937,373	251,970,548
자본조정	-16,785,033	-17,943,966	-4,038,225
자금조달 합계(C+D)	578,121,998	622,149,640	665,940,624

내역	2005	2006	2007
금융자산수요 합계(A)	430,888,908	477,940,588	556,146,878
당좌자산	230,088,164	247,151,494	287,720,465
재고자산 및 기타	200,800,744	230,789,094	268,426,413
실물자산수요 합계(B)	302,326,708	318,924,408	358,032,725
토지	72,942,411	76,084,801	81,532,196
건물 · 구축물	84,630,664	88,421,327	94,969,150
기타 고정자산	144,753,633	154,418,280	181,531,379
자금운용 합계(A+B)	733,215,616	796,864,996	914,179,603
외부조달(C)	368,256,347	396,182,788	452,070,304
회사채	34,893,956	38,982,215	41,976,792
금융기관차입금	78,033,343	81,130,273	92,370,472
기타 부채	255,329,048	276,070,300	317,723,040
내부조달(D)	364,959,268	400,682,208	462,109,298
자본금	78,123,369	81,661,614	82,907,326
기타 잉여금	294,206,458	330,670,604	405,465,424
자본조정	-7,370,559	-11,650,010	-26,263,452
자금조달 합계(C+D)	733,215,615	796,864,996	914,179,602

내역	2008	2009
금융자산수요 합계(A)	682,990,804	761,862,033
당좌자산	364,254,255	425,534,271
재고자산 및 기타	318,736,549	336,327,762
실물자산수요 합계(B)	485,271,978	506,742,607
토지	126,461,085	144,466,533
건물 · 구축물	112,617,609	118,641,020
기타 고정자산	246,193,284	243,635,054
자금운용 합계(A+B)	1,168,262,782	1,268,604,640
외부조달(C)	644,912,197	663,423,369
회사채	43,370,343	51,196,737
금융기관차입금	158,780,026	153,204,266
기타 부채	442,761,828	459,022,366
내부조달(D)	523,350,586	605,181,271
자본금	102,473,948	105,219,175
기타 잉여금	445,893,321	524,849,703
자본조정	-25,016,683	-24,887,607
자금조달 합계(C+D)	1,168,262,783	1,268,604,640

자료 : 한국은행 경제통계시스템(http://ecos.bok.or.kr), 2010년.

기업경영의 자금은 수요와 공급으로 대별한다. 자금수요에 해당하는 내역으로 하나는 당좌자산, 재고자산 및 기타 등의 금융자산수요가 있고, 다른 또 하나는 토지, 건물, 구축물, 기타 고정자산 등의 실물자산수요로 구분하고 있다.

자금공급에 해당하는 내역으로 하나는 회사채, 금융기관차입금, 기타 부채 등의 외부조달이 있고, 다른 또 하나는 자본금, 기타 잉여금, 자본조정 등의 내부조달이 있다.

1. 기업경영의 자금조달과 운용 계산과정

마이크로소프트사의 엑셀 프로그램을 이용하여 '[표 4-1] 기업경영의 자금조달과 운용'을 [그림 4-1]과 같이 입력한다.

[그림 4-1] 기업경영의 자금조달과 운용의 구성비 및 변화율

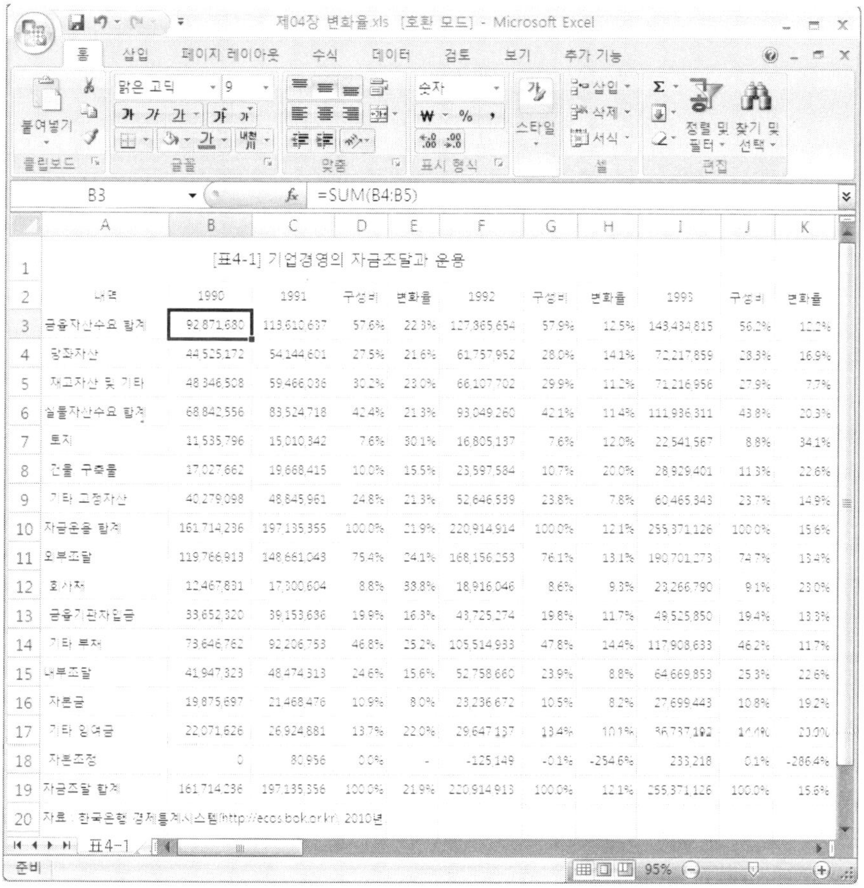

	A	B	C	D	E	F	G	H	I	J	K
1	[표4-1] 기업경영의 자금조달과 운용										
2	내역	1990	1991	구성비	변화율	1992	구성비	변화율	1993	구성비	변화율
3	금융자산수요 합계	92,871,680	113,610,637	57.6%	22.3%	127,365,654	57.9%	12.5%	143,434,815	56.2%	12.2%
4	당좌자산	44,525,172	54,144,601	27.5%	21.6%	61,757,952	28.0%	14.1%	72,217,859	28.3%	16.9%
5	재고자산 및 기타	48,346,508	59,466,036	30.2%	23.0%	66,107,702	29.9%	11.2%	71,216,956	27.9%	7.7%
6	실물자산수요 합계	68,842,556	83,524,718	42.4%	21.3%	93,049,260	42.1%	11.4%	111,936,311	43.8%	20.3%
7	토지	11,535,796	15,010,342	7.6%	30.1%	16,805,137	7.6%	12.0%	22,541,567	8.8%	34.1%
8	건물 구축물	17,027,662	19,668,415	10.0%	15.5%	23,597,584	10.7%	20.0%	28,929,401	11.3%	22.6%
9	기타 고정자산	40,279,098	48,845,961	24.8%	21.3%	52,646,539	23.8%	7.8%	60,465,343	23.7%	14.9%
10	자금운용 합계	161,714,236	197,135,355	100.0%	21.9%	220,914,914	100.0%	12.1%	255,371,126	100.0%	15.6%
11	외부조달	119,766,913	148,661,043	75.4%	24.1%	168,156,253	76.1%	13.1%	190,701,273	74.7%	13.4%
12	회사채	12,467,831	17,300,604	8.8%	38.8%	18,916,046	8.6%	9.3%	23,266,790	9.1%	23.0%
13	금융기관차입금	33,652,320	39,153,636	19.9%	16.3%	43,725,274	19.8%	11.7%	48,525,850	19.4%	13.3%
14	기타 부채	73,646,762	92,206,753	46.8%	25.2%	105,514,933	47.8%	14.4%	117,908,633	46.2%	11.7%
15	내부조달	41,947,323	48,474,313	24.6%	15.6%	52,758,660	23.9%	8.8%	64,669,853	25.3%	22.6%
16	자본금	19,875,697	21,468,476	10.9%	8.0%	23,236,672	10.5%	8.2%	27,699,443	10.8%	19.2%
17	기타 잉여금	22,071,626	26,924,881	13.7%	22.0%	29,647,137	13.4%	10.1%	36,737,192	[illegible]	[illegible]
18	자본조정	0	80,956	0.0%	-	-125,149	-0.1%	-254.6%	233,218	0.1%	-286.4%
19	자금조달 합계	161,714,236	197,135,356	100.0%	21.9%	220,914,913	100.0%	12.1%	255,371,126	100.0%	15.6%
20	자료 : 한국은행 경제통계시스템(http://ecos.bok.or.kr), 2010년										

마우스로 셀 A1을 클릭한 후 셀 A1에 '[표 4-1] 기업경영의 자금조달과 운용'이라고 입력하고, 키 캡 Enter↵를 누른다. 마우스로 셀 A1을 클릭한 후 마우스 왼쪽 버튼을 누른 상태에서 셀 H1까지 드래그하면 셀의 색상이 반전이 된다. 이렇게 반전이 된 상태에서 마우스의 왼쪽 버튼을 누른 것을 뗀다. 이어서 마우스 포인터를 '병합하고 가운데 맞춤'의 기능을 가지고 있는 아이콘 을 클릭하면 셀 A1에서 셀 H1까지 셀을 병합하고 제목을 가운데로 맞춰 준다.

마우스로 셀 A2를 클릭한 후 셀 A2에 '내역'이라고 입력하고, 키 캡 Enter↵를 누른다. 같은 방법으로 셀 B2에 '1990', 셀 C2에 '1991', 셀 D2에 '구성비' 그리고 셀 E2에 '변화율' 등을 각각 입력하고, 키 캡 Enter↵를 누르면 된다.

마우스로 셀 F2를 클릭한 후 셀 F2에 '1992', 셀 G2에 '구성비' 그리고 셀 H2에 '변화율' 등을 입력하고, 키 캡 [Enter↵]를 누른다. F2열부터 H2열까지 입력한 내용을 I2열부터 BG2열까지 연도별 한 세트 형태로 동일하게 입력한다.

마우스로 셀 A2에서 셀 BG2까지 드래그하면 색이 반전이 되는데 이러한 상태에서 '홈'의 '맞춤' 아이콘 나타내는 것들 중에서 '가운데 맞춤'을 나타내는 아이콘 ≡ 을 누르면 입력된 셀의 문자는 가운데로 맞춰진다.

'내역' 입력은 마우스로 셀 A3을 클릭한 후 셀 A3에 '금융자산수요 합계', 셀 A4에 ' 당좌자산', 셀 A5에 '재고자산 및 기타'라고 각각 입력하고, 키 캡 [Enter↵]를 누른다.

마우스로 셀 A6을 클릭한 후 셀 A6에 '실물자산수요 합계', 셀 A7에 '토지', 셀 A8에 '건물, 구축물', 셀 A9에 '기타 고정자산', 셀 A10에 '자산운용 합계'라고 각각 입력하고, 키 캡 [Enter↵]를 누른다.

셀 A11에 '외부조달', 셀 A12에 '회사채', 셀 A13에 '금융기관차입금', 셀 A14에 '기타 부채'라고 각각 입력하고, 키 캡 [Enter↵]를 누른다.

마우스로 셀 A15를 클릭한 후 셀 A15에 '내부조달', 셀 A16에 '자본금', 셀 A17에 '기타 잉여금', 셀 A18에 '자본조정' 그리고 셀 A19에 '자금조달 합계'라고 연이어서 각각의 셀에 입력하고, 키 캡 [Enter↵]를 누른다.

마우스로 셀 A3을 클릭한 후 마우스 왼쪽 버튼을 누른 상태에서 셀 A3에서 셀 A19까지 드래그하면 색이 반전이 되는데 이러한 상태에서 '홈'의 '맞춤' 아이콘 나타내는 것들 중에서 '왼쪽 맞춤'을 나타내는 아이콘 ≡ 을 누르면 입력된 셀의 문자는 가운데로 맞춰진다.

'1990'년에 대한 내역을 함수를 이용하여 수식을 설정해 놓으면 입력 작업이 용이한데 다음과 같이 실행한다.

'금융자산수요 합계'는 마우스로 셀 B3을 클릭한 후 자동 합계 아이콘 버튼 Σ 을 클릭하고, 액티브 셀 상태에서 마우스 왼쪽 버튼으로 셀 B4를 누른 상태에서 셀 B5까지 드래그하면 '=SUM(B4:B5)'라고 입력되는데, 여기에서 키 캡 [Enter↵]를 누른다.

'실물자산수요 합계'도 마찬가지로 마우스로 셀 B6을 클릭한 후 셀 B6에

'=SUM(B7:B9)'라고 입력하고, 키 캡 [Enter↵]를 누른다.

'자금운용 합계'는 동일하게 마우스로 셀 B10을 클릭한 후 셀 B10에 '=SUM(B3:B6)'이라고 입력하고, 키 캡 [Enter↵]를 누른다.

'외부조달'도 같은 방법으로 마우스로 셀 B11을 클릭한 후 셀 B11에 '=SUM(B12:B14)'라고 입력하고, 키 캡 [Enter↵]를 누른다.

'내부조달'도 이어서 동일하게 마우스로 셀 B15를 클릭한 후 셀 B15에 '=SUM(B16:B18)'이라고 입력하고, 키 캡 [Enter↵]를 누른다.

'자금조달 합계'도 계속하여 마우스로 셀 B19를 클릭한 후 셀 B19에 '=SUM(B11:B15)'이라고 입력하고, 키 캡 [Enter↵]를 누른다.

이상과 같이 입력한 후 마우스로 셀 B3을 클릭하고, 마우스 왼쪽 버튼을 누른 상태에서 셀 B19까지 드래그하면 셀의 색상이 반전된다.

이렇게 반전이 된 상태에서 '홈' 메뉴 탭을 누른 후, '클립보드' 아이콘 모음 중에서 '복사' 아이콘 을 누르면, 액티브 셀 상태가 된다.

마우스포인터를 이동하여 마우스 왼쪽 버튼으로 셀 C3을 누른 후 '홈' 메뉴 탭을 클릭하고, '클립보드'에서 '붙여넣기' 아이콘을 누르면, '1990'년의 모든 함수가 '1991'년에 동일한 형식으로 복사가 된다.

'1992'년에 대한 함수 복사도 동일하게 반복하여 F열의 셀 F3을 마우스 왼쪽 버튼으로 클릭한 후 '붙여넣기' 아이콘을 누른다.

'1993'년부터 '2009'년까지의 함수 복사 과정은 앞서 설명한 방식대로 실행하면 된다.

주어진 데이터 중에서 사용자가 입력할 부분은 다음과 같다. '금융자산수요 합계'에 해당되는 것은 '당좌자산'의 4행, '재고자산 및 기타'의 5행에만 입력하면 된다.

'실물자산수요 합계'에 해당되는 것은 '토지'의 7행, '건물, 구축물'의 8행, '기타 고정자산'의 9행에만 입력하면 된다.

'외부조달'에 해당하는 것은 '회사채'의 12행, '금융기관차입금'의 13행, '기타 부채'의 14행에만 입력하면 된다.

'내부조달'에 해당하는 것은 '자본금'의 16행, '기타 잉여금'의 17행, '자본조정'

의 18행에만 입력하면 된다.

나머지 함수 복사는 셀 B3부터 셀 B19까지 복사한 것을 C열에 이어서 F열, I열, L열, O열, R열, U열, X열, AA열, AD열, AG열, AJ열, AM열, AP열, AS열, AV열, AY열, BB열 그리고 BE열에 '붙여넣기' 아이콘을 해당 열의 3행을 클릭하면 셀의 색상이 반전이 되면서 편리하게 작업이 이루어진다.

D열의 '구성비'는 마우스로 셀 D3을 마우스 왼쪽 버튼을 누른 후 셀 D3에 '=C3/C$10'이라 입력한다. C$10은 C10이라 입력한 후 기능 키 F4를 2번 누르면 $마크를 10에만 붙는다.

마우스 왼쪽 버튼으로 셀 D3을 클릭한 후 '백분율 스타일' 아이콘 버튼 %를 누르고, 이어서 '자릿수 늘림' 아이콘 버튼 과 '자릿수 내림' 아이콘 버튼 을 클릭하여, 자릿수 1자리의 백분율로 표시한다.

마우스로 셀 D3을 클릭한 후 마우스포인터를 셀 D3의 우측 아래 구석으로 이동하여 검은색 십자를 필 핸들하여 셀 D10까지 드래그하면 셀의 색깔이 반전이 되면서 구성비가 자동으로 계산되어 빈 셀에 채워진다.

여기에서 얻어진 구성비는 '자금운용 합계'에 대해서 각 내역이 차지하는 비율을 나타내고 있다.

이어서 마우스로 셀 D11을 클릭한 후 '=C11/C$19'라고 입력하고, 마우스 왼쪽 버튼으로 셀 D11을 누르고, '백분율 스타일' 아이콘 버튼 %를 누르고, 이어서 '자릿수 늘림' 아이콘 버튼 과 '자릿수 내림' 아이콘 버튼 을 클릭하여, 자릿수 1자리의 백분율로 표시한다.

마우스로 셀 D11을 클릭한 후 마우스포인터를 셀 D11의 우측 아래 구석으로 이동하여 검은색 십자를 필 핸들하고, 마우스 왼쪽 버튼을 누른 상태에서 셀 D19까지 드래그하면 셀의 색상이 반전되면서 구성비가 자동으로 계산되어 빈 셀에 채워진다.

여기에서 얻어진 구성비는 '자금운용 합계'에 대해서 각 내역이 차지하는 비율을 나타내고 있다.

나머지 '구성비'에 해당하는 열별로 열거하면 G열, J열, M열, P열, S열, V열, Y열, AB열, AE열, AH열, AK열, AN열, AQ열, AT열, AW열, AZ열, BC열, BF

열 등과 같다. 이것은 1992년부터 2009년까지의 연도별 각 내역의 '구성비'를 나타내고 있다.

여기에서 마우스로 셀 D3을 클릭한 후 마우스 왼쪽 버튼을 누른 상태에서 셀 D19까지 드래그하면 셀의 색상이 반전된다.

마우스로 '홈' 메뉴 탭을 누른 후, '클립보드'에서 '복사' 아이콘 을 누르면, 액티브 셀 상태가 된다.

마우스포인터를 이동하여 마우스 왼쪽 버튼으로 셀 G3을 누른 후 '홈' 메뉴 탭을 클릭하고, '클립보드'에서 '붙여넣기' 아이콘을 누르면, 셀 G3부터 셀 G19까지 각 내역별 구성비가 빈 셀에 채워진다.

이어서 셀 J3부터 셀 BF3까지 앞서 열거한 셀에 해당하는 셀을 마우스 왼쪽 버튼을 누른 후 '붙여넣기' 아이콘을 반복하여 누르면 손쉽게 연도별 구성비를 구할 수 있다.

E열의 '변화율'은 마우스 왼쪽 버튼으로 셀 E3을 클릭한 후 '=C3/B3-1'이라고 입력하고, 키 캡 [Enter↵]을 누른다.

마우스 왼쪽 버튼으로 셀 E3을 누르고, '백분율 스타일' 아이콘 버튼 %를 누르고, 이어서 '자릿수 늘림' 아이콘 버튼 과 '자릿수 내림' 아이콘 버튼 을 클릭하여, 자릿수 1자리의 백분율로 표시한다.

마우스 왼쪽 버튼으로 셀 E3을 클릭한 후 마우스포인터를 셀 E3의 우측 아래 구석으로 이동하여 검은색 십자를 필 핸들하고, 마우스 왼쪽 버튼을 셀 E3을 누른 상태로 셀 D10까지 드래그하면 셀의 색상이 반전되면서 변화율이 자동으로 계산되어 빈 셀에 채워진다. 즉, 이 변화율은 1990년부터 1991년까지 1년 동안의 변화한 비율을 나타낸다.

H열의 변화율은 1991년부터 1992년까지 1년 동안 변화한 비율을 나타내고 있다. 마우스 왼쪽 버튼으로 셀 H3을 클릭한 후 '=F3/C3-1'이라고 입력하고, 키 캡 [Enter↵]를 누른다.

마우스 왼쪽 버튼으로 셀 H3을 누르고, '백분율 스타일' 아이콘 버튼 %를 누르고, 이어서 '자릿수 늘림' 아이콘 버튼 과 '자릿수 내림' 아이콘 버튼 을 클릭하여, 자릿수 1자리의 백분율로 표시한다.

마우스 왼쪽 버튼으로 셀 H3을 클릭한 후 마우스포인터를 셀 H3의 우측 아래 구석으로 이동하여 검은색 십자를 필 핸들하고, 마우스 왼쪽 버튼을 셀 H3을 누른 상태로 셀 H10까지 드래그하면 셀의 색상이 반전되면서 변화율이 자동으로 계산되어 빈 셀에 채워진다.

이렇게 반전이 된 상태에서 '홈' 메뉴 탭을 누른 후, '클립보드'에서 '복사' 아이콘 을 누르면, 액티브 셀 상태가 된다.

마우스포인터를 이동하여 마우스 왼쪽 버튼으로 셀 K3을 누른 후 '홈' 메뉴 탭을 클릭하고, '클립보드'에서 '붙여넣기' 아이콘을 누르면, 셀 H3에서 셀 H19까지의 셀 서식의 내용이 셀 K3에서 셀 K19까지 동일한 형식으로 복사가 된다.

나머지 '변화율'에 해당하는 열별로 열거하면 N열, Q열, T열, W열, Z열, AC열, AF열, AI열, AL열, AP열, AS열, AU열, AX열, BA열, BD열, BG열 등과 같다. 이것은 1994년부터 2009년까지의 연도별 각 내역의 '구성비'를 나타내고 있다.

여기에서 마우스로 셀 K3을 클릭한 후 마우스 왼쪽 버튼을 누른 상태에서 셀 K19까지 드래그하면 셀의 색상이 반전된다.

마우스로 '홈' 메뉴 탭을 누른 후, '클립보드'에서 '복사' 아이콘 을 누르면, 액티브 셀 상태가 된다.

마우스포인터를 이동하여 마우스 왼쪽 버튼으로 셀 N3을 누른 후 '홈' 메뉴 탭을 클릭하고, '클립보드'에서 '붙여넣기' 아이콘을 누르면, 셀 N3부터 셀 N19까지 전년 대비 변화율이 빈 셀에 채워진다.

이어서 셀 Q3부터 셀 BG3까지 앞서 열거한 셀에 해당하는 셀을 마우스 왼쪽 버튼을 누른 후 '붙여넣기' 아이콘을 반복하여 누르면 손쉽게 전년 대비별 변화율을 구할 수 있다.

2. 기업경영의 자금조달과 운용 변화

우리나라의 제조업 기업경영의 자금조달과 운용에 있어서 1997년 이후 급격하게 감소하는 구성비는 외환위기가 심각하다는 것을 나타내고 있다. 1999년에 '금융자산수요 합계'는 하락하여 2001년까지 이어지고, 변화율은 -5.2%까지 감소하였다.

금융자산 중에서도 '당좌자산'의 구성비를 보면, 1997년 32%, 1998년 28%. 1999년 27%, 2000년 26%, 2002년 26%, 1990년대 후반 기업의 당좌자산은 붕괴되어 왔다는 것을 알 수 있다. 기업은 자금핍박에 시달려 왔다고 말할 수 있을지도 모른다.

'건물 · 구축물'의 변화율을 보면, 1997년 10%, 1998년 12%, 2001년 13%로 연속하여 전년도에 비하여 점진적으로 증가하고 있다.

한편, 자금조달에 대하여 보면, '내부조달'의 구성비는 1997년 20%에서 2007년 51%로 상승하고, 반대로 '외부조달'의 구성비는 1997년 80%에서 2009년 52%까지 하락하고 있다.

1990년대 후반 이후 구성비가 하락하는 것은 외부조달에 대한 의존도가 감소하고, '내부조달'에 대한 의존도가 크다고 할 수 있다. 구체적으로 보면 '자본', '잉여금'은 1997년 이후 2006년까지 증가하고 있는 것을 알 수 있다.

3. 기업경영의 자금조달과 운용 분석결과

[표 4-1]의 값은 모두 유량(flow)이다. 유량이란, 예를 들면 3월 1일부터 익년 2월 28일까지라는 일정기간에 대한 크기이다. 이것에 비하여 저량(stock)이란, 예를 들면 2월 28일까지라는 일정시점에 대한 크기이다. 즉, 저량의 증감액이 유량이다.

제조업 기업경영의 자금조달과 운용은 1990년대 전반 이후 증가하고 있다. 유량 베이스로 자금조달과 운용은 1992년 이후 1994년까지 점진적으로 증가하고 있다. 변화율을 보면, 1992년 12.1%, 1993년 15.6%, 1994년 21.6%로 점진적으로 증가하고 있다.

1991~1994년에 조달된 자금의 약 6할이 금융자산으로 운용되고 있다는 것을 알 수 있다. 고도경제 성장기라 불려진 1990년대 초반에 기업은 자금조달을 급증시켜, 조달한 자금의 약 6할을 금융자산으로 운용하는 자산 · 부채의 양다리 '재

테크'를 행한 것이다. 1995년의 '금융자산수요 합계'의 변화율은 15.9%로 감소하고, 특히 '당좌자산'이 감소하였다. 즉, '당좌자산'의 변화율은 14.5%, 구성비는 29%를 타나낸다.

'건물 · 구축물'의 변화율을 보면, 1992년은 20%, 1993년은 23%, 1994년은 17%로 과도하게 건물투자가 행하여졌다는 것을 알 수 있다.

한편, 자금조달에 대해서 보면 '내부조달'의 구성비는 1992년 23%에서 1993년 25%, 1994년 25%, 1995년 26%까지 상승하고, 반대로 '외부조달'의 구성비는 1992년도 76%에서 1995년 74%로 하락하고 있다. 결국, '금융기관차입금'이 감소하여 1992년 이후 1995년까지 이어졌다.

특히, 1994년의 '금융기관차입금'의 변화율은 19%를 기록하고, 점점 감소하고 있다. 그러나 1997년의 '금융기관차입금'의 변화율이 39%가 되었다가 1998년 -6%로 급격한 감소를 여실히 나타내었다.

제 3 절 제조업 기업경영의 통계

[표 4-2]는 제조업 기업경영의 매출액, 영업손익, 경상손익을 나타내고 있다. 매출액 전년대비, 영업손익 전년대비, 경상손익 전년대비, 매출액 영업손익률, 매출액 경상손익률 등의 변화는 앞에서 언급한 수식을 이용하여 구할 수 있다.

마이크로소프트사의 엑셀프로그램을 이용하여 [그림 4-2]와 같이 입력한다. 마우스포인터를 셀 A1을 클릭한 후 '[표 4-2] 제조업 기업경영의 통계'라고 입력하고, 키 캡 Enter↵를 누른다.

마우스로 셀 A1을 클릭하고, 마우스 왼쪽 버튼을 누른 상태에서 셀 I1까지 드래그하면 셀의 색상이 반전된다.

마우스 왼쪽 버튼을 떼고 '홈' 메뉴 탭을 누른 후 마우스포인터를 '병합하고 가운데 맞춤'의 아이콘 을 클릭하면 셀 A1에서 셀 I1까지 셀을 병합하고 가운데로 맞춰 준다.

[표 4-2] 제조업 기업경영의 통계

(단위 : 백만 원)

연도	매출액	광고선전	영업손익
1990	152,258,328	1,458,108	9,946,582
1991	179,235,558	1,693,261	11,898,479
1992	198,278,648	1,920,864	13,161,636
1993	226,644,308	2,198,959	15,948,443
1994	278,595,972	2,835,285	21,302,408
1995	329,272,018	3,523,473	27,442,869
1996	360,027,912	3,877,605	23,557,091
1997	415,451,774	4,384,999	34,262,567
1998	420,380,177	2,890,572	25,683,250
1999	464,535,374	3,554,774	30,764,390
2000	539,476,134	3,872,769	39,904,544
2001	540,832,336	4,268,315	29,853,264
2002	616,209,797	5,248,708	41,508,242
2003	661,992,216	5,629,747	45,453,302
2004	772,082,145	5,372,492	58,395,937
2005	842,292,905	6,353,258	51,532,643
2006	895,177,538	6,342,580	47,766,103
2007	987,154,095	6,907,838	58,048,704
2008	1,263,126,986	8,748,252	74,434,654
2009	1,305,967,270	8,520,074	80,285,673

자료 : 한국은행 경제통계시스템(http://ecos.bok.or.kr), 2010년.

마우스로 셀 A2를 클릭한 후 셀 A2에 '연도'라고 입력하고, 키 캡 [Enter↵]를 누른다. 이어서 동일한 방법으로 반복하여 셀 B2에 '매출액', 셀 C2에 '매출액 전년대비', 셀 D2에 '광고선전', 셀 E2에 '광고선전 전년대비', 셀 F2에 '영업손익', 셀 G2에 '영업손익 전년대비', 셀 H2에 '매출액 광고선전손익율' 그리고 셀 I2에 '매출액 영업손익율' 등을 각각 셀에 입력하고, 키 캡 [Enter↵]를 누른다.

마우스로 셀 A2를 클릭한 후 마우스 왼쪽 버튼을 누른 상태에서 셀 I2까지 드래그하면 셀 색상이 반전이 된다. 이렇게 반전이 된 상태에서 '홈'의 '맞춤' 아이콘 나타내는 것들 중에서 '가운데 맞춤'을 나타내는 아이콘 ≡을 누르면 입력된 셀의 문자는 가운데로 맞춰진다.

마우스로 셀 A3을 클릭한 후 셀 A3에 '1990'일 입력하고, 키 캡 [Enter↵]를 누른다. 이어서 다시 마우스로 셀 A3을 클릭한 후 '홈'의 '맞춤' 아이콘 나타내는 것들 중에서 '가운데 맞춤'을 나타내는 아이콘 ☰ 을 누르면 입력된 셀의 문자가 가운데로 맞춰진다.

[그림 4-2] 제조업 기업경영의 통계 변화

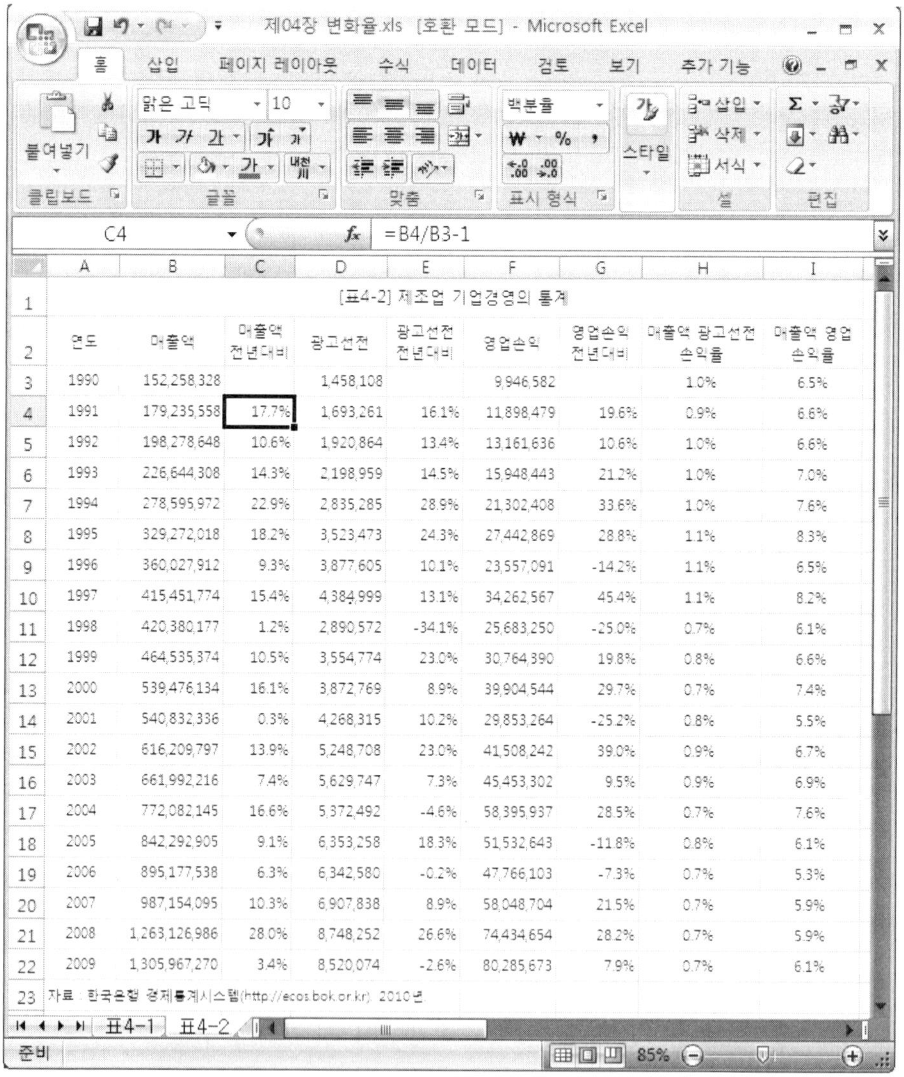

[표4-2] 제조업 기업경영의 통계

연도	매출액	매출액 전년대비	광고선전	광고선전 전년대비	영업손익	영업손익 전년대비	매출액 광고선전 손익률	매출액 영업 손익률
1990	152,258,328		1,458,108		9,946,582		1.0%	6.5%
1991	179,235,558	17.7%	1,693,261	16.1%	11,898,479	19.6%	0.9%	6.6%
1992	198,278,648	10.6%	1,920,864	13.4%	13,161,636	10.6%	1.0%	6.6%
1993	226,644,308	14.3%	2,198,959	14.5%	15,948,443	21.2%	1.0%	7.0%
1994	278,595,972	22.9%	2,835,285	28.9%	21,302,408	33.6%	1.0%	7.6%
1995	329,272,018	18.2%	3,523,473	24.3%	27,442,869	28.8%	1.1%	8.3%
1996	360,027,912	9.3%	3,877,605	10.1%	23,557,091	-14.2%	1.1%	6.5%
1997	415,451,774	15.4%	4,384,999	13.1%	34,262,567	45.4%	1.1%	8.2%
1998	420,380,177	1.2%	2,890,572	-34.1%	25,683,250	-25.0%	0.7%	6.1%
1999	464,535,374	10.5%	3,554,774	23.0%	30,764,390	19.8%	0.8%	6.6%
2000	539,476,134	16.1%	3,872,769	8.9%	39,904,544	29.7%	0.7%	7.4%
2001	540,832,336	0.3%	4,268,315	10.2%	29,853,264	-25.2%	0.8%	5.5%
2002	616,209,797	13.9%	5,248,708	23.0%	41,508,242	39.0%	0.9%	6.7%
2003	661,992,216	7.4%	5,629,747	7.3%	45,453,302	9.5%	0.9%	6.9%
2004	772,082,145	16.6%	5,372,492	-4.6%	58,395,937	28.5%	0.7%	7.6%
2005	842,292,905	9.1%	6,353,258	18.3%	51,532,643	-11.8%	0.8%	6.1%
2006	895,177,538	6.3%	6,342,580	-0.2%	47,766,103	-7.3%	0.7%	5.3%
2007	987,154,095	10.3%	6,907,838	8.9%	58,048,704	21.5%	0.7%	5.9%
2008	1,263,126,986	28.0%	8,748,252	26.6%	74,434,654	28.2%	0.7%	5.9%
2009	1,305,967,270	3.4%	8,520,074	-2.6%	80,285,673	7.9%	0.7%	6.1%

자료 : 한국은행 경제통계시스템(http://ecos.bok.or.kr), 2010년.

마우스포인터를 셀 A3의 우측 아래 구석으로 이동하고, 검은 십자를 필 핸들하여 마우스 오른쪽 버튼을 누른 상태에서 셀 A22까지 드래그한 후 마우스에서 손을 떼면, 셀 A4에서 셀 A22까지 셀이 빈 공란으로 되고 지정한 셀의 테두리는 굵은 점선 형태로 바뀌면서 풀다운 메뉴가 열린다.

풀다운 메뉴에서 마우스포인터를 이동하여 '연속 데이터 채우기(S)'를 누르면, 1990년 이후부터 2009년까지의 연도별 데이터가 자동으로 채워지면서 빈 공란의 셀을 채운다.

1. 제조업 기업경영의 통계 변화

마우스 왼쪽 버튼으로 셀 B3을 클릭한 후 셀 B2의 '매출액'에 대한 자료를 입력하고, 키 캡 Enter↵를 누르는 과정을 셀 B22까지 반복하여 내려간다. 이어서 동일한 방법으로 셀 D2의 '광고선전'과 셀 F2의 '영업손익'에 대해서도 실행한다.

'매출액 전년대비'의 값을 구하려면 마우스로 셀 C4를 클릭한 후 셀 C4에 '=(B4-B3)-1'이라고 입력하고, 키 캡 Enter↵를 누른다. 다시 마우스로 셀 C4를 클릭한 후 '백분율 스타일' 아이콘 버튼 %와 '자릿수 늘림' 아이콘 버튼 과 '자릿수 내림' 아이콘 버튼 을 클릭하여, 자릿수 1자리의 백분율로 표시한다.

마우스포인터를 셀 C4의 우측 아래 구석으로 이동하여 검은색 십자를 필 핸들하고, 마우스 왼쪽 버튼을 누른 상태에서 셀 C4에서 셀 C22까지 드래그하면 셀의 색상이 셀 C4에서 셀 C22까지 반전이 된다.

지정한 셀의 테두리는 굵은 선으로 변하면서 빈 셀에는 자동을 '매출액총액전년대비 성장률의 값이 채워진다.

'광고선전 전년대비'의 값은 구하려면, 마우스로 셀 C4를 클릭한 후 마우스 왼쪽 버튼을 누른 상태에서 셀 C22까지 드래그하면 셀 색상이 반전이 된다.

이렇게 반전이 된 상태에서 '홈' 메뉴 탭을 누른 후, '클립보드'에서 '복사' 아이콘 을 누르면, 액티브 셀 상태가 된다.

마우스포인터를 이동하여 마우스 왼쪽 버튼으로 셀 E4를 누른 후 '홈' 메뉴 탭을 클릭하고, '클립보드'에서 '붙여넣기' 아이콘을 누르면, 셀 C4에서 셀 C22까지의 셀 서식의 내용이 셀 E4에서 셀 E22까지 동일한 형식으로 복사가 된다.

'영업손익 전년대비'도 마우스포인터를 이동하여 마우스 왼쪽 버튼으로 셀 G4

를 누른 후 '홈' 메뉴 탭을 클릭하고, '클립보드'에서 '붙여넣기' 아이콘을 누르면, 셀 C4에서 셀 C22까지의 셀 서식의 내용이 셀 G4에서 셀 G22까지 동일한 형식으로 복사가 된다.

'매출액 광고선전 손익률'은 마우스로 셀 H3을 클릭한 후 셀 H3에 수식 '=D3/$B3'이라고 입력하고, 키 캡 [Enter↵]를 누른다.

다시 마우스 왼쪽 버튼으로 셀 H3을 누르고, '백분율 스타일' 아이콘 버튼 % 와 '자릿수 늘림' 아이콘 버튼 과 '자릿수 내림' 아이콘 버튼 을 클릭하여, 자릿수 1자리의 백분율로 표시한다.

마우스포인터를 셀 H3 오른쪽 아래 구석으로 이동하여 검은색 십자를 필 핸들하고, H22까지 드래그하면 셀의 색상이 반전이 되면서 빈 공란에 계산된 값이 채워진다.

'매출액 영업손익율'은 마우스 왼쪽 버튼으로 셀 I3을 클릭한 후 셀 I3에 수식 '=F3/$B3'이라고 입력하고, 키 캡 [Enter↵]를 누른다.

다시 마우스 왼쪽버튼으로 셀 I3을 누르고, '백분율 스타일' 아이콘 버튼 % 와 '자릿수 늘림' 아이콘 버튼 과 '자릿수 내림' 아이콘 버튼 을 클릭하여, 자릿수 1자리의 백분율로 표시한다.

마우스포인터를 셀 I3 오른쪽 아래 구석으로 이동하여 검은색 십자를 필 핸들하고, I22까지 드래그하면 셀의 색상이 반전이 되면서 빈 공란에 계산된 값이 채워진다.

2. 제조업 기업경영의 신장률 변화

제조업 기업경영의 신장률 변화 [그림 4-3]은 기업경영의 통계 변화를 계산한 [그림 4-2]를 이용하여 매출액, 광고선전, 영업손익 등 각각의 신장률을 다음과 같이 꺾은선 차트로 작성하기로 한다.

'매출액 전년대비'는 마우스 왼쪽 버튼을 뗀 후 키 캡 [Ctrl]을 누른 상태에서 마우스포인터를 이동하여 셀 C2를 마우스 왼쪽 버튼을 눌러 셀 C22까지 드래그한다.

'광고선전 전년대비'는 계속하여 같은 방법으로 마우스 왼쪽 버튼을 뗀 후 키 캡 Ctrl을 누른 상태에서 마우스포인터를 이동하여 셀 E2를 마우스 왼쪽 버튼을 눌러 셀 E22까지 드래그한다.

마지막으로 '영업손익 전년대비'는 연이어 마우스 왼쪽 버튼을 뗀 후 키 캡 Ctrl을 누른 상태에서 마우스포인터를 이동하여 셀 G2를 마우스 왼쪽 버튼을 눌러 셀 G22까지 드래그한다.

마우스로 '삽입' 메뉴 탭을 클릭하고, '차트' 아이콘 모음에서 '꺾은선형'을 누르면 '2차원 꺾은선형' 화면이 나타난다.

'2차원 꺾은선형' 화면 위에 마우스포인터를 이동하여 화면 위에 놓으면 각종 기능이 나타나는데 '꺾은선형', '누적 꺾은선형', '100% 기준 꺾은선형', '표식 있는 꺾은선형', '표식 있는 누적 꺾은선형' 그리고 '100% 표식 있는 누적 꺾은선형' 등의 유형이 내재되어 있다.

'2차원 꺾은선형'의 중에서 '꺾은선형'을 누르면 '차트'가 자동으로 생성되어 [그림 4-3]과 같이 나타난다.

[그림 4-3] 차트 삽입 화면

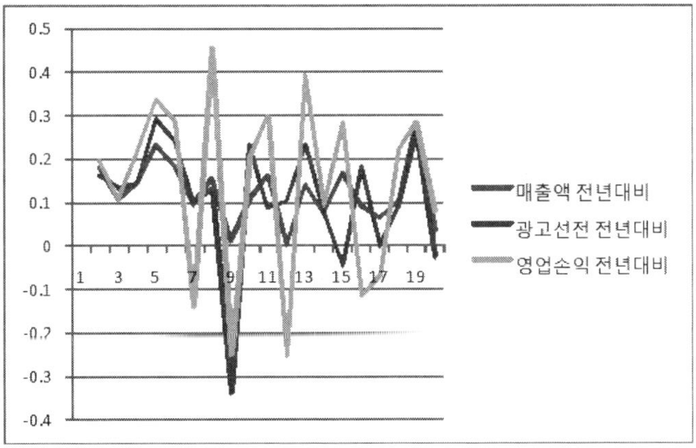

[그림 4-3]의 차트 삽입 화면에는 연도가 누락이 되어 있는데 다음과 같은 과정을 거치면 추가할 수 있다. [그림 4-3]의 차트 영역을 클릭한 후 '디자인' 탭 메뉴의 '데이터' 아이콘 모음 중에서 '데이터 선택'을 누르면 [그림 4-4]의 위쪽

과 같은 대화창이 열린다.

이어서 [그림 4-4]의 '데이터 원본 선택' 대화창에서 '가로(항목) 축 레이블(C)'의 '편집'을 클릭하면 [그림 4-4]의 아래쪽과 같은 '축 레이블' 대화창의 '축 레이블 범위(A)' 입력란에 마우스 왼쪽 버튼을 클릭한다.

계속하여 마우스포인터를 워크시트의 셀 A3으로 이동하여 마우스로 셀 A3을 클릭하면 액티브 셀 상태가 되는데 마우스 왼쪽 버튼을 누른 채로 셀 A22까지 드래그한 후 마우스 왼쪽 버튼으로 '확인' 버튼을 누른다.

[그림 4-4] 데이터 선택 대화창

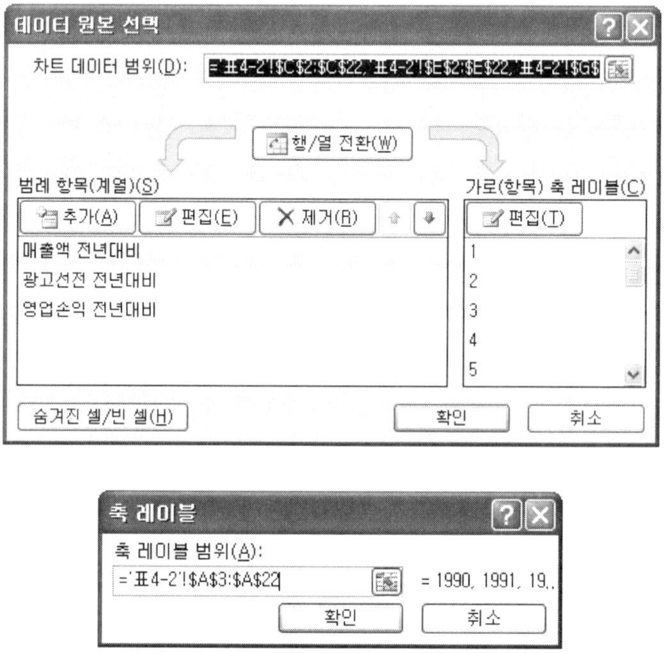

차트 삽입은 앞에서 언급한 바와 같이 일련의 과정을 거치면 차트가 생성이 되는데 [그림 4-5]와 같이 사용자가 원하는 형태로 수정하려면 차트 영역을 클릭한 후 마우스포인터로 각종 부위별 영역을 선택한다.

[그림 4-5] 매출액, 광고선전 및 영업손익의 신장율

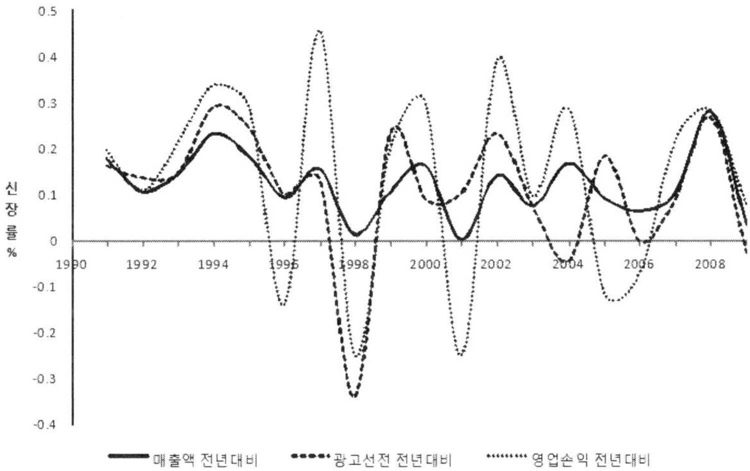

차트 영역을 더블클릭을 하면 '차트 도구'의 '디자인' 탭이 열린다. '차트 도구' 안에는 '레이아웃' 아이콘이 배열되어 있는데 '레이블'에서 '차트 제목', '축 제목', '범례', '데이터 레이블' 그리고 '데이터 표' 등이 있다.

예를 들면 '축 제목'을 마우스 왼쪽 버튼으로 클릭하면 '기본 가로 축 제목(H)', '기본 세로 축 제목(V)'의 화면이 나타난다. 두 개의 옵션 중에서 '기본 세로 축 제목(V)'을 누르면 [그림 4-6]과 같은 화면이 나타난다.

[그림 4-6] 기본 세로 축 제목

마우스포인터를 이동하여 마우스 왼쪽 버튼으로 [그림 4-6]의 기본 세로 축

제목 화면 중에서 '세로 제목'을 누르면 자동으로 '세로 제목' 입력을 할 수 있는 영역이 생성되는데 이 영역에 '신장률%'이라고 입력하면 세로로 제목이 [그림 4-5]와 같이 나타난다.

3. 제조업 기업경영의 손익률 추이

제조업 기업경영의 손익률 변화 [그림 4-5]는 기업경영의 통계 변화를 계산한 [그림 4-2]를 이용하여 광고선전, 영업손익 등 각각의 손익률을 꺾은선 차트로 다음과 같이 작성하기로 한다.

'매출액 광고선전손익률'과 '매출액 영업손익률'은 마우스 왼쪽 버튼을 뗀 후 키 캡 Ctrl을 누른 상태에서 마우스포인터를 이동하여 셀 H2를 마우스 왼쪽 버튼을 눌러 셀 I22까지 드래그한다.

마우스로 '삽입' 메뉴 탭을 클릭하고, '차트' 아이콘 모음에서 '꺾은선형'을 누르면 '2차원 꺾은선형' 화면이 나타난다.

'2차원 꺾은선형' 화면 위에 마우스포인터를 이동하여 화면 위에 놓으면 각종 기능이 나타나는데 '꺾은선형', '누적 꺾은선형', '100% 기준 꺾은선형', '표식 있는 꺾은선형', '표식 있는 누적 꺾은선형' 그리고 '100% 표식 있는 누적 꺾은선형' 등의 유형이 내재되어 있다.

'2차원 꺾은선형'의 중에서 '꺾은선형'을 누르면 '차트'가 자동으로 생성되면서 '차트 도구'의 '디자인' 메뉴 탭으로 전환된다.

'연도'는 '디자인' 탭 메뉴의 '데이터' 아이콘 모음 중에서 '데이터 선택'을 누르면 '데이터 원본 선택' 대화창이 열린다.

'데이터 원본 선택' 대화창에서 '가로(항목) 축 레이블(C)'의 '편집'을 클릭하면 새로운 '축 레이블' 대화창의 '축 레이블 범위(A)' 입력란에 마우스 왼쪽 버튼을 클릭한다.

이어서 마우스포인터를 워크시트의 셀 A3으로 이동하여 마우스로 셀 A3을 클릭하면 액티브 셀 상태가 되는데 마우스 왼쪽 버튼을 누른 채로 셀 A22까지 드래그한 후 마우스 왼쪽 버튼으로 '확인' 버튼을 누른다.

이러한 과정을 거쳐서 생성된 차트는 사용자가 원하는 형태로 수정하려면 차트 영역을 클릭한 후 마우스포인터로 각종 부위별 영역을 선택하여 [그림 4-7]과 같이 다양하게 차트의 형식을 표현하여 구현할 수 있다.

[그림 4-7] 제조업 기업경영의 손익률 추이

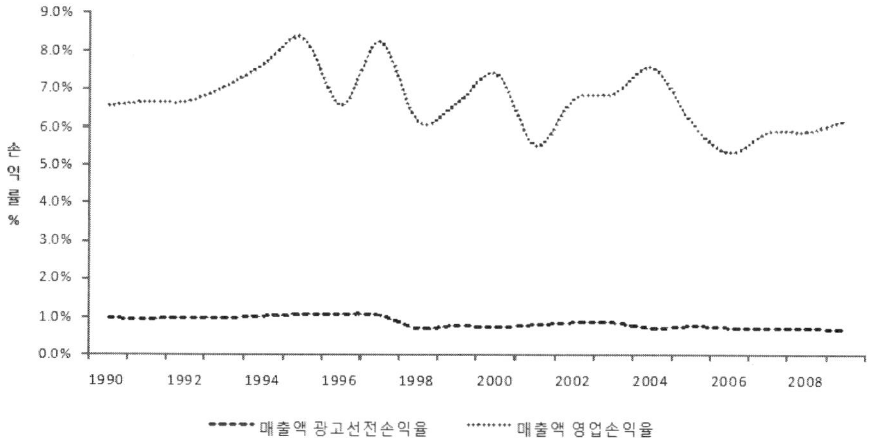

차트 영역을 더블클릭을 하면 '차트 도구'의 '디자인' 탭이 열린다. '차트 도구' 안에는 '레이아웃' 아이콘이 배열되어 있는데 '레이블'에서 '차트 제목', '축 제목', '범례', '데이터 레이블' 그리고 '데이터 표' 등이 있다.

예를 들면 '축 제목'을 마우스 왼쪽 버튼으로 클릭하면 '기본 가로 축 제목(H)', '기본 세로 축 제목(V)'의 화면이 나타난다. 두 개의 옵션 중에서 '기본 세로 축 제목(V)'을 누른다.

마우스포인터를 이동하여 마우스 왼쪽 버튼으로 기본 세로 축 제목 화면 중에서 '세로 제목'을 누르면 자동으로 '세로 제목' 입력을 할 수 있도록 영역이 생성되는데 이 영역에 '손익률%'이라고 입력하면 세로로 제목이 [그림 4-7]과 같이 나타난다.

4. 제조업 기업경영의 통계분석 결과

매출 총이익은 매출액에서 매출원가를 공제한 것이기 때문에 매출에서 생산, 생산에서 매출이라는 기업의 가장 기본적인 활동에서 나오는 이익이다. 즉,

매출액 총이익= 매출액 - 매출원가

영업이익은 매출액 총이익에서 판매비 일반관리비를 공제한 것이다. 영업이익은 기업본업에서 생기는 이익을 말한다.

영업이익 = 매출액 - 판매비 일반관리비

자금의 조달, 운용이라는 기업의 재무활동에 의한 수익을 영업외수익, 재무활동에 의한 비용을 영업외비용이라고 한다.

기업 본업의 이익인 영업이익에 영업외이익을 더하고, 영업외비용을 공제한 것이 경상이익이다. 경상이익은 기업의 일정기간 영업활동과 재무활동에서 발생하는 이익을 말한다.

경상이익 = 영업이익 + 영업외손익

매출액 경상이익률과 매출액 영업이익률은 기업의 이익률을 나타낸다. 매출액 경상이익률은 매출액에 대한 경상이익의 이율이고, 매출액 영업이익률은 매출액에 대한 영업이익의 비율이 된다.

예를 들면 제조업 기업의 매출액 영업손익률은 매출액에 대한 영업손익의 비율이고, 매출액 광고선전손익률은 매출액에 대한 광고선전의 비율을 말한다.

'[그림 4-7] 제조업 기업경영의 손익률의 추이'를 보면, 매출액 영업손익률은 1995년을 정점으로 저하하고, 매출액 광소선전 손익률은 외환위기 이후 지속적으로 저하하는 경향에 있다. 2005년 이후 매출액 영업손익률은 상승하는 반면 매출액 광고선전 손익률은 안정되어 가면서 하락하는 경향을 나타내고 있다.

이것은 다품종 소량생산을 하는 투자가 한국 기업을 높은 비용의 체질로 변해

가고 있다는 볼 수 있다. 최근 정보기술에 대한 투자도 '돈 먹는 벌레'이고, 그 설비는 맹렬한 속도로 진부화되어 버렸다고 볼 수 있을 것이다. 결국 정보기술에 대한 투자가 생산성 상승을 통하여 기업의 영업이익률을 향상시키지 않는다면, 향후 제조업 분야에도 순수한 버블붕괴를 초래할 수도 있을 것이다.

제 5 장

산포도

산포도(散布度, dispersion)는 표본분포의 평균에서 흩어짐 정도를 나타내는 것을 말한다. 예를 들어 두 개의 표본집단의 평균이 같을지라도 평균으로부터 흩어짐의 정도는 서로 다를 수 있다. 산포도도 평균과 마찬가지로 다양하게 구분하고 있는데 크게 두 가지로 나뉜다.

하나는 산포도의 측정 목적이 각 표본집단의 흩어짐 정도를 알려고 하는가 다른 집단의 표본집단 간의 산포도를 비교하는 것에 있는가의 구분이다. 이것에 의해서 절대적 산포도와 상대적 산포도로 구분한다.

다른 하나는 산포도 측정의 목적이 표본분포 집중 정도를 아는 것에 있는가 분포의 넓이를 아는 것에 있는가의 구분이다. 이것에 의해서 측정해야 할 산포도는 표본분포의 집중도를 나타내는 산포도와 표본분포의 폭을 나타내는 산포도로 구분한다.

절대적 산포도에서 표본분포의 집중도를 나타내는 산포도는 편차, 편차평방합, 평균편차, 분산, 표준편차, 확률편차 등이 있고, 표본분포의 폭을 나타내는 산포도는 범위, 4분위편차 등이 있다.

상대적 산포도에서 표본분포의 집중도를 나타내는 산포도는 평균편차계수, 표준편차계수, 변동계수 등이 있고, 표본분포의 폭을 나타내는 산포도는 4분위편차계수가 있다.

상기에 서술한 바와 같이 표본분포의 평균의 흩어짐 정도를 나타내는 지표는 다양하지만 절대적 산포도의 표본분포의 집중도를 나타내는 산포도 중에서 일반적으로 많이 이용되는 분산(分散, variance)에 대하여 설명하기로 한다.

제 1 절 기본 개념

1. 편차(deviation)

표본분포의 평균에서 흩어짐 정도를 측정하는 간편한 방법은 편차가 있다. 편차는 표본집단을 구성하는 모든 변수에 대한 각 평균의 차이를 말하는데 다음과 같은 수식으로 나타낼 수 있다.

$$x_i = X_i - \overline{X}$$

x_i : 편차

X_i : 변수($i = 1,\ 2, \cdots,\ N$)

$\overline{X}$: 평균(대푯값)

편차는 표본분포의 평균에서 흩어짐 정도를 모든 변수에 대하여 직접 측정할 수 있지만, 산포도를 가지고 표본분포 전체의 흩어짐 정도를 하나의 계산한 값으로 나타낼 수 없다. 그래서 편차 합계를 구하여 그것을 변수의 총 개수로 평균하여 하나의 평균적 편차를 생각하게 되었다.

2. 분산(variance)

분포의 평균을 산술평균으로 하면 편차합계는 상쇄되어 제로가 되기 때문에 편차를 그대로 합계하여 평균하는 것은 의미가 없다. 그래서 분산은 편차를 제곱하여 부호에 의한 영향을 제거하고 그것을 합계하여 평균을 구하는 방법을 고안하게 되었다.

분산은 편차제곱합평균을 가지고 분포 전체의 흩어짐 정도를 나타내는 하나의 계산 값을 구할 수 있는 산포도이며, 통계학의 중요한 통계량의 하나로 다음과 같은 수식으로 나타낸다.

$$\text{모집단 : } S^2 = \frac{\Sigma(X_i - \overline{X})^2}{N} = \frac{\Sigma x_i^2}{N}$$

$$\text{표본집단 : } S^2 = \frac{\Sigma(X_i - \overline{X})^2}{N-1} = \frac{\Sigma x_i^2}{N-1}$$

S^2 : 분산

X_i : 변수 X

$\overline{X}$: 평균

N : 변수의 총 개수

3. 표준편차(standard deviation)

분산은 각 편차를 제곱합하여 평균을 내기 위해서 그 값을 원래의 편차제곱 형태로 되어 있기 때문에 원래의 변수와 비교하는데 있어서 불편하다. 이러한 불편을 피하기 위해서 분산의 제곱을 벗긴 형태의 산포도를 갖는 것을 표준편차라고 한다.

표준편차는 분산과 마찬가지로 통계학에 있어서 중요한 통계량의 하나로서 다음과 같은 수식으로 나타낸다.

$$\text{모집단 : } S = \sqrt{\frac{\Sigma(X_i - \overline{X})^2}{N}} = \sqrt{\frac{\Sigma x_i^2}{N}}$$

$$\text{표본집단 : } S = \sqrt{\frac{\Sigma(X_i - \overline{X})^2}{N-1}} = \sqrt{\frac{\Sigma x_i^2}{N-1}}$$

S : 표준편차

X_i : 변수 X

$\overline{X}$: 평균

N : 변수의 총 개수

4. 표준편차의 성질

표준편차의 표본분포가 종형(鐘形, bell type)의 분포를 나타낼 때 정규분포라고 한다. 정규분포는 산술평균 $\overline{X}$를 중심으로 표준편차 S의 z배 범위 $\overline{X} \pm zS$에 포함되는 도수 f_i의 총 도수 N에 대한 비율 $p_i = \dfrac{f_i}{N}$을 계산하면 다음의 [그림 5-1]과 [표 5-1]과 같이 나타낼 수 있다.

정규분포의 성질을 이용하여 다음과 같은 예측을 행할 수 있다. 예를 들면, 회사 A의 주식투자 수익률(월별)은 정규분포를 따르고, 그 표본평균 $\overline{X}$가 5%, 표준편차 S가 1%라고 가정한다.

S사의 차기(次期)의 주식투자 수익률이 4~6%(5%±1%)가 될 확률은 68.3%이고, 3~7%(5%±2%)가 될 확률은 95.5%이다.

[그림 5-1] 정규분포

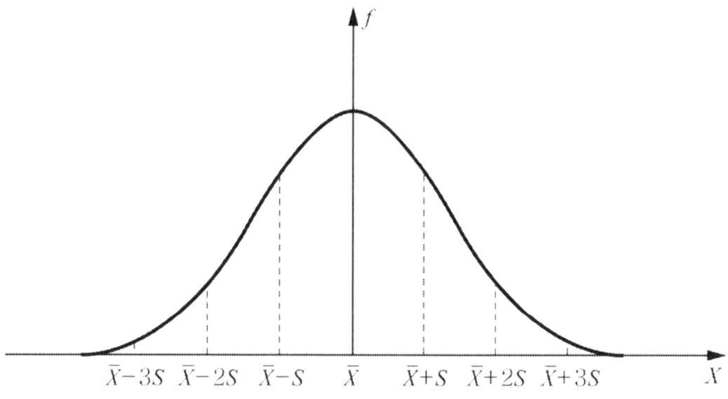

[표 5-1] 표준편차와 상대도수의 관계

$X=\overline{X}\pm zS$	$\overline{X}\pm zS$ 안에 포함되는 상대도수 p_i
$\overline{X}\pm 0.6745S$	$50.00\% = \frac{1}{2}$
$\overline{X}\pm S$	$68.27\% \fallingdotseq \frac{2}{3}$
$\overline{X}\pm 2S$	$95.45\% \fallingdotseq \frac{19}{20}$
$\overline{X}\pm 3S$	$99.73\% \fallingdotseq 1$

다시 말하면 S사의 차기(次期)의 주식투자 수익률은 68.3%의 확률로 4~6%가 되고, 95.4%의 확률로 3~7%가 된다.

주식투자 수익률의 표본평균 $\overline{X}$는 기대수익률이라는 주식투자의 복귀를 나타내고, 표준편차 S는 복귀의 흩어짐인 위험을 나타내고 있다. 위험은 실현되는 투자수익률이 복귀에서 상하로 멀어지는 정도를 나타낸다.

예외적으로 거품경제의 붕괴라는 경제의 구조변화 등에 의해서는 모평균, 모표준편차 등의 파라미터(모수)가 변화하는 경우에는 예측을 할 수가 없다.

제 2 절 상장 산업별 주가 추이

아래 [표 5-2]는 자동차, 보건복지, 은행, 정보통신 등 산업별 주가 총액(백만원) 추이를 나타내고 있다. 각 산업별 평균, 분산, 표준편차, 최소값, 최대값 등을 전술한 개념을 이용하여 구할 수 있다.

[표 5-2] 상장 산업별 주가 총액 추이

(단위 : 백만 원)

연/월	자동차	보건복지	은행	정보통신
2006/01	43,439,292	7,221,404	86,181,042	170,178,343
2006/02	42,077,077	7,340,663	82,761,030	160,232,069
2006/03	41,686,334	7,245,376	88,943,783	148,630,955
2006/04	41,754,190	7,112,623	92,464,677	151,862,268
2006/05	37,182,088	6,575,877	84,916,489	142,520,390
2006/06	38,589,194	6,082,792	84,024,648	137,854,760
2006/07	35,620,614	6,121,349	88,860,096	139,063,678
2006/08	39,373,767	6,750,268	85,265,480	151,878,829
2006/09	40,890,460	7,007,510	84,967,827	151,533,839
2006/10	39,269,141	7,270,137	86,269,012	140,870,136
2006/11	38,067,676	8,159,908	88,316,476	144,958,885
2006/12	37,082,526	8,155,187	91,002,132	140,614,436
2007/01	33,960,686	7,195,815	90,635,192	130,060,229
2007/02	35,291,386	7,426,704	99,377,438	131,859,989
2007/03	35,273,916	7,450,561	99,876,021	133,483,890
2007/04	33,300,508	7,531,098	99,438,849	137,271,669
2007/05	36,622,226	9,175,398	99,392,161	134,069,839
2007/06	39,803,315	9,467,861	98,326,969	143,535,309
2007/07	44,943,743	11,420,910	104,202,053	169,942,836
2007/08	41,296,899	11,624,054	97,268,713	163,962,173
2007/09	41,157,421	11,210,254	97,234,244	167,273,818
2007/10	38,456,686	11,072,437	94,975,753	168,693,685
2007/11	36,700,205	11,202,491	85,947,121	166,993,719
2007/12	37,661,302	11,324,165	91,644,567	162,357,301
2008/01	35,870,446	10,398,489	84,316,848	159,177,051
2008/02	33,569,105	10,894,416	81,675,267	159,867,447
2008/03	37,316,983	10,670,486	80,312,937	176,645,680
2008/04	41,194,150	11,574,260	94,446,071	193,830,607
2008/05	40,613,020	10,751,237	88,705,748	197,486,322
2008/06	35,962,982	10,742,263	81,596,556	167,806,932
2008/07	36,618,684	9,970,383	76,888,758	148,490,932
2008/08	36,854,064	9,517,838	78,734,644	136,283,157
2008/09	38,278,652	8,710,387	66,475,279	142,580,884
2008/10	29,602,027	6,530,424	43,089,765	128,908,517
2008/11	22,960,244	7,722,099	41,922,077	116,100,684
2008/12	22,684,463	8,155,726	42,647,997	111,290,558

자료 : 한국거래소(http://www.krx.co.kr), 2010년.
한국은행 경제통계시스템(http://ecos.bok.or.kr), 2010년.

연/월	자동차	보건복지	은행	정보통신
2009/01	24,841,751	8,196,308	46,606,296	121,662,251
2009/02	25,283,500	8,444,173	37,110,918	118,749,339
2009/03	28,553,819	9,297,443	43,393,768	143,204,503
2009/04	35,516,245	9,721,517	53,788,329	156,880,232
2009/05	37,963,359	8,951,792	58,814,666	158,368,120
2009/06	37,987,714	9,368,696	60,551,015	160,477,990
2009/07	45,820,772	9,875,435	77,268,951	185,680,841
2009/08	51,704,015	10,257,372	75,081,892	202,033,269
2009/09	57,172,087	11,691,360	89,120,505	210,139,035
2009/10	55,705,351	11,930,984	87,654,996	188,918,683
2009/11	51,879,667	10,926,734	84,407,526	187,649,336
2009/12	61,028,704	11,498,477	84,055,515	211,789,586
2010/01	55,624,394	11,015,873	77,114,470	202,172,509
2010/02	57,540,096	11,154,735	76,174,658	194,413,586
2010/03	59,091,588	11,582,872	84,540,232	215,624,002
2010/04	68,866,233	11,130,351	87,421,884	229,345,509
2010/05	73,236,992	10,596,962	78,280,275	213,096,608
2010/06	76,159,883	11,306,255	79,227,273	212,999,498
2010/07	76,228,127	10,248,033	83,487,270	215,100,091
2010/08	75,496,702	11,132,999	78,688,427	203,533,090
2010/09	87,242,984	11,797,290	80,736,737	213,149,816
2010/10	96,334,470	11,665,011	80,671,767	209,066,581
2010/11	97,577,615	12,199,672	82,710,507	221,677,499

1. 상장 산업별 주가 총액 추이

마이크로소프트사의 엑셀 프로그램을 이용하여 '[표 5-2] 상장 산업별 주가 총액(백만 원) 추이'를 [그림 5-2]와 같이 입력한다.

마우스로 셀 A1을 클릭한 후 셀 A1에 '[표 5-2] 상장 산업별 수가 총액(백반 원) 추이'라고 입력하고, 키 캡 Enter↵를 누른다. 마우스로 셀 A1을 클릭한 후 마우스 왼쪽 버튼을 누른 상태에서 셀 E1까지 드래그하면 셀의 색상이 반전이 된다. 이렇게 반전이 된 상태에서 마우스의 왼쪽 버튼을 누른 것을 뗀다. 이어서 마우스포인터를 '병합하고 가운데 맞춤'의 기능을 가지고 있는 아이콘 을 클릭하면 셀 A1에서 셀 E1까지 셀을 병합하고 제목을 가운데로 맞춰 준다.

[그림 5-2] 상장 산업별 주가 총액 추이

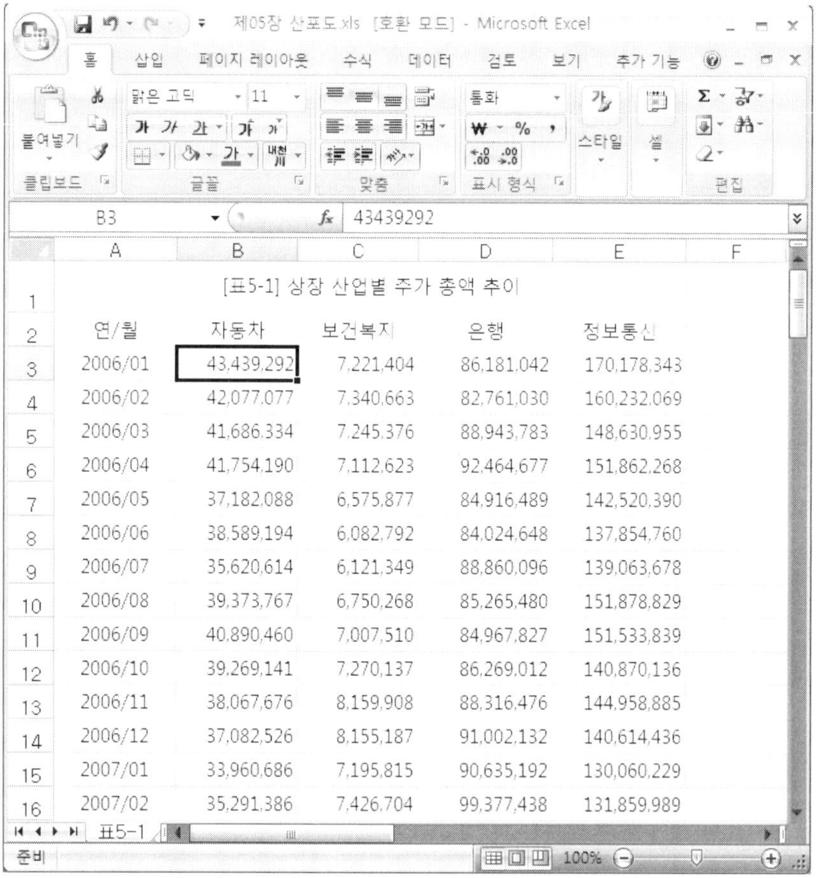

[표5-1] 상장 산업별 주가 총액 추이

연/월	자동차	보건복지	은행	정보통신
2006/01	43,439,292	7,221,404	86,181,042	170,178,343
2006/02	42,077,077	7,340,663	82,761,030	160,232,069
2006/03	41,686,334	7,245,376	88,943,783	148,630,955
2006/04	41,754,190	7,112,623	92,464,677	151,862,268
2006/05	37,182,088	6,575,877	84,916,489	142,520,390
2006/06	38,589,194	6,082,792	84,024,648	137,854,760
2006/07	35,620,614	6,121,349	88,860,096	139,063,678
2006/08	39,373,767	6,750,268	85,265,480	151,878,829
2006/09	40,890,460	7,007,510	84,967,827	151,533,839
2006/10	39,269,141	7,270,137	86,269,012	140,870,136
2006/11	38,067,676	8,159,908	88,316,476	144,958,885
2006/12	37,082,526	8,155,187	91,002,132	140,614,436
2007/01	33,960,686	7,195,815	90,635,192	130,060,229
2007/02	35,291,386	7,426,704	99,377,438	131,859,989

마우스로 셀 A2를 클릭한 후 셀 A2에 '연/월'이라고 입력하고, 키 캡 [Enter↵]를 누른다. 같은 방법으로 셀 B2에 '자동차', 셀 C2에 '보건복지', 셀 D2에 '은행' 그리고 셀 E2에 '정보통신' 등을 각각 입력하고, 키 캡 [Enter↵]를 누르면 된다.

마우스로 셀 A2에서 셀 E2까지 드래그하면 색이 반전이 되는데 이러한 상태에서 '홈' 메뉴 탭의 '맞춤' 아이콘 모음 중에서 '가운데 맞춤'을 나타내는 아이콘 ≡ 을 누르면 입력된 셀의 문자는 가운데로 맞춰진다.

셀 A2의 '연/월' 입력은 마우스로 셀 A3을 클릭한 후 셀 A3에 '2006/01'라고 입력하고, 키 캡 [Enter↵]를 누른다.

연월을 사용자가 지정하는 순서 절차는 다음과 같이 실행할 수 있다. 우선 마우스로 셀 A3을 클릭하고 이어서 마우스 왼쪽 버튼을 누른 상태에서 셀 A4까지 드래그를 하면 셀의 색상이 반전된다.

색상이 반전된 상태에서 '홈'의 '서식'을 나타내는 아이콘을 누르고, 풀다운메뉴의 맨 아래 부분에 있는 '셀 서식'을 선택하면 '셀 서식'의 새로운 대화창이 나타나게 된다.

'셀 서식' 대화창에서 '표시 형식' 탭을 지정하고, '범주(C):' 중에서 '사용자 지정'을 선택한다.

'보기'의 '형식(T):' 아래 공란에 'yyyy/mm'이라고 사용자가 직접 입력한다. 'yyyy'는 연도 4자리수를 나타내고, 'mm'은 월별 2자리수를 나타내는 것을 의미한다.

마우스로 셀 A3을 클릭한 후 셀 A3에 '2006/01'이라고 입력하고, 키 캡 [Enter↵]를 누르면, 셀 A3의 셀 표면에는 '2006/01'로 나타나지만, 셀 A3 안에는 자동으로 '2006-01-01'이라고 입력된다.

이어서 마우스로 셀 A4를 클릭한 후 셀 A4에 '2006/02'이라 입력하고, 키 캡 [Enter↵]를 누르면, 셀 A4에 '2006/02'로 입력되어 나타난다.

마우스로 셀 A3을 클릭하고 셀 A3부터 셀 A4까지 마우스 왼쪽 버튼을 누른 상태에서 드래그를 하면 셀 색상이 반전이 된다.

마우스 버튼 키를 손에서 떼고, 마우스를 셀 A4의 오른쪽 아래 구석으로 이동한다. 마우스포인터는 흰색 십자에서 검은색 십자(필 핸들)로 변하는데, 여기에서 마우스 왼쪽 버튼을 누른 상태에서 셀 A61까지 드래그를 하고, 목적한 장소에서 마우스 왼쪽 버튼을 뗀다.

또는 마우스를 셀 A4의 오른쪽 아래 구석으로 이동하고, 마우스 오른쪽 버튼을 누른 상태에서 셀 A61까지 드래그를 하고 마우스 버튼을 떼면 오른쪽에 메뉴화면이 열리면서 '셀 복사(C)', '연속 데이터 채우기(S)', '서식만 채우기(F)', '서식 없이 채우기(O)', '일 단위 채우기(D)', '평일 단위 채우기(W)', '월 단위 채우기(M)', '연 단위 채우기(Y)' 그리고 '연속 데이터(E)' 등의 메뉴가 나타난다.

이들 메뉴 중에서 '연속 데이터 채우기(S)'를 선택하면 지정된 빈 셀에 연도와 월별로 숫자가 셀 '2006/01'에서 '2010/11'까지의 형식으로 연속하여 채워준다.

셀 B2의 '자동차'는 마우스로 셀 B3을 클릭한 후 데이터 '43,439,292'를 셀 B3에 '43439292'라고 입력하고, 키 캡 Enter↵를 누른다. 이어서 반복하여 같은 방법으로 셀 B61까지 '97577615'라고 입력하고, 키 캡 Enter↵를 누른다.

마우스로 셀 B3을 클릭한 후 마우스 왼쪽 버튼으로 셀 B3을 누른 상태에서 셀 B61까지 드래그를 하면 셀의 색상이 반전이 된다.

마우스 왼쪽 버튼을 뗀 후 마우스포인터를 '홈' 메뉴 탭을 누르고, 이어서 '표시 형식' 아이콘 모음 중에서 '쉼표 스타일' 아이콘 ,를 클릭하면, 셀 B3에서 셀 B61까지 입력한 데이터가 1000단위 구분 기호를 사용하여 셀 값을 표시해 준다.

동일한 방법으로 셀 C2의 '보건복지', 셀 D2의 '은행' 그리고 셀 E2의 '정보통신'의 데이터를 셀 C3부터 셀 E61까지 입력하고, 매번 셀이 바뀔 때마다 키 캡 Enter↵를 누른다.

마우스로 셀 B3을 클릭한 후 셀 B3부터 셀 B61까지 드래그하면 셀의 색상이 반전이 된다. 마우스 왼쪽 버튼을 뗀 후 마우스포인터를 이동하여 '홈' 메뉴 탭을 누른 후, '클립보드'에서 '서식 복사' 아이콘 을 마우스 왼쪽 버튼으로 더블클릭하면 액티브 셀 상태가 된다.

마우스포인터를 이동하여 마우스 왼쪽 버튼으로 셀 C3을 누르면 셀 B3부터 셀 B61까지의 셀 서식이 동일하게 셀 C3에서 셀 C61까지 셀에 붙여지면서 지정된 셀 테두리가 굵은 선으로 바뀌고, 셀의 색상이 반전된다.

마우스포인터를 셀 D3, 셀 E3에 각각 이동하여 마우스 왼쪽 버튼을 누르면 이미 셀 C3에서 셀 C61까지 붙여진 셀 서식과 동일한 서식의 붙여넣기가 실행된다.

여기에서 '서식 복사'가 연속으로 이루어지게 하려면 '서식 복사' 아이콘 을 마우스 왼쪽 버튼으로 더블클릭하면 되고, 서식을 한번만 붙여넣기를 하려면 '서식 복사' 아이콘 을 마우스 왼쪽 버튼으로 한번 클릭하면 된다.

'서식 복사' 아이콘을 더블클릭하면 마우스포인터를 마우스 왼쪽 버튼을 누를 때마다 눌려진 셀에 붙여지기 때문에 '서식 복사' 기능을 중지해야 할 필요성이 있다. 연속으로 실행되는 '서식 복사'의 기능을 중지하려면 키 캡 Esc를 누르면 된다.

2. 상장 산업별 주가 총액 추이의 분석

마이크로소프트사의 엑셀 프로그램을 이용하여 상장 산업별 주가 총액 추이의 분석은 [그림 5-3]과 같이 입력한다.

[그림 5-3] 상장 산업별 주가 총액 추이의 분석

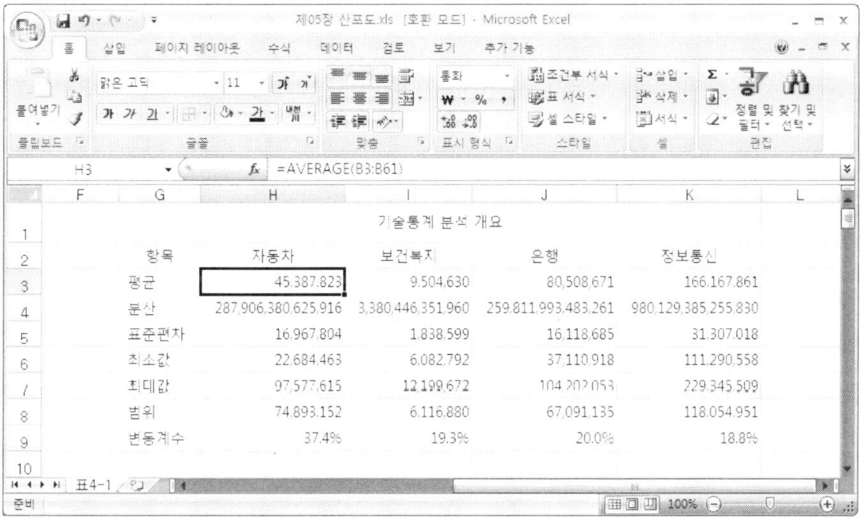

마우스로 셀 G1을 클릭한 후 셀 G1에 '기술통계 분석 개요'라고 입력하고, 키 캡 Enter↵를 누른다. 마우스로 셀 G1을 클릭한 후 마우스 왼쪽 버튼을 누른 상태에서 셀 K1까지 드래그하면 셀의 색상이 반전이 된다.

이렇게 반전이 된 상태에서 마우스의 왼쪽 버튼을 누른 것을 뗀 후 마우스 왼쪽 버튼으로 '홈' 메뉴 탭을 누르고, '맞춤' 아이콘 모음 중에서 마우스포인터로 '병합하고 가운데 맞춤' 아이콘 을 클릭하면 셀 G1에서 셀 K1까지 셀을 병합하고 제목을 가운데로 맞춰 준다.

마우스로 셀 G2를 클릭한 후 셀 G2에 '항목'이라고 입력하고, 키 캡 Enter↵를 누른다. 같은 방법으로 셀 H2에 '자동차', 셀 I2에 '보건복지', 셀 J2에 '은행' 그리고 셀 K2에 '정보통신' 등을 각각 입력하고, 키 캡 Enter↵를 누르면 된다.

마우스로 셀 G3을 클릭한 후 '평균'이라고 입력하고, 키 캡 [Enter↵]를 누르면 된다. 이어서 셀 G4에 '분산', 셀 G5에 '표준편차', 셀 G6에 '최소값', 셀 G7에 '최대값', 셀 G8에 '범위' 그리고 셀 G9에 '변동계수' 등을 입력한 후 각 셀마다 키 캡 [Enter↵]를 누른다.

'자동차' 산업의 '평균'은 마우스로 셀 H3을 클릭한 후 셀 H3에 평균을 구하는 함수 '=AVERAGE(B3:B61)'을 입력하고, 키 캡 [Enter↵]를 누른다.

'자동차' 산업의 '분산'은 셀 H4에 분산을 구하는 함수 '=VAR(B3:B61)'을 입력하고, 키 캡 [Enter↵]를 누른다.

'자동차' 산업의 '표준편차'는 셀 H5에 분산 함수 '=STDEV(B3:B61)'을 입력하고, 키 캡 [Enter↵]를 누른다.

'자동차' 산업의 '최소값'은 셀 H6에 최소값 함수 '=MIN(B3:B61)'을 입력하고, 키 캡 [Enter↵]를 누른다.

'자동차' 산업의 '최대값'은 셀 H7에 최소값 함수 '=MAX(B3:B61)'을 입력하고, 키 캡 [Enter↵]를 누른다.

'자동차' 산업의 '범위'는 셀 H8에 '=H7-H6'을 입력하고, 키 캡 [Enter↵]를 누른다.

'자동차' 산업의 '변동계수'는 셀 H9에 '=H5/H3'을 입력하고, 키 캡 [Enter↵]를 누른다.

마우스로 셀 H3을 클릭한 후 셀 H3을 마우스로 누른 상태에서 셀 H8까지 드래그하면 셀의 색상이 반전이 된다.

마우스 왼쪽 버튼을 뗀 후 마우스포인터를 '홈' 메뉴 탭을 누르고, 이어서 '표시 형식' 아이콘 모음 중에서 '쉼표 스타일' 아이콘 ,를 클릭하면, 셀 H3에서 셀 H8까지 계산된 결과가 1000단위 구분 기호로 표시해 준다.

이어서 마우스포인터를 셀 H8의 우측 아래 구석으로 이동하여, 마우스포인터를 검은색 십자의 필 핸들로 바꾸어 마우스 왼쪽 버튼을 누른 상태에서 셀 K8까지 드래그하면 셀 I3부터 셀 K8까지 비어있는 셀의 공란에 기술통계량의 값이 자동으로 계산되어 나타난다.

즉, '자동차' 산업 이외의 '보건복지', '은행' 그리고 '정보통신' 등의 산업에 대한 '평균', '분산', '표준편차', '최소값', '최대값' 그리고 '범위' 등의 계산결과가 나타난다.

마우스로 셀 H9를 클릭한 후 '홈' 메뉴 탭을 눌러 '표시 형식' 아이콘 모음 중에서 '백분율 스타일' 아이콘 버튼 % 를 클릭한다. 이어서 마우스 왼쪽 버튼으로 셀 H9를 누른 후 '자릿수 늘림' 아이콘 버튼 과 '자릿수 내림' 아이콘 버튼 을 클릭하여, 자릿수 1자리의 백분율로 표시한다.

이어서 마우스포인터를 셀 H9의 우측 아래 구석으로 이동하여, 마우스포인터를 검은색 십자의 필 핸들로 바꾸어 셀 K9까지 드래그하면 셀 I9부터 셀 K9까지 비어있는 셀의 공란에 변동계수의 값이 자동으로 계산되어 나타난다.

즉, '자동차' 산업 이외의 '보건복지', '은행' 그리고 '정보통신' 등의 산업에 대한 '변동계수'의 계산결과가 나타난다.

마우스로 셀 H2를 클릭한 후 마우스 왼쪽 버튼으로 셀 H2에서 셀 K9까지 드래그하면 셀의 색상이 반전된다.

마우스 왼쪽 버튼으로 '홈' 메뉴 탭을 누르고, '셀' 이이콘 모음에서 '서식' 아이콘을 누르면, 새로운 '셀 서식' 풀다운 메뉴 화면이 열린다.

마우스포인터를 이동하여 '열 너비 자동 맞춤(I)'을 누르면 H열의 셀 H2에서 K열의 셀 K9까지에 나타나 있는 문자와 수치의 길이에 알맞게 자동으로 조절된다.

지금까지 언급한 바와 같이 셀 G2의 '자동차' 산업에 대한 '평균'은 마우스로 셀 G3을 클릭하고, 셀 H3에는 '=AVERAGE(B3:B61)'이라고 입력하여 구할 수 있지만, 다음과 같이 '함수 마법사'를 이용하면 더욱 편리하게 구할 수도 있다.

마우스로 셀 H3을 클릭한 후 마우스 왼쪽 버튼으로 '함수 마법사' fx 를 클릭한다. '함수 마법사' 대화창의 '범주 선택(C)'에서 '통계'를 선택하여 '함수 선택(N):'에서 'AVERAGE'를 선택하고, 마우스 왼쪽 버튼으로 '확인' 버튼을 클릭한다.

새로운 '함수 인수' 입력창에서 'Number1'의 입력 공란을 클릭한 후 마우스포인터를 이동하여 워크시트의 셀 B3을 누르면 액티브 셀 상태가 되는데 셀 B3을 누른 채로 셀 B61까지 드래그한다.

'Number1'의 입력 공란에 'B3:B61'이라고 입력되는데 '확인' 버튼을 누르면 '자동차' 산업의 주가 총액 '평균'이 구해진다.

셀 H3 내부에는 '=AVERAGE(B3:B61)'이라고 입력되고, 셀 H3의 표면에는 평균값이 수치로 변환되어 나타난다.

'자동차'의 '분산'은 마우스로 셀 H4를 클릭한 후 마우스 왼쪽 버튼으로 '함수 마법사' fx를 클릭한다. '함수 마법사' 대화창의 '범주 선택(C):'에서 '통계'를 선택하여 '함수 선택(N):'에서 'VAR'를 선택하고, 마우스 왼쪽 버튼으로 '확인' 버튼을 클릭한다.

새로운 '함수 인수' 입력창에서 'Number1'의 입력 공란을 클릭한 후 마우스포인터를 이동하여 워크시트의 셀 B3을 누르면 액티브 셀 상태가 되는데 셀 B3을 누른 채로 셀 B61까지 드래그한다.

'Number1'의 입력 공란에 'B3:B61'이라고 입력되는데 '확인' 버튼을 누르면 '자동차' 산업의 주가 총액 '분산'이 구해진다.

셀 H4 내부에는 '=VAR(B3:B61)'이라고 입력되고, 셀 H4의 표면에는 분산값이 수치로 변환되어 나타난다.

'자동차'의 '표준편차'는 마우스로 셀 H5를 클릭한 후 마우스 왼쪽 버튼으로 '함수 마법사' fx를 클릭한다. '함수 마법사' 대화창의 '범주 선택(C):'에서 '통계'를 선택하여 '함수 선택(N):'에서 'STDEV'를 선택하고, 마우스 왼쪽 버튼으로 '확인' 버튼을 클릭한다.

새로운 '함수 인수' 입력창에서 'Number1'의 입력 공란을 클릭한 후 마우스포인터를 이동하여 워크시트의 셀 B3을 누르면 액티브 셀 상태가 되는데 셀 B3을 누른 채로 셀 B61까지 드래그한다.

'Number1'의 입력 공란에 'B3:B61'이라고 입력되는데 '확인' 버튼을 누르면 '자동차' 산업의 주가 총액 '표준편차'가 구해진다.

셀 H5 내부에는 '=STDEV(B3:B61)'이라고 입력되고, 셀 H5의 표면에는 표준편차값이 수치로 변환되어 나타난다.

'자동차'의 '최소값'은 마우스로 셀 H6을 클릭한 후 마우스 왼쪽 버튼으로 '함수 마법사' fx를 클릭한다. '함수 마법사' 대화창의 '범주 선택(C):'에서 '통계'를 선택하여 '함수 선택(N):'서 'MIN'을 선택하고, 마우스 왼쪽 버튼으로 '확인' 버튼을 클릭한다.

새로운 '함수 인수' 입력창에서 'Number1'의 입력 공란을 클릭한 후 마우스포인터를 이동하여 워크시트의 셀 B3을 누르면 액티브 셀 상태가 되는데 셀 B3을 누른 채로 셀 B61까지 드래그한다.

'Number1'의 입력 공란에 'B3:B61'이라고 입력되는데 '확인' 버튼을 누르면 '자동차' 산업의 주가 총액 '최소값'이 구해진다.

셀 H6 내부에는 '=MIN(B3:B61)'이라고 입력되고, 셀 H6의 표면에는 최소값이 수치로 변환되어 나타난다.

'자동차'의 '최대값'은 마우스로 셀 H7을 클릭한 후 마우스 왼쪽 버튼으로 '함수 마법사' *fx*를 클릭한다. '함수 마법사' 대화창의 '범주 선택(C):'에서 '통계'를 선택하여 '함수 선택(N):'에서 'MAX'을 선택하고, 마우스 왼쪽 버튼으로 '확인' 버튼을 클릭한다.

새로운 '함수 인수' 입력창에서 'Number1'의 입력 공란을 클릭한 후 마우스포인터를 이동하여 워크시트의 셀 B3을 누르면 액티브 셀 상태가 되는데 셀 B3을 누른 채로 셀 B61까지 드래그한다.

'Number1'의 입력 공란에 'B3:B61'이라고 입력되는데 '확인' 버튼을 누르면 '자동차' 산업의 주가 총액 '최대값'이 구해진다.

셀 H7 내부에는 '=MAX(B3:B61)'이라고 입력되고, 셀 H7의 표면에는 최소값이 수치로 변환되어 나타난다.

'자동차'의 '범위'는 마우스 왼쪽 버튼으로 셀 H8을 클릭한 후 셀 8에 '='를 입력하고, 마우스포인터로 셀 H7을 클릭하면 셀 H7이 액티브 셀 상태로 된다.

이어서 '-'를 입력하고, 마우스포인터로 셀 H6을 클릭하여 셀 H6이 액티브 셀 상태로 되면 키 캡 [Enter↵]를 누른다.

셀 H8 내부에는 '=H7-H6'이라고 입력되고, 셀 H8의 표면에는 범위값이 수치로 변환되어 나타난다.

마우스 왼쪽 버튼을 뗀 후 마우스포인터를 '홈' 메뉴 탭을 누르고, 이어서 '표시 형식' 아이콘 모음 중에서 '쉼표 스타일' 아이콘 ,를 클릭하면, 셀 H3에서 셀 H8까지 계산된 결과의 값이 1000단위 구분 기호로 표시해 준다.

이어서 마우스포인터를 셀 H8의 우측 아래 구석으로 이동하여, 마우스포인터를 검은색 십자의 필 핸들로 바꾸어 셀 K8까지 드래그하면 셀 I3부터 셀 K8까지 비어있는 셀의 공란에 기술통계량의 값이 자동으로 계산되어 나타난다.

즉, '자동차' 산업 이외의 '보건복지', '은행' 그리고 '정보통신' 등의 산업에 대한 '평균', '분산', '표준편차', '최소값', '최대값' 그리고 '범위' 등의 계산결과가 나타난다.

'자동차'의 '변동계수'는 마우스 왼쪽 버튼으로 셀 H9를 클릭한 후 셀 H9에 '='를 입력하고, 마우스포인터로 셀 H5를 클릭하면 셀 H5가 액티브 셀 상태로 된다.

이어서 '/'를 입력하고, 마우스포인터로 셀 H3을 클릭하여 셀 H3이 액티브 셀 상태로 되면 키 캡 [Enter↵]를 누른다.

셀 H9 내부에는 '=H5/H3'이라고 입력되고, 셀 H9의 표면에는 변동계수값이 수치로 변환되어 나타난다.

마우스로 셀 H9를 클릭한 후 '홈' 메뉴 탭을 눌러 '표시 형식' 아이콘 모음 중에서 '백분율 스타일' 아이콘 버튼 %를 클릭한다. 이어서 마우스 왼쪽 버튼으로 셀 H9를 누른 후 '자릿수 늘림' 아이콘 버튼 과 '자릿수 내림' 아이콘 버튼 을 클릭하여, 자릿수 1자리의 백분율로 표시한다.

계속하여 마우스포인터를 셀 H9의 우측 아래 구석으로 이동하여, 마우스포인터를 검은색 십자의 필 핸들로 바꾸어 셀 K9까지 드래그하면 셀 I9부터 셀 K9까지 비어있는 셀의 공란에 변동계수의 값이 자동으로 계산되어 나타난다.

즉, '자동차' 산업 이외의 '보건복지', '은행' 그리고 '정보통신' 등의 산업에 대한 '변동계수'의 계산결과가 나타난다.

마우스로 셀 H2를 클릭한 후 마우스 왼쪽 버튼으로 셀 H2에서 셀 K9까지 드래그하면 셀의 색상이 반전된다.

마우스 왼쪽 버튼으로 '홈' 메뉴 탭을 누르고, '셀' 이이콘 모음에서 '서식' 아이콘을 누르면, 새로운 '셀 서식' 풀다운 메뉴 화면이 열린다.

마우스포인터를 이동하여 '열 너비 자동 맞춤(I)'을 누르면 H열의 셀 H2에서

K열의 셀 K9까지에 나타나 있는 문자와 수치의 길이에 알맞게 자동으로 조절된다.

앞에서 언급한 바와 같이 마우스로 셀 H2를 클릭한 후 마우스 왼쪽 버튼으로 셀 H2에서 셀 K8까지 드래그하면 셀의 색상이 반전된다.

마우스 왼쪽 버튼으로 '홈' 메뉴 탭을 누르고, '셀' 아이콘 모음에서 '서식' 아이콘을 누르면, 새로운 '셀 서식' 풀다운 메뉴 화면이 열린다.

마우스포인터를 이동하여 '열 너비 자동 맞춤(I)'을 누르면 H열의 셀 H2에서 K열의 셀 K9까지에 나타나 있는 문자와 수치의 길이에 알맞게 자동으로 조절된다.

3. 상장 산업별 주가 추이의 분석결과

여기에서 분산과 표준편차는 산업별 주가 평균에서 흩어짐 정도를 나타내고 있다. 분산과 표준편차가 클수록 흩어짐이 크다고 한다. 주의해야 할 것은 표준편차나 분산을 이용하여 다른 산업 간의 변동 정도를 비교할 수 없다는 것이다. 그것은 산업에 의해서 평균이 다르기 때문이다.

산업별 주가 총액의 평균은 정보통신 166,167,861원, 은행 80,508,671원, 자동차 45,387,823원 그리고 보건복지 9,504,630원 등으로 나타났지만, 산업별 주가 총액의 표준편차는 정보통신 31,307,018원, 자동차 16,967,804원, 은행 16,118,685원 그리고 보건복지 1,838,599원 등으로 상당히 다른 양상을 보이고 있는 것을 알 수 있다.

여기에서 일반적으로 다른 집단의 변수 변동을 비교할 경우에는 변동계수를 이용한다. 이와 관련하여 주가 변동계수를 보면, 정보통신 18.8%, 보건복지 19.3%, 은행 20.0% 그리고 자동차 37.4%로 나타났다.

계산결과 정보통신, 보건복지, 은행 등은 20% 이하인 반면, 자동차는 약 2배 가까운 변동을 나타내고 있는 것을 알 수 있다.

제 6 장

변동계수

앞에서 설명한 바와 같이 산포도는 표본분포의 평균에서 흩어짐 정도를 나타내는 것으로 두 개의 표본집단의 평균이 같아도 평균으로부터 흩어짐의 정도는 서로 다를 수 있다. 산포도를 다양하게 구분하지만 크게 두 가지로 나눈다.

하나는 산포도의 측정 목적이 각 표본집단의 흩어짐 정도 여부, 다른 집단의 표본집단 간의 산포도를 비교 여부의 구분이다. 다른 하나는 산포도 측정의 목적이 표본분포 집중 정도의 인지 여부, 분포 넓이의 인지 여부의 구분이다.

절대적 산포도에서 표본분포의 집중도를 나타내는 산포도는 편차, 편차평방합, 평균편차, 분산, 표준편차, 확률편차 등이 있고, 표본분포의 폭을 나타내는 산포도는 범위, 4분위편차 등이 있다.

상대적 산포도에서 표본분포의 집중도를 나타내는 산포도는 평균편차계수, 표준편차계수, 변동계수 등이 있고, 표본분포의 폭을 나타내는 산포도는 4분위편차계수가 있다.

제 1 절 기본 개념

위에서 서술한 바와 같이 표본분포의 평균의 흩어짐 정도를 나타내는 지표는 다양하지만 상대적 산포도의 표본분포의 집중도를 나타내는 산포도 중에서 일반적으로 많이 이용되는 변동계수(變動係數, coefficient of variation)에 대하여 설명하기로 한다.

1. 변동계수

변동계수는 변화계수, 변이계수 등으로 부르는 경우도 있다. 이것은 표본분포의 집중도를 나타내는 상대적인 산포도이다. 이 산포도는 절대적인 산포도인 표준편차를 산술평균으로 나누어 상대적인 것으로 하여 그것을 백분율 형태로 나타내는 것으로 자주 사용되는 중요한 분산계수인데 다음과 같은 수식으로 나타낸다.

$$CV = \frac{S}{\overline{X}} \times 100$$

CV : 변동계수

S : 표준편차

$\overline{X}$: 산술평균

2. 표준화변수

표본변수를 단순평균 $\overline{X}=0$, 표준편차 $S=1$의 변수로 변환하는 것을 표준화라 하고, 표준화된 변수를 표준화변수라고 하는데 다음과 같은 수식으로 나타낸다.

$$Z = \frac{X_i - \overline{X}}{S}$$

Z : 표준화변수

X_i : 관측치$(i=1, 2, \cdots, N)$

$\overline{X}$: 산술평균

S : 표준편차

표준화변수는 어떤 변수의 산술평균에 대한 표준편차의 크기 여부를 나타낸다. 산술평균보다 큰 경우는 정(+)의 값을 취하고, 작은 경우는 부(−)의 값을 취한다.

표준화변수를 이용하면 어떤 변수가 관측치 전체의 어느 정도에 위치하는가를 파악하거나 단순산술평균이 다른 집단의 변수를 비교할 수 있다.

제 2 절 국가별 주가지수

국가별 주가지수는 '[표 6-1] 주요 국가별 주가지수'에 나타내고 있다. 우선 산술평균, 표준편차, 변동계수를 구하고, 이어서 주가지수의 표준화변수를 그래프로 나타낸다.

1. 주요 국가별 주가지수의 변동계수

마이크로소프트사의 엑셀 프로그램을 이용하여 '[표 6-1] 주요 국가별 주가지수'를 [그림 6-1]과 같이 입력한다.

[표 6-1] 주요 국가별 주가지수

(단위: 각 국 화폐)

연도	한국 KOSPI	미국 General Index	일본 TOPIX
1990	696.11	2,202.87	1,733.83
1991	610.92	17,856.02	1,714.68
1992	678.44	13,427.51	1,322.10
1993	866.18	20,607.23	1,439.31
1994	1,027.37	15,855.62	1,559.09
1995	882.94	16,237.81	1,577.70
1996	651.22	18,494.87	1,470.94
1997	376.31	23,071.71	1,175.03
1998	562.46	17,408.76	1,086.99
1999	1,028.07	21,227.75	1,722.20
2000	504.62	16,331.21	1,283.67
2001	693.70	13,341.51	1,032.14
2002	627.55	25,509.41	843.29
2003	810.71	48,255.63	1,043.69
2004	895.92	56,639.12	1,149.63
2005	1,379.37	68,822.65	1,649.76
2006	1,434.46	103,164.27	1,681.07
2007	1,897.13	121,652.60	1,475.68
2008	1,124.47	62,180.16	859.24

연도	싱가포르 All Sing Equities Index	영국 FTSE All Share	독일 DAX 30
1990	323.28	1,032.25	1,398.23
1991	404.50	1,187.70	1,577.98
1992	394.63	1,363.79	1,545.05
1993	628.66	1,682.17	2,266.68
1994	533.57	1,521.44	2,106.58
1995	555.39	1,803.09	2,253.88
1996	536.12	2,013.66	2,888.69
1997	425.94	2,411.00	4,249.69
1998	380.51	2,673.92	5,002.39
1999	668.79	3,242.06	6,958.14
2000	502.38	2,983.81	6,433.61
2001	426.33	2,523.88	5,160.10
2002	348.80	1,893.73	2,892.63
2003	475.81	2,207.38	3,965.16
2004	531.73	2,410.75	4,256.08
2005	601.28	2,847.02	5,408.26
2006	783.28	3,221.42	6,596.92
2007	3,482.30	3,286.67	8,067.32
2008	1,761.56	2,209.29	4,810.20

자료 : World Exchanges(http://www.world-exchanges.org), 2010.

마우스로 셀 A1을 클릭한 후 셀 A1에 '[표 6-1] 주요 국가별 주가지수'이라고 입력하고, 키 캡 Enter↵를 누른다. 마우스로 셀 A1을 클릭한 후 마우스 왼쪽 버튼을 누른 상태에서 셀 G1까지 드래그하면 셀의 색상이 반전이 된다.

이렇게 반전이 된 상태에서 마우스의 왼쪽 버튼을 누른 것을 뗀 후 이어서 마우스포인터로 '홈' 메뉴 탭을 누르고, '맞춤' 아이콘 모음 중에서 '병합하고 가운데 맞춤' 아이콘 을 클릭하면 셀 A1에서 셀 G1까지 셀을 병합하고 제목을 가운데로 맞춰 준다.

마우스로 셀 A2를 클릭한 후 셀 A2에 '연도'라고 입력하고, 키 캡 Enter↵를 누른다. 이어서 셀 B2에 '한국 KOSPI', 셀 C2에 '미국 GI', 셀 D2에 '일본 TOPIX', 셀 E2에 '싱가포르 STI', 셀 F2에 '영국 FTSE', 셀 G2에 '독일 DAX30' 등을 각각 입력하고, 키 캡 Enter↵를 누르면 된다.

[그림 6-1] 주요 국가별 주가지수

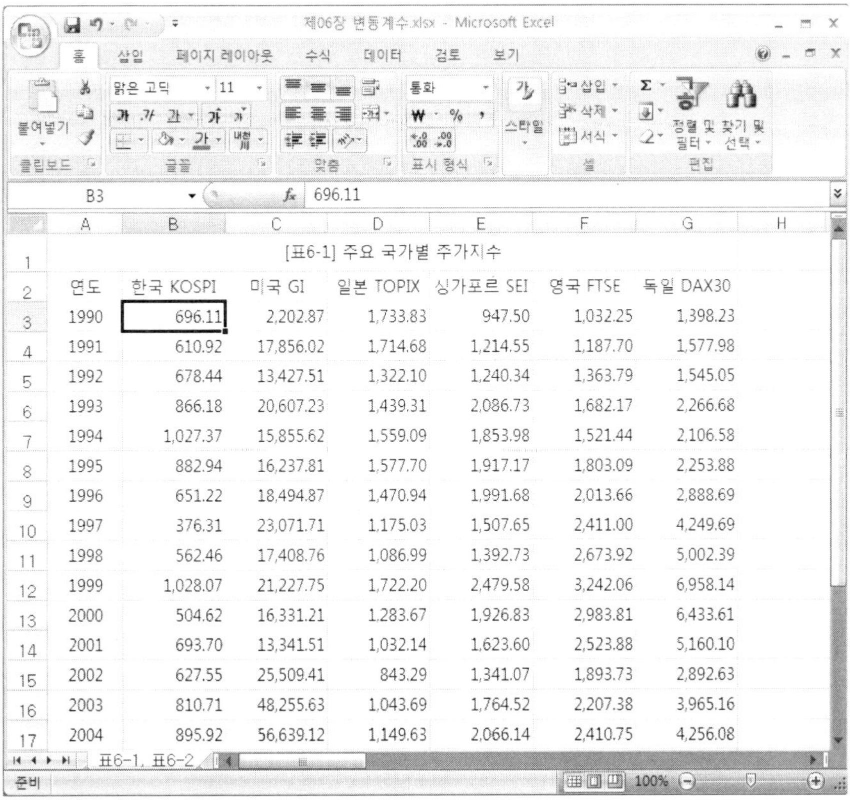
[표6-1] 주요 국가별 주가지수

연도	한국 KOSPI	미국 GI	일본 TOPIX	싱가포르 SEI	영국 FTSE	독일 DAX30
1990	696.11	2,202.87	1,733.83	947.50	1,032.25	1,398.23
1991	610.92	17,856.02	1,714.68	1,214.55	1,187.70	1,577.98
1992	678.44	13,427.51	1,322.10	1,240.34	1,363.79	1,545.05
1993	866.18	20,607.23	1,439.31	2,086.73	1,682.17	2,266.68
1994	1,027.37	15,855.62	1,559.09	1,853.98	1,521.44	2,106.58
1995	882.94	16,237.81	1,577.70	1,917.17	1,803.09	2,253.88
1996	651.22	18,494.87	1,470.94	1,991.68	2,013.66	2,888.69
1997	376.31	23,071.71	1,175.03	1,507.65	2,411.00	4,249.69
1998	562.46	17,408.76	1,086.99	1,392.73	2,673.92	5,002.39
1999	1,028.07	21,227.75	1,722.20	2,479.58	3,242.06	6,958.14
2000	504.62	16,331.21	1,283.67	1,926.83	2,983.81	6,433.61
2001	693.70	13,341.51	1,032.14	1,623.60	2,523.88	5,160.10
2002	627.55	25,509.41	843.29	1,341.07	1,893.73	2,892.63
2003	810.71	48,255.63	1,043.69	1,764.52	2,207.38	3,965.16
2004	895.92	56,639.12	1,149.63	2,066.14	2,410.75	4,256.08

마우스로 셀 A2에서 셀 G2까지 드래그하면 색이 반전이 되는데 이러한 상태에서 '홈' 메뉴 탭의 '맞춤' 아이콘 모음 중에서 '가운데 맞춤'을 나타내는 아이콘 ≡을 누르면 입력된 셀의 문자는 가운데로 맞춰진다.

셀 A2의 '연도' 입력은 마우스로 셀 A3을 클릭한 후 셀 A3에 '1990'이라고 입력하고, 키 캡 [Enter↵]를 누른다.

마우스로 셀 A2를 클릭한 후 '홈' 메뉴 탭의 '맞춤' 아이콘을 나타내는 것들 중에서 '가운데 맞춤'을 나타내는 아이콘 ≡을 눌러 입력된 셀의 내용을 가운데로 맞춘다.

다시 마우스로 셀 A3을 클릭하고 이어서 마우스 왼쪽 버튼을 누른 후 마우스 왼쪽 버튼을 떼고, 마우스포인터를 셀 A3의 오른쪽 아래 구석으로 이동한다.

마우스포인터는 흰색 십자에서 검은색 십자(필 핸들)로 변하는데, 여기에서 마우스 오른쪽 버튼을 누른 상태에서 셀 A21까지 드래그하고 이어서 마우스 오른쪽 버튼을 뗀다.

그러면 오른쪽에 메뉴 화면이 열리는데 마우스포인터로 '연속 데이터 채우기(S)'를 선택하면 지정된 빈 셀에 연도별 숫자가 셀 A4에 '1991'에서 셀 A21에 '2008'까지 연속하여 채워진다.

셀 B2의 '한국 KOSPI'는 마우스로 셀 B3을 클릭한 후 데이터 '696.11'을 셀 B3에 입력하고, 키 캡 [Enter↵]를 누른다. 이어서 반복하여 같은 방법으로 셀 G2의 '독일 DAX30'의 셀 G21까지 입력하고, 키 캡 [Enter↵]를 누른다.

마우스로 셀 B3을 클릭한 후 마우스 왼쪽 버튼으로 셀 B3을 누른 상태에서 셀 G21까지 드래그를 하면 셀의 색상이 반전이 된다.

마우스 왼쪽 버튼을 뗀 후 마우스포인터를 '홈' 메뉴 탭을 누르고, 이어서 '표시 형식' 아이콘 모음 중에서 '쉼표 스타일" 아이콘 ,를 클릭하면, 셀 B3에서 셀 G21까지 입력한 데이터가 1000단위 구분 기호를 사용하여 셀 서식 표시해 준다.

다시 마우스포인터를 '홈' 메뉴 탭을 눌러 '표시 형식' 아이콘 모음 중에서 마우스 왼쪽 버튼으로 '자릿수 늘림' 아이콘 버튼 ⁺.00과 '자릿수 내림' 아이콘 버튼 .00을 클릭하여, 소수점 이하 자릿수 2자리로 표시한다.

여기에서 변동계수를 구하기 위한 데이터 입력이 완료되면 [그림6-2]와 같이 기술통계량을 구한다.

마우스로 셀 I1을 클릭한 후 '기술통계 분석 개요'라고 입력하고, 키 캡 Enter↵를 누른다. 다시 마우스로 셀 I1을 클릭한 후 마우스 왼쪽 버튼을 누른 상태에서 셀 O1까지 드래그하면 지정한 셀의 색상이 반전된다.

이렇게 반전이 된 상태에서 마우스의 왼쪽 버튼을 누른 것을 뗀다. 이어서 마우스포인터를 '병합하고 가운데 맞춤'의 기능을 가지고 있는 아이콘 을 클릭하면 셀 I1에서 셀 O1까지 셀을 병합하고 제목을 가운데로 맞춰 준다.

[그림 6-2] 주요 국가별 주가지수의 변동계수

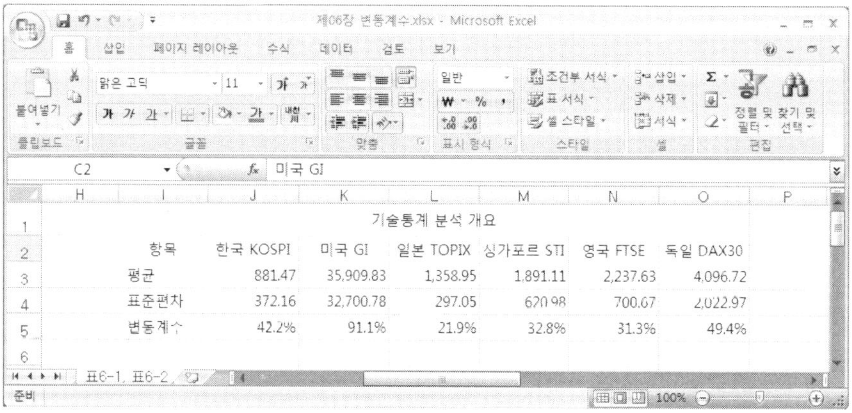

마우스로 셀 I2를 클릭한 후 셀 I2에 '항목'이라고 입력하고, 키 캡 Enter↵를 누른다. 같은 방법으로 셀 J2에 '한국 KOSPI', 셀 K2에 '미국 GI', 셀 L2에 '일본 TOPIX', 셀 M2에 '싱가포르 STI', 셀 N2에 '영국 FTSE' 그리고 셀 O2에 '독일 DAX30' 등을 각각 입력하고, 키 캡 Enter↵를 누른다.

마우스로 셀 I3을 클릭한 후 '평균'이라고 입력하고, 키 캡 Enter↵를 누른다. 이어서 셀 I4에 '표준편차' 그리고 셀 I5에 '변동계수' 등을 입력한 후 각 셀마다 키 캡 Enter↵를 누른다.

'한국 KOSPI'의 '평균'은 마우스로 셀 J3을 클릭한 후 셀 J3에 평균을 구하는 함수 '=AVERAGE(B3:B21)'를 입력하고, 키 캡 Enter↵를 누른다.

'한국 KOSPI'의 '표준편차'는 셀 J4에 표준편차를 구하는 나타내는 함수

'=STDEV(B3:B21)'를 입력하고, 키 캡 Enter↵를 누른다.

'한국 KOSPI'의 '변동계수'는 셀 J5에 수식 '=J4/J3'을 입력하고, 키 캡 Enter↵를 누른다.

마우스로 셀 J3을 클릭한 후 셀 J3을 마우스로 누른 상태에서 셀 J4까지 드래그하면 셀의 색상이 반전이 된다.

마우스 왼쪽 버튼을 뗀 후 마우스포인터를 '홈' 메뉴 탭을 누르고, 이어서 '표시 형식' 아이콘 모음 중에서 '쉼표 스타일' 아이콘 ,를 클릭하면, 셀 J3에서 셀 J4까지 계산된 결과의 값이 1000단위 구분 기호로 표시해 준다.

다시 마우스포인터를 '홈' 메뉴 탭을 눌러 '표시 형식' 아이콘 모음 중에서 마우스 왼쪽 버튼으로 '자릿수 늘림' 아이콘 버튼 과 '자릿수 내림' 아이콘 버튼 을 클릭하여, 소숫점 이하 자릿수 2자리로 표시한다.

마우스로 셀 J5를 클릭한 후 '홈' 메뉴 탭을 눌러 '표시 형식' 아이콘 모음 중에서 '백분율 스타일' 아이콘 버튼 %를 클릭한다. 이어서 마우스 왼쪽 버튼으로 셀 J5를 누른 후 '자릿수 늘림' 아이콘 버튼 과 '자릿수 내림' 아이콘 버튼 을 클릭하여, 자릿수 1자리의 백분율로 표시한다.

마우스로 셀 J3을 클릭한 후 마우스 왼쪽 버튼을 누른 상태에서 셀 J5까지 드래그하면 셀의 색상이 반전된다.

마우스 왼쪽 버튼을 뗀 후 마우스포인터를 셀 J5의 우측 아래 구석으로 이동하여, 마우스포인터를 검은색 십자의 필 핸들로 바꾸어 마우스 왼쪽 버튼을 누른 상태에서 셀 O5까지 드래그하면 셀 K3부터 셀 O5까지 비어있는 셀의 공란에 기술통계량의 값이 자동으로 계산되고 수치로 변환되어 나타난다.

즉, '한국 KOSPI' 이외의 '미국 GI', '일본 TOPIX', '싱가포르 SEI', '영국 FTSE' 그리고 '독일 DAX30' 등에 대한 '평균', '표준편차' 그리고 '변동계수' 등의 계산결과가 나타난다.

마우스로 셀 I2를 클릭한 후 마우스 왼쪽 버튼으로 셀 I2에서 셀 O5까지 드래그하면 셀의 색상이 반전된다.

마우스 왼쪽 버튼으로 '홈' 메뉴 탭을 누르고, '셀' 이이콘 모음에서 '서식' 아이콘을 누르면, 새로운 '셀 서식' 풀다운 메뉴 화면이 열린다.

마우스포인터를 이동하여 '열 너비 자동 맞춤(I)'을 누르면 I열의 셀 I2에서 O열의 셀 O5까지에 나타나 있는 문자와 수치의 길이에 알맞게 자동으로 조절된다.

지금까지 언급한 바와 같이 셀 I2의 '한국 KOSPI'에 대한 '평균'은 마우스로 셀 I3을 클릭하고, 셀 J3에는 '=AVERAGE(B3:B21)'라고 입력하여 구할 수 있지만, 다음과 같이 '함수 마법사'를 이용하면 더욱 편리하게 구할 수도 있다.

마우스로 셀 I3을 클릭한 후 마우스 왼쪽 버튼으로 '함수 마법사' fx를 클릭한다. '함수 마법사' 대화창의 '범주 선택(C)'에서 '통계'를 선택하여 '함수 선택(N):'에서 'AVERAGE'를 선택하고, 마우스 왼쪽 버튼으로 '확인 버튼을 클릭한다.

새로운 '함수 인수' 입력창에서 'Number1'의 입력 공란을 클릭한 후 마우스포인터를 이동하여 워크시트의 셀 B3을 누르면 액티브 셀 상태가 되는데 셀 B3을 누른 채로 셀 B21까지 드래그한다.

'Number1'의 입력 공란에 'B3:B21'이라고 입력되는데 '확인' 버튼을 누르면 '자동차' 산업의 주가 총액 '평균'이 구해진다.

셀 J3 내부에는 '=AVERAGE(B3:B21)'이라고 입력되고, 셀 J3의 표면에는 평균값이 수치로 변환되어 나타난다.

'자동차'의 '표준편차'는 마우스로 셀 J4를 클릭한 후 마우스 왼쪽 버튼으로 '함수 마법사' fx를 클릭한다. '함수 마법사' 대화창의 '범주 선택(C):'에서 '통계'를 선택하여 '함수 선택(N):'에서 'STDEV'를 선택하고, 마우스 왼쪽 버튼으로 '확인' 버튼을 클릭한다.

새로운 '함수 인수' 입력창에서 'Number1'의 입력 공란을 클릭한 후 마우스포인터를 이동하여 워크시트의 셀 B3을 누르면 액티브 셀 상태가 되는데 셀 B3을 누른 채로 셀 B21까지 드래그한다.

'Number1'의 입력 공란에 'B3:B21'이라고 입력되는데 '확인' 버튼을 누르면 '자동차' 산업의 주가 총액 '표준편차'가 구해진다.

셀 J4 내부에는 '=STDEV(B3:B21)'이라고 입력되고, 셀 J4의 표면에는 표준편차값이 수치로 변환되어 나타난다.

'자동차'의 '변동계수'는 마우스 왼쪽 버튼으로 셀 J5를 클릭한 후 셀 J5에 '='

를 입력하고, 마우스포인터로 셀 J4를 클릭하면 셀 J4가 액티브 셀 상태로 된다.

이어서 '/'를 입력하고, 마우스포인터로 셀 J3을 클릭하여 셀 J3이 액티브 셀 상태로 되면 키 캡 Enter↵를 누른다.

셀 J5 내부에는 '=J4/J3'이라고 입력되고, 셀 J5의 표면에는 변동계수값이 수치로 변환되어 나타난다.

마우스로 셀 J3을 클릭한 후 셀 J3을 마우스로 누른 상태에서 셀 J4까지 드래그하면 셀의 색상이 반전이 된다.

마우스 왼쪽 버튼을 뗀 후 마우스포인터를 '홈' 메뉴 탭을 누르고, 이어서 '표시 형식' 아이콘 모음 중에서 '쉼표 스타일' 아이콘 ,를 클릭하면, 셀 J3에서 셀 J4까지 계산된 결과의 값이 1000단위 구분 기호로 표시해 준다.

다시 마우스포인터를 '홈' 메뉴 탭을 눌러 '표시 형식' 아이콘 모음 중에서 마우스 왼쪽 버튼으로 '자릿수 늘림' 아이콘 버튼 ←.0 .00과 '자릿수 내림' 아이콘 버튼 .00 →.0을 클릭하여, 소숫점 이하 자릿수 2자리로 표시한다.

마우스로 셀 J5를 클릭한 후 '홈' 메뉴 탭을 눌러 '표시 형식' 아이콘 모음 중에서 '백분율 스타일' 아이콘 버튼 %를 클릭한다. 이어서 마우스 왼쪽 버튼으로 셀 J5를 누른 후 '자릿수 늘림' 아이콘 버튼 ←.0 .00과 '자릿수 내림' 아이콘 버튼 .00 →.0을 클릭하여, 자릿수 1자리의 백분율로 표시한다.

마우스로 셀 J3을 클릭한 후 마우스 왼쪽 버튼을 누른 상태에서 셀 J5까지 드래그하면 셀의 색상이 반전된다.

마우스 왼쪽 버튼을 뗀 후 마우스포인터를 셀 J5의 우측 아래 구석으로 이동하여, 마우스포인터를 검은색 십자의 필 핸들로 바꾸어 마우스 왼쪽 버튼을 누른 상태에서 셀 O5까지 드래그하면 셀 K3부터 셀 O5까지 비어있는 셀의 공란에 기술통계량의 값이 자동으로 계산되고 수치로 변환되어 나타난다.

즉, '한국 KOSPI' 이외의 '미국 GI', '일본 TOPIX', '싱가포르 SEI', '영국 FTSE' 그리고 '독일 DAX30' 등에 대한 '평균', '표준편차' 그리고 '변동계수' 등의 계산결과가 나타난다.

마우스로 셀 I2를 클릭한 후 마우스 왼쪽 버튼으로 셀 I2에서 셀 O5까지 드래그하면 셀의 색상이 반전된다.

마우스 왼쪽 버튼으로 '홈' 메뉴 탭을 누르고, '셀' 이이콘 모음에서 '서식' 아이콘을 누르면, 새로운 '셀 서식' 풀다운 메뉴 화면이 열린다.

마우스포인터를 이동하여 '열 너비 자동 맞춤(I)'을 누르면 I열의 셀 I2에서 O열의 셀 O5까지에 나타나 있는 문자와 수치의 길이에 알맞게 자동으로 조절된다.

2. 주요 국가별 주가지수의 표준화변수

표준화는 표본변수를 단순평균 $\overline{X}=0$, 표준편차 $S=1$의 변수로 변환하는 것을 말하고, 표준화된 변수를 표준화변수라고 정의한다.

주요 국가별 주가지수의 표준화변수를 구하려면 국가별 평균($\overline{X}$), 편차($X_i-\overline{X}$), 표준편차(S) 등이 필요하다.

평균과 표준편차는 [그림 6-2]의 기술통계량을 이용하고, 편차는 [표 6-1]과 [그림 6-2]의 기술통계량을 이용하여 앞에서 언급한 표준화변수의 수식에 대입하여 산출할 수 있다.

주요 국가별 주가지수의 표준화변수를 계산하여 정리하면 [표 6-2]와 같이 나타낼 수 있다.

[표 6-2] 주요 국가별 주가지수의 표준화변수

(단위: 각국 화폐)

연도	한국 KOSPIz	미국 GIz	일본 TOPIXz
1990	-0.498	-1.031	1.262
1991	-0.727	-0.552	1.198
1992	-0.546	-0.688	-0.124
1993	-0.041	-0.468	0.271
1994	0.392	-0.613	0.674
1995	0.004	-0.602	0.736
1996	-0.619	-0.533	0.377
1997	-1.357	-0.393	-0.619
1998	-0.857	-0.566	-0.916
1999	0.394	-0.449	1.223
2000	-1.013	-0.599	-0.253
2001	-0.505	-0.690	-1.100
2002	-0.682	-0.318	-1.736
2003	-0.190	0.378	-1.061
2004	0.039	0.634	-0.705
2005	1.338	1.006	0.979
2006	1.486	2.057	1.084
2007	2.729	2.622	0.393
2008	0.653	0.803	-1.682

연도	싱가포르 SEIz	영국 FTSEz	독일 DAX30z
1990	-1.520	-1.720	-1.334
1991	-1.090	-1.498	-1.245
1992	-1.048	-1.247	-1.261
1993	0.315	-0.793	-0.905
1994	-0.060	-1.022	-0.984
1995	0.042	-0.620	-0.911
1996	0.162	-0.320	-0.597
1997	-0.618	0.247	0.076
1998	-0.803	0.623	0.448
1999	0.948	1.434	1.414
2000	0.058	1.065	1.155
2001	-0.431	0.409	0.526
2002	-0.886	-0.491	-0.595
2003	-0.204	-0.043	-0.065
2004	0.282	0.247	0.079
2005	0.735	0.870	0.648
2006	1.763	1.404	1.236
2007	2.562	1.497	1.963
2008	-0.209	-0.040	0.353

표준화변수 계산은 [표 6-1]의 주요 국가별 주가지수를 토대로 [표 6-2]의 주요 국가별 주가지수의 표준화변수로 변환하면 [그림 6-3]과 같다.

마우스 왼쪽 버튼으로 셀 Q1을 클릭한 후 셀 Q1에 '기술통계 분석 개요'라고 입력하고, 키 캡 Enter↵를 누른다.

[그림 6-3] 주요 국가별 주가지수의 표준화변수 추이

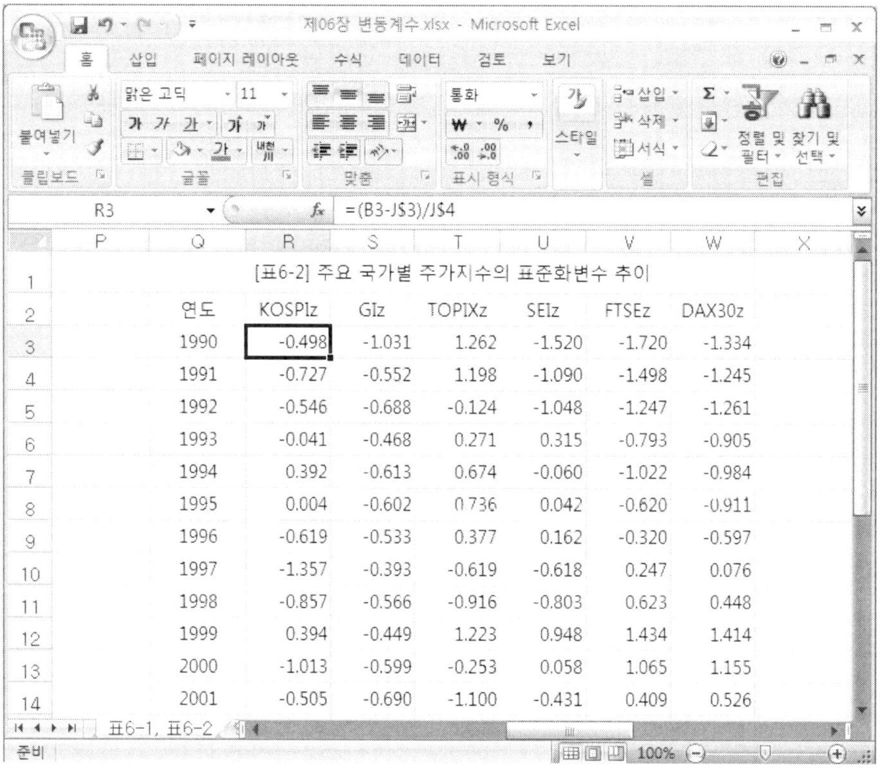

[표6-2] 주요 국가별 주가지수의 표준화변수 추이

연도	KOSPIz	GIz	TOPIXz	SEIz	FTSEz	DAX30z
1990	-0.498	-1.031	1.262	-1.520	-1.720	-1.334
1991	-0.727	-0.552	1.198	-1.090	-1.498	-1.245
1992	-0.546	-0.688	-0.124	-1.048	-1.247	-1.261
1993	-0.041	-0.468	0.271	0.315	-0.793	-0.905
1994	0.392	-0.613	0.674	-0.060	-1.022	-0.984
1995	0.004	-0.602	0.736	0.042	-0.620	-0.911
1996	-0.619	-0.533	0.377	0.162	-0.320	-0.597
1997	-1.357	-0.393	-0.619	-0.618	0.247	0.076
1998	-0.857	-0.566	-0.916	-0.803	0.623	0.448
1999	0.394	-0.449	1.223	0.948	1.434	1.414
2000	-1.013	-0.599	-0.253	0.058	1.065	1.155
2001	-0.505	-0.690	-1.100	-0.431	0.409	0.526

마우스로 셀 Q1을 클릭한 후 마우스 왼쪽 버튼을 누른 상태에서 셀 W1까지 드래그하면 셀의 색상이 반전이 된다.

이렇게 반전이 된 상태에서 마우스의 왼쪽 버튼을 누른 것을 뗀 후 이어서 마우스 왼쪽 버튼으로 '홈' 메뉴 탭을 누르고, '맞춤' 아이콘 모음 중에서 마우스포인터로 '병합하고 가운데 맞춤' 아이콘 을 클릭하면 셀 Q1에서 셀 W1까지 셀을 병합하고 제목을 가운데로 맞춰 준다.

마우스 왼쪽 버튼으로 셀 Q2를 클릭한 후 셀 Q2에 '연도'라고 입력하고, 키 캡

Enter↵를 누른다. 이어서 셀 R2에 'KOSPI', 셀 S2에 'GI', 셀 T2에 'TOPIX', 셀 U2에 'SEI', 셀 V2에 'FTSE' 그리고 셀 W2에 '독일 DAX30' 등을 각각 입력하고, 키 캡 Enter↵를 누르면 된다.

마우스로 셀 Q2를 클릭한 후 마우스 왼쪽 버튼으로 셀 Q2를 누른 상태에서 셀 W2까지 드래그하면 셀의 색상이 반전된다. 마우스 왼쪽 버튼을 뗀 후 마우스 포인터로 '홈' 메뉴 탭을 누르고, '맞춤' 아이콘 모음 중에서 '가운데 맞춤'을 나타내는 아이콘 ≡을 눌러 입력된 셀의 내용을 가운데로 맞춘다.

셀 Q2의 '연도' 입력은 마우스로 셀 Q3을 클릭한 후 셀 Q3에 '1990'이라고 입력하고, 키 캡 Enter↵를 누른다.

마우스로 셀 Q2를 클릭한 후 '홈' 메뉴 탭의 '맞춤' 아이콘 모음 중에서 '가운데 맞춤'을 나타내는 아이콘 ≡을 눌러 입력된 셀의 내용을 가운데로 맞춘다.

다시 마우스로 셀 Q3을 클릭하고 이어서 마우스 왼쪽 버튼을 누른 후 마우스 왼쪽 버튼을 떼고, 마우스포인터를 셀 Q3의 오른쪽 아래 구석으로 이동한다.

마우스포인터는 흰색 십자에서 검은색 십자(필 핸들)로 변하는데, 여기에서 마우스 오른쪽 버튼을 누른 상태에서 셀 Q21까지 드래그하고 이어서 마우스 오른쪽 버튼을 뗀다.

그러면 오른쪽에 메뉴 화면이 열리는데 마우스포인터로 '연속 데이터 채우기(S)'를 선택하면 지정된 빈 셀에 연도별 숫자가 셀 Q4에 '1991'에서 셀 Q21에 '2008'까지 연속하여 채워진다.

셀 Q3 '1990'년의 셀 R2 'KOSPI'의 '표준화변수'는 마우스로 셀 R3을 클릭한 후 셀 R3에 표준화변수의 수식 '=(B3-J$3)/J$4'를 입력하고, 키 캡 Enter↵를 누르면, 셀 내부에 수식이 입력이 되고, 셀 표면에는 수치로 변환되어 나타난다.

마우스로 셀 R3을 클릭한 후 마우스포인터를 '홈' 메뉴 탭을 누른 후에 '표시 형식' 아이콘 모음 중에서 마우스 왼쪽 버튼으로 '자릿수 늘림' 아이콘 버튼 ⁺.00과 '자릿수 내림' 아이콘 버튼 .00을 클릭하여, 소수점 이하 자릿수 3자리로 표시한다.

마우스로 셀 R2를 클릭한 후 '홈' 메뉴 탭의 '맞춤' 아이콘 모음 중에서 '텍스트 오른쪽 맞춤'을 나타내는 아이콘 ≡을 눌러 입력된 셀의 내용을 오른쪽으로 맞춘다.

다시 마우스 왼쪽 버튼으로 셀 R3을 클릭하고 마우스 왼쪽 버튼을 누른 후 마우스 왼쪽 버튼을 뗀 후 마우스포인터를 셀 R3의 오른쪽 아래 구석으로 이동한다.

마우스포인터는 흰색 십자에서 검은색 십자(필 핸들)로 변하는데, 여기에서 마우스 왼쪽 버튼을 누른 상태에서 셀 R21까지 드래그하면 셀 R3부터 셀 R21까지 셀의 테두리가 굵어지고, 셀 색상이 반전되면서 빈 셀의 공간에 연도별 표준화변수가 자동으로 계산되어 채워진다.

이렇게 셀의 색상이 반전된 상태에서 마우스 왼쪽 버튼을 떼고, 마우스 포인터를 셀 R21의 오른쪽 아래 구석으로 이동한다.

마우스포인터는 흰색 십자에서 검은색 십자(필 핸들)로 변하는데, 여기에서 마우스 왼쪽 버튼을 누른 상태에서 옆으로 셀 W21까지 드래그하면 셀 R3부터 셀 W21까지 셀의 테두리가 굵어지고, 셀 색상이 반전되면서 빈 셀의 공간에 연도별 주요 국가별 주가지수 추이의 표준화변수가 자동으로 계산되어 채워진다.

여기에서 산출된 '[표 6-2] 주요 국가별 주가지수 추이의 표준화변수'를 토대로 꺾은선형 차트를 작성하면 [그림 6-4]와 같이 나타낼 수 있다.

[그림 6-4] 주요 국가별 주가지수의 표준화변수 추이

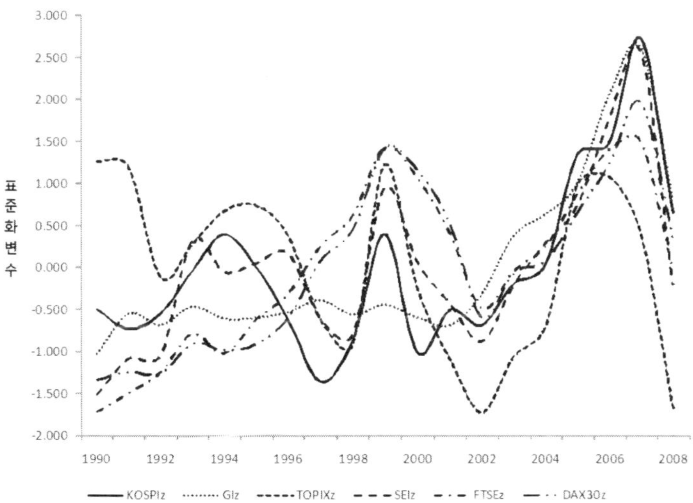

엑셀의 워크시트 상에서 마우스 왼쪽 버튼으로 셀 R2를 클릭한 후 마우스 왼

쪽 버튼을 누른 상태에서 셀 R2에서 셀 W21까지 드래그한다.

마우스로 '삽입' 메뉴 탭을 클릭하고, '차트' 아이콘 모음에서 '꺾은선형'을 누르면 '2차원 꺾은선형' 화면이 나타난다.

'2차원 꺾은선형' 화면 위에 마우스포인터를 이동하여 화면 위에 놓으면 각종 기능이 나타나는데 '꺾은선형', '누적 꺾은선형', '100% 기준 꺾은선형', '표식 있는 꺾은선형', '표식 있는 누적 꺾은선형' 그리고 '100% 표식 있는 누적 꺾은선형' 등의 유형이 내재되어 있다.

'2차원 꺾은선형'의 중에서 '꺾은선형'을 누르면 '차트'가 자동으로 생성된다. 생성된 차트 영역을 클릭한 후 '디자인' 탭 메뉴의 '데이터' 아이콘 모음 중에서 '데이터 선택'을 누르면 대화창이 열린다.

'데이터 원본 선택' 대화창에서 '가로(항목) 축 레이블(C)'의 '편집'을 클릭하면 '축 레이블' 대화창의 '축 레이블 범위(A)' 입력란에 마우스 왼쪽 버튼을 클릭한다.

계속하여 마우스포인터를 워크시트의 셀 Q3으로 이동하여 마우스로 셀 Q3을 클릭하면 액티브 셀 상태가 되는데 마우스 왼쪽 버튼을 누른 채로 셀 Q21까지 드래그한 후 마우스 왼쪽 버튼으로 '확인' 버튼을 누른다.

차트 삽입은 앞에서 언급한 바와 같이 일련의 과정을 거치면 차트가 생성이 되는데 사용자가 원하는 형태로 수정하려면 차트 영역을 클릭한 후 마우스포인터로 각종 부위별 영역을 선택한다.

3. 주요 국가별 주가지수의 분석결과

[그림 6-4]는 주요 국가별 주가지수의 표준화변수의 추이를 그래프로 나타낸 것이다. 한국은 1997년 외환위기를 맞아 한국증권시장이 급락했으나, 2002년 한일월드컵 이후 미국, 일본, 싱가포르, 영국, 독일 등과 함께 주식시장이 급상승의 호조를 보이고 있다.

특히 미국 GI지수의 변동이 눈에 띄게 두드러졌으나 2008년 미국의 서브프라임 모지기 사태로 인하여 대부분 주요 국가들의 주식시장이 급락한 것으로 나타났다.

제 7 장

기여도

표본변수의 구성요소 공헌을 알아보는 기여도, 기여율은 어떤 변수의 변화에 대하여 그 구성요소의 각 항목이 어느 정도 기여(공헌)하고 있는지를 나타내는 지표 중 하나이다.

본장에서는 국민경제의 모형을 이용하여 국내총생산을 구성하고 있는 각각의 변수가 변화함에 따라 국내총생산에 얼마나 공헌하고 있는지를 알 아 볼 것이다.

제 1 절　국민경제 모형

실질국내총생산(이하 실질 GDP)을 지출측면에서 보는 것을 설명한다. 국내총생산 Y, 소비 C, 투자 I, 정부지출 G, 수출 X, 수입 M이라고 하면 다음과 같은 항등식이 성립된다.

$$Y_t \equiv C_t + I_t + G_t + X_t - M_t$$

t : 금기(今期)

위의 식은 항상 항등식이 성립하기 때문에 전기(前期, $t-1$)의 변화 부분에 대해서도 다음과 같이 나타낸다.

$$\Delta Y \equiv \Delta C + \Delta I + \Delta G + \Delta X - \Delta M$$

Δ : 전기(前期) $t-1$에서 금기(今期) t까지 변화 부분

위의 식을 전기의 GDP(Y_{t-1})로 나누면 기여도가 얻어지고, GDP의 변화부분 ΔY로 나누면 기여율이 얻어지는데 다음과 같다.

$$\frac{\Delta Y}{Y_{t-1}} \equiv \frac{\Delta C}{Y_{t-1}} + \frac{\Delta I}{Y_{t-1}} + \frac{\Delta G}{Y_{t-1}} + \frac{\Delta X}{Y_{t-1}} - \frac{\Delta M}{Y_{t-1}} \quad : \text{기여도}$$

$$1 \equiv \frac{\Delta C}{\Delta Y} + \frac{\Delta I}{\Delta Y} + \frac{\Delta G}{\Delta Y} + \frac{\Delta X}{\Delta Y} - \frac{\Delta M}{\Delta Y} \quad : \text{기여율}$$

예를 들면, 어떤 기업에 대한 매상고 Y, 판매하는 재화 i의 매상고 $X_i (i = 1, 2, \cdots, k)$라고 하면, 다음과 같은 항등식이 성립된다.

$$Y \equiv X_1 + X_2 + \cdots + X_k$$

이때 기여도와 기여율은 매상고의 변화에 대하여 각 재화가 어느 정도 기여(공헌)하고 있는가를 나타낸다. 기여도와 기여율에 의해서 어느 재화의 매매 여부를 알 수도 있다.

제 2 절　명목 국내총생산에 대한 지출

[표 7-1]은 명목 국내총생산에 대한 지출(억 원)을 나타내고 있다. 마이크로소프트사의 엑셀 프로그램을 이용하여 각 항목별 연도 간 기여도와 기여율을 구하기로 한다.

[표 7-1] 명목 국내총생산에 대한 지출

(단위: 억 원)

항목명	1971	1972	1973
국내총생산에 대한 지출	2,775.1	3,434.5	4,241.1
민간최종소비지출	2,066.9	2,593.9	3,099.6
정부최종소비지출	281.5	357.1	454.1
총고정자본형성	706.5	786.0	895.0
재고증감	16.7	118.9	17.1
재화와 서비스의 수출	365.5	499.4	800.6
(공제)재화와 서비스의 수입	652.2	868.9	1,013.8
통계상불일치	-9.7	-51.9	-11.6

항목명	1974	1975	1976
국내총생산에 대한 지출	5,499.0	7,845.4	10,477.8
민간최종소비지출	3,770.9	5,416.1	7,242.2
정부최종소비지출	500.7	781.9	1,207.9
총고정자본형성	1,318.6	2,105.1	2,791.0
재고증감	83.2	415.9	206.3
재화와 서비스의 수출	1,535.0	2,050.9	2,754.7
(공제)재화와 서비스의 수입	1,728.3	2,937.1	3,660.8
통계상불일치	18.8	12.6	-63.6

항목명	1977	1978	1979
국내총생산에 대한 지출	14,410.8	18,502.0	24,944.7
민간최종소비지출	9,232.5	11,234.4	14,830.2
정부최종소비지출	1,660.1	2,117.7	2,685.0
총고정자본형성	3,653.0	5,226.3	8,092.0
재고증감	201.3	260.9	135.3
재화와 서비스의 수출	4,235.9	5,485.9	6,917.8
(공제)재화와 서비스의 수입	4,563.8	5,708.2	7,918.7
통계상불일치	-8.3	-115.0	203.2

항목명	1980	1981	1982
국내총생산에 대한 지출	32,049.4	39,109.6	49,305.7
민간최종소비지출	19,188.9	24,531.5	30,698.9
정부최종소비지출	3,410.9	4,968.3	6,255.0
총고정자본형성	10,761.4	12,491.7	13,679.4
재고증감	1,042.0	369.7	1,233.9
재화와 서비스의 수출	8,287.2	12,214.6	16,376.1
(공제)재화와 서비스의 수입	10,625.0	15,564.4	19,335.6
통계상불일치	-16.1	98.2	398.0

항목명	1983	1984	1985
국내총생산에 대한 지출	56,676.8	66,685.1	76,523.5
민간최종소비지출	34,731.7	39,128.7	43,683.6
정부최종소비지출	7,101.0	7,974.8	8,599.1
총고정자본형성	15,932.2	19,349.5	21,909.2
재고증감	1,007.5	1,328.3	1,685.7
재화와 서비스의 수출	18,014.0	21,168.1	25,939.6
(공제)재화와 서비스의 수입	19,952.5	22,330.3	25,421.3
통계상불일치	-157.1	65.9	127.5

항목명	1986	1987	1988
국내총생산에 대한 지출	85,699.1	100,254.1	117,938.2
민간최종소비지출	48,423.8	53,596.5	60,014.6
정부최종소비지출	9,698.1	11,072.2	12,659.5
총고정자본형성	24,184.2	27,899.2	33,859.1
재고증감	2,300.2	2,416.6	2,470.5
재화와 서비스의 수출	27,403.3	35,150.7	44,316.3
(공제)재화와 서비스의 수입	26,424.5	30,010.7	35,893.3
통계상불일치	114.1	129.7	511.4

항목명	1989	1990	1991
국내총생산에 대한 지출	140,524.8	158,620.1	191,382.8
민간최종소비지출	69,064.9	80,986.8	96,947.8
정부최종소비지출	15,120.5	18,245.0	22,526.8
총고정자본형성	40,989.8	49,887.9	69,367.5
재고증감	4,800.4	6,199.0	3,531.0
재화와 서비스의 수출	50,080.9	47,955.8	52,906.8
(공제)재화와 서비스의 수입	40,144.3	44,510.4	54,200.5
통계상불일치	612.6	-144.0	303.5

항목명	1992	1993	1994
국내총생산에 대한 지출	231,428.2	263,993.2	298,761.6
민간최종소비지출	117,044.2	134,957.8	153,299.6
정부최종소비지출	26,874.2	31,698.6	35,224.6
총고정자본형성	88,013.0	95,092.1	105,814.0
재고증감	4,704.1	2,799.9	1,715.6
재화와 서비스의 수출	60,092.5	70,726.1	77,423.2
(공제)재화와 서비스의 수입	65,441.6	71,311.9	74,927.1
통계상불일치	141.9	30.6	211.6

항목명	1995	1996	1997
국내총생산에 대한 지출	349,972.6	409,653.6	460,952.6
민간최종소비지출	182,579.3	214,414.5	245,692.1
정부최종소비지출	39,895.4	45,715.0	53,292.0
총고정자본형성	124,140.0	149,207.8	168,623.4
재고증감	4,551.7	2,096.0	5,842.7
재화와 서비스의 수출	91,778.3	116,563.8	127,462.3
(공제)재화와 서비스의 수입	92,951.3	118,747.1	140,344.0
통계상불일치	-20.8	403.6	384.2

항목명	1998	1999	2000
국내총생산에 대한 지출	506,313.6	501,027.2	549,005.0
민간최종소비지출	271,343.3	252,110.9	289,961.5
정부최종소비지출	57,977.8	63,100.8	66,309.2
총고정자본형성	175,311.2	146,971.0	157,280.8
재고증감	4,151.8	-21,534.2	1,341.1
재화와 서비스의 수출	160,289.6	222,026.5	204,289.1
(공제)재화와 서비스의 수입	162,849.9	161,008.0	168,920.6
통계상불일치	89.8	-639.8	-1,256.1

항목명	2001	2002	2003
국내총생산에 대한 지출	603,236.0	651,415.3	720,539.0
민간최종소비지출	330,389.5	364,251.4	408,715.7
정부최종소비지출	72,100.9	83,010.0	90,930.3
총고정자본형성	180,747.6	187,468.6	206,052.2
재고증감	3,615.5	2,496.6	4,322.2
재화와 서비스의 수출	232,633.1	232,819.9	238,684.3
(공제)재화와 서비스의 수입	215,398.4	218,083.3	228,054.3
통계상불일치	-852.2	-548.0	-111.3

항목명	2004	2005	2006
국내총생산에 대한 지출	767,113.7	826,892.7	865,240.9
민간최종소비지출	420,098.6	435,060.4	465,430.5
정부최종소비지출	100,057.4	110,127.7	120,010.1
총고정자본형성	225,076.3	241,474.9	249,689.7
재고증감	4,201.2	6,036.3	7,176.2
재화와 서비스의 수출	271,320.5	338,059.1	339,756.8
(공제)재화와 서비스의 수입	253,919.6	303,678.4	316,377.6
통계상불일치	279.4	-187.2	-444.8

항목명	2007	2008	2009
국내총생산에 대한 지출	908,743.8	975,013.0	1,063,059.1
민간최종소비지출	494,917.6	530,264.1	577,404.7
정부최종소비지출	131,900.7	143,262.2	170,255.6
총고정자본형성	260,650.9	278,167.9	311,593.6
재고증감	8,536.8	8,749.7	-36,051.2
재화와 서비스의 수출	360,625.3	408,754.1	530,470.6
(공제)재화와 서비스의 수입	348,022.9	394,026.2	488,825.4
통계상불일치	135.3	-158.9	-1,788.8

자료 : 한국은행(http://ecos.bok.or.kr), 2010년.

마이크로소프트사의 엑셀 프로그램을 이용하여 '[표 7-1] 명목 국내총생산에 대한 지출'의 데이터를 [그림 7-1]과 같이 입력하고, 이어서 변화부분, 기여도 그리고 기여율의 계산식을 입력한다.

[그림 7-1] 명목 국내총생산에 대한 지출

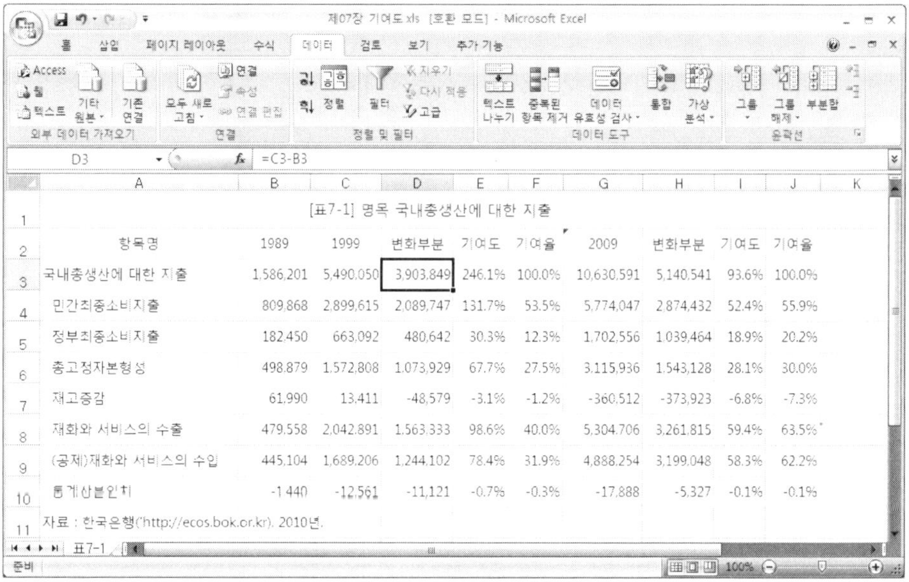

항목명	1989	1999	변화부분	기여도	기여율	2009	변화부분	기여도	기여율
국내총생산에 대한 지출	1,586,201	5,490,050	3,903,849	246.1%	100.0%	10,630,591	5,140,541	93.6%	100.0%
민간최종소비지출	809,868	2,899,615	2,089,747	131.7%	53.5%	5,774,047	2,874,432	52.4%	55.9%
정부최종소비지출	182,450	663,092	480,642	30.3%	12.3%	1,702,556	1,039,464	18.9%	20.2%
총고정자본형성	498,879	1,572,808	1,073,929	67.7%	27.5%	3,115,936	1,543,128	28.1%	30.0%
재고증감	61,990	13,411	-48,579	-3.1%	-1.2%	-360,512	-373,923	-6.8%	-7.3%
재화와 서비스의 수출	479,558	2,042,891	1,563,333	98.6%	40.0%	5,304,706	3,261,815	59.4%	63.5%
(공제)재화와 서비스의 수입	445,104	1,689,206	1,244,102	78.4%	31.9%	4,888,254	3,199,048	58.3%	62.2%
통계상불일치	-1,440	-12,561	-11,121	-0.7%	-0.3%	-17,888	-5,327	-0.1%	-0.1%

마우스로 셀 A1을 클릭한 후 셀 A1에 '[그림 7-1] 명목 국내총생산에 대한 지출'이라고 입력하고, 키 캡 Enter↵를 누른다. 마우스로 셀 A1을 클릭한 후 마우스 왼쪽 버튼을 누른 상태에서 셀 J1까지 드래그하면 셀의 색상이 반전이 된다.

이렇게 반전이 된 상태에서 마우스의 왼쪽 버튼을 누른 것을 뗀 후 이어서 마우스포인터로 '홈' 메뉴 탭을 누르고, '맞춤' 아이콘 모음 중에서 '병합하고 가운데 맞춤' 아이콘 을 클릭하면 셀 A1에서 셀 J1까지 셀을 병합하고 제목을 가운데로 맞춰 준다.

마우스로 셀 A2를 클릭한 후 셀 A2에 '항목명'이라고 입력하고, 키 캡 Enter↵를 누른다. 이어서 셀 B2에 '1989', 셀 C2에 '1999', 셀 D2에 '변화부분', 셀 E2에 '기여도', 셀 F2에 '기여율', 셀 G2에 '2009', 셀 H2에 '변화부분', 셀 I2에 '기여도' 그리고 셀 J2에 '기여율' 등을 각각 입력하고, 키 캡 Enter↵를 누르면 된다.

마우스로 셀 A2에서 셀 J2까지 드래그하면 색이 반전이 되는데 이러한 상태에서 '홈' 메뉴 탭의 '맞춤' 아이콘 모음 중에서 '가운데 맞춤'을 나타내는 아이콘 을 누르면 입력된 셀의 문자는 가운데로 맞춰진다.

셀 A2의 '항목명' 입력은 마우스로 셀 A3을 클릭한 후 셀 A3에 '국내총생산에 대한 지출'이라고 입력하고, 키 캡 Enter↵를 누른다.

이어서 셀 A4에 '민간최종소비지출', 셀 A5에 '정부최종소비지출', 셀 A6에 '총고정자본형성', 셀 A7에 '재고증감', 셀 A8에 '재화와 서비스의 수출', 셀 A9에 '(공제)재화와 서비스의 수입', 셀 A10에 '통계상불일치'라고 각각 입력하고, 키 캡 Enter↵를 누른다.

마우스로 셀 A3을 클릭한 후 마우스 왼쪽 버튼을 누른 상태에서 셀 A10까지 '홈' 메뉴 탭의 '맞춤' 아이콘을 나타내는 것들 중에서 '텍스트 왼쪽 맞춤'을 나타내는 아이콘 을 누르면 입력된 셀의 내용이 왼쪽으로 맞춰진다.

마우스로 셀 B3을 클릭한 후 셀 B2의 '1989'의 데이터 '1586201'을 셀 B3에 입력하고, 키 캡 Enter↵를 누른다. 이어서 반복하여 같은 방법으로 셀 C2의 '1999'도 셀 C3에 데이터를 입력하여 셀 C10까지 내려간다.

마우스로 셀 B3을 클릭한 후 마우스 왼쪽 버튼으로 셀 B3을 누른 상태에서 셀 C10까지 드래그를 하면 셀의 색상이 반전이 된다.

마우스 왼쪽 버튼을 뗀 후 마우스포인터를 '홈' 메뉴 탭을 누르고, 이어서 '표시 형식' 아이콘 모음 중에서 '쉼표 스타일' 아이콘 ,를 클릭하면, 셀 B3에서 셀 C10까지 입력한 데이터가 1000단위 구분 기호를 사용하여 셀 값을 표시해 준다.

셀 G2의 '2009'는 마우스로 셀 G3을 클릭한 후 셀 G3에 데이터를 입력하여 셀 G10에 '-17888'까지 각각 입력하고, 키 캡 [Enter↵]를 누른다.

마우스로 셀 B3을 클릭한 후 마우스 왼쪽 버튼으로 셀 B3을 누른 상태에서 셀 B10까지 드래그를 하면 셀의 색상이 반전이 된다.

이렇게 반전이 된 상태에서 '홈' 메뉴 탭을 누르고, '클립보드' 아이콘 모음 중에서 '서식 복사' 아이콘 을 한번 클릭하면 셀 B3에서 셀 B10까지 셀 테두리가 굵게 되면서 액티브 셀 상태가 된다.

마우스포인터를 셀 G3으로 이동하여 셀 G3을 클릭하면 셀 G3에서 셀 G10까지 셀 색상이 반전되면서 셀 B3에서 셀 B10까지의 서식과 동일한 내용이 복사된다.

1. 국내총생산에 대한 지출의 기여도

1) 1989~1999년

셀 D2의 '변화부분'은 마우스 왼쪽 버튼으로 셀 D3을 클릭한 후 셀 D3에 '=C3-B3'이라고 입력하고, 키 캡 [Enter↵]를 누른다.

다시 마우스 왼쪽 버튼으로 셀 C3을 클릭한 후 '홈' 메뉴 탭을 누르고, '클립보드' 아이콘 모음 중에서 '서식 복사' 아이콘 을 한번 클릭한다.

마우스포인터를 셀 D3으로 이동하여 마우스 왼쪽 버튼으로 셀 D3을 클릭하면 셀 D3의 셀 서식이 셀 C3의 셀 서식과 같아진다.

마우스포인터를 셀 D3의 오른쪽 아래 구석으로 이동하면 마우스포인터가 흰색 십자에서 검은색 십자(필 핸들)로 변한다.

여기에서 마우스 왼쪽 버튼을 누른 상태에서 셀 D10까지 드래그하면 셀 D4에서 셀 D10까지의 빈 셀 공란에 수치로 변환되어 채워진다.

셀 내부에는 수식이 입력되어 있고, 셀 표면에는 수치로 표시되어 나타나는데 이것은 1989년부터 1999년까지 10년 동안 명목 국내총생산에 대한 지출이 변화한 금액(억원)을 나타낸다.

셀 E2의 '기여도'는 마우스 왼쪽 버튼으로 셀 E3을 클릭한 후 셀 E3에

'=D3/B$3'이라고 입력하고, 키 캡 [Enter↵]를 누른다.

다시 마우스로 셀 E3을 클릭한 후 '홈' 메뉴 탭을 눌러 '표시 형식' 아이콘 모음 중에서 '백분율 스타일' 아이콘 버튼 %를 클릭한다.

이어서 마우스 왼쪽 버튼으로 셀 E3을 누른 후 '자릿수 늘림' 아이콘 버튼 과 '자릿수 내림' 아이콘 버튼 을 클릭하여, 자릿수 1자리의 백분율로 표시한다.

마우스포인터를 셀 E3의 오른쪽 아래 구석으로 이동하면 마우스포인터가 흰색 십자에서 검은색 십자(필 핸들)로 변한다. 여기에서 마우스 왼쪽 버튼을 누른 상태에서 셀 E10까지 드래그하면 셀 E4에서 셀 E10까지의 빈 셀 공란에 수치로 변환되어 채워진다.

셀 내부에는 수식이 입력되어 있고, 셀 표면에는 수치로 표시되어 나타나는데 이것은 국내총생산에 대한 지출에 대해서 1989년부터 1999년까지의 항목별 비율을 나타낸다.

2) 1999~2009년

셀 H2의 '변화부분'은 마우스 왼쪽 버튼으로 셀 H3을 클릭한 후 셀 H3에 '=G3-C3'이라고 입력하고, 키 캡 [Enter↵]를 누른다.

다시 마우스 왼쪽 버튼으로 셀 G3을 클릭한 후 '홈' 메뉴 탭을 누르고, '클립보드' 아이콘 모음 중에서 '서식 복사' 아이콘 을 한번 클릭한다.

마우스포인터를 셀 H3으로 이동하여 셀 H3을 클릭하면 셀 H3의 셀 서식이 셀 G3의 셀 서식과 같아진다.

마우스포인터를 셀 H3의 오른쪽 아래 구석으로 이동하면 마우스포인터가 흰색 십자에서 검은색 십자(필 핸들)로 변한다.

여기에서 마우스 왼쪽 버튼을 누른 상태에서 셀 H10까지 드래그하면 셀 H4에서 셀 H10까지의 빈 셀 공란에 수치로 변환되어 채워진다.

셀 내부에는 수식이 입력되어 있고, 셀 표면에는 수치로 표시되어 나타나는데 이것은 1999년부터 2009년까지 10년 동안 명목 국내총생산에 대한 지출이 변화한 금액(억원)이 나타난다.

셀 I2의 '기여도'는 마우스 왼쪽 버튼으로 셀 I3을 클릭한 후 셀 I3에 '=H3/C$3'이라고 입력하고, 키 캡 Enter↵를 누른다.

마우스로 셀 I3을 클릭한 후 '홈' 메뉴 탭을 눌러 '표시 형식' 아이콘 모음 중에서 '백분율 스타일' 아이콘 버튼 % 를 클릭한다.

이어서 마우스 왼쪽 버튼으로 셀 I3을 누른 후 '자릿수 늘림' 아이콘 버튼 ⁺.⁰⁰ 과 '자릿수 내림' 아이콘 버튼 ⁰⁰.₀ 을 클릭하여, 자릿수 1자리의 백분율로 표시한다.

마우스포인터를 셀 I3의 오른쪽 아래 구석으로 이동하면 마우스포인터가 흰색 십자에서 검은색 십자(필 핸들)로 변한다.

여기에서 마우스 왼쪽 버튼을 누른 상태에서 셀 I10까지 드래그하면 셀 I4에서 셀 I10까지의 빈 셀 공란에 수치로 변환되어 채워진다.

셀 내부에는 수식이 입력되어 있고, 셀 표면에는 수치로 표시되어 나타나는데 이것은 1999년부터 2009년까지 국내총생산에 대한 지출이 변화한 부분의 항목별 비율을 나타내고 있다.

2. 국내총생산에 대한 지출의 기여율

1) 1989~1999년

셀 F2의 '기여율'은 마우스 왼쪽 버튼으로 셀 F3을 클릭한 후 셀 F3에 '=D3/D$3'이라고 입력하고, 키 캡 Enter↵를 누른다.

마우스로 셀 F3을 클릭한 후 '홈' 메뉴 탭을 눌러 '표시 형식' 아이콘 모음 중에서 '백분율 스타일' 아이콘 버튼 % 를 클릭한다.

이어서 마우스 왼쪽 버튼으로 셀 F3을 누른 후 '자릿수 늘림' 아이콘 버튼 ⁺.⁰⁰ 과 '자릿수 내림' 아이콘 버튼 ⁰⁰.₀ 을 클릭하여, 자릿수 1자리의 백분율로 표시한다.

마우스포인터를 셀 F3의 오른쪽 아래 구석으로 이동하면 마우스포인터가 흰색 십자에서 검은색 십자(필 핸들)로 변한다.

여기에서 마우스 왼쪽 버튼을 누른 상태에서 셀 F10까지 드래그하면 셀 F4에서 셀 F10까지의 빈 셀 공란에 수치로 변환되어 채워진다.

셀 내부에는 수식이 입력되어 있고, 셀 표면에는 수치로 표시되어 나타나는데 이것은 1989년부터 1999년까지 변화한 국내총생산에 대한 지출의 항목별 비율을 나타내고 있다.

2) 1999~2009년

셀 J2의 '기여율'은 마우스 왼쪽 버튼으로 셀 J3을 클릭한 후 셀 J3에 '=H3/H$3'이라고 입력하고, 키 캡 [Enter↵]를 누른다.

마우스로 셀 J3을 클릭한 후 '홈' 메뉴 탭을 눌러 '표시 형식' 아이콘 모음 중에서 '백분율 스타일' 아이콘 버튼 %를 클릭한다.

이어서 마우스 왼쪽 버튼으로 셀 J3을 누른 후 '자릿수 늘림' 아이콘 버튼 과 '자릿수 내림' 아이콘 버튼 을 클릭하여, 자릿수 1자리의 백분율로 표시한다.

마우스포인터를 셀 J3의 오른쪽 아래 구석으로 이동하면 마우스포인터가 흰색 십자에서 검은색 십자(필 핸들)로 변한다.

여기에서 마우스 왼쪽 버튼을 누른 상태에서 셀 J10까지 드래그하면 셀 J4에서 셀 J10까지의 빈 셀 공란에 수치로 변환되어 채워진다.

셀 내부에는 수식이 입력되어 있고, 셀 표면에는 수치로 표시되어 나타나는데 이것은 1999년부터 2009년까지 변화한 국내총생산에 대한 지출의 항목별 비율을 나타내고 있다.

2009년 이후 연도별 변화부분, 기여도, 그리고 기여율은 다음과 같은 과정을 거친다.

예를 들면, 2009년부터 2010년까지의 연도별 변화부분, 기여도 그리고 기여율은 다음과 같다.

우선 마우스 왼쪽 버튼으로 셀 K3을 클릭하여 셀 K10까지 '2010'의 '국내총생산에 대한 지출' 데이터를 입력한다.

이어서 마우스로 셀 H3을 클릭한 후 마우스 왼쪽 버튼을 누른 상태에서 셀 H3에서 셀 J10까지 드래그하면 셀 색상이 반전된다.

이렇게 반전된 상태에서 '홈' 메뉴 탭을 누르고, '클립보드' 아이콘 모음 중에서 '복사' 아이콘 을 누르면, 반전된 셀 테두리가 굵어지고 액티브 셀 상태가 되면서 셀 H3에서 셀 J10까지의 모든 서식과 수식이 복사된다.

마우스포인터를 셀 L3으로 이동하여 마우스 왼쪽 버튼으로 셀 L3을 클릭한 후 '홈' 메뉴 탭을 클릭하고, '클립보드' 아이콘 모음 중에서 '붙여넣기' 아이콘을 누른다.

'2010'의 변화부분, 기여도 그리고 기여율은 셀 L3에서 셀 N10까지의 셀 범위의 색상이 반전되면서 셀 범위 안에 자동으로 계산된 수치가 채워져 나타난다.

3. 명목 국내총생산에 대한 지출의 분석결과

금융업과 부동산업의 매출액은 2007년 이후 2008년까지 1년 동안 금융업의 영업이익을 제외한 대부분의 기여도는 크게 증가하였으나 2008년 이후 2009년까지 대부분의 기여도가 두드러지게 감소한 것으로 나타났다.

특히 국내총생산에 대한 지출, 민간최종소비지출, 총고정자본형성 그리고 재고증감 등은 59~122%로 두드러지게 감소하였다. 그러나 정부최종소비지출, 재화와 서비스의 수출 그리고 재화와 서비스의 수입 등은 26~38% 정도로 그 감소의 폭이 적은 것으로 나타났다.

이는 1997년 금융위기를 겪고 난 이후 우리나라의 경제적 상황이 이전에 비하여 악화되었다고 볼 수 있다.

국내총생산에 대한 지출에 차지하는 기여율은 1999년에 비하여 2009년이 재고증감을 제외한 대부분의 항목에 커진 것으로 나타났다.

특히 재화와 서비스의 수입, 정부최종소비지출 그리고 재화와 서비스의 수출 등의 기여율은 크게 증가한 반면, 민간최종소비지출, 총고정자본형성 등의 기여율은 약간 증가하는데 그쳤다.

1999년 이후 우리나라는 경제가 악화되는 상황에서 벗어나기 위해서 경제구조가 수출과 수입 지향의 형태로 전환되었다고 볼 수 있다.

제 3 절 금융업, 부동산업의 기업활동

[표 7-2]는 금융업, 부동산업의 기업활동(백만 원)을 나타내고 있다. 마이크로소프트사의 엑셀 프로그램을 이용하여 각 업종별 연도 간 변화부분, 기여도 그리고 기여율 등을 구하기로 한다.

[표 7-2] 금융업, 부동산업의 기업활동

(단위: 백만원)

업종별	2007	2008	2009
금융업			
매출액	352,104,057	921,797,648	650,792,178
영업비용	314,385,830	897,561,923	625,913,960
영업이익	37,718,227	24,235,725	24,878,218
부동산업			
매출액	6,151,634	7,065,783	3,115,936
영업비용	5,628,597	6,414,653	-360,512
영업이익	523,037	651,130	5,304,706

자료 : 통계청 경제통계국 경제통계기획과, 2010년.

마이크로소프트사의 엑셀 프로그램을 이용하여 '[표 7-2] 금융업, 부동산업의 기업활동'의 데이터를 [그림 7-2]와 같이 입력하고, 변화부분, 기여도 그리고 기여율의 계산식을 각 셀에 입력한다.

마우스로 셀 A1을 클릭한 후 셀 A1에 '[표 7-2] 금융업, 부동산업의 기업활동'이라고 입력하고, 키 캡 [Enter↵]를 누른다.

[그림 7-2] 금융업, 부동산업의 기업활동

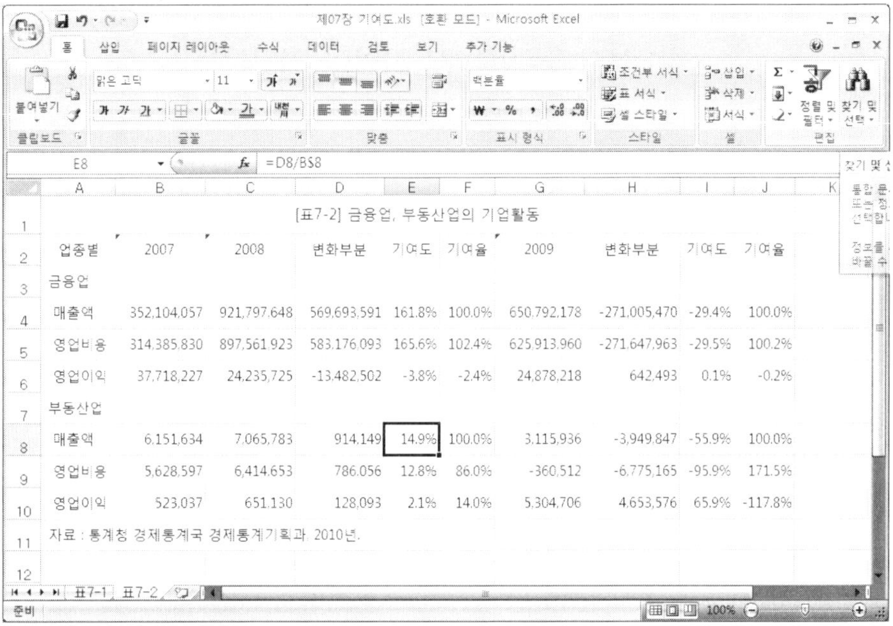

[표7-2] 금융업, 부동산업의 기업활동

업종별	2007	2008	변화부분	기여도	기여율	2009	변화부분	기여도	기여율
금융업									
매출액	352,104,057	921,797,648	569,693,591	161.8%	100.0%	650,792,178	-271,005,470	-29.4%	100.0%
영업비용	314,385,830	897,561,923	583,176,093	165.6%	102.4%	625,913,960	-271,647,963	-29.5%	100.2%
영업이익	37,718,227	24,235,725	-13,482,502	-3.8%	-2.4%	24,878,218	642,493	0.1%	-0.2%
부동산업									
매출액	6,151,634	7,065,783	914,149	14.9%	100.0%	3,115,936	-3,949,847	-55.9%	100.0%
영업비용	5,628,597	6,414,653	786,056	12.8%	86.0%	-360,512	-6,775,165	-95.9%	171.5%
영업이익	523,037	651,130	128,093	2.1%	14.0%	5,304,706	4,653,576	65.9%	-117.8%

자료 : 통계청 경제통계국 경제통계기획과, 2010년.

마우스로 셀 A1을 클릭한 후 마우스 왼쪽 버튼을 누른 상태에서 셀 J1까지 드래그하면 셀의 색상이 반전이 된다.

이렇게 반전이 된 상태에서 마우스의 왼쪽 버튼을 누른 것을 뗀 후 이어서 마우스포인터로 '홈' 메뉴 탭을 누르고, '맞춤' 아이콘 모음 중에서 '병합하고 가운데 맞춤' 아이콘 을 클릭하면 셀 A1에서 셀 J1까지 셀을 병합하고 제목을 가운데로 맞춰 준다.

마우스로 셀 A2를 클릭한 후 셀 A2에 '업종별'이라고 입력하고, 키 캡 Enter↵를 누른다. 이어서 셀 B2에 '2007', 셀 C2에 '2008', 셀 D2에 '변화부분', 셀 E2에 '기여도', 셀 F2에 '기여율', 셀 G2에 '2009', 셀 H2에 '변화부분', 셀 I2에 '기여도' 그리고 셀 J2에 '기여율' 등을 각각 입력하고, 키 캡 Enter↵를 누르면 된다.

마우스로 셀 A2에서 셀 J2까지 드래그하면 색이 반전이 되는데 이러한 상태에서 '홈' 메뉴 탭의 '맞춤' 아이콘 모음 중에서 '가운데 맞춤'을 나타내는 아이콘 을 누르면 입력된 셀의 문자는 가운데로 맞춰진다.

셀 A2의 '업종별' 입력은 마우스로 셀 A3을 클릭한 후 셀 A3에 '금융업'이라고 입력하고, 키 캡 Enter↵를 누른다.

같은 방법으로 셀 A4에 '매출액', 셀 A5에 '영업비용', 셀 A6에 '영업이익', 셀 A7에 '부동산업', 셀 A8에 '매출액', 셀 A9에 '영업비용', 셀 A10에 '영업이익'라고 각각 입력하고, 키 캡 Enter↵를 누른다.

마우스로 셀 A3을 클릭한 후 마우스 왼쪽 버튼을 누른 상태에서 셀 A10까지 '홈' 메뉴 탭의 '맞춤' 아이콘을 나타내는 것들 중에서 '텍스트 왼쪽 맞춤'을 나타내는 아이콘 ≡을 누르면 입력된 셀의 내용이 왼쪽으로 맞춰진다.

셀 B2의 '금융업'에 대한 '2007'과 '2008'은 마우스 왼쪽 버튼으로 셀 B4를 클릭한 후 셀 B4에 '352104057'이라고 입력하고, 키 캡 Enter↵를 누른다. 이어서 반복하여 같은 방법으로 셀 C6까지 셀 C6에 '24235725'라고 각각 입력하고, 매번 키 캡 Enter↵를 누른다.

셀 B2의 '부동산업'에 대한 '2007'과 '2008'은 마우스 왼쪽 버튼으로 셀 B8을 클릭한 후 셀 B8에 '6151634'라고 입력하고, 키 캡 Enter↵를 누른다. 이어서 반복하여 같은 방법으로 셀 C10까지 셀 C10에 '651130'이라고 각각 입력하고, 매번 키 캡 Enter↵를 누른다.

마우스 왼쪽 버튼으로 셀 B4를 클릭한 후 마우스 왼쪽 버튼으로 셀 B4를 누른 상태에서 셀 C6까지 드래그를 하면 셀의 색상이 반전이 된다.

마우스 왼쪽 버튼을 뗀 후 마우스포인터를 '홈' 메뉴 탭을 누르고, 이어서 '셀' 아이콘 모음 중에서 '서식' 아이콘을 클릭하면, 셀 서식에 관련된 풀다운 메뉴가 나타난다.

마우스포인터를 '셀 서식(E):'로 이동하여 마우스 왼쪽 버튼을 눌러 선택하면, '셀 서식' 대화창이 열린다.

여기에서 '표시 형식' 탭을 누르고, '범주(C):'에서 '숫자'로 마우스포인터를 이동하여 선택하면 색상이 반전된다. 이어서 마우스포인터를 이동하여 마우스 왼쪽 버튼으로 '1000단위 구분 기호(,) 사용(U)'의 왼쪽 사각형을 눌러 녹색 체크 표시를 한다.

계속하여 마우스포인터를 이동하여 '음수(N)'의 '-1234'를 클릭하면, 색상이 반전된다.

모든 옵션을 지정한 후에 '확인' 버튼을 누르면, 셀 B4에서 셀 C6까지 셀 색상이 반전된 셀 안에 입력된 데이터는 1000단위 구분 기호로 표시되어 바뀐다. 셀 색상이 반전된 셀에 마우스포인터를 이동하면 마우스포인터가 흰색 십자가가 된다.

다시 마우스포인터를 이동하여 '홈' 메뉴 탭을 마우스 왼쪽 버튼을 눌러 '클립보드' 아이콘 모음 중에서 '서식 복사' 아이콘 을 한번 클릭한다.

그러면 셀 색상이 반전된 셀 B4에서 셀 C6까지 셀 테두리가 굵게 되면서 액티브 셀 상태가 된다.

마우스 왼쪽 버튼에서 인지 손가락을 뗀 후 마우스포인터를 셀 B8로 이동하여 마우스 왼쪽 버튼을 누르면 셀 B8에서 셀 C10까지 셀 테두리가 굵게 되면서 셀 색상이 반전된다.

셀 G2의 '금융업'에 대한 '2009'는 마우스 왼쪽 버튼으로 셀 G4를 클릭한 후 셀 G4에 '650792178'이라고 입력하고, 키 캡 Enter↵를 누른다. 계속하여 같은 방법으로 셀 G6까지 셀 G6에 '24878218'이라고 각각 입력하고, 매번 키 캡 Enter↵를 누른다.

셀 G2의 '부동산업'에 대한 '2009'는 마우스 왼쪽 버튼으로 셀 G8을 클릭한 후 셀 G8에 '3115936'이라고 입력하고, 키 캡 Enter↵를 누른다. 계속하여 같은 방법으로 셀 G10까지 셀 G10에 '5304706'이라고 각각 입력하고, 매번 키 캡 Enter↵를 누른다.

마우스로 셀 B4를 클릭한 후 마우스 왼쪽 버튼으로 셀 B4를 누른 상태에서 셀 B10까지 드래그를 하면 셀의 색상이 반전이 된다.

이렇게 반전이 된 상태에서 '홈' 메뉴 탭을 누르고, '클립보드' 아이콘 모음 중에서 '서식 복사' 아이콘 을 한번 클릭하면 셀 B4에서 셀 B10까지 셀 테두리가 굵게 되면서 액티브 셀 상태가 된다.

마우스 왼쪽 버튼에서 인지 손가락을 뗀 후 마우스포인터를 셀 G4로 이동하여 마우스 왼쪽 버튼을 누르면 셀 B4에서 셀 B10까지 셀 테두리가 굵게 되면서 셀 색상이 반전된다.

이렇게 셀 색상이 반전되면 셀 B4에서 셀 B10까지 동일한 셀 서식의 내용이 셀 G4에서 G10까지에 복사되어 같은 서식으로 바뀐다.

1. 금융업, 부동산업의 기업활동에 대한 기여도

1) 2007~2008년

셀 D2의 '금융업'에 대한 '변화부분'은 마우스로 셀 D4를 클릭한 후 셀 D4에 '=C4-B4'라고 입력하고, 키 캡 [Enter↵]를 누른다.

마우스 왼쪽 버튼으로 셀 C4를 클릭한 후 '홈' 메뉴 탭을 누르고, '클립보드' 아이콘 모음 중에서 '서식 복사' 아이콘 을 한번 클릭한다.

마우스포인터를 셀 D4로 이동하여 셀 D4를 클릭하면 셀 C4의 셀 서식과 같아진다.

마우스 왼쪽 버튼에서 인지 손가락을 뗀 후 마우스포인터를 셀 D4의 오른쪽 아래 구석으로 이동하면 마우스포인터가 흰색 십자에서 검은색 십자(필 핸들)로 변한다.

여기에서 마우스 왼쪽 버튼을 누른 상태에서 셀 D6까지 드래그하면 셀 D4에서 셀 D10까지의 빈 셀 공란이 수치로 변환되어 채워진다.

셀 내부에는 수식이 입력되어 있고, 셀 표면에는 수치로 표시되어 나타나는데 이것은 2007년부터 2008년까지 1년 동안 변화한 '금융업'에 대한 기업활동(백만 원)을 나타낸다.

셀 E2의 '금융업'에 대한 '기여도'는 마우스로 셀 E4를 클릭한 후 셀 E4에 '=D4/B$4'라고 입력하고, 키 캡 [Enter↵]를 누른다.

마우스 왼쪽 버튼으로 셀 E4를 클릭한 후 '홈' 메뉴 탭을 눌러 '표시 형식' 아이콘 모음 중에서 '백분율 스타일' 아이콘 버튼 %를 클릭한다.

이어서 마우스 왼쪽 버튼으로 셀 E4를 누른 후 '자릿수 늘림' 아이콘 버튼 과 '자릿수 내림' 아이콘 버튼 을 클릭하여, 자릿수 1자리의 백분율로 표시한다.

마우스포인터를 셀 E4의 오른쪽 아래 구석으로 이동하면 마우스포인터가 흰색 십자에서 검은색 십자(필 핸들)로 변한다.

여기에서 마우스 왼쪽 버튼을 누른 상태에서 셀 E6까지 드래그하면 셀 E5에서 셀 E6까지의 빈 셀 공란이 수치로 변환되어 채워진다.

셀 내부에는 수식이 입력되어 있고, 셀 표면에는 수치로 표시되어 나타나는데 이것은 2007년부터 2008년까지 '금융업'의 '매출액'에 대한 영업비용, 영업이익 비율을 나타내고 있다.

셀 D2의 '부동산업'에 대한 '변화부분'은 마우스 왼쪽 버튼으로 셀 D8을 클릭한 후 셀 D8에 '=C8-B8'이라고 입력하고, 키 캡 Enter↵를 누른다.

마우스로 셀 C8을 클릭한 후 '홈' 메뉴 탭을 누르고, '클립보드' 아이콘 모음 중에서 '서식 복사' 아이콘 을 한번 클릭한다.

마우스 왼쪽 버튼에서 인지 손가락을 뗀 후 마우스포인터를 셀 D8로 이동하여 셀 D8을 클릭하면 셀 C8의 셀 서식과 같아진다.

마우스포인터를 셀 D8의 오른쪽 아래 구석으로 이동하면 마우스포인터가 흰색 십자에서 검은색 십자(필 핸들)로 변한다.

여기에서 마우스 왼쪽 버튼을 누른 상태에서 셀 D10까지 드래그하면 셀 D9에서 셀 D10까지의 빈 셀 공란이 수치로 변환되어 채워진다.

셀 내부에는 수식이 입력되어 있고, 셀 표면에는 수치로 표시되어 나타나는데 이것은 2007년부터 2008년까지 1년 동안 '부동산업'에 대한 기업활동(백만원)을 나타낸다.

셀 E2의 '부동산업'에 대한 '기여도'는 마우스 왼쪽 버튼으로 셀 E8을 클릭한 후 셀 E8에 '=D8/B$8'이라고 입력하고, 키 캡 Enter↵를 누른다.

마우스 왼쪽 버튼으로 셀 E8을 클릭한 후 '홈' 메뉴 탭을 눌러 '표시 형식' 아이콘 모음 중에서 '백분율 스타일' 아이콘 버튼 % 를 클릭한다.

이어서 마우스 왼쪽 버튼으로 셀 E8을 누른 후 '자릿수 늘림' 아이콘 버튼 ←.0 .00 과 '자릿수 내림' 아이콘 버튼 .00 →.0 을 클릭하여, 자릿수 1자리의 백분율로 표시한다.

마우스포인터를 셀 E8의 오른쪽 아래 구석으로 이동하면 마우스포인터가 흰색 십자에서 검은색 십자(필 핸들)로 변한다.

여기에서 마우스 왼쪽 버튼을 누른 상태에서 셀 E10까지 드래그하면 셀 E9에서 셀 E10까지의 빈 셀 공란이 수치로 변환되어 채워진다.

셀 내부에는 수식이 입력되어 있고, 셀 표면에는 수치로 표시되어 나타나는데 이것은 2007년부터 2008년까지 '부동산업'의 '매출액'에 대한 영업비용, 영업이익 비율을 나타내고 있다.

2) 2008~2009년

셀 H2의 '금융업'에 대한 '변화부분'은 마우스 왼쪽 버튼으로 셀 H4를 클릭한 후 '=G4-C4'라고 입력하고, 키 캡 Enter↵를 누른다.

마우스 왼쪽 버튼으로 셀 G4를 클릭한 후 '홈' 메뉴 탭을 누르고, '클립보드' 아이콘 모음 중에서 '서식 복사' 아이콘 을 한번 클릭한다.

마우스 왼쪽 버튼에서 인지 손가락을 뗀 후 마우스포인터를 셀 H4로 이동하여 셀 H4를 클릭하면 셀 G4의 셀 서식과 같아진다.

마우스포인터를 셀 H4의 오른쪽 아래 구석으로 이동하면 마우스포인터가 흰색 십자에서 검은색 십자(필 핸들)로 변한다.

여기에서 마우스 왼쪽 버튼을 누른 상태에서 셀 H6까지 드래그하면 셀 H5에서 셀 H6까지의 빈 셀 공란이 수치로 변환되어 채워진다.

셀 내부에는 수식이 입력되어 있고, 셀 표면에는 수치로 표시되어 나타나는데 이것은 2008년부터 2009년까지 1년 동안 변화한 '금융업'의 기업활동(백만원)을 나타낸다.

셀 I2의 '금융업'에 대한 '기여도'는 마우스 왼쪽 버튼으로 셀 I4를 클릭한 후 셀 I4에 '=H4/C$4'라고 입력하고, 키 캡 Enter↵를 누른다.

마우스 왼쪽 버튼으로 셀 I4를 클릭한 후 '홈' 메뉴 탭을 눌러 '표시 형식' 아이콘 모음 중에서 '백분율 스타일' 아이콘 버튼 % 를 클릭한다.

이어서 마우스 왼쪽 버튼으로 셀 I4를 누른 후 '자릿수 늘림' 아이콘 버튼 과 '자릿수 내림' 아이콘 버튼 을 클릭하여, 자릿수 1자리의 백분율로 표시한다.

마우스포인터를 셀 I4의 오른쪽 아래 구석으로 이동하면 마우스포인터가 흰색 십자에서 검은색 십자(필 핸들)로 변한다.

여기에서 마우스 왼쪽 버튼을 누른 상태에서 셀 I6까지 드래그하면 셀 I5에서 셀 I6까지의 빈 셀 공란이 수치로 변환되어 채워진다.

셀 내부에는 수식이 입력되어 있고, 셀 표면에는 수치로 표시되어 나타나는데 이것은 2008년부터 2009년까지 '금융업'에 대한 영업비용, 영업이익의 비율을 나타내고 있다.

셀 H2의 '부동산업'에 대한 '변화부분'은 마우스 왼쪽 버튼으로 셀 H8을 클릭한 후 '=G8-C8'라고 입력하고, 키 캡 Enter↵를 누른다.

마우스 왼쪽 버튼으로 셀 G8을 클릭한 후 '홈' 메뉴 탭을 누르고, '클립보드' 아이콘 모음 중에서 '서식 복사' 아이콘 을 한번 클릭한다.

마우스 왼쪽 버튼에서 인지 손가락을 뗀 후 마우스포인터를 셀 H8로 이동하여 셀 H8을 클릭하면 셀 G8의 서식과 같아진다.

마우스포인터를 셀 H8의 오른쪽 아래 구석으로 이동하면 마우스포인터가 흰색 십자에서 검은색 십자(필 핸들)로 변한다.

여기에서 마우스 왼쪽 버튼을 누른 상태에서 셀 H10까지 드래그하면 셀 H9에서 셀 H10까지의 빈 셀 공란이 수치로 변환되어 채워진다.

셀 내부에는 수식이 입력되어 있고, 셀 표면에는 수치로 표시되어 나타나는데 이것은 2008년부터 2009년까지 1년 동안 '부동산업'의 기업활동에 대해서 변화한 금액(백만원)이 된다.

셀 I2의 '부동산업'에 대한 '기여도'는 마우스 왼쪽 버튼으로 셀 I8을 클릭한 후 셀 I8에 '=H8/C$8'이라고 입력하고, 키 캡 Enter↵를 누른다.

마우스로 셀 I8을 클릭한 후 '홈' 메뉴 탭을 눌러 '표시 형식' 아이콘 모음 중에서 '백분율 스타일' 아이콘 버튼 %를 클릭한다.

이어서 마우스 왼쪽 버튼으로 셀 I8을 누른 후 '자릿수 늘림' 아이콘 버튼 과 '자릿수 내림' 아이콘 버튼 을 클릭하여, 자릿수 1자리의 백분율로 표시한다.

마우스포인터를 셀 I8의 오른쪽 아래 구석으로 이동하면 마우스포인터가 흰색 십자에서 검은색 십자(필 핸들)로 변한다.

여기에서 마우스 왼쪽 버튼을 누른 상태에서 셀 I10까지 드래그하면 셀 I9에서 셀 I10까지의 빈 셀 공란이 수치로 변환되어 채워진다.

셀 내부에는 수식이 입력되어 있고, 셀 표면에는 수치로 표시되어 나타나는데 이것은 2008년부터 2009년까지 '부동산업'에 대한 영업비용, 영업이익 비율을 나타내고 있다.

2. 금융업, 부동산업의 기업활동에 대한 기여율

1) 2007~2008년

셀 F2의 '금융업'에 대한 '기여율'은 마우스 왼쪽 버튼으로 셀 F4를 클릭한 후 셀 F4에 '=D4/D$4'라고 입력하고, 키 캡 [Enter↵]를 누른다.

마우스 왼쪽 버튼으로 셀 F4를 클릭한 후 '홈' 메뉴 탭을 눌러 '표시 형식' 아이콘 모음 중에서 '백분율 스타일' 아이콘 버튼 % 를 클릭한다.

이어서 마우스 왼쪽 버튼으로 셀 F4를 누른 후 '자릿수 늘림' 아이콘 버튼 [←.0 .00]과 '자릿수 내림' 아이콘 버튼 [.00 →.0]을 클릭하여, 자릿수 1자리의 백분율로 표시한다.

마우스포인터를 셀 F4의 오른쪽 아래 구석으로 이동하면 마우스포인터가 흰색 십자에서 검은색 십자(필 핸들)로 변한다.

여기에서 마우스 왼쪽 버튼을 누른 상태에서 셀 F6까지 드래그하면 셀 F5에서 셀 F6까지의 빈 셀 공란이 수치로 변환되어 채워진다.

셀 내부에는 수식이 입력되어 있고, 셀 표면에는 수치로 표시되어 나타나는데 이것은 2007년부터 2008년까지 '금융업'의 '매출액'에 대한 영업비용, 영업이익의 비율을 나타내고 있다.

셀 F2의 '부동산업'에 대한 '기여율'은 마우스 왼쪽 버튼으로 셀 F8을 클릭한 후 셀 F8에 '=D8/D$8'라고 입력하고, 키 캡 [Enter↵]를 누른다.

마우스 왼쪽 버튼으로 셀 F8을 클릭한 후 '홈' 메뉴 탭을 눌러 '표시 형식' 아이콘 모음 중에서 '백분율 스타일' 아이콘 버튼 % 를 클릭한다.

이어서 마우스 왼쪽 버튼으로 셀 F8을 누른 후 '자릿수 늘림' 아이콘 버튼 [←.0 .00]과 '자릿수 내림' 아이콘 버튼 [.00 →.0]을 클릭하여, 자릿수 1자리의 백분율로 표시한다.

마우스포인터를 셀 F8의 오른쪽 아래 구석으로 이동하면 마우스포인터가 흰색 십자에서 검은색 십자(필 핸들)로 변한다.

여기에서 마우스 왼쪽 버튼을 누른 상태에서 셀 F10까지 드래그하면 셀 F9에서 셀 F10까지의 빈 셀 공란이 수치로 변환되어 채워진다.

셀 내부에는 수식이 입력되어 있고, 셀 표면에는 수치로 표시되어 나타나는데 이것은 2007년부터 2008년까지 '부동산업'의 '매출액'에 대한 영업비용, 영업이익 비율을 나타내고 있다.

2) 2008~2009년

셀 J2의 '금융업'에 대한 '기여율'은 마우스 왼쪽 버튼으로 셀 J4를 클릭한 후 셀 J4에 '=H4/H$4'이라고 입력하고, 키 캡 Enter↵를 누른다.

마우스 왼쪽 버튼으로 셀 J4를 클릭한 후 '홈' 메뉴 탭을 눌러 '표시 형식' 아이콘 모음 중에서 '백분율 스타일' 아이콘 버튼 %를 클릭한다.

이어서 마우스 왼쪽 버튼으로 셀 J4를 누른 후 '자릿수 늘림' 아이콘 버튼 ←.0 .00과 '자릿수 내림' 아이콘 버튼 .00 →.0을 클릭하여, 자릿수 1자리의 백분율로 표시한다.

마우스포인터를 셀 J4의 오른쪽 아래 구석으로 이동하면 마우스포인터가 흰색 십자에서 검은색 십자(필 핸들)로 변한다.

여기에서 마우스 왼쪽 버튼을 누른 상태에서 셀 J6까지 드래그하면 셀 J5에서 셀 J6까지의 빈 셀 공란이 수치로 변환되어 채워진다.

셀 내부에는 수식이 입력되어 있고, 셀 표면에는 수치로 표시되어 나타나는데 이것은 2008년부터 2009년까지 '금융업'의 '매출액'에 대한 영업비용, 영업이익 비율을 나타내고 있다.

셀 J2의 '부동산업'에 대한 '기여율'은 마우스 왼쪽 버튼으로 셀 J8을 클릭한 후 셀 J8에 '=H8/H$8'이라고 입력하고, 키 캡 Enter↵를 누른다.

마우스로 셀 J8을 클릭한 후 '홈' 메뉴 탭을 눌러 '표시 형식' 아이콘 모음 중에서 '백분율 스타일' 아이콘 버튼 %를 클릭한다.

이어서 마우스 왼쪽 버튼으로 셀 J8을 누른 후 '자릿수 늘림' 아이콘 버튼 과 '자릿수 내림' 아이콘 버튼 을 클릭하여, 자릿수 1자리의 백분율로 표시한다.

마우스포인터를 셀 J8의 오른쪽 아래 구석으로 이동하면 마우스포인터가 흰색 십자에서 검은색 십자(필 핸들)로 변한다.

여기에서 마우스 왼쪽 버튼을 누른 상태에서 셀 J10까지 드래그하면 셀 J9에서 셀 J10까지의 빈 셀 공란이 수치로 변환되어 채워진다.

셀 내부에는 수식이 입력되어 있고, 셀 표면에는 수치로 표시되어 나타나는데 이것은 2008년부터 2009년까지 '부동산업'의 '매출액'에 대한 영업비용, 영업이익에 대한 비율을 나타내고 있다.

2009년 이후 연도별 '금융업'과 '부동산업'에 대한 변화부분, 기여도 그리고 기여율의 계산은 다음과 같은 과정을 거친다. 예를 들면, 2009년부터 2010년까지의 연도별 '금융업'과 '부동산업'에 대한 변화부분, 기여도 그리고 기여율의 계산은 우선 마우스 왼쪽 버튼으로 셀 K3을 클릭하여 셀 K10까지 '2010'의 '금융업'과 '부동산업'의 데이터를 입력한다.

이어서 마우스로 셀 H4를 클릭한 후 마우스 왼쪽 버튼을 누른 상태에서 셀 H4에서 셀 J10까지 드래그하면 셀 색상이 반전된다.

이렇게 반전된 상태에서 '홈' 메뉴 탭을 누르고, '클립보드' 아이콘 모음 중에서 '복사' 아이콘 을 누르면, 반전된 셀 테두리가 굵어지고 액티브 셀 상태가 되면서 셀 H4에서 셀 J10까지의 모든 서식과 수식이 복사된다.

마우스포인터를 셀 L4로 이동하여 마우스 왼쪽 버튼으로 셀 L4를 클릭한 후 '홈' 메뉴 탭을 클릭하고, '클립보드' 아이콘 모음 중에서 '붙여넣기' 아이콘을 누른다.

'2010'의 변화부분, 기여도 그리고 기여율은 셀 L4에서 셀 N10까지의 셀 범위가 셀 색상이 반전되면서 셀 범위 안에 자동으로 계산된 수치가 채워져 나타난다.

3. 금융업, 부동산업의 기업활동에 대한 분석결과

금융업에 대한 2007년 이후 2009까지 2년 간 매출액과 영업비용의 기여도는 크게 감소한 반면, 영업이익은 크게 증가한 것으로 나타났다.

부동산업에 대한 2007년 이후 2009까지 2년 간 매출액과 영업비용의 기여도는 크게 감소한 반면, 영업이익은 매우 크게 증가한 것으로 나타났다.

이는 2007년 이후 미국발 서브프라임 모지기의 영향을 받은 우리나라의 경제적 상황이 이전에 비하여 악화되었다고 볼 수 있다.

금융업의 매출액에 차지하는 기여율은 2007년에 비하여 2009년이 영업이익이 커진 반면, 영업비용은 작은 것으로 나타났다.

부동산업의 매출액에 차지하는 기여율은 2007년에 비하여 2009년이 영업이익이 크게 감소한 반면, 영업비용은 매우 커진 것으로 나타났다.

이는 2007년 이후 미국에서 발생한 비우량담보대출인 서브프라임 모지기의 영향을 받은 우리나라의 주택시장을 크게 악화시켰다고 볼 수 있다.

제 8 장

상관계수

두 변수 간에 어느 정도 1차 관계를 나타내는가, 1차 관계의 강도를 알고 싶은 경우가 있다. 이러한 1차 관계의 정도를 나타내는 특성 값이 상관계수이다.

제 1 절 기본 개념

상관계수는 2개 또는 그 이상의 표본집단 간의 통계적 특징을 파악하는 방법이다. 일반적으로 통계학에서는 변수 간의 동시변동적인 통계적 특징을 상관관계라고 하는데 이러한 상관관계의 척도가 상관계수이다.

상관관계는 2변수상관, 다변수상관이 있다. 2변수상관에는 직선상관인 단순상관계수, 곡선상관인 상관비가 있다. 다변수상관에는 부분상관인 부분상관계수, 전부상관인 전부상관계수가 있다.

2변수상관의 직선상관인 단순상관계수의 계산은 1차원 도수분포표와 2차원 도수분포표 두 가지가 있다. 1차원 도수분포표는 2쌍의 표본집단에 대응하는 변수의 짝이 약 30쌍 이하의 비교적 작은 표본집단 간 상관관계를 측정하는데 이용되고, 2차원 도수분포표는 변수의 짝이 약 30쌍 이상의 큰 표본집단 간의 상관관계를 측정하는데 이용된다.

1. 2변수 상관계수

2개의 표본집단이 다음과 같이 존재한다고 가정한다.

$X_1, X_2, \cdots, X_N$

$Y_1, Y_2, \cdots, Y_N$

두 변수 간에 $Y = f(X)$의 상관관계가 평균적으로 성립한다고 할 때 X변수의 변화가 Y변수의 평균적인 변화를 대표하는데 이러한 평균적인 상관관계를 회귀선이라고 부른다.

이와 같이 상관관계는 평균적인 회귀선이 관측치 Y_i의 산포도 크기에 따라서 두 변수 간의 동시 변동적인 특징을 밝히는 것을 이른다.

회귀선 $Y = f(X)$에 대해서 X_i가 주어지는 Y의 추정치를 $\hat{Y}$ 할 때 관측치와 추정치 간의 차이 $e_i = Y_i - \hat{Y}_i$를 오차(residual)라고 한다.

오차를 제곱하여 합하면 분산 $S_e^2 = \dfrac{\sum e_i^2}{N} = \dfrac{\sum (Y_i - \hat{Y}_i)^2}{N}$이 된다. 이어서 분산 S_e^2을 평방근하면 표준편차 S_e가 얻어진다.

상관은 회귀선 Y에 대한 표준편차 S_e의 크기에 따라 X와 Y사이의 동시변동 통계적 특징인 상호관계의 강도를 측정하는 것을 말한다.

2변수 X, Y사이의 상관에 대한 강도는 표준편차 S_e가 크면 클수록 X, Y사이의 상관관계가 약하고, 반면 표준편차 S_e가 작으면 작을수록 X, Y사이의 상관관계가 강하다.

2변수 X, Y사이의 상관에 대한 강도는 표준편차 S_e의 크기에 따라 측정할 수 있지만, 표준편차 S_e는 '절대적 산포도'가 되기 때문에 Y의 분산이 전체적으로 크면 그만큼 S_e도 커지기 때문에 '상대적 산포도'로 수정할 필요가 있다.

여기에서 표준치 Y의 산술평균 $\overline{Y}$의 분산 $S^2 = \dfrac{\sum e_i^2}{N-1} = \dfrac{\sum (Y_i - \overline{Y})^2}{N-1}$을 이

용한다.

앞에서 언급한 바와 같이 상관관계는 두 변수 간의 강도를 나타내는 것을 말한다. 두 변수의 상관관계를 양적으로 측정하는 하나의 지표가 상관계수 r이라고 하는데 수식으로 나타내면 다음과 같다.

$$r = \frac{\sum(X_i - \overline{X})(Y_i - \overline{Y})}{\sqrt{\sum(X_i - \overline{X})^2 \sum(Y_i - \overline{Y})^2}}$$

위의 식을 다르게 표현하면 다음과 같이 나타낼 수 있다.

$$r = \frac{C_{XY}}{\sqrt{S_X^2 S_Y^2}}$$

C_{XY} : 변수 X, Y의 공분산

S_X^2 : 변수 X의 분산

S_Y^2 : 변수 Y의 분산

[그림 8-1] 상관관계의 유형

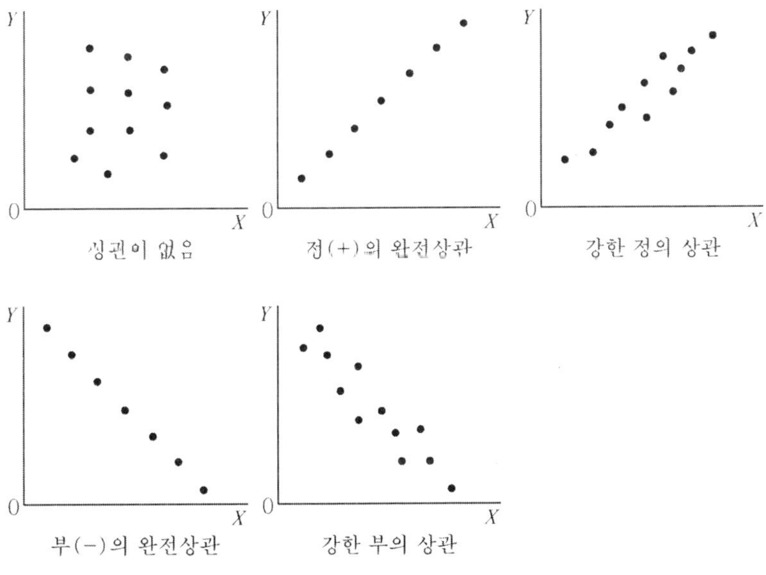

2. 상관관계의 성질

첫째, r값은 $-1 \leq r \leq 1$의 범위에 있다.

둘째, r값이 $r=0$일 때, 2변수는 상관관계가 없다.

셋째, r값이 $0<r \leq 1$일 때, 2변수 간 관계의 방향은 평행이고, 한쪽이 증가하면 다른 한쪽도 증가한다. 이 범위의 r값은 2변수 간 상관관계를 정(+)상관이라 한다.

넷째, r값이 $-1<r \leq 0$일 때, 2변수 간 관계의 방향은 평행이고, 한쪽이 증가하면 다른 한쪽도 감소한다. 이 범위의 r값은 2변수 간 상관관계를 부(−)상관이라 한다.

다섯째, r값이 1에 근접할수록 2변수 간 상관관계가 강하다. $r=\pm 1$일 때, 2변수 간 상관관계는 함수관계에 있으며 통계학에서는 완전상관이라고 말한다. $r=1$일 때 상관관계가 정(+)의 완전상관이고, $r=-1$일 때 상관관계가 부(−)의 완전상관이 된다.

제 2 절 부도업체수와 KOSPI의 관계

[표 8-1]은 부도업체수와 KOSPI(한국종합주가지수)를 나타내고 있다. 두 변수간의 상관관계를 나타내는 계수를 통하여 밀접한 관계 여부를 파악하고, 두 변수간의 추이를 그래프로 그릴 수 있다.

〈표 8-1〉 부도업체수와 KOSPI

(단위: 원)

연도	부도업체수	KOSPI	연도	부도업체수	KOSPI
1990	4,107	696.11	2001	5,277	693.70
1991	6,159	610.92	2002	4244	627.55
1992	10,769	678.44	2003	5308	810.71
1993	9,502	866.18	2004	4445	895.92
1994	11,255	1,027.37	2005	3416	1379.37
1995	13,992	882.94	2006	2529	1434.46
1996	11,589	651.22	2007	2294	1897.13
1997	17,168	376.31	2008	2735	1124.47
1998	22,828	562.46	2009	1998	1429.04
1999	6,718	1,028.07	2010	1408	1764.99
2000	6,693	504.62			

자료 : 1) 한국은행(http://ecos.bok.or.kr), 2010년.
2) World Federation of Exchanges members, 2010.

1. 부도업체수와 KOSPI

마이크로소프트사의 엑셀 프로그램을 이용하여 '[표 8-1] 부도업체수와 KOSPI'의 데이터를 [그림 8-1]과 같이 입력한다.

마우스 왼쪽 버튼으로 셀 A1을 클릭한 후 셀 A1에 '[표 8-1] 부도기업체수와 KOSPI'이라고 입력하고, 키 캡 Enter↵를 누른다. 마우스 왼쪽 버튼으로 셀 A1을 클릭한 후 마우스 왼쪽 버튼을 누른 상태에서 셀 C1까지 드래그하면 셀의 색상이 반전이 된다.

이렇게 반전이 된 상태에서 마우스의 왼쪽 버튼을 누른 것을 뗀 후 이어서 마우스포인터로 '홈' 메뉴 탭을 누르고, '맞춤' 아이콘 모음 중에서 '병합하고 가운데 맞춤' 아이콘 을 클릭하면 셀 A1에서 셀 C1까지 셀을 병합하고 제목을 가운데로 맞춰 준다.

마우스 왼쪽 버튼으로 셀 A2를 클릭한 후 셀 A2에 '연도'라고 입력하고, 키 캡 Enter↵를 누른다. 이어서 셀 B2에 '부도업체(X)' 그리고 셀 C2에 'KOSPI(Y)' 등을 각각 입력하고, 키 캡 Enter↵를 누르면 된다.

[그림 8-2] 부도업체수와 KOSPI

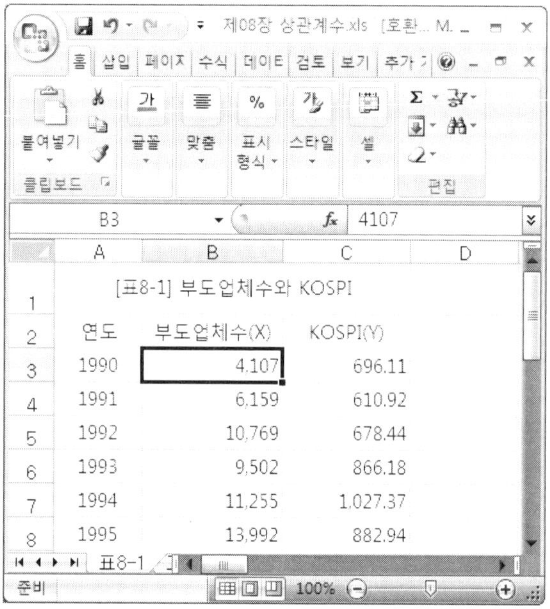

마우스로 셀 A2에서 셀 C2까지 드래그하면 색이 반전이 되는데 이러한 상태에서 '홈' 메뉴 탭의 '맞춤' 아이콘 모음 중에서 '가운데 맞춤'을 나타내는 아이콘 ≡을 누르면 입력된 셀의 문자는 가운데로 맞춰진다.

셀 A2의 '연도' 입력은 마우스로 셀 A3을 클릭한 후 셀 A3에 '1990'이라고 입력하고, 키 캡 Enter↵를 누른다.

마우스로 셀 A2를 클릭한 후 '홈' 메뉴 탭의 '맞춤' 아이콘을 나타내는 것들 중에서 '가운데 맞춤'을 나타내는 아이콘 ≡을 눌러 입력된 셀의 내용을 가운데로 맞춘다.

다시 마우스로 셀 A3을 클릭하고 이어서 마우스 왼쪽 버튼을 누른 후 마우스 왼쪽 버튼을 떼고, 마우스포인터를 셀 A3의 오른쪽 아래 구석으로 이동한다.

마우스포인터는 흰색 십자에서 검은색 십자(필 핸들)로 변하는데, 여기에서 마우스 오른쪽 버튼을 누른 상태에서 셀 A23까지 드래그하고 이어서 마우스 오른쪽 버튼을 뗀다.

그러면 오른쪽에 메뉴 화면이 열리는데 마우스포인터로 '연속 데이터 채우기

(S)'를 선택하면 지정된 빈 셀에 연도별 숫자가 셀 A4에 '1991'에서 셀 A23에 '2010'까지 연속하여 채워진다.

셀 B2의 '부도업체수(X)'는 마우스로 셀 B3을 클릭한 후 데이터 '4107'을 셀 B3에 입력하고, 키 캡 Enter↵를 누른다.

이어서 같은 방법으로 셀 C2의 'KOSPI(Y)'의 셀 C23까지 입력하고, 키 캡 Enter↵를 누른다.

마우스로 셀 B3을 클릭한 후 마우스 왼쪽 버튼으로 셀 B3을 누른 상태에서 셀 C23까지 드래그를 하면 셀의 색상이 반전이 된다.

마우스 왼쪽 버튼을 뗀 후 마우스포인터를 '홈' 메뉴 탭을 누르고, 이어서 '표시 형식' 아이콘 모음 중에서 '쉼표 스타일' 아이콘 ,를 클릭하면, 셀 B3에서 셀 C23까지 입력한 데이터가 1000단위 구분 기호를 사용하여 셀 값을 표시해 준다.

여기에서 상관계수를 구하기 위한 데이터 입력이 완료되면 [그림 8-3]과 같이 상관계수 계산과정에 대하여 설명한다.

[그림 8-3] 부도기업체수와 KOSPI의 상관계수

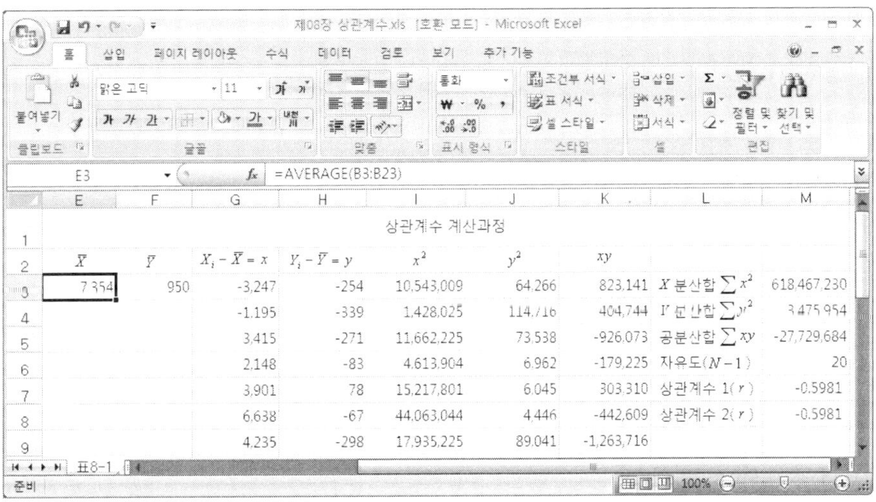

마우스 왼쪽 버튼으로 셀 E1을 클릭한 후 셀 E1에 '상관계수 계산과정'이라고 입력하고, 키 캡 Enter↵를 누른다. 마우스 왼쪽 버튼으로 셀 E1을 클릭한 후

마우스 왼쪽 버튼을 누른 상태에서 셀 M1까지 드래그하면 셀의 색상이 반전이 된다.

이렇게 반전이 된 상태에서 마우스의 왼쪽 버튼을 누른 것을 뗀 후 이어서 마우스포인터로 '홈' 메뉴 탭을 누르고, '맞춤' 아이콘 모음 중에서 '병합하고 가운데 맞춤' 아이콘 을 클릭하면 셀 E1에서 셀 M1까지 셀을 병합하고 제목을 가운데로 맞춰 준다.

2. 부도업체수와 KOSPI의 기초통계량

마우스 왼쪽 버튼으로 셀 E2를 클릭한 후 셀 E2에 변수 X의 평균 기호 '$\overline{X}$'라고 입력하고, 키 캡 Enter↵를 누른다. 이어서 셀 F2에 변수 Y의 평균 기호 '$\overline{Y}$', 셀 G2에 '$X_i - \overline{X} = x$', 셀 H2에 '$Y_i - \overline{Y} = y$', 셀 I2에 'x^2', 셀 J2에 'y^2' 그리고 셀 K2에 'xy' 등을 각각 입력하고, 키 캡 Enter↵를 누르면 된다.

셀 E2의 '$\overline{X}$' 마우스 왼쪽 버튼으로 셀 E3을 클릭한 후 셀 E4에 평균함수 '=AVERAGE(B3:B23)'을 입력하고, 키 캡 Enter↵를 누른다.

셀 F2의 '$\overline{Y}$'는 마우스 왼쪽 버튼으로 셀 F3을 클릭한 후 셀 F4에 평균함수 '=AVERAGE(C3:C23)'을 입력하고, 키 캡 Enter↵를 누른다.

셀 G2의 '$X_i - \overline{X} = x$'는 마우스 왼쪽 버튼으로 셀 G3을 클릭한 후 셀 G4에 변수 X의 편차 '=B3-E$3'을 입력하고, 키 캡 Enter↵를 누른다.

마우스 왼쪽 버튼으로 셀 G3을 클릭한 후 마우스포인터를 셀 G3의 우측 아래 구석으로 이동하여, 마우스포인터를 검은색 십자의 필 핸들로 바꾸어 마우스 왼쪽 버튼을 누른 상태에서 셀 G23까지 드래그하면 셀 색상이 반전되고, 셀 G4부터 셀 G23까지 비어있는 셀의 공란에 변수 X의 연도별 편차 값이 자동으로 계산되고 수치로 변환되어 나타난다.

이어서 마우스 왼쪽 버튼을 뗀 후 마우스포인터를 셀 G23의 우측 아래 구석으로 이동하여, 마우스포인터를 검은색 십자의 필 핸들로 바꾸어 마우스 왼쪽 버튼을 누른 상태에서 옆으로 셀 H23까지 드래그하면 셀 색상이 반전된다.

그러면 셀 H2의 '$Y_i - \overline{Y} = y$'는 변수 Y의 연도별 편차 값이 셀 H3부터 셀 H23까지 비어있는 셀의 공란에 자동으로 계산되고 수치로 변환되어 나타난다.

셀 I2의 'x^2'은 마우스 왼쪽 버튼으로 셀 I3을 클릭한 후 셀 I4에 변수 X의 편차자승 '=G3^2'이라고 입력하고, 키 캡 [Enter↵]를 누른다.

마우스 왼쪽 버튼으로 셀 I3을 클릭한 후 마우스포인터를 셀 I3의 우측 아래 구석으로 이동하여, 마우스포인터를 검은색 십자의 필 핸들로 바꾸어 마우스 왼쪽 버튼을 누른 상태에서 셀 I23까지 드래그하면 셀 색상이 반전되고, 셀 I4부터 셀 I23까지 비어있는 셀의 공란에 변수 X의 연도별 편차자승 값이 자동으로 계산되고 수치로 변환되어 나타난다.

이어서 마우스 왼쪽 버튼을 뗀 후 마우스포인터를 셀 I23의 우측 아래 구석으로 이동하여, 마우스포인터를 검은색 십자의 필 핸들로 바꾸어 마우스 왼쪽 버튼을 누른 상태에서 옆으로 셀 J23까지 드래그하면 셀 색상이 반전된다.

그러면 셀 J2의 'y^2'은 변수 Y의 연도별 편차자승 값이 셀 J3부터 셀 J23까지 비어있는 셀의 공란에 자동으로 계산되고 수치로 변환되어 나타난다.

셀 K2의 'xy'는 마우스 왼쪽 버튼으로 셀 K3을 클릭한 후 셀 K4에 공분산 '=G3*H3'을 입력하고, 키 캡 [Enter↵]를 누른다.

마우스 왼쪽 버튼으로 셀 K3을 클릭한 후 마우스포인터를 셀 K3의 우측 아래 구석으로 이동하여, 마우스포인터를 검은색 십자의 필 핸들로 바꾸어 마우스 왼쪽 버튼을 누른 상태에서 셀 K23까지 드래그하면 셀 색상이 반전되고, 셀 K4부터 셀 K23까지 비어있는 셀의 공란에 변수 X, Y의 연도별 공분산 값이 자동으로 계산되고 수치로 변환되어 나타난다.

마우스 왼쪽 버튼으로 셀 E3을 클릭한 후 마우스 왼쪽 버튼을 누른 상태에서 셀 K23까지 드래그하면 셀 색상이 반전된다.

마우스 왼쪽 버튼을 뗀 후 마우스포인터를 '홈' 메뉴 탭을 누르고, 이어서 '셀 서식' 아이콘 모음 중에서 '서식' 아이콘을 클릭하면, '셀 서식' 풀다운 메뉴가 나타난다.

마우스포인터를 이동하여 '셀 서식'을 선택하면, '셀 서식' 대화창이 열리는데 마우스로 '표시 형식' 탭을 누르고, '범주(C)'에서 '숫자'를 지정하고, '보기'의 '소수 자릿수(D)'를 '0'으로 하며, '1000 단위 구분 기호(,) 사용(U)'의 사각형을 체크 표시하고, '음수(N)'를 '-1234'를 지정한 후 '확인' 버튼을 누르면 지정한 셀의 서식이 바뀐다.

3. 부도업체수와 KOSPI의 상관계수

상관계수를 계산하는 방법은 수작업 접근법과 함수 접근법 두 가지로 나누어 설명할 수 있다.

수작업 접근법은 마우스 왼쪽 버튼으로 셀 L3을 클릭한 후 셀 L3에 'X분산합 $\sum x^2$'이라고 입력하고, 키 캡 [Enter↵]를 누른다.

이어서 마우스 왼쪽 버튼으로 셀 L4을 클릭한 후 셀 L4에 'Y분산합 $\sum y^2$'이라고 입력하고, 키 캡 [Enter↵]를 누른다.

마우스 왼쪽 버튼으로 셀 L5을 클릭한 후 셀 L5에 '공분산합 $\sum xy$'이라고 입력하고, 키 캡 [Enter↵]를 누른다.

마우스 왼쪽 버튼으로 셀 L6을 클릭한 후 셀 L6에 '자유도($N-1$)'이라고 입력하고, 키 캡 [Enter↵]를 누른다.

마우스 왼쪽 버튼으로 셀 L7을 클릭한 후 셀 L7에 '상관계수 1(r)'이라고 입력하고, 키 캡 [Enter↵]를 누른다.

그리고 마우스 왼쪽 버튼으로 셀 L8을 클릭한 후 셀 L8에 '상관계수 2(r)'이라고 입력하고, 키 캡 [Enter↵]를 누른다.

셀 L3의 'X분산합 $\sum x^2$'은 마우스 왼쪽 버튼으로 셀 M3을 클릭한 후 셀 M3에 '=SUM(I3:I23)'이라고 입력하고, 키 캡 [Enter↵]를 누른다.

셀 L4의 'Y분산합 $\sum y^2$'은 마우스 왼쪽 버튼으로 셀 M4를 클릭한 후 셀 M4에 '=SUM(J3:J23)'이라고 입력하고, 키 캡 [Enter↵]를 누른다.

셀 L5의 '공분산합 $\sum xy$'는 마우스 왼쪽 버튼으로 셀 M5를 클릭한 후 셀 M5에 '=SUM(K3:K23)'이라고 입력하고, 키 캡 [Enter↵]를 누른다.

셀 L6의 '자유도($N-1$)'는 마우스 왼쪽 버튼으로 셀 M6을 클릭한 후 셀 M6

에 '=COUNT(B3:B23)-1'이라고 입력하고, 키 캡 [Enter↵]를 누른다.

마우스 왼쪽 버튼으로 셀 M3을 클릭한 후 마우스 왼쪽 버튼을 누른 상태에서 셀 M6까지 드래그하면 셀 색상이 반전된다.

마우스 왼쪽 버튼을 뗀 후 마우스포인터를 이동하여 '홈' 메뉴 탭을 누르고, 이어서 '셀 서식' 아이콘 모음 중에서 '서식' 아이콘을 클릭하면, '셀 서식' 풀다운 메뉴가 나타난다.

마우스포인터를 이동하여 '셀 서식'을 선택하면, '셀 서식' 대화창이 열리는데 마우스로 '표시 형식' 탭을 누르고, '범주(C)'에서 '숫자'를 지정하고, '보기'의 '소수 자릿수(D)'를 '0'으로 하며, '1000 단위 구분 기호(,) 사용(U)'의 사각형을 체크 표시하고, '음수(N)'를 '-1234'를 지정한 후 '확인' 버튼을 누르면 지정한 셀의 서식이 바뀐다.

셀 L7의 '상관계수 1(r)'는 마우스 왼쪽 버튼으로 셀 M7을 클릭한 후 셀 M7에 '=(M5/M6)/SQRT(((M3/M6)*(M4/M6)))'이라고 입력하고, 키 캡 [Enter↵]를 누른다.

마우스 왼쪽 버튼으로 셀 M7을 클릭하고, 마우스 왼쪽 버튼을 뗀 후 마우스포인터를 이동하여 '홈' 메뉴 탭을 누르고, 이어서 '셀 서식' 아이콘 모음 중에서 '서식' 아이콘을 클릭하면, '셀 서식' 풀다운 메뉴가 열린다.

마우스포인터를 이동하여 '셀 서식'을 선택하면, '셀 서식' 대화창이 열리는데 마우스로 '표시 형식' 탭을 누르고, '범주(C)'에서 '숫자'를 지정하고, '보기'의 '소수 자릿수(D)'를 '4'로 하며, '1000 단위 구분 기호(,) 사용(U)'의 사각형을 체크 표시하지 않고, '음수(N)'를 '-1234'를 지정한 후 '확인' 버튼을 누르면 지정한 셀의 서식이 바뀐다.

수작업 접근법으로 계산한 상관계수는 셀 M7에 '-0.5891'의 수치로 변환된 값을 얻을 수 있다.

함수 접근법은 마우스 왼쪽 버튼으로 셀 M8을 클릭한 후 마우스 왼쪽 버튼으로 '함수 마법사' fx를 클릭하여 '함수 삽입'을 하면 [그림 8-4]와 같은 '함수 마법사' 대화창이 나타난다.

'함수 마법사' 대화창의 '범주 선택(C):'에서 '통계'를 선택하여 '함수 선택(N):'

에서 마우스포인터를 이동하여 'CORREL'를 지정하면 색상이 반전되는데 이때 마우스 왼쪽 버튼으로 '확인' 버튼을 클릭한다.

[그림 8-4] 상관계수의 '함수 마법사 '대화창

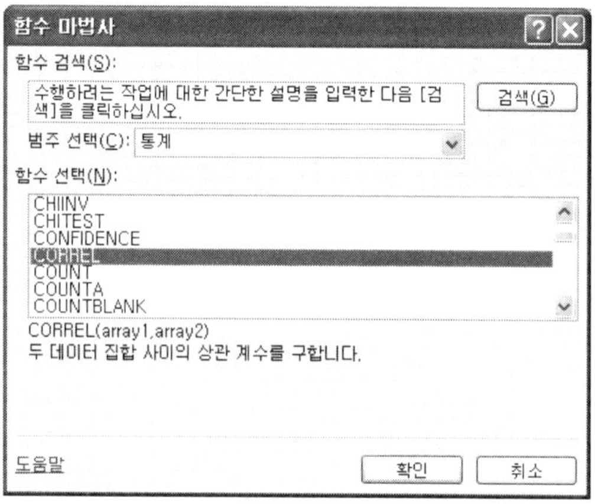

새로운 '함수 인수' 대화창이 열리면서 'Array1'과 'Array2' 두 개의 입력창이 [그림 8-5]와 같이 열린다.
새로운 '함수 인수' 입력창에서 'Array1'의 입력 공란을 클릭한 후 마우스포인터를 이동하여 워크시트의 셀 B3을 누르면 액티브 셀 상태가 되는데 셀 B3을 누른 채로 셀 B23까지 드래그한다.

[그림 8-5] 상관계수의 '함수 인수' 대화창

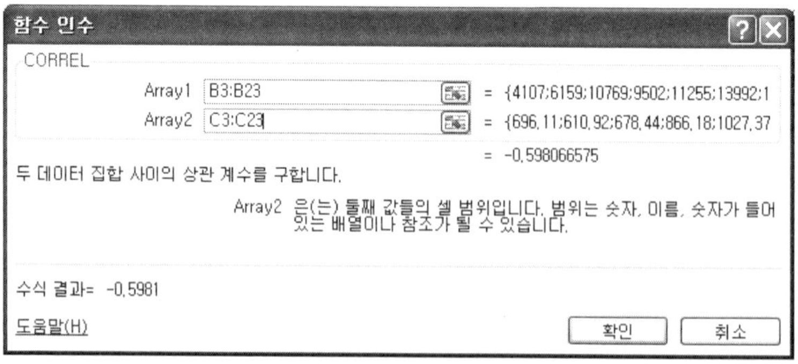

'Array1'의 입력 공란에 'B3:B23'이라고 입력되는데 '확인' 버튼을 누르면 '부도

업체수(X)'의 연도별 부도한 업체수가 지정된다.

이어서 '함수 인수' 입력창에서 'Array2'의 입력 공란을 클릭한 후 마우스포인터를 이동하여 워크시트의 셀 C3을 누르면 액티브 셀 상태가 되는데 셀 C3을 누른 채로 셀 C23까지 드래그한다.

'Array2'의 입력 공란에 'C3:C23'이라고 입력되는데 '확인' 버튼을 누르면 'KOSPI(Y)'의 연도별 한국종합주가지수가 지정된다.

'Array'의 지정을 완료한 후 마우스 왼쪽 버튼으로 '확인' 버튼을 누르면 셀 M8 내부에는 '=CORREL(B3:B23,C3:C23)'이라고 입력되고, 셀 M8의 표면에는 상관계수 값 '-0.5891' 수치로 변환되어 나타난다.

함수를 이용할 경우 사용자가 직접 마우스 왼쪽 버튼으로 셀 M8을 클릭한 후 '=CORREL(B3:B23,C3:C23)'이라고 입력하고, 키 캡 [Enter↵]를 눌러도 동일한 상관계수의 값을 도출할 수 있다.

마우스 왼쪽 버튼으로 셀 M8을 클릭하고, 마우스 왼쪽 버튼을 뗀 후 마우스포인터를 이동하여 '홈' 메뉴 탭을 누르고, 이어서 '셀 서식' 아이콘 모음 중에서 '서식' 아이콘을 클릭하면, '셀 서식' 풀다운 메뉴가 열린다.

마우스포인터를 이동하여 '셀 서식'을 선택하면, '셀 서식' 대화창이 열리는데 마우스로 '표시 형식' 탭을 누르고, '범주(C):'에서 '숫자'를 지정하고, '보기'의 '소수 자릿수(D):'를 '4'로 하며, '1000 단위 구분 기호(,) 사용(U)'의 사각형을 체크표시하지 않고, '음수(N)'를 '-1234'를 지정한 후 '확인' 버튼을 누르면 지정한 셀의 서식이 바뀐다.

함수 접근법으로 계산한 상관계수는 셀 M8에 '-0.5891'의 수치로 변환된 값을 얻을 수 있다.

이렇게 하여 얻어진 결과는 두 변수간의 관계 여부를 나타내는 유익한 정보를 제공하는데 두 변수간의 상관관계의 성질에 나타고 있다.

4. 부도업체수와 KOSPI의 상관계수 추이

[표 8-1]의 데이터를 이용하여 '[그림 8-6] 부도업체수와 KOSPI의 추이'와 같

이 차트를 작성한다.

[그림 8-2]의 엑셀 프로그램의 워크시트 상에서 마우스 왼쪽 버튼으로 셀 B2를 클릭한 후 셀 B2에서 셀 C23까지 드래그하여 범위를 지정한다.

[그림 8-6] 부도업체수와 KOSPI의 추이

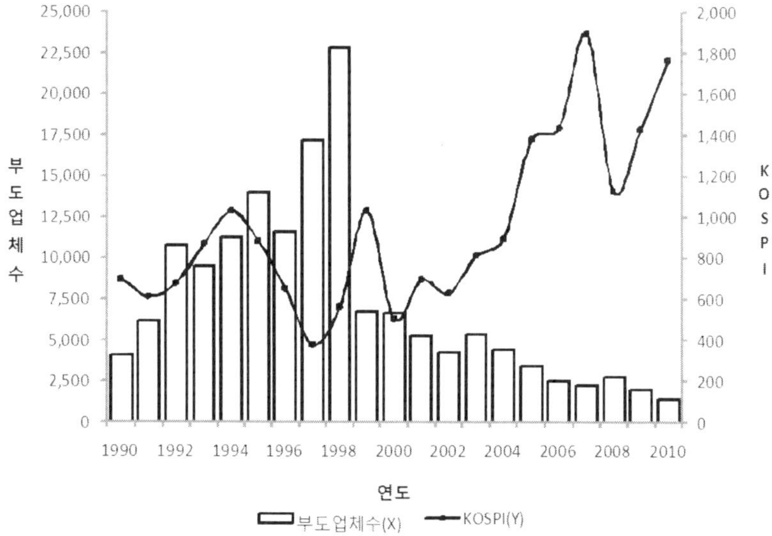

마우스포인터를 이동하여 마우스 왼쪽 버튼으로 '삽입' 메뉴 탭을 눌러 '차트' 아이콘 모음 중에서 마우스 왼쪽 버튼으로 '꺾은선형'을 클릭하고, '2차원 꺾은선형' 중에서 '꺾은 선형'을 선택한다.

차트가 만들어지면 차트의 영역을 눌러 사용자가 의도하는 다양한 모양을 구현할 수 있다.

마우스 왼쪽 버튼으로 차트 영역을 누르면 '차트 도구'가 나타난다. 마우스 왼쪽 버튼으로 차트 영역을 누르면 '디자인' 메뉴 탭이 열린다.

마우스 왼쪽 버튼으로 차트 영역의 '가로(항목) 축' 클릭한 후 '데이터' 아이콘 모음 중에서 '데이터 선택'을 누른다.

[그림 8-7]의 위쪽 그림과 같은 '데이터 원본 선택' 대화창이 열리는데 이 대화창 중에서 마우스 왼쪽 버튼으로 '가로(항목) 축 레이블'의 '편집'을 누른다.

그러면 [그림 8-7]의 아래쪽 그림과 같은 '축 레이블'이 나타나는데 '축 레이블 범위(A):'의 입력란에 마우스 왼쪽 버튼으로 클릭한 후 마우스포인터를 이동하여 워크시트의 셀 A3을 클릭하면 액티브 셀 상태가 된다.

[그림 8-7] 데이터 원본 선택 대화창

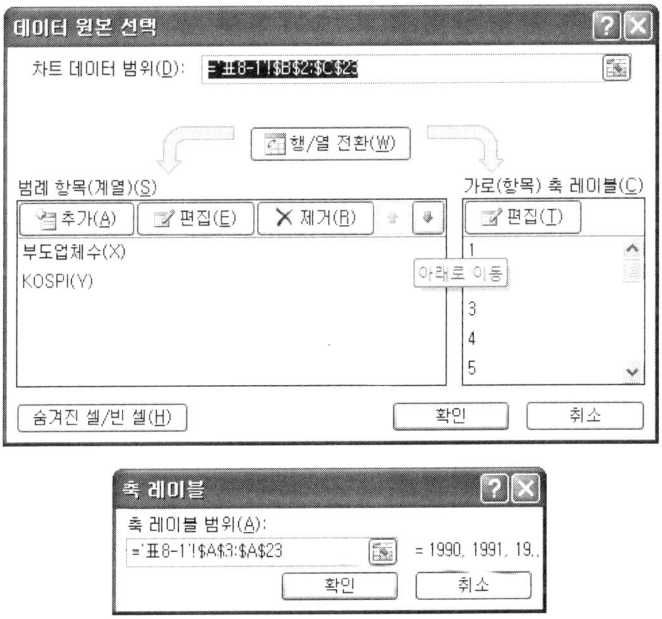

셀 A3을 마우스 왼쪽 버튼으로 누른 상태에서 셀 23까지 드래그하면 '축 레이블 범위(A):'의 입력란에 '='표8-1'! $A$3: $A$23'이라고 입력되는데 마우스 왼쪽 버튼으로 '확인' 버튼을 누른다.

그러면 '데이터 원본 선택' 대화창으로 되돌아가는데 '확인' 버튼을 누르면 '가로 (항목) 축'에 연도가 나타나면서 설정이 완료된다.

마우스 왼쪽 버튼으로 차트 영역의 '세로 (값) 축'을 클릭하고, '레이아웃' 메뉴 탭을 마우스 왼쪽 버튼으로 누르면 [그림 8-8]의 위쪽 그림과 같은 '레이블' 아이콘 모음 중에서 '축 제목'을 클릭한다.

이어서 [그림 8-8]의 가운데 그림과 같은 '기본 세로 축 제목(V) ▶'을 지정하면, [그림 8-8]의 아래쪽 그림 중에서 '세로 제목'을 클릭하면 '세로 (값) 축'의 제목이 나타난다.

마우스 왼쪽 버튼으로 클릭하여 '축 제목'을 지우고, '부도업체수'를 입력하면 세로 축 제목 추가 수정 작업이 완료된다.

[그림 8-8] 레이블 아이콘 모음

마우스 왼쪽 버튼으로 차트 영역의 '범례'를 클릭한 후 '레이블' 아이콘 모음 중에서 '범례'를 클릭하고, '아래쪽에 범례 표시'를 누르면 범례의 위치가 아래쪽으로 이동해 간다.

마우스 왼쪽 버튼으로 '가로(항목) 축'을 클릭하고, '레이블' 아이콘 모음 중에서 '축 제목'을 클릭한다.

이어서 '기본 가로 축 제목(H) ▶'을 지정하고, '축 아래 제목'을 클릭하면 '세로 (값) 축의 제목'이 나타난다.

마우스 왼쪽 버튼으로 '가로 축' 제목 영역을 클릭하고, '축 제목'을 지우고, '연도'를 입력하면 가로 축 아래 제목 추가 수정 작업이 완료된다.

마우스 왼쪽 버튼으로 차트 영역을 누른 후 '가로 (항목) 축'을 클릭한다. 이어서 '차트 도구'의 '레이아웃' 메뉴 탭을 누르면 [그림 8-9]의 위쪽 왼쪽 그림과 같이 '현재 선택 영역' 옵션 화면이 나타난다.

[그림 8-9] 선택 영역 서식

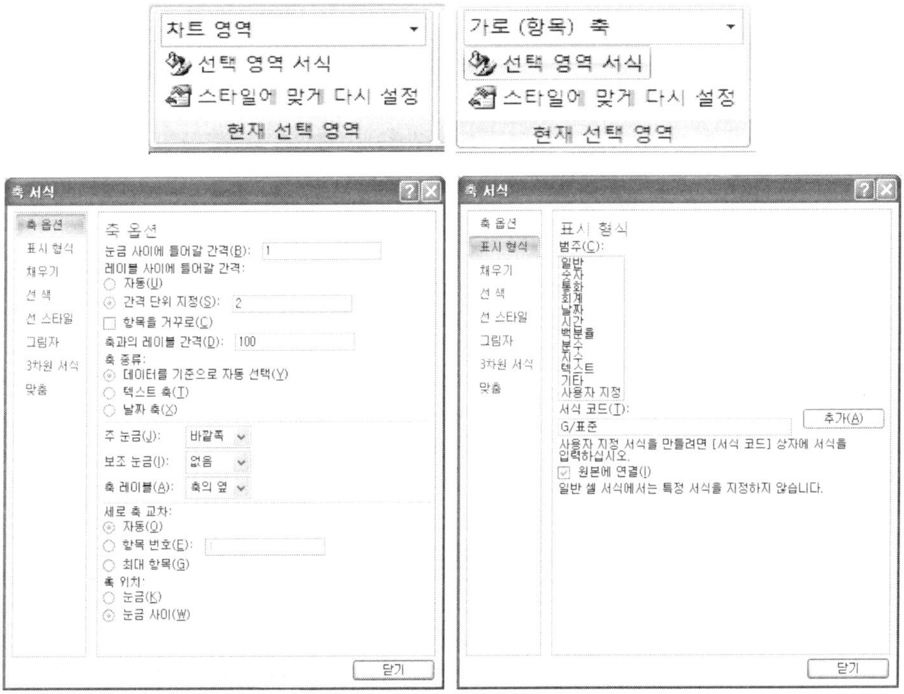

마우스 왼쪽 버튼으로 차트 영역 의 오른쪽 '▼'를 눌러 '세로(값) 축 제목'을 선택하고, 마우스포인터를 '선택 영역 서식'으로 이동하여 [그림 8-9] 위쪽 오른쪽 그림의 '선택 영역 서식'을 클릭하면, [그림 8-9]의 아래쪽 그림과 같은 '축 서식' 대화창이 나타난다.

'축 서식' 화면에서 '간격 단위 지정(S):'의 왼쪽 원을 지정하면 오른쪽 사각형이 회색에서 흰색으로 바뀌면서 사용자가 숫자를 입력할 수 있는 상태가 되는데 '2'라고 입력하면 '가로(항목) 축'의 연도가 매년에서 격년으로 바뀌어 표시된다.

마우스 왼쪽 버튼으로 '그림 영역'의 '세로(값) 축 주 눈금선'을 클릭한 후 키캡 Del를 누르면 눈금선이 사라진다.

나머지 '선택 영역 서식'에 대한 설명은 [그림 8-10]과 같으며, 각 기능에 대한 것은 '축 옵션' 이외에도 '표시 형식', '채우기', '선 색', '선 스타일', '그림자', '3차원 서식' 그리고 '맞춤' 등 8가지를 선택하여 사용자가 적절하게 조절하여 할 수 있다.

[그림 8-10] 축 서식

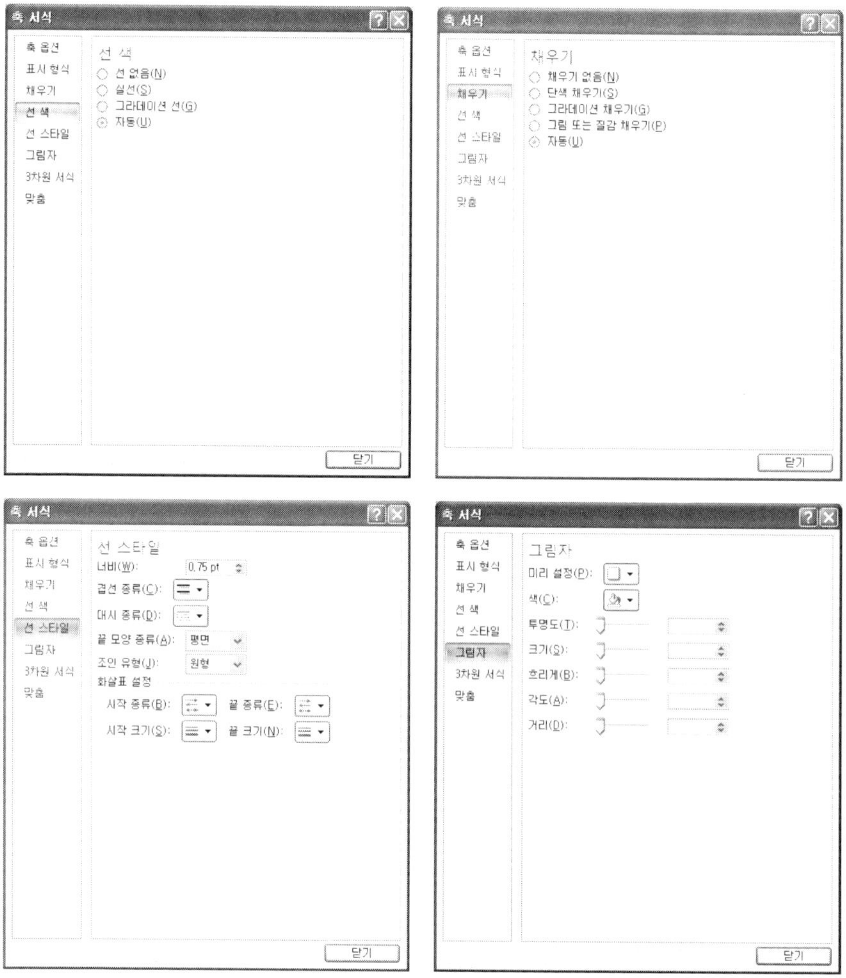

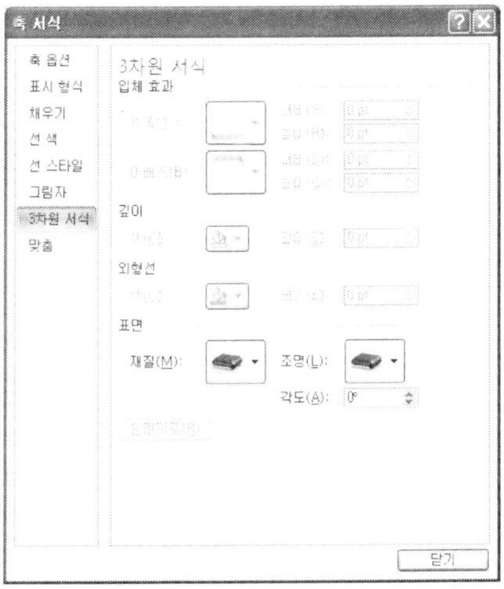

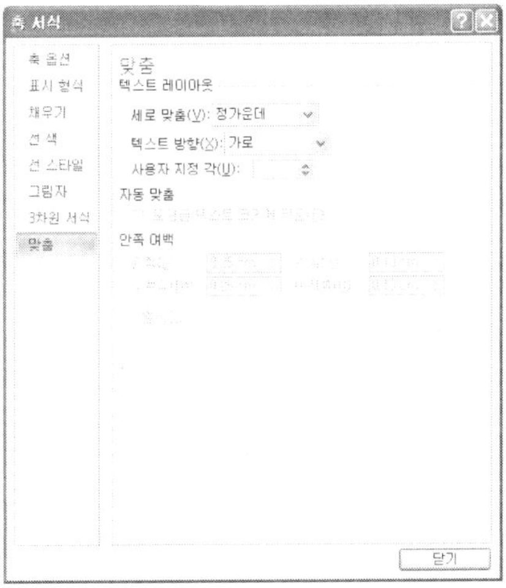

1) '꺾은선형' 데이터 계열 서식 변경

마우스 왼쪽 버튼으로 차트 영역을 누른 후 이어서 '차트 도구'의 '레이아웃' 메뉴 탭을 누른다.

마우스포인터를 '[그림 8-11] '꺾은선형' 데이디 계열 서식 1'의 맨 위쪽 왼쪽 그림과 같이 '현재 선택 영역'으로 이동하여 마우스 왼쪽 버튼으로 '차트영역'의 오른쪽 '▼'를 누르면 차트 영역을 선택할 수 있는 종류가 나타난다.

여기에서 마우스포인터를 '계열 "KOSPI(Y)"'로 이동하여 마우스 왼쪽 버튼으로 눌러 선택한다.

이어서 마우스포인터를 '선택 영역 서식'으로 이동하면 주황색으로 바뀌는데 이때 마우스 왼쪽 버튼으로 '선택 영역 서식' 클릭하면 '[그림 8-11] '꺾은선형' 데이터 계열 서식 1'의 맨 위쪽 오른쪽 그림과 같은 데이터 계열 서식 내화칭이 열린다.

이어서 마우스포인터를 '계열 옵션'에 올려놓으면 '계열 옵션' 메뉴가 주황으로 반전된다. 이때 '계열 옵션'을 누르면, '계열 옵션'에서 데이터 계열 지정의 '보조 축(S)'이 나타난다.

이때 '보조 축(S)'의 왼쪽 원안에 녹색 점을 표시하면, 오른쪽에 '보조 세로(값) 축'이 생성이 된다.

마우스 왼쪽 버튼으로 '표식 옵션'을 클릭하고, '표식 옵션'의 '표식 종류'를 '기본 제공'의 '형식:'에서 '●'를 선택하고, '크기:' '3'을 선택한다.

마우스 왼쪽 버튼으로 '표식 채우기'를 클릭하고, '표식 채우기'의 '단색 채우기(S)'를 클릭하고, '색(C):'에서 '검정색'을 선택한다.

마우스 왼쪽 버튼으로 '선 색'을 클릭하고, '선 색'은 '실선(S)'을 지정하며 '색(C)'은 '검정색'을 지정한다.

마우스 왼쪽 버튼으로 '선 스타일'를 클릭하고, '선 색'은 '실선(S)', '색(C)'은 '검정색'을 각각 지정한다.

마우스 왼쪽 버튼으로 '선 스타일'에서 '너비(W):'는 '1.5pt', 마우스포인터를 '선 색'으로 이동하여 클릭하고, '선색'은 '실선(S)'을 지정하며, '완만한 선(M)'의 왼쪽 정사각형을 체크 표시한다.

[그림 8-11] '꺾은선형' 데이터 계열 서식 1

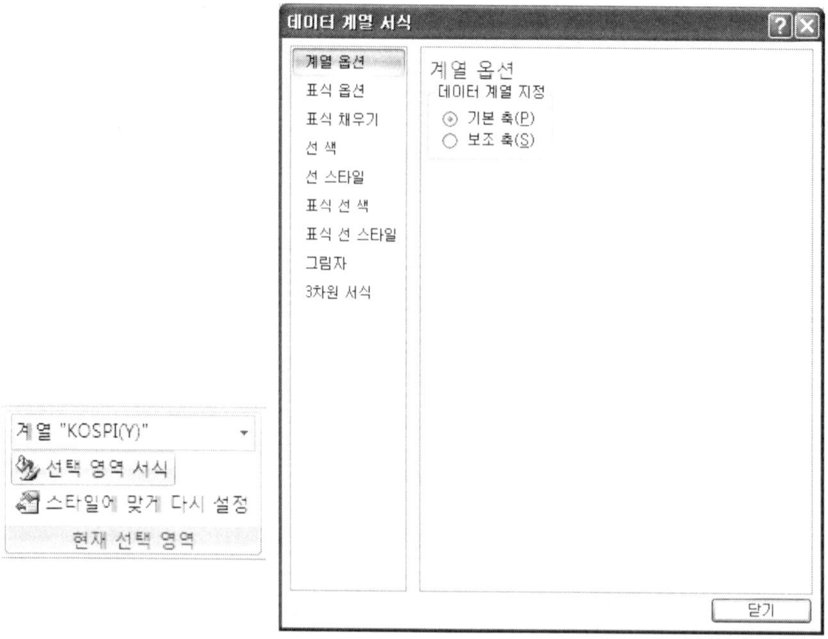

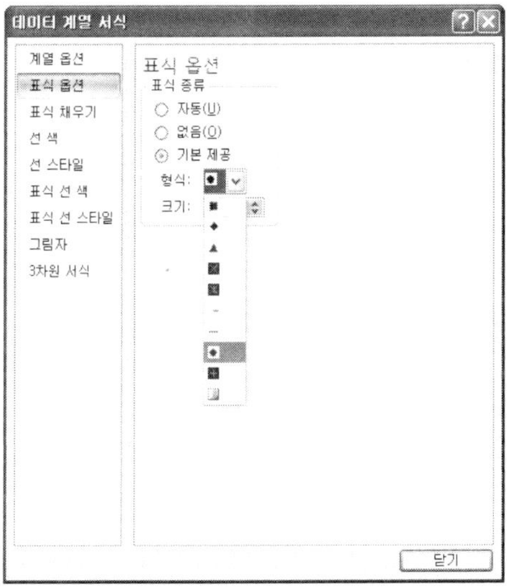

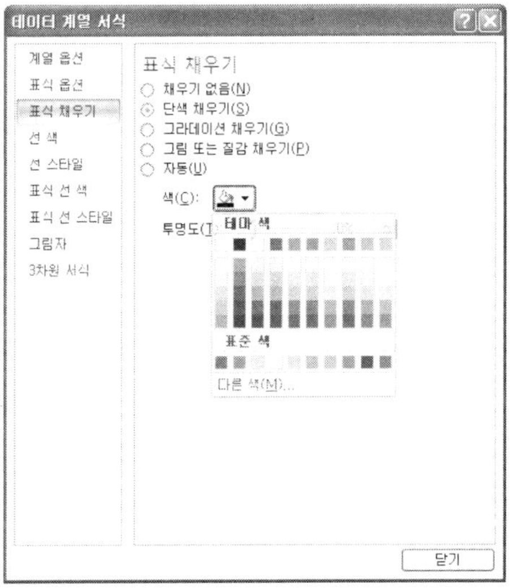

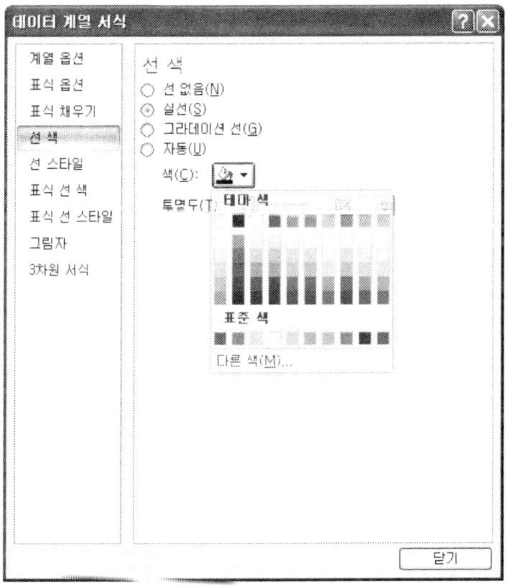

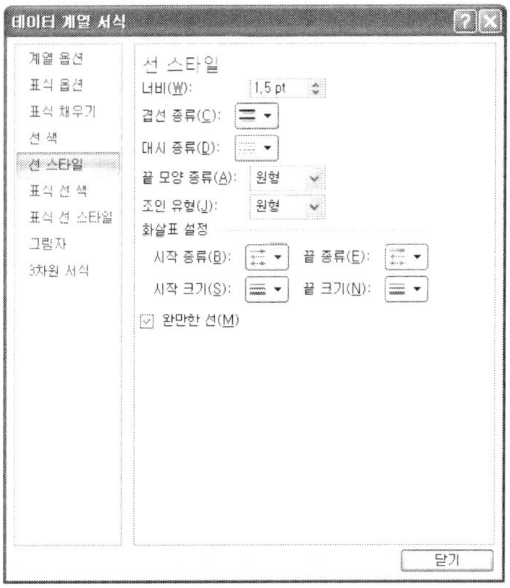

'표식 선 색'은 '[그림 8-11] '꺾은선형' 데이터 계열 서식 2'의 그림과 같이 마우스 왼쪽 버튼으로 '표식 선 색'을 클릭하고, '실선(S)'의 왼쪽 원안에 녹색 점을 표시한다.

[그림 8-11] '꺾은선형' 데이터 계열 서식 2

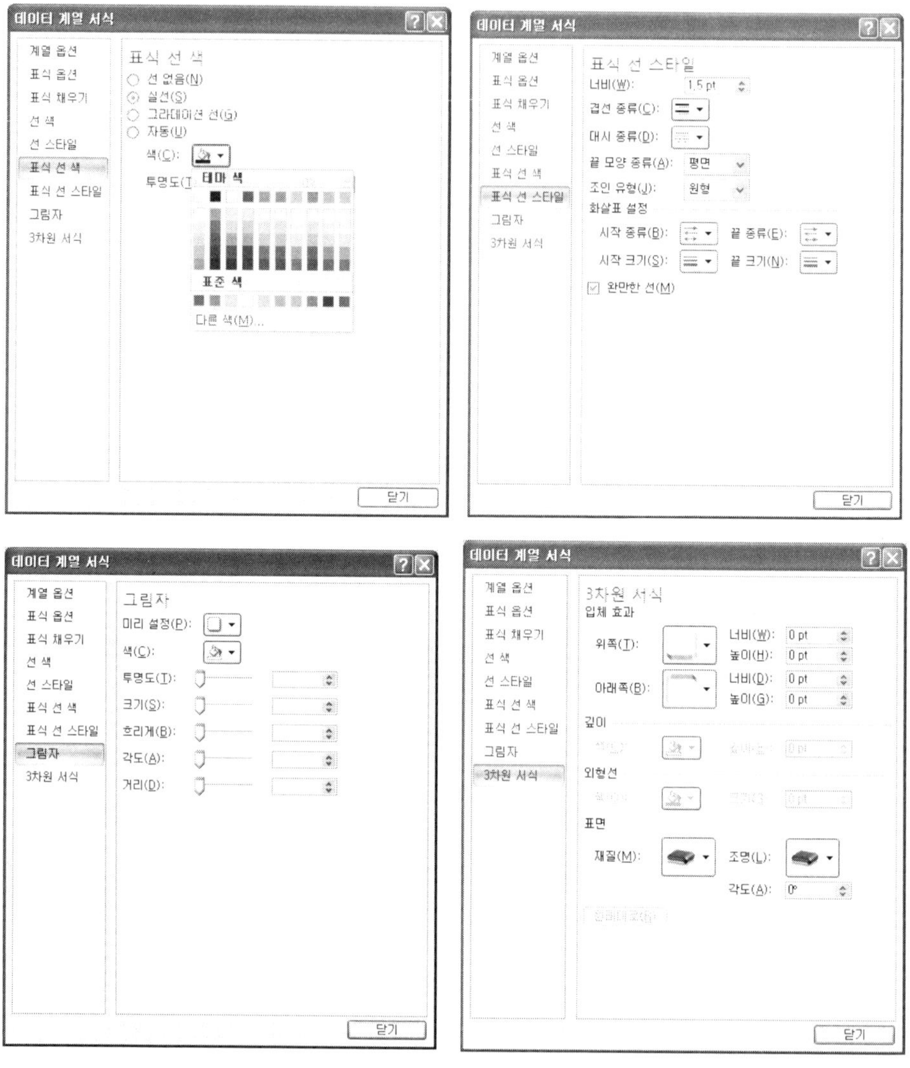

마우스 왼쪽 버튼으로 '표식 선 스타일'의 '너비(W):'를 '1.5pt'로 수정하고, '완만한 선(M)'의 왼쪽 사각형 안을 마우스 왼쪽 버튼으로 클릭하여 녹색 체크 표시한다.

'그림자'와 '3차원 서식'은 필요에 따라 지정하기로 하고 여기에서는 지정 않는다. 이상과 같이 모든 옵션을 설정한 후 마우스 왼쪽 버튼으로 '닫기'를 누르면 '계열 "KOSPI(Y)"'의 '데이터 계열 서식' 작업이 끝난다.

2) 차트 종류 및 '세로 막대형' 데이터 계열 서식 변경

마우스 왼쪽 버튼으로 차트 영역을 누른 후 이어서 '차트 도구'의 '레이아웃' 메뉴 탭을 누른다.

마우스포인터를 '[그림 8-12] 차트 종류 변경'의 위쪽 왼쪽 그림과 같이 '현재 선택 영역'으로 이동하여 마우스 왼쪽 버튼으로 '차트영역'의 오른쪽 '▼'를 누르면 차트 영역을 선택할 수 있는 종류가 나타난다.

여기에서 마우스포인터를 '계열 "부도업체수(X)"'로 이동하여 마우스 왼쪽 버튼으로 눌러 선택한다.

마우스포인터를 '차트 도구'의 '디자인' 메뉴 탭으로 이동하여 마우스 왼쪽 버튼으로 '디자인' 메뉴 탭을 누른다.

'[그림 8-12] 차트 종류 변경'의 위쪽 오른쪽 그림과 같은 '종류' 아이콘 모음 중에서 마우스 왼쪽 버튼으로 '차트 종류 변경'을 클릭한다.

그러면 '[그림 8-12] 차트 종류 변경'의 아래쪽 그림과 같은 차트 종류 변경 대화창이 열린다.

[그림 8-12] 차트 종류 변경

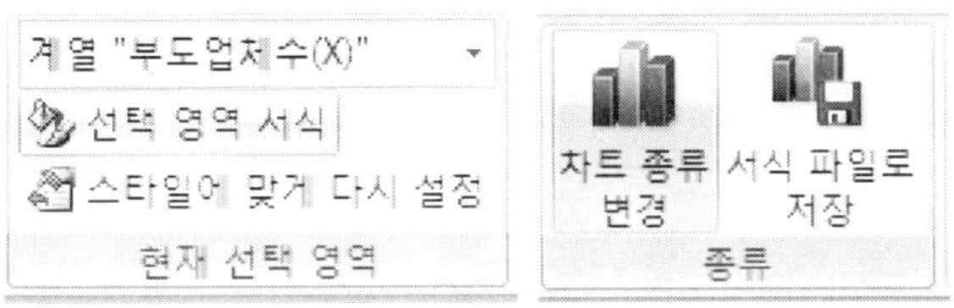

차트 종류는 마우스포인터를 '세로 막대형'으로 이동하여 위에 올려놓으면, 주황색으로 반전되는데 이때 마우스 왼쪽 버튼을 누르면 오른쪽에 '세로 막대형' 종류 19개가 나타난다.

마우스포인터를 이동하여 '세로 막대형' 중에서 '묶은 세로 막대형'을 마우스 왼쪽 버튼으로 지정한 후 이어서 '확인' 버튼을 누르면 이전에 '꺾은선형'으로 되어 있었던 형태에서 '세로 막대형'으로 바뀐다.

마우스 왼쪽 버튼으로 차트 영역을 누른 후 이어서 '차트 도구'의 '레이아웃' 메뉴 탭을 누른다.

마우스포인터를 '[그림 8-12] 차트 종류 변경'의 위쪽 왼쪽 그림과 같이 '현재 선택 영역'으로 이동하여 마우스 왼쪽 버튼으로 '차트영역'의 오른쪽 '▼'를 누르면 차트 영역을 선택할 수 있는 종류가 나타난다.

여기에서 마우스포인터를 '계열 "부도업체수(X)"'로 이동하여 마우스 왼쪽 버튼으로 눌러 선택한다.

이어서 마우스포인터를 '선택 영역 서식'으로 이동하면 주황색으로 바뀌는데 이때 마우스 왼쪽 버튼으로 '선택 영역 서식' 클릭하면 '[그림 8-12] '세로 막대형' 데이터 계열 서식'의 맨 위쪽 오른쪽 그림과 같은 데이터 계열 서식 대화창이 열린다.

이어서 마우스포인터를 '계열 옵션'에 올려놓으면 '계열 옵션' 메뉴가 주황으로 반전된다. 이때 '계열 옵션'을 누르면, '계열 겹치기'에서 '구분'의 선을 눌러 '0%'으로 맞추거나 사각형 안에 직접 숫자를 입력한다.

이어서 '간격 너비(W)'는 '30%'으로 조정하고, '데이터 계열 지정'은 '기본 축(P)'의 왼쪽 원안에 녹색 점을 표시한다.

마우스 왼쪽 버튼으로 '채우기'를 클릭하고, '채우기 없음(N)'의 왼쪽 원안에 녹색 점을 표시한다.

마우스 왼쪽 버튼으로 '테두리 색'을 클릭하고, '실선(S)'의 왼쪽 원안에 녹색 점을 표시하며 '색(C)'은 '검정색'을 지정한다. 마우스 왼쪽 버튼으로 '테두리 스타일'을 클릭하고, '너비(W):'에 '1.5pt'로 조정한다.

'그림자'와 '3차원 서식'은 필요에 따라 지정하기로 하고 여기에서는 지정 하지 않는다. 이상과 같이 모든 옵션을 설정한 후 마우스 왼쪽 버튼으로 '닫기'를 누르면 '계열 "부도업체수(X)"'의 '데이터 계열 서식' 작업이 끝난다.

[그림 8-13] '세로 막대형' 데이터 계열 서식

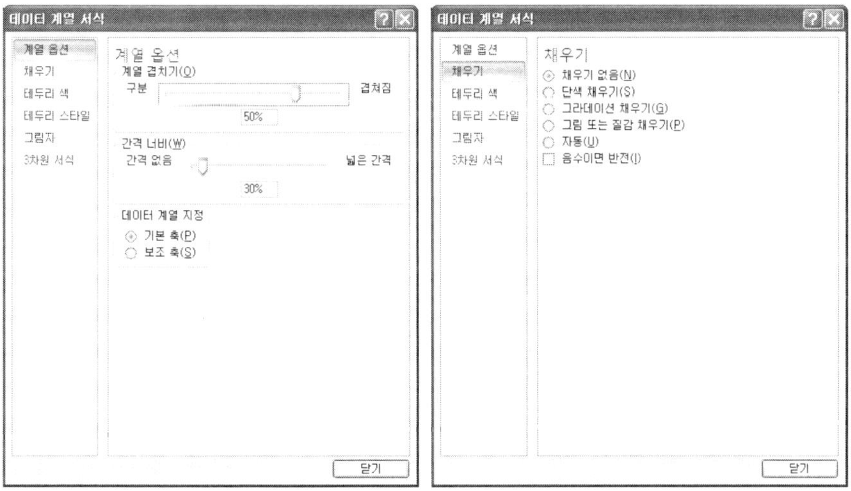

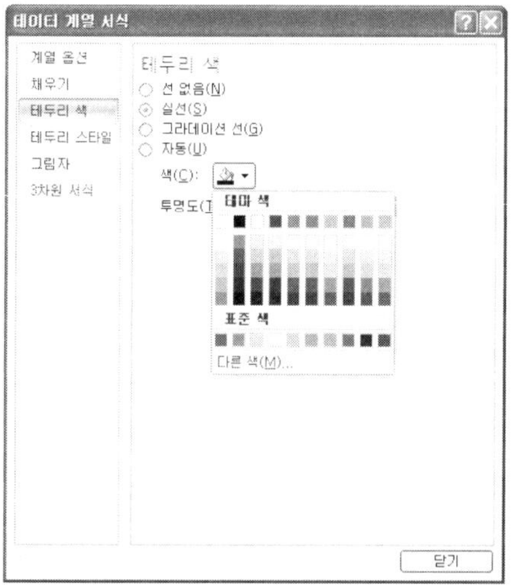

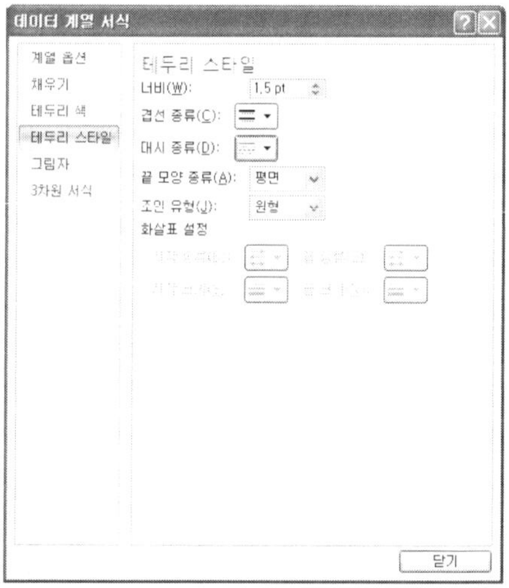

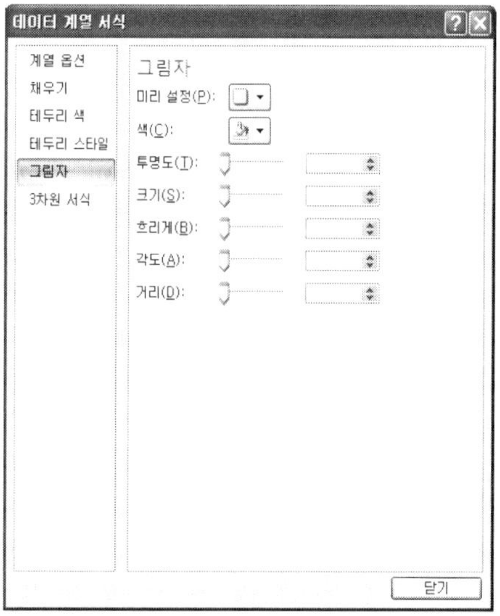

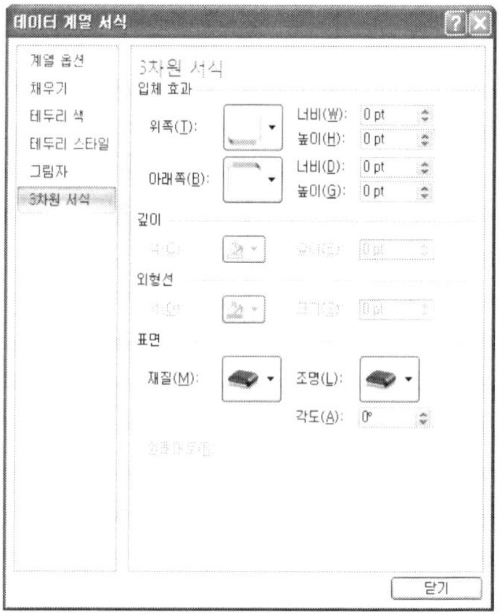

3) 차트 영역 변경

마우스 왼쪽 버튼으로 차트 영역을 누른 후 이어서 '차트 도구'의 '레이아웃' 메뉴 탭을 누른다.

마우스포인터를 '[그림 8-12] 차트 종류 변경'의 위쪽 왼쪽 그림과 같이 '현재 선택 영역'으로 이동하여 마우스 왼쪽 버튼으로 '차트영역'의 오른쪽 '▼'를 누르면 차트 영역을 선택할 수 있는 종류가 나타난다.

여기에서 마우스포인터를 '차트 영역'으로 이동하여 마우스 왼쪽 버튼으로 눌러 선택한다.

이어서 마우스포인터를 '선택 영역 서식'으로 이동하면 주황색으로 바뀌는데 이때 마우스 왼쪽 버튼으로 '선택 영역 서식' 클릭하면 '[그림 8-14] 차트 영역 서식'과 같은 차트 영역 서식 대화창이 열린다.

이어서 마우스포인터를 '채우기'에 올려놓으면 '채우기' 메뉴가 주황으로 반전된다. 이때 마우스 왼쪽 버튼으로 '채우기'의 왼쪽 원안에 녹색 점을 표시한다.

마우스 왼쪽 버튼으로 '테두리 색'을 클릭하고, '선 없음(N)'의 왼쪽 원안에 녹색 점을 표시한다.

마우스 왼쪽 버튼으로 '테두리 스타일'을 클릭하고, '테두리 색'에서 '선 없음(N)'을 선택했기 때문에 옵션을 지정할 필요가 없다.

이상과 같이 모든 옵션을 설정한 후 마우스 왼쪽 버튼으로 '닫기'를 누르면 '차트 영역 서식' 작업이 끝난다.

마우스포인터를 워크시트 상에서 이동하여 임의의 셀을 마우스 왼쪽 버튼으로 클릭하면 차트 영역이 투명하게 되어 워크시트에 입력되어 있는 내용이 비춰지게 된다.

차트 크기를 조정하려면 다음과 같은 절차를 거치면 가능하다. 마우스 왼쪽 버튼으로 차트 영역의 임의 위치를 누르면 차트 영역의 테두리가 나타난다.

마우스포인터를 차트 영역 오른쪽 아래로 이동하여 모서리에 위치하면 우하향하는 양쪽 화살표가 되는데 이때 마우스 왼쪽 버튼을 누른 상태에서 좌우상하로 움직이면 차트 영역의 크기가 자유자재로 조정된다.

[그림 8-14] 차트 영역 서식

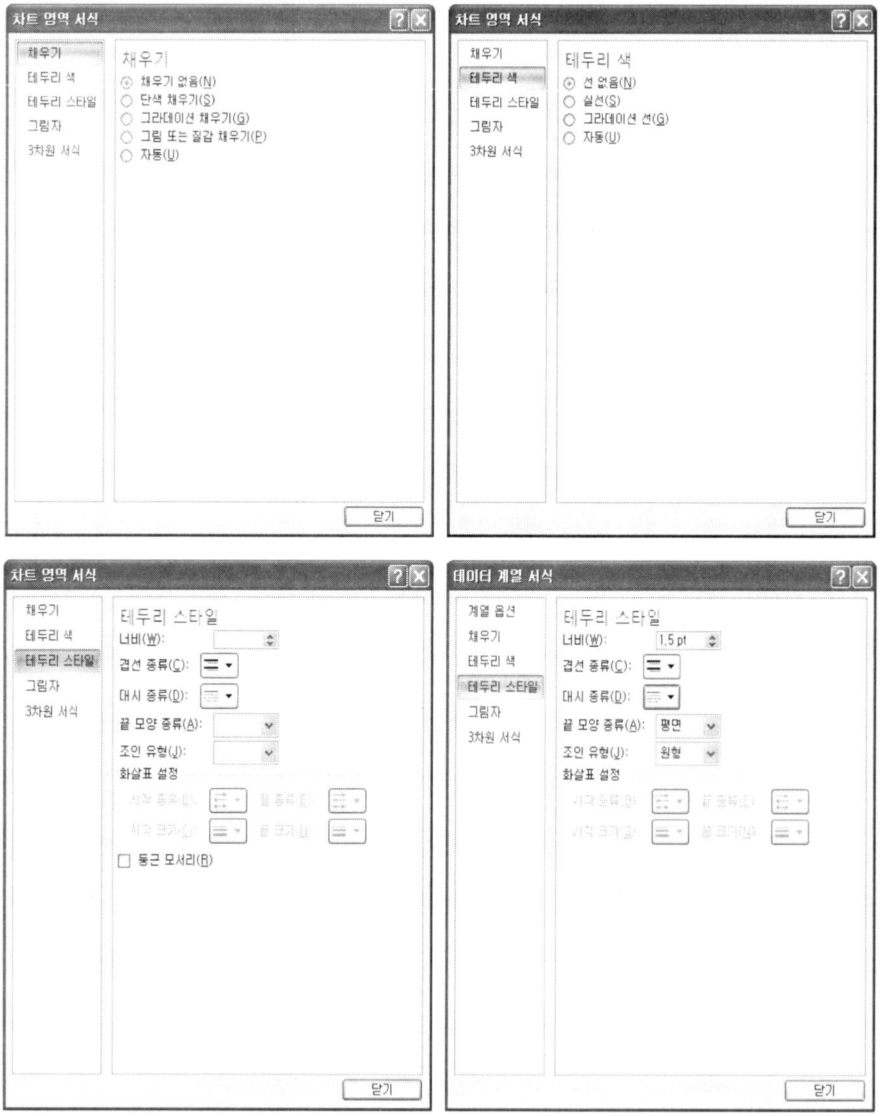

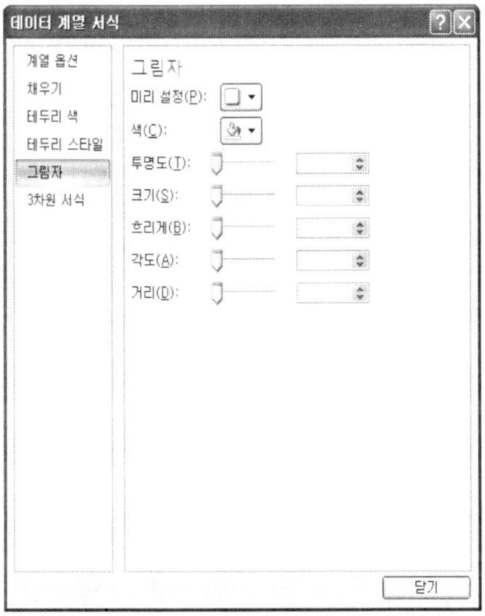

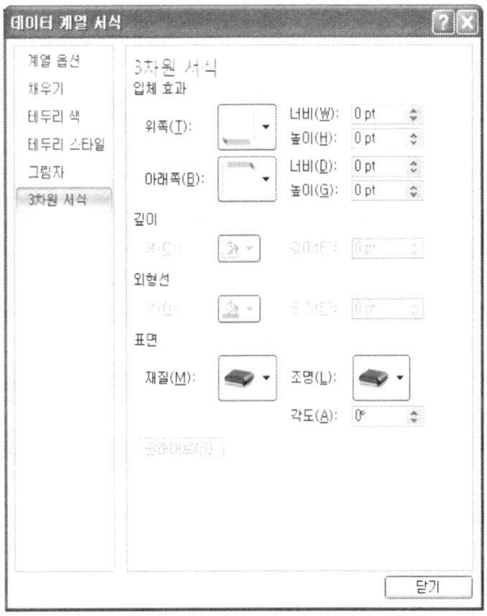

5. 부도업체수와 KOSPI의 분석결과

이상과 같이 부도업체수, KOSPI 두 변수 간의 상관관계를 분석한 결과, 1990년대 후반 이후 부도업체수와 KOSPI의 상관계수는 -0.5981을 나타내고 있어서 두 변수 간에는 부(-)의 상관관계가 있는 것을 알 수 있다.

제 3 절 실질국내총생산액과 실질총수입액

[표 8-2]는 우리나라의 실질국내총생산액과 실질총수입액(억원)을 나타내고 있다. 두 변수 간에 어떠한 관계를 가지고 있는지 상관계수를 구하여 파악할 수 있다.

[표 8-2] 국내총생산과 수입액

(단위: 2005년도 기준, 억 원, 천 달러)

연도	국내총생산	생산자 물가지수	수입액	수입 물가지수	환율
1971	34,345	9.53	2,394,320	7.76	347.68
1972	42,411	10.86	2,522,022	9.39	392.92
1973	54,990	11.61	4,240,277	11.96	398.33
1974	78,454	16.50	6,851,848	16.90	404.53
1975	104,778	20.87	7,274,434	19.59	484.00
1976	144,108	23.40	8,773,632	20.17	484.00
1977	185,020	25.51	10,810,538	20.37	484.00
1978	249,447	28.50	14,971,930	21.24	484.00
1979	320,494	33.82	20,338,611	26.90	484.00
1980	391,096	47.01	22,291,663	42.74	607.44
1981	493,057	56.60	26,131,421	50.10	681.27
1982	566,768	59.25	24,250,840	51.03	731.49
1983	666,851	59.35	26,192,221	51.78	776.15
1984	765,235	59.78	30,631,441	53.88	806.00
1985	856,991	60.31	31,135,655	55.78	870.53
1986	1,002,541	59.43	31,583,900	53.42	881.33
1987	1,179,382	59.70	41,019,812	57.24	822.41
1988	1,405,248	61.32	51,810,632	60.56	730.53
1989	1,586,201	62.23	61,464,772	58.37	671.38
1990	1,913,828	64.83	69,843,678	57.80	707.97
1991	2,314,282	67.89	81,524,858	57.77	733.60
1992	2,639,932	69.36	81,775,257	58.64	780.84
1993	2,987,616	70.41	83,800,142	60.71	802.73
1994	3,499,726	72.32	102,348,175	63.10	803.62
1995	4,096,536	75.72	135,118,933	66.74	771.04
1996	4,609,526	78.17	150,339,100	67.22	804.78
1997	5,063,136	81.16	144,616,374	73.59	951.11
1998	5,010,272	91.08	93,281,754	94.37	1,398.88
1999	5,490,050	89.19	119,752,282	82.91	1,189.48
2000	6,032,360	91.00	160,481,018	89.26	1,130.61
2001	6,514,153	90.58	141,097,821	92.42	1,290.83
2002	7,205,390	90.33	152,126,153	86.69	1,251.24
2003	7,671,137	92.31	178,826,657	88.24	1,191.70
2004	8,268,927	97.89	224,462,687	97.20	1,145.27
2005	8,652,409	100.00	261,238,264	100.00	1,024.24
2006	9,087,438	100.90	309,382,632	100.93	956.11
2007	9,750,130	102.34	356,845,733	105.47	929.20
2008	10,264,518	111.11	435,274,737	143.65	1,102.59
2009	10,630,591	110.86	323,084,521	137.70	1,276.40

자료 : 한국은행(http://ecos.bok.or.kr), 2010년.

1. 실질국내총생산액과 실질총수입액

마이크로소프트사의 엑셀 프로그램을 이용하여 '[표 8-2] 실질국내총산액과 실질총수입액'의 데이터를 [그림 8-15]와 같이 입력한다.

마우스 왼쪽 버튼으로 셀 A1을 클릭한 후 셀 A1에 '[표 8-2] 실질국내총생산액과 실질총수입액'이라고 입력하고, 키 캡 Enter↵를 누른다.

[그림 8-15] 실질국내총생산액과 실질총수입액

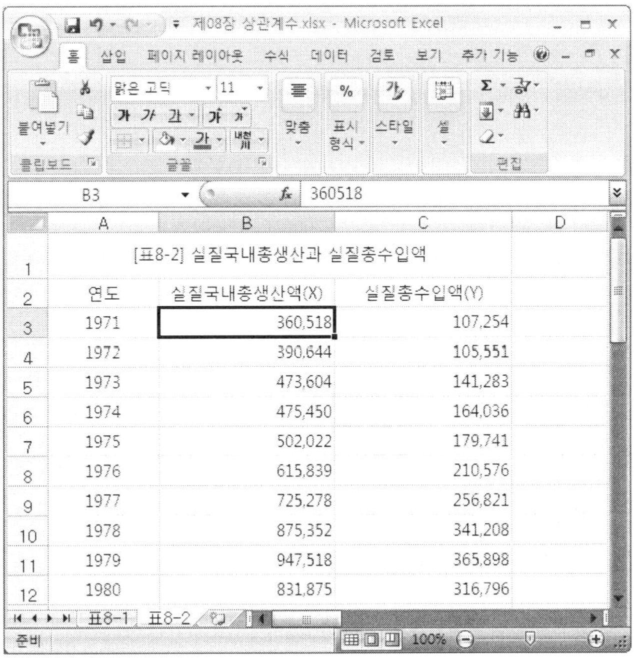

마우스 왼쪽 버튼으로 셀 A1을 클릭한 후 마우스 왼쪽 버튼을 누른 상태에서 셀 C1까지 드래그하면 셀의 색상이 반전이 된다.

이렇게 반전이 된 상태에서 마우스의 왼쪽 버튼을 누른 것을 뗀 후 이어서 마우스포인터로 '홈' 메뉴 탭을 누르고, '맞춤' 아이콘 모음 중에서 '병합하고 가운데 맞춤' 아이콘 을 클릭하면 셀 A1에서 셀 C1까지 셀을 병합하고 제목을 가운데로 맞춰 준다.

마우스 왼쪽 버튼으로 셀 A2를 클릭한 후 셀 A2에 '연도'라고 입력하고, 키 캡 Enter↵를 누른다. 이어서 셀 B2에 '실질국내총생산액(X)' 그리고 셀 C2에 '실질총수입액(Y)' 등을 각각 입력하고, 키 캡 Enter↵를 누르면 된다.

마우스로 셀 A2에서 셀 C2까지 드래그하면 색이 반전이 되는데 이러한 상태에서 '홈' 메뉴 탭의 '맞춤' 아이콘 모음 중에서 '가운데 맞춤'을 나타내는 아이콘 ≡을 누르면 입력된 셀의 문자는 가운데로 맞춰진다.

셀 A2의 '연도' 입력은 마우스로 셀 A3을 클릭한 후 셀 A3에 '1971'이라고 입력하고, 키 캡 Enter↵를 누른다.

마우스로 셀 A2를 클릭한 후 '홈' 메뉴 탭의 '맞춤' 아이콘을 나타내는 것들 중에서 '가운데 맞춤'을 나타내는 아이콘 ≡을 눌러 입력된 셀의 내용을 가운데로 맞춘다.

다시 마우스로 셀 A3을 클릭하고 이어서 마우스 왼쪽 버튼을 누른 후 마우스 왼쪽 버튼을 떼고, 마우스포인터를 셀 A3의 오른쪽 아래 구석으로 이동한다.

마우스포인터는 흰색 십자에서 검은색 십자(필 핸들)로 변하는데, 여기에서 마우스 오른쪽 버튼을 누른 상태에서 셀 A41까지 드래그하고 이어서 마우스 오른쪽 버튼을 뗀다.

그러면 오른쪽에 메뉴 화면이 열리는데 마우스포인터로 '연속 데이터 채우기(S)'를 선택하면 지정된 빈 셀에 연도별 숫자가 셀 A4에 '1972'에서 셀 A23에 '2009'까지 연속하여 채워진다.

셀 B2의 '실질국내총생산액(X)'는 마우스로 셀 B3을 클릭한 후 데이터 '360518'을 셀 B3에 입력하고, 키 캡 Enter↵를 누른다. 이어서 반복하여 같은 방법으로 셀 C2의 '실질총수입액(Y)'의 셀 C41까지 입력하고, 키 캡 Enter↵를 누른다.

마우스로 셀 B3을 클릭한 후 마우스 왼쪽 버튼으로 셀 B3을 누른 상태에서 셀 C41까지 드래그를 하면 셀의 색상이 반전이 된다.

마우스 왼쪽 버튼을 뗀 후 마우스포인터를 '홈' 메뉴 탭을 누르고, 이어서 '표시 형식' 아이콘 모음 중에서 '쉼표 스타일' 아이콘 ,를 클릭하면, 셀 B3에서 셀 C41까지 입력한 데이터가 1000단위 구분 기호를 사용하여 셀 값을 표시해 준다.

여기에서 상관계수를 구하기 위한 데이터 입력이 완료되면 [그림 8-16]과 같이 상관계수 계산과정에 대하여 설명한다.

마우스 왼쪽 버튼으로 셀 E1을 클릭한 후 셀 E1에 '상관계수 계산과정'이라고 입력하고, 키 캡 Enter↵를 누른다. 마우스 왼쪽 버튼으로 셀 E1을 클릭한 후 마우스 왼쪽 버튼을 누른 상태에서 셀 M1까지 드래그하면 셀의 색상이 반전이 된다.

[그림 8-16] 실질국내총생산액과 실질총수입액의 상관계수

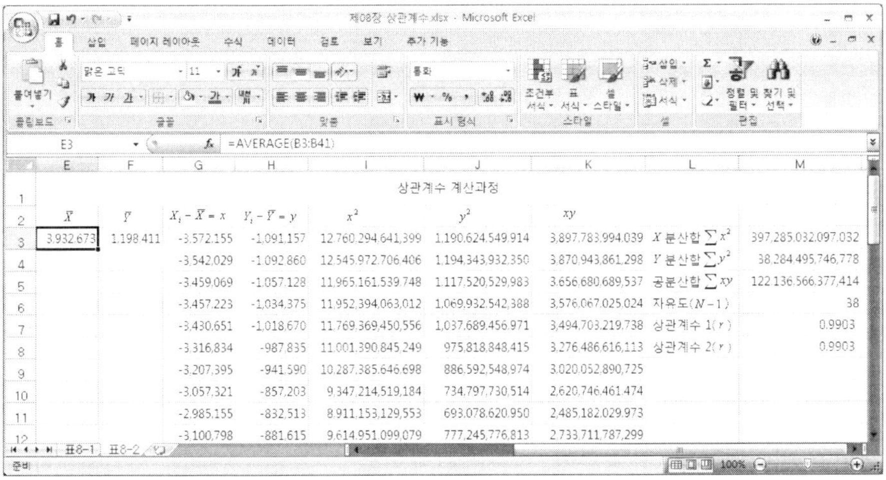

이렇게 반전이 된 상태에서 마우스의 왼쪽 버튼을 누른 것을 뗀 후 이어서 마우스포인터로 '홈' 메뉴 탭을 누르고, '맞춤' 아이콘 모음 중에서 '병합하고 가운데 맞춤' 아이콘 을 클릭하면 셀 E1에서 셀 M1까지 셀을 병합하고 제목을 가운데로 맞춰 준다.

2. 실질국내총생산액과 실질총수입액의 기초통계량

마우스 왼쪽 버튼으로 셀 E2를 클릭한 후 셀 E2에 변수 X의 평균 기호 '$\overline{X}$'라고 입력하고, 키 캡 Enter↵를 누른다. 이어서 셀 F2에 변수 Y의 평균 기호 '$\overline{Y}$', 셀 G2에 '$X_i - \overline{X} = x$', 셀 H2에 '$Y_i - \overline{Y} = y$', 셀 I2에 'x^2', 셀 J2에 'y^2' 그리고 셀 K2에 'xy' 등을 각각 입력하고, 키 캡 Enter↵를 누르면 된다.

셀 E2의 '$\overline{X}$'는 마우스 왼쪽 버튼으로 셀 E3을 클릭한 후 셀 E4에 평균함수

'=AVERAGE(B3:B41)'을 입력하고, 키 캡 [Enter↵]를 누른다.

셀 F2의 '$\overline{Y}$'는 마우스 왼쪽 버튼으로 셀 F3을 클릭한 후 셀 F4에 평균함수 '=AVERAGE(C3:C41)'을 입력하고, 키 캡 [Enter↵]를 누른다.

셀 G2의 '$X_i - \overline{X} = x$'는 마우스 왼쪽 버튼으로 셀 G3을 클릭한 후 셀 G4에 변수 X의 편차 '=B3-E$3'을 입력하고, 키 캡 [Enter↵]를 누른다.

마우스 왼쪽 버튼으로 셀 G3을 클릭한 후 마우스포인터를 셀 G3의 우측 아래 구석으로 이동하여, 마우스포인터를 검은색 십자의 필 핸들로 바꾸어 마우스 왼쪽 버튼을 누른 상태에서 셀 G41까지 드래그하면 셀 색상이 반전되고, 셀 G4부터 셀 G41까지 비어있는 셀의 공란에 변수 X의 연도별 편차 값이 자동으로 계산되고 수치로 변환되어 나타난다.

이어서 마우스 왼쪽 버튼을 뗀 후 마우스포인터를 셀 G41의 우측 아래 구석으로 이동하여, 마우스포인터를 검은색 십자의 필 핸들로 바꾸어 마우스 왼쪽 버튼을 누른 상태에서 옆으로 셀 H41까지 드래그하면 셀 색상이 반전된다.

그러면 셀 H2의 '$Y_i - \overline{Y} = y$'는 변수 Y의 연도별 편차 값이 셀 H3부터 셀 H23까지 비어있는 셀의 공란이 자동으로 계산되고 수치로 변환되어 나타난다.

셀 I2의 'x^2'은 마우스 왼쪽 버튼으로 셀 I3을 클릭한 후 셀 I4에 변수 X의 편차자승 '=G3^2'이라고 입력하고, 키 캡 [Enter↵]를 누른다.

마우스 왼쪽 버튼으로 셀 I3을 클릭한 후 마우스포인터를 셀 I3의 우측 아래 구석으로 이동하여, 마우스포인터를 검은색 십자의 필 핸들로 바꾸어 마우스 왼쪽 버튼을 누른 상태에서 셀 I41까지 드래그하면 셀 색상이 반전되고, 셀 I4부터 셀 I41까지 비어있는 셀의 공란에 변수 X의 연도별 편차자승 값이 자동으로 계산되고 수치로 변환되어 나타난다.

이어서 마우스 왼쪽 버튼을 뗀 후 마우스포인터를 셀 I41의 우측 아래 구석으로 이동하여, 마우스포인터를 검은색 십자의 필 핸들로 바꾸어 마우스 왼쪽 버튼을 누른 상태에서 옆으로 셀 J41까지 드래그하면 셀 색상이 반전된다.

그러면 셀 J2의 'y^2'은 변수 Y의 연도별 편차자승 값이 셀 J3부터 셀 J41까지 비어있는 셀의 공란이 자동으로 계산되고 수치로 변환되어 나타난다.

셀 K2의 'xy'는 마우스 왼쪽 버튼으로 셀 K3을 클릭한 후 셀 K4에 공분산

'=G3*H3'을 입력하고, 키 캡 Enter↵를 누른다.

마우스 왼쪽 버튼으로 셀 K3을 클릭한 후 마우스포인터를 셀 K3의 우측 아래 구석으로 이동하여, 마우스포인터를 검은색 십자의 필 핸들로 바꾸어 마우스 왼쪽 버튼을 누른 상태에서 셀 K41까지 드래그하면 셀 색상이 반전되고, 셀 K4부터 셀 K41까지 비어있는 셀의 공란에 변수 X, Y의 연도별 공분산 값이 자동으로 계산되고 수치로 변환되어 나타난다.

마우스 왼쪽 버튼으로 셀 E3을 클릭한 후 마우스 왼쪽 버튼을 누른 상태에서 셀 K41까지 드래그하면 셀 색상이 반전된다.

마우스 왼쪽 버튼을 뗀 후 마우스포인터를 '홈' 메뉴 탭을 누르고, 이어서 '셀 서식' 아이콘 모음 중에서 '서식' 아이콘을 클릭하면, '셀 서식' 풀다운 메뉴가 나타난다.

마우스포인터를 이동하여 '셀 서식'을 선택하면, '셀 서식' 대화창이 열리는데 마우스로 '표시 형식' 탭을 누르고, '범주(C)'에서 '숫자'를 지정하고, '보기'의 '소수 자릿수(D)'를 '0'으로 하며, '1000 단위 구분 기호(,) 사용(U)'의 사각형을 체크 표시하고, '음수(N)'를 '-1234'를 지정한 후 '확인' 버튼을 누르면 지정한 셀의 서식이 바뀐다.

3. 실질국내총생산액과 실질총수입액의 상관계수

상관계수를 계산하는 방법은 수작업 접근법과 함수 접근법 두 가지로 나누어 설명할 수 있다.

수작업 접근법은 마우스 왼쪽 버튼으로 셀 L3을 클릭한 후 셀 L3에 'X분산합 $\sum x^2$'이라고 입력하고, 키 캡 Enter↵를 누른다.

이어서 셀 L4에 'Y분산합 $\sum y^2$', 셀 L5에 '공분산합 $\sum xy$', 셀 L6에 '자유도 $(N-1)$', 셀 L7에 '상관계수 1(r)' 그리고 셀 L8에 '상관계수 2(r)'이라고 각각 입력하고, 매번 키 캡 Enter↵를 누른다.

셀 L3의 'X분산합 $\sum x^2$'은 마우스 왼쪽 버튼으로 셀 M3을 클릭한 후 셀 M3에 '=SUM(I3:I41)'이라고 입력하고, 키 캡 Enter↵를 누른다.

셀 L4의 'Y분산합 $\sum y^2$'은 마우스 왼쪽 버튼으로 셀 M4를 클릭한 후 셀 M4에 '=SUM(J3:J41)'이라고 입력하고, 키 캡 [Enter↵]를 누른다.

셀 L5의 '공분산합 $\sum xy$'는 마우스 왼쪽 버튼으로 셀 M5를 클릭한 후 셀 M5에 '=SUM(K3:K41)'이라고 입력하고, 키 캡 [Enter↵]를 누른다.

셀 L6의 '자유도($N-1$)'는 마우스 왼쪽 버튼으로 셀 M6을 클릭한 후 셀 M6에 '=COUNT(B3:B41)-1'이라고 입력하고, 키 캡 [Enter↵]를 누른다.

마우스 왼쪽 버튼으로 셀 M3을 클릭한 후 마우스 왼쪽 버튼을 누른 상태에서 셀 M6까지 드래그하면 셀 색상이 반전된다.

마우스 왼쪽 버튼을 뗀 후 마우스포인터를 이동하여 '홈' 메뉴 탭을 누르고, 이어서 '셀 서식' 아이콘 모음 중에서 '서식' 아이콘을 클릭하면, '셀 서식' 풀다운 메뉴가 나타난다.

마우스포인터를 이동하여 '셀 서식'을 선택하면, '셀 서식' 대화창이 열리는데 마우스로 '표시 형식' 탭을 누르고, '범주(C)'에서 '숫자'를 지정하고, '보기'의 '소수 자릿수(D)'를 '0'으로 하며, '1000 단위 구분 기호(,) 사용(U)'의 사각형을 체크 표시하고, '음수(N)'를 '-1234'를 지정한 후 '확인' 버튼을 누르면 지정한 셀의 서식이 바뀐다.

셀 L7의 '상관계수 1(r)'는 마우스 왼쪽 버튼으로 셀 M7을 클릭한 후 셀 M7에 '=(M5/M6)/SQRT(((M3/M6)*(M4/M6)))'이라고 입력하고, 키 캡 [Enter↵]를 누른다.

마우스 왼쪽 버튼으로 셀 M7을 클릭하고, 마우스 왼쪽 버튼을 뗀 후 마우스포인터를 이동하여 '홈' 메뉴 탭을 누르고, 이어서 '셀 서식' 아이콘 모음 중에서 '서식' 아이콘을 클릭하면, '셀 서식' 풀다운 메뉴가 열린다.

마우스포인터를 이동하여 '셀 서식'을 선택하면, '셀 서식' 대화창이 열리는데 마우스로 '표시 형식' 탭을 누르고, '범주(C)'에서 '숫자'를 지정하고, '보기'의 '소수 자릿수(D)'를 '4'로 하며, '1000 단위 구분 기호(,) 사용(U)'의 사각형을 체크 표시하지 않고, '음수(N)'를 '-1234'를 지정한 후 '확인' 버튼을 누르면 지정한 셀의 서식이 바뀐다.

수작업 접근법으로 계산한 상관계수는 셀 M7에 '0.9903'의 수치로 변환된 값을 얻을 수 있다.

함수 접근법은 마우스 왼쪽 버튼으로 셀 M8을 클릭한 후 마우스 왼쪽 버튼으로 '함수 마법사' *fx*를 클릭하여 '함수 삽입'을 하면 '함수 마법사' 대화창이 나타난다.

'함수 마법사' 대화창의 '범주 선택(C):'에서 '통계'를 선택하여 '함수 선택(N)'에서 마우스포인터를 이동하여 'CORREL'를 지정하면 색상이 반전되는데 이때 마우스 왼쪽 버튼으로 '확인' 버튼을 클릭한다.

새로운 '함수 인수' 대화창이 열리면서 'Array1'과 'Array2' 두 개의 입력창이 열린다.

새로운 '함수 인수' 입력창에서 'Array1'의 입력 공란을 클릭한 후 마우스포인터를 이동하여 워크시트의 셀 B3을 누르면 액티브 셀 상태가 되는데 셀 B3을 누른 채로 셀 B41까지 드래그한다.

'Array1'의 입력 공란에 'B3:B41'이라고 입력되는데 '확인' 버튼을 누르면 '실질국내총생산액(X)'의 연도별 실질국내총생산액이 지정된다.

이어서 '함수 인수' 입력창에서 'Array2'의 입력 공란을 클릭한 후 마우스포인터를 이동하여 워크시트의 셀 C3을 누르면 액티브 셀 상태가 되는데 셀 C3을 누른 채로 셀 C41까지 드래그한다.

'Array2'의 입력 공란에 'C3:C41'이라고 입력되는데 '확인' 버튼을 누르면 '실질총수입액(Y)'의 연도별 실질총수입액이 지정된다.

'Array'의 지정을 완료한 후 마우스 왼쪽 버튼으로 '확인' 버튼을 누르면 셀 M8 내부에는 '=CORREL(B3:B41,C3:C41)'이라고 입력되고, 셀 M8의 표면에는 상관계수 값 '0.9903' 수치로 변환되어 나타난다.

함수를 이용할 경우 사용자가 직접 마우스 왼쪽 버튼으로 셀 M8을 클릭한 후 '=CORREL(B3:B41,C3:C41)'이라고 입력하고, 키 캡 [Enter↵]를 눌러도 동일한 상관계수의 값을 도출할 수 있다.

마우스 왼쪽 버튼으로 셀 M8을 클릭하고, 마우스 왼쪽 버튼을 뗀 후 마우스포인터를 이동하여 '홈' 메뉴 탭을 누르고, 이어서 '셀 서식' 아이콘 모음 중에서 '서식' 아이콘을 클릭하면, '셀 서식' 풀다운 메뉴가 열린다.

마우스포인터를 이동하여 '셀 서식'을 선택하면, '셀 서식' 대화창이 열리는데 마우스로 '표시 형식' 탭을 누르고, '범주(C)'에서 '숫자'를 지정하고, '보기'의 '소수 자릿수(D)'를 '4'로 하며, '1000 단위 구분 기호(,) 사용(U)'의 사각형을 체크 표시하지 않고, '음수(N)'를 '-1234'를 지정한 후 '확인' 버튼을 누르면 지정한 셀의 서식이 바뀐다.

함수 접근법으로 계산한 상관계수는 셀 M8에 '0.9903'의 수치로 변환된 값을 얻을 수 있다.

이렇게 하여 얻어진 결과는 두 변수간의 관계 여부를 나타내는 유익한 정보를 제공하는데 두 변수간의 상관관계의 성질에 나타내고 있다.

4. 실질국내총생산액과 실질총수입액의 분석결과

일반적으로 실질국내총생산액이 증가하면, 실질수입액은 증가한다. 각 가계의 소비는 국내재화의 소비와 수입재화의 소비로 구성되어 있기 때문에, 소득이 증대할수록 수입재화의 소비는 증가할 것이다.

또한, 국내소비의 증가에 유발되는 국내투자(실물투자)의 증가와 더불어 원재료, 에너지의 수입도 증가한다.

실질총수입액은 실질국내총생산액의 수준에도 의존할 것으로 예측되는데 실제로 1971~2009년까지 우리나라의 실질국내총생산액과 실질총수입액의 상관계수는 0.9903으로 매우 강한 정(+)의 상관관계가 있다는 것을 알 수가 있다.

또한 두 변수 간의 인과관계가 이론적으로 해명할 경우에 단순회귀분석을 실행할 수가 있다. 이 경우 실질국내총생산액의 증감이 원인이 되고, 실질총수입액의 증감이 결과가 되기 때문에, 실질국내총생산액을 독립변수, 실질총수입액을 종속변수로 하는 수입함수를 구할 수 있을 것이다.

제 9 장

단순회귀분석

제 1 절 기본개념

단순회귀분석이란 2개 변수의 인과관계를 밝히는 분석수법이다. 2개의 변수 X, Y를 선형방정식으로 나타내면 다음과 같다.

$$Y_i = \alpha + \beta X_i + u_i$$

Y_i : 종속변수

X_i : 독립변수$(i = 1, 2, \cdots, N)$

α : 상수항

β : 회귀계수

u_i : 잔차항

위 수식을 단순회귀모형이라고 한다. X_i는 원인변수이고, Y_i는 결과변수이다. u_i는 잔차항이라 하는데 변수 Y_i 중에서 변수 X_i의 변화에 대해서 설명하지 못하는 부분을 나타낸다.

회귀분석은 변수 X_i, Y_i의 N개 관측치에서 위 식의 파라미터 α, β를 추정한다. 추정방법은 다양하지만, 엑셀의 '데이터' 메뉴 탭의 '분석' 아이콘 중에서 '데이터 분석' 아이콘을 클릭하면 '통계 데이터 분석' 대화창이 열린다. 스크롤바로 '회귀 분석'을 선택한다. 변수 X_i, Y_i의 관측치를 최소자승법으로 추정할 수식을 나타내면 다음과 같다.

$$\hat{Y}_i = \hat{\alpha} + \hat{\beta} X_i$$

$\hat{Y}$: 예측치

$\hat{\alpha}$: 상수항 α의 추정치

$\hat{\beta}$: 회귀계수 β의 추정치

위의 식을 추정회귀선이라 하며, $\hat{\alpha}$, $\hat{\beta}$는 α, β의 추정치이다. $\hat{Y}_i$는 변수 Y_i의 예측치이다. 관측치 Y_i에서 이론치 $\hat{Y}_i$의 차이를 잔차 $\hat{u}_i$라고 하는데 수식으로 나타내면 다음과 같다.

$$\hat{u} = Y_i - \hat{Y}_i = Y_i - \hat{\alpha} - \hat{\beta} X_i$$

잔차를 제곱하여 합계한 것을 잔차제곱합이라 하는데 수식으로 나타내면 다음과 같다.

$$\sum_{i=1}^{N} \hat{u_i^2} = \sum_{i=1}^{N} (\hat{Y} - \hat{\alpha} - \hat{\beta} X_i)^2$$

최소자승법은 잔차제곱합을 최소로 되도록 $\hat{\alpha}$, $\hat{\beta}$를 결정하는 추정방법을 말한다.

제 2 절 민간최종소비지출과 가처분국민소득

[표 9-1]은 우리나라의 2005년 기준 민간최종소비지출(억원), 소비물가지수, 가처분국민소득(억원) 그리고 GDP 디플레이터를 나타내고 있다.

[표 9-1] 민간최종소비지출과 가처분국민소득

(단위: 2005년도 기준, 억원)

연도	명목민간 최종소비지출	소비자 물가지수	명목가처분 국민소득	GDP 디플레이터
1971	25,939	7.09	32,113	5.0
1972	30,996	7.92	39,471	5.8
1973	37,709	8.18	50,700	6.6
1974	54,161	10.16	72,363	8.6
1975	72,422	12.73	95,998	10.7
1976	92,325	14.68	133,077	13.0
1977	112,344	16.16	170,810	14.9
1978	148,302	18.50	232,913	18.2
1979	191,889	21.89	295,121	21.6
1980	245,315	28.17	356,459	26.8
1981	306,989	34.19	445,359	31.5
1982	347,317	36.65	508,109	33.4
1983	391,287	37.90	597,388	35.0
1984	436,836	38.76	680,479	36.6
1985	484,238	39.72	757,807	38.1
1986	535,965	40.81	892,580	39.7
1987	600,146	42.05	1,057,776	41.6
1988	690,649	45.06	1,263,427	44.4
1989	809,868	47.63	1,423,798	47.0
1990	969,478	51.71	1,715,567	51.9
1991	1,170,442	56.54	2,079,355	57.2
1992	1,349,578	60.05	2,372,546	61.7
1993	1,532,996	62.93	2,675,523	65.6
1994	1,825,793	66.88	3,140,240	70.7
1995	2,144,145	69.87	3,604,947	75.9
1996	2,456,921	73.31	4,026,298	79.7
1997	2,713,433	76.57	4,382,500	82.8
1998	2,521,109	82.32	4,229,948	86.9
1999	2,899,615	82.99	4,650,861	86.0
2000	3,303,895	84.87	5,176,263	86.8
2001	3,642,514	88.32	5,612,000	90.2
2002	4,087,157	90.76	6,259,486	93.1
2003	4,200,986	93.95	6,645,971	96.4
2004	4,350,604	97.32	7,195,499	99.4
2005	4,654,305	100.00	7,480,408	100.0
2006	4,949,176	102.20	7,858,849	99.9
2007	5,302,641	104.80	8,446,161	101.9
2008	5,616,275	109.70	8,980,709	104.9
2009	5,774,047	112.80	9,254,157	108.4

자료 : 통계청(http://www.kosis.kr), 2010년.

마이크로소프트사의 엑셀 프로그램을 이용하여 '[표 9-1] 민간최종소비지출과 가처분국민소득'의 데이터를 [그림 9-1]과 같이 입력한다.

마우스 왼쪽 버튼으로 셀 A1을 클릭한 후 셀 A1에 '[표 9-1] 민간최종소비지출과 가처분국민소득'이라고 입력하고, 키 캡 Enter↵를 누른다.

[그림 9-1] 민간최종소비지출과 가처분국민소득

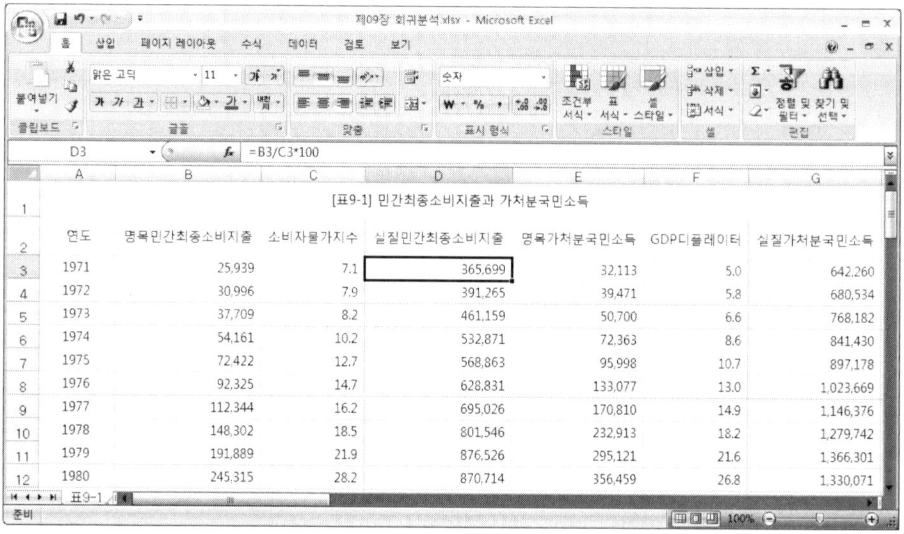

연도	명목민간최종소비지출	소비자물가지수	실질민간최종소비지출	명목가처분국민소득	GDP디플레이터	실질가처분국민소득
1971	25,939	7.1	365,699	32,113	5.0	642,260
1972	30,996	7.9	391,265	39,471	5.8	680,534
1973	37,709	8.2	461,159	50,700	6.6	768,182
1974	54,161	10.2	532,871	72,363	8.6	841,430
1975	72,422	12.7	568,863	95,998	10.7	897,178
1976	92,325	14.7	628,831	133,077	13.0	1,023,669
1977	112,344	16.2	695,026	170,810	14.9	1,146,376
1978	148,302	18.5	801,546	232,913	18.2	1,279,742
1979	191,889	21.9	876,526	295,121	21.6	1,366,301
1980	245,315	28.2	870,714	356,459	26.8	1,330,071

마우스 왼쪽 버튼으로 셀 A1을 클릭한 후 마우스 왼쪽 버튼을 누른 상태에서 셀 G1까지 드래그하면 셀의 색상이 반전이 된다.

이렇게 반전이 된 상태에서 마우스의 왼쪽 버튼을 누른 것을 뗀 후 이어서 마우스포인터로 '홈' 메뉴 탭을 누르고, '맞춤' 아이콘 모음 중에서 '병합하고 가운데 맞춤' 아이콘 을 클릭하면 셀 A1에서 셀 G1까지 셀을 병합하고 제목을 가운데로 맞춰 준다.

마우스 왼쪽 버튼으로 셀 A2를 클릭한 후 셀 A2에 '연도'라고 입력하고, 키 캡 Enter↵를 누른다. 이어서 셀 B2에 '명목민간최종소비지출', 셀 C2에 '소비자물가지수', 셀 D2에 '실질최종소비지출', 셀 E2에 '명목가처분국민소득', 셀 F2에 'GDP디플레이터' 그리고 셀 G2에 '실질가처분국민총소득' 등을 각각 입력하고, 키 캡 Enter↵를 누르면 된다.

마우스로 셀 A2에서 셀 G2까지 드래그하면 색이 반전이 되는데 이러한 상태에서 '홈' 메뉴 탭의 '맞춤' 아이콘 모음 중에서 '가운데 맞춤'을 나타내는 아이콘 ≡ 을 누르면 입력된 셀의 문자는 가운데로 맞춰진다.

셀 A2의 '연도' 입력은 마우스로 셀 A3을 클릭한 후 셀 A3에 '1971'이라고 입력하고, 키 캡 [Enter↵]를 누른다.

마우스로 셀 A2를 클릭한 후 '홈' 메뉴 탭의 '맞춤' 아이콘을 나타내는 것들 중에서 '가운데 맞춤'을 나타내는 아이콘 ≡ 을 눌러 입력된 셀의 내용을 가운데로 맞춘다.

다시 마우스로 셀 A3을 클릭하고 이어서 마우스 왼쪽 버튼을 누른 후 마우스 왼쪽 버튼을 떼고, 마우스포인터를 셀 A3의 오른쪽 아래 구석으로 이동한다.

마우스포인터는 흰색 십자에서 검은색 십자(필 핸들)로 변하는데, 여기에서 마우스 오른쪽 버튼을 누른 상태에서 셀 A41까지 드래그하고 이어서 마우스 오른쪽 버튼을 뗀다.

그러면 오른쪽에 메뉴 화면이 열리는데 마우스포인터로 '연속 데이터 채우기(S)'를 선택하면 지정된 빈 셀에 연도별 숫자가 셀 A4에 '1972'에서 셀 A41에 '2009'까지 연속하여 채워진다.

셀 B2의 '명목민간최종소비지출'은 마우스 왼쪽 버튼으로 셀 B3을 클릭한 후 데이터 '25939'를 셀 B3에 입력하고, 키 캡 [Enter↵]를 누른다. 이어서 반복하여 같은 방법으로 셀 C2의 '소비자물가지수'의 셀 C41까지 입력하고, 키 캡 [Enter↵]를 누른다.

셀 D2의 '실질최종소비지출'은 마우스 왼쪽 버튼으로 셀 D3을 클릭한 후 셀 D3에 '=B3/C3*100'이라고 입력하고, 키 캡 [Enter↵]를 누른다.

다시 마우스 왼쪽 버튼으로 셀 D3을 클릭한 후 마우스 왼쪽 버튼으로 셀 D3을 누른 상태에서 셀 D41까지 드래그를 하면 셀의 색상이 반전되면서 셀 D4부터 셀 D41까지 빈 셀의 공란에 자동으로 수치가 변환되어 채워진다.

셀 E2의 '명목가처분국민소득'은 마우스 왼쪽 버튼으로 셀 E3을 클릭한 후 데이터 '32113'을 셀 E3에 입력하고, 키 캡 [Enter↵]를 누른다. 이어서 반복하여 같은 방법으로 셀 F2의 'GDP디플레이터'의 셀 F41까지 입력하고, 키 캡 [Enter↵]를 누른다.

셀 G2의 '실질가처분국민총소득'은 마우스 왼쪽 버튼으로 셀 G3을 클릭한 후 셀 G3에 '=E3/F3*100'이라고 입력하고, 키 캡 Enter↵를 누른다.

다시 마우스 왼쪽 버튼으로 셀 G3을 클릭한 후 마우스 왼쪽 버튼으로 셀 G3을 누른 상태에서 셀 G41까지 드래그를 하면 셀의 색상이 반전되면서 셀 G4부터 셀 G41까지 빈 셀의 공란에 자동으로 수치가 변환되어 채워진다.

1. 민간최종소비지출과 가처분국민소득의 산포도

[그림 9-1]의 화면과 같은 엑셀 프로그램의 워크시트 상에서 마우스포인터를 셀 D2로 이동하여 마우스 왼쪽 버튼으로 셀 D2를 클릭한 후 셀 D2를 마우스 왼쪽 버튼을 누른 상태에서 셀 D41까지 드래그하면 셀 색상이 반전된다.

이어서 왼쪽 손가락으로 키 캡 Ctrl을 누른 상태에서 마우스 왼쪽 버튼에서 손가락을 뗀 후 마우스포인터를 셀 G2로 이동하여 마우스 왼쪽 버튼으로 셀 G2를 클릭한 후 셀 G2를 마우스 왼쪽 버튼을 누른 상태에서 셀 G41까지 드래그하면 셀 색상이 반전된다.

이와 같이 셀 색상이 반전된 상태에서 키 캡 Ctrl을 누르고 있던 왼쪽 손가락과 마우스 왼쪽 버튼을 누르고 있던 손가락을 뗀다.

마우스포인터를 이동하여 '삽입' 메뉴 탭을 누른 후 '차트' 아이콘 모음 중에서 '분산형'을 클릭하면 5가지 유형의 풀다운 메뉴 차트가 열린다.

5가지 '분산형' 차트는 '표식만 있는 분산형', '곡선 및 표식이 있는 분산형', '곡선이 있는 분산형', '직선 및 표식이 있는 분산형' 그리고 '직선이 있는 분산형' 등이 있다.

분산형 풀다운 메뉴에서 마우스 왼쪽 버튼으로 '표식만 있는 분산형'을 클릭하면 차트가 생성된다. 여기에서 '차트 영역'을 지정한 후 '차트 도구'의 각종 기능을 조작하여 나타내면 다음의 [그림 9-2]와 같다.

마우스 왼쪽 버튼으로 '차트 영역'을 클릭한 후 '차트 도구' 중에서 '레이아웃' 메뉴 탭을 누른다.

[그림 9-2] 민간최종소비지출과 가처분국민소득의 산포도

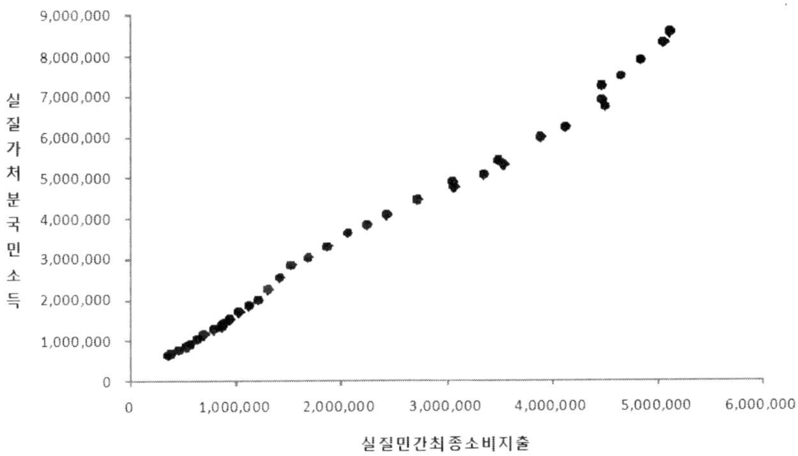

'세로(값) 축 제목'을 추가하려면 세로 축 영역을 클릭한 후 '레이블' 아이콘 모음 중에서 '축 제목' 아이콘을 누르고, '기본 세로 축 제목(V)' 옵션에서 '세로 제목'을 누르면 세로 축 제목이 생성된다.

축 제목을 클릭하여 '실질가처분국민소득'이라고 입력한 후 마우스 왼쪽 버튼을 워크시트 상의 임의의 위치를 클릭하면 된다.

나머지 부분은 차트 영역 내의 수정할 부분을 사용자가 일일이 선택하여 수행할 수 있다.

[그림 9-2]를 보면 실질가처분국민소득이 증가하면서 실질민간최종소비지출이 증가하는 것을 알 수 있다.

2. 평균한계소비성향

평균한계소비성향의 계산과정은 '[그림 9-3] 평균한계소비성향'에 나타낸바와 같다.

마우스포인터를 셀 H2로 이동하여 마우스 왼쪽 버튼으로 셀 H2를 클릭하고 '평균한계소비성향'이라고 입력한 후 키 캡 Enter↵를 누른다.

이어서 셀 H3에 '=D3/G3'이라고 입력하고, 키 캡 Enter↵를 누른다. 마우스 왼쪽 버튼으로 셀 H3을 클릭한 후 '홈' 메뉴 탭을 누르고, '표시 형식' 아이콘 모음

중에서 '백분율 스타일' 아이콘 버튼 % 을 클릭한다.

[그림 9-3] 평균한계소비성향

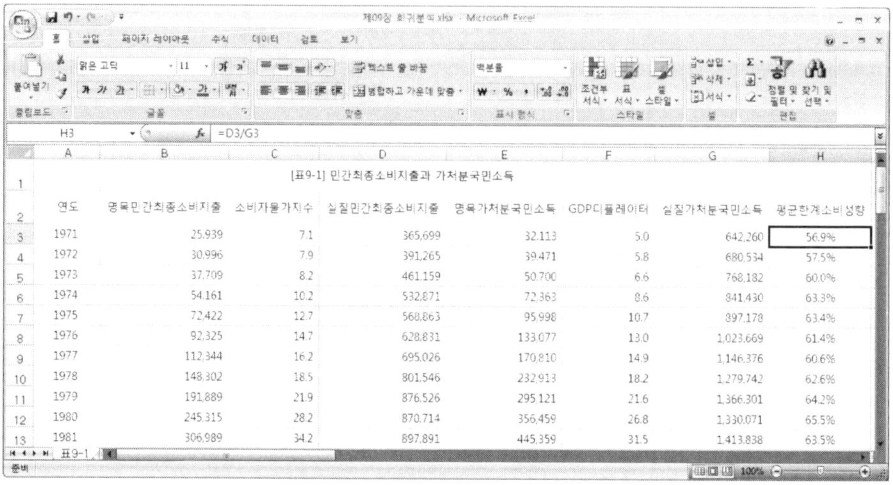

H3 =D3/G3

[표9-1] 민간최종소비지출과 가처분국민소득

연도	명목민간최종소비지출	소비자물가지수	실질민간최종소비지출	명목가처분국민소득	GDP디플레이터	실질가처분국민소득	평균한계소비성향
1971	25,939	7.1	365,699	32,113	5.0	642,260	56.9%
1972	30,996	7.9	391,265	39,471	5.8	680,534	57.5%
1973	37,709	8.2	461,159	50,700	6.6	768,182	60.0%
1974	54,161	10.2	532,871	72,363	8.6	841,430	63.3%
1975	72,422	12.7	568,863	95,998	10.7	897,178	63.4%
1976	92,325	14.7	628,831	133,077	13.0	1,023,669	61.4%
1977	112,344	16.2	695,026	170,810	14.9	1,146,376	60.6%
1978	148,302	18.5	801,546	232,913	18.2	1,279,742	62.6%
1979	191,889	21.9	876,526	295,121	21.6	1,366,301	64.2%
1980	245,315	28.2	870,714	356,459	26.8	1,330,071	65.5%
1981	306,989	34.2	897,891	445,359	31.5	1,413,838	63.5%

이어서 마우스 왼쪽 버튼으로 셀 H3을 누른 후 '자릿수 늘림' 아이콘 버튼 과 '자릿수 내림' 아이콘 버튼 을 클릭하여, 자릿수 1자리의 백분율로 표시한다.

마우스포인터를 셀 H3의 오른쪽 아래 구석으로 이동하면 마우스포인터가 흰색 십자에서 검은색 십자(필 핸들)로 변한다.

여기에서 마우스 왼쪽 버튼을 누른 상태에서 셀 H41까지 드래그하면 셀 H4에서 셀 H41까지의 빈 셀 공란에 수치로 변환되어 채워진다.

셀 H3 내부에는 수식 '=D3/G3'이 입력되어 있고, 셀 표면에는 수치가 56.9%로 표시되어 나타난다.

이것은 1971년의 실질가처분국민소득에 차지하는 실질민간최종지출의 비율이 약 57%가 된다는 것을 의미한다. 1971년 이후 2009년까지 연도별 평균한계소비성향을 차트로 나타내면 [그림 9-4]와 같다.

마우스포인터를 셀 H2로 이동하여 마우스 왼쪽 버튼으로 셀 H2를 누른 상태에서 셀 H41까지 드래그하면 셀 색상이 반전된다.

셀 색상이 반전된 채로 마우스 왼쪽 버튼에서 손가락을 뗀 후 마우스포인터를 이동하여 '삽입' 메뉴 탭을 눌러 '차트' 아이콘 모음 중에서 '꺾은선형'을 클릭하면 차트가 생성된다.

[그림 9-4] 평균한계소비성향 추이

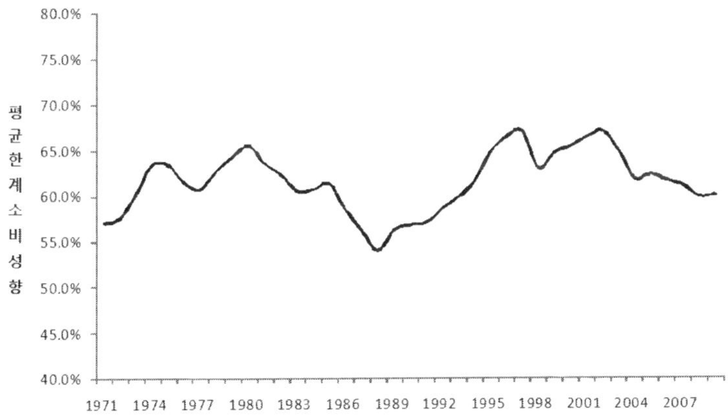

3. 민간최종소비지출과 가처분국민소득의 소비함수 추정

전술한 바와 같이 최소자승법을 이용하여 계산할 소비함수는 다음과 같이 나타낸다.

$$Y_t = \alpha + \beta X_t + u_t$$

Y_t : 실질민간최종소비지출

X_t : 실질가처분국민소득

t : 기간

상기의 소비함수에 대한 계산결과를 근거로 회귀계수 β값을 구하고, $t-$검정을 실시한다. 추정결과를 근거로 실질가처분국민소득이 900조원일 경우 실질민간최종소비지출에 대한 예측치를 구하기로 한다.

최소자승법은 마우스포인터를 이동하여 마우스 왼쪽 버튼으로 '데이터' 메뉴 탭을 누르면 '분석' 아이콘의 '데이터분석' 아이콘을 누른다.

새로운 '통계 데이터 분석' 대화창이 [그림 9-5]와 같이 열리는데 마우스포인터를 이동하여 마우스 왼쪽 버튼으로 스크롤바를 조정하여 '회귀 분석'을 선택한 후 마우스 왼쪽 버튼으로 '확인' 버튼을 누른다.

[그림 9-5] 통계 데이터 분석 대화창

'회귀 분석' 대화창은 [그림 9-6]과 같이 나타난다. 'Y축 입력범위(Y)'에는 '$D$2:$D$41'이라고 입력하거나 또는 워크시트 상에서 마우스포인터를 셀 D2로 이동하여 마우스 왼쪽 버튼을 누르면 액티브 셀 상태가 되는데 셀 D2를 누른 상태에서 셀 D41까지 드래그하여 입력할 수도 있다.

[그림 9-6] 회귀분석 대화창

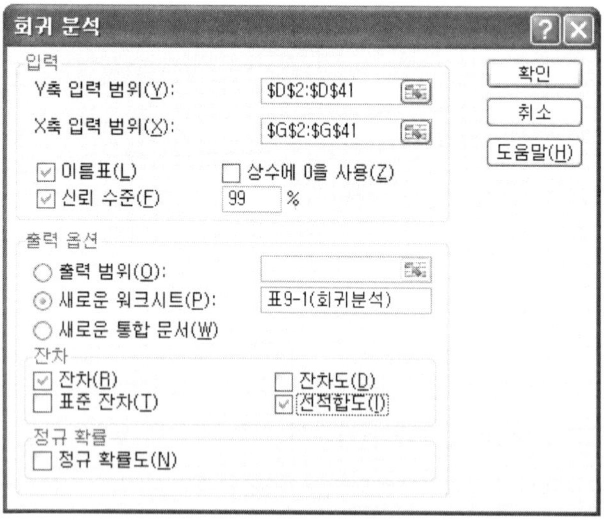

'X축 입력범위(X)'에는 '$G$2:$G$41'이라고 입력하거나 또는 워크시트 상에서 마우스포인터를 셀 G2로 이동하여 마우스 왼쪽 버튼을 누르면 액티브

셀 상태가 되는데 셀 G2를 누른 상태에서 셀 G41까지 드래그하여 입력할 수도 있다.

셀을 2행 째부터 범위를 지정했기 때문에 '이름표(L)'에 체크 마크를 붙이고, '신뢰 수준(F)'에 체크 표시를 하고, 그 오른쪽 공란에는 '99'라고 입력한다.

'잔차(R)'과 '선적합도(I)'에 체크 표시를 하고, '출력옵션'이 '새로운 워크시트(P)'의 오른쪽 직사각형 공란에 '표 9-1(회귀분석)'라고 입력한 후 마우스 왼쪽 버튼으로 '확인' 버튼을 누르면 새로운 워크시트에 셀 색상이 반전되면서 [그림 9-7]과 같이 출력결과가 나타난다.

[그림 9-7] 회귀분석 출력 결과

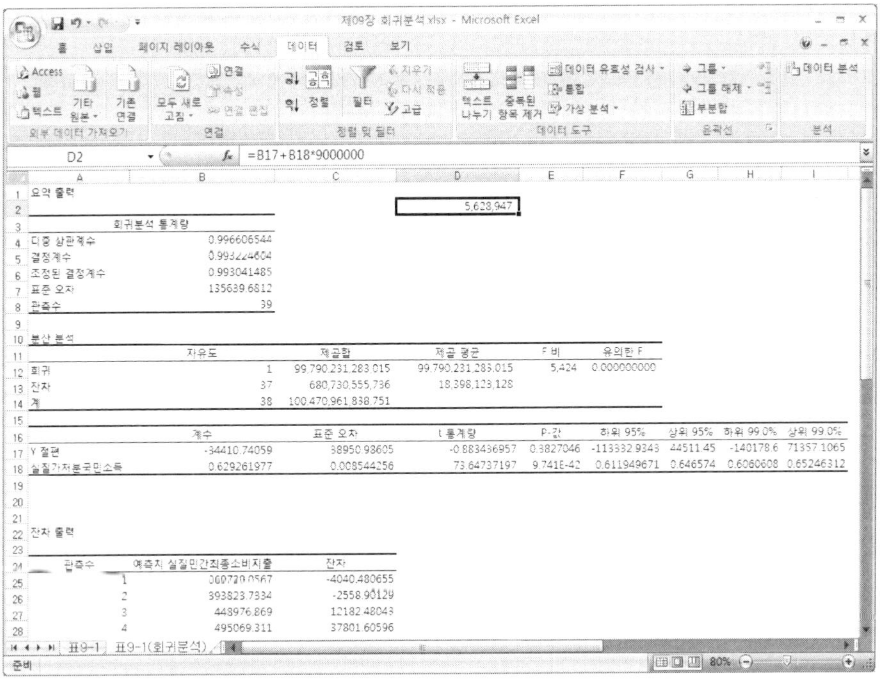

새롭게 출력된 [그림 9-7]의 워크시트 상에서 셀 D2에 실질가처분국민소득이 900조원(9,000,000)일 때의 실질민간최종소비지출을 구한다.

마우스 왼쪽 버튼으로 셀 D2를 클릭한 후 절편값 '-34410.74059'가 셀 B17에 있고, 평균한계소비성향 '0.629261977'이 셀 B18에 있는 것을 알 수 있다.

'=$B$17+$B$18*9000000'을 계산하면 5,628,947억원이 된다. 실질민간최종소비지출에 대한 예측치는 약 563조원이 된다.

4. 민간최종소비지출과 가처분국민소득의 소비함수 분석결과

첫째, 일반적으로 실질가처분국민소득이 증가하면, 실질민간최종소비지출은 증가한다. 평균적인 가구의 소비는 소득의 증대와 함께 증가하기 때문에 실질소비지출은 실질가처분국민소득의 수준에 의존할 것이다.

실제로 1971~2009년 한국의 실질가처분국민소득과 실질민간최종소비지출의 산포도를 보면 [그림 9-2]와 같이 강한 정(+)의 상관관계가 있다는 것을 알 수 있다.

둘째, 평균소비성향의 추이를 보면 [그림 9-4]와 같이 1988년 이전까지는 저하하였으나 서울올림픽의 국제행사 이후 경제성장기에 상승하다가 1997년과 2004년 외환위기와 정권교체로 인하여 감소를 반복하고 있다.

셋째, 2변수 간의 인과관계가 이론적으로 해명할 수 있는 경우에는 단순회귀분석을 행할 수가 있다. 이러한 경우는 실질가처분국민소득 수준이 원인이고, 실질민간최종소비지출 수준이 결과이기 때문에 실질가처분국민소득을 독립변수, 실질민간최종소비지출을 종속변수라는 소비함수를 구하였다.

1971~2009년의 결과는 다음과 같다. 단, 실질민간최종소비지출 $\hat{Y}$의 예측치, 실질가처분국민소득 X, 괄호 안의 수치는 $t-$검정 값, 결정계수 R^2을 나타낸다. 1971~2009년의 계산결과는 [그림 9-7]과 같다.

$$\begin{aligned}\hat{Y} &= -34410.74 \;+\; 0.6293X \\ &\quad(-0.8834)\;\;(73.6474) \\ R^2 &= 0.9930\end{aligned}$$

위의 계산결과가 엑셀에서 어떻게 출력 되었는가 [그림 9-7]을 이용하여 설명하기로 한다. [그림 9-7]의 셀 A4, B4의 '다중 상관계수' '0.9966'은 단순회귀분석의 경우 실질민간최종소비지출 Y와 실질가처분국민소득 X의 상관계수이다.

이것을 자승한 것이 셀 A5, B5의 '결정계수', '0.9932'이다.

셀 A5, B5의 '결정계수', '0.9932'는 결정계수 R^2이라 하고, 관측치 Y분산에 대한 이론치 $\hat{Y}$분산의 비율이다.

결정계수 R^2는 회귀모형의 설명력을 나타내며, R^2는 $0 \leqq R^2 \leqq 1$을 만족하고, 1에 가까울수록 이론치 $\hat{Y}$는 관측치 Y에 근접한다.

여기에서 $R^2 = 0.9932$인데 소비함수는 실질소비 변동의 99.32%를 설명하는 회귀모형이라 말할 수 있다.

셀 A7, 셀 B7은 회귀방정식의 표준오차이다. 셀 A8, 셀 B8의 '관측수', '39'는 관측치의 개수이고, 표본크기라고 한다. 여기에서는 1971~2009년의 연도별 데이터 개수 39이다.

셀 A17, 셀 B17의 'Y절편', '-34410.74059'는 소비함수의 상수항이다. 이것은 추정회귀선으로 거시소비함수의 종축의 절편이 되는데 여기에서는 소득수준 X와 관계없이 행해지는 소비수준을 나타낸다. 경제학에서는 이것을 기초소비 또는 독립소비라 부른다.

셀 A18, 셀 B18의 '실질가처분국민소득', '0.6293'은 위 식의 X계수가 회귀계수이다. 이것은 추정회귀선의 기울기가 되고, 여기에서는 가처분소득 X가 1단위 증가했을 때 소비 Y의 증가부분을 나타낸다. 경제학에서는 이것을 한계소비성향이라 부른다.

셀 D16~셀 D18의 't－통계량', '-0.8834', '73.6474'는 각각 소비함수의 상수항 -34410.74059와 계수 0.6293의 t－통계량을 나타낸다. t－통계량은 상수항의 계수를 각 표준오차 셀 C16~셀 C18로 나눈 값이다.

셀 F16, 셀 F17 '하위 95%', '-113332.9343'은 상수항 α의 95% 신뢰구간의 하위를, 셀 G16, 셀 G17 '상위 95%', '44511.45317'은 95% 신뢰구간의 상위를 나타낸다. 즉, α는 95%의 확률로 -113332.9343에서 44511.45317의 구간 내에 있다고 말할 수 있다.

셀 F18의 신뢰구간의 하위를 '0.6119'는 회귀계수 β의 95% 신뢰구간의 하위를, 셀 G18의 '0.6468'은 95%의 신뢰구간의 상위를 나타낸다. 즉, β는 95%의 확률로 0.6199에서 0.6468의 구간 내에 있다고 말할 수 있다.

셀 H17, 셀 I17은 상수항 α의 99% 신뢰구간의 하위와 상위를, 셀 H18, 셀I18

은 회귀계수 β의 99% 신뢰구간의 하위와 상위를 나타낸다.

넷째, $t-$검정, 즉, 회귀계수의 신뢰성 검정이라 회귀계수의 $t-$통계량을 이용하여 추정된 회귀계수가 통계적으로 신뢰성이 있는지 아닌지를 검정하는 것이다.

$t-$검정에는 양측검정과 편측검정 등 두 종류가 있다. 계수의 부호조건이 정해져 있지 않은 경우에는 양측검정을 행하고 정해져있는 경우에는 편측검정을 행한다.

1) 회귀계수 β의 편측검정

(1) $\beta > 0$ 부호조건 하의 편측검정

여기에서는 회귀계수 β의 $t-$검정을 설명한다. 계수 β는 한계소비성향이고, $\beta > 0$이라는 부호조건이 결정져있기 때문에 편측검정을 행한다. 그래서 귀무가설과 대립가설을 다음과 같이 세운다.

[귀무가설] H_0 : $\beta = 0$ (회귀계수 β는 제로이다)

[대립가설] H_1 : $\beta > 0$ (회귀계수 β는 정(+)이다)

상수항이 있는 단순회귀분석의 경우, 회귀계수의 $t-$통계량은 자유도 $n-2$의 $t-$분포를 따르기 때문에, $t-$분포표를 사용하여 $t-$검정을 행한다.

자유도란 관측치의 개수 n에서 설명변수의 개수 k와 1을 뺀 것이다. 자유도 $= n-k-1$이다. 여기에서는 $k=1$이기 때문에 자유도는 $n-2$가 된다.

회귀계수 $t-$통계량의 절대치가 $t-$분포표의 값, 즉 판정치보다 크다면 귀무가설은 가각되고, 대립가설은 지지를 받는다. 즉, '회귀계수 β는 제로가 아니다'라는 것이고, 회귀계수 β는 '통계적으로 유의하다'고 판정한다.

1971~2009년의 회귀계수 0.6293의 $t-$값 절대치는 73.6474인데, 이것은 자유도 37, 즉, 39-1-1의 $t-$분포를 따른다. $t-$분포표에 의하면 신뢰수준 5% 편측검정의 판정치는 1.691, 신뢰수준 1% 편측검정의 판정치는 2.441이다.

$$73.6474 > 1.687,\ 73.6474 > 2.431$$

위와 같이 검정결과 모두 통과하였다. 이 경우 '회귀계수는 신뢰수준 1%에서 통계적으로 유의하다'고 한다. 또한 신뢰수준이란 드물게 일어나는 확률로 위험률이라고도 한다. 여기에서는 회귀계수의 확률이 제로다. 정말로 회귀계수는 제로이지만 제로가 아니라는 잘못된 판정을 하려는 확률이 신뢰수준이다. '확률계수는 신뢰수준 1%에서 통계적으로 유의하다'라는 것은 회귀계수가 99% 이상의 확률로 통계적으로 의미가 있다는 것이다. 신뢰수준이 작을수록 엄격한 검정이라고 말할 수 있다.

(2) $\beta < 0$ 부호조건 하의 편측검정

$\beta < 0$인 부호조건이 정해져있는 경우에는 다음과 같은 귀무가설과 대립가설을 세워서 편측검정을 행한다.

[귀무가설] H_0 : $\beta = 0$ (회귀계수 β는 제로이다)
[대립가설] H_1 : $\beta < 0$ (회귀계수 β는 부(-)이다)

상수항인 단순회귀분석의 경우는 회귀계수의 $t-$통계량은 자유도 $n-2$의 $t-$분포를 따르기 때문에 $t-$분포표를 사용하여 $t-$검정을 행한다.

2) 회귀계수 β의 양측검정

β의 부호조건이 정해져있지 않은 경우에는 다음과 같은 귀무가설과 대립가설을 세워 양측검정을 행한다.

[귀무가설] H_0 : $\beta = 0$ (회귀계수 β는 제로이다)
[대립가설] H_1 : $\beta < 0$ (회귀계수 β는 부(-)이다)

상수항이 있는 단수회귀분석의 경우에는 회귀계수의 $t-$통계량은 자유도 $n-2$의 $t-$분포를 따르므로 $t-$분포표를 사용하여 $t-$검정을 행한다.

또한 엑셀에서는 양측검정에 있어서 귀무가설을 기각할 수 없는 확률을 나타내는 신뢰확률이 출력된다.

[그림 9-7]에서 $t-$통계량의 우측에 출력되는 셀 E16에서 셀 E18까지의 '$P-$

값', '0.382704601'은 신뢰확률이 아니지만, '9.74086E-42'는 유의확률이다. 회귀계수 0.6293의 유의확률은 '9.74086E-42'인데 다음과 같다.

$$0.0000 < 0.05(=5\%)$$
$$0.0000 < 0.01(=1\%)$$

위의 값은 신뢰수준 1%에서 귀무가설을 기각한다는 것을 알 수 있다.

3) 상수항 α의 검정

상수항의 $t-$검정도 동일하게 할 수 있지만, 경제이론 상의 특별한 의미가 있는 경우 등을 제외하고, 상수항은 일반적으로 신뢰가 없어도 상관이 없다.

다섯째, 1971~2009년의 관측치에서 추정한 소비함수에 실질가처분국민소득 $X=9{,}000{,}000$(900조원)을 대입하면, 실질민간최종소비지출의 예측치는 5,628,947 (약 563조원)이 되는 것을 알 수 있다.

5. 민간최종소비지출과 가처분국민소득의 소비함수 추정회귀선

[그림 9-7]의 셀 C24에서 셀 C63에 출력되는 잔차 $\hat{u}_i$는 관측치 Y_i에서 $\hat{Y}_i$를 뺀다. 잔차 = 관측치 − 예측치. 이것을 근거로 실질민간최종소비지출, 실질가처분소득과 더불어 다시 정리하면 [표 9-2]와 같다.

[표 9-2]　민간최종소비지출의 관측치와 예측치, 가처분국민소득

(단위: 2005년도 기준, 억 원)

연도	실질가처분 국민총소득	실질민간 최종소비지출	예측치 실질민간 최종소비지출
1971	642,260	365,699	369,739
1972	680,534	391,265	393,824
1973	768,182	461,159	448,977
1974	841,430	532,871	495,069
1975	897,178	568,863	530,149
1976	1,023,669	628,831	609,745
1977	1,146,376	695,026	686,960
1978	1,279,742	801,546	770,882
1979	1,366,301	876,526	825,351
1980	1,330,071	870,714	802,552
1981	1,413,838	897,891	855,264
1982	1,521,284	947,685	922,876
1983	1,706,823	1,032,365	1,039,628
1984	1,859,232	1,126,912	1,135,533
1985	1,988,995	1,219,221	1,217,188
1986	2,248,312	1,313,318	1,380,367
1987	2,542,731	1,427,084	1,565,633
1988	2,845,556	1,532,766	1,756,190
1989	3,029,357	1,700,403	1,871,849
1990	3,305,524	1,874,800	2,045,630
1991	3,635,236	2,070,186	2,253,105
1992	3,845,293	2,247,424	2,385,286
1993	4,078,541	2,435,918	2,532,060
1994	4,441,641	2,730,117	2,760,545
1995	4,749,601	3,068,632	2,954,332
1996	5,051,817	3,351,230	3,144,506
1997	5,292,874	3,543,775	3,296,194
1998	4,867,604	3,062,497	3,028,588
1999	5,407,978	3,493,891	3,368,624
2000	5,963,437	3,893,073	3,718,153
2001	6,221,730	4,124,363	3,880,687
2002	6,723,401	4,503,407	4,196,370
2003	6,894,161	4,471,703	4,303,823
2004	7,238,933	4,470,411	4,520,774
2005	7,480,408	4,654,305	4,672,726
2006	7,866,716	4,842,638	4,915,814
2007	8,288,676	5,059,772	5,181,338
2008	8,561,210	5,119,667	5,352,833
2009	8,537,045	5,118,836	5,337,627

주) : [표 9-1]과 [그림 9-7]을 재정리하였다.

마이크로소프트사의 엑셀 프로그램을 이용하여 '[표 9-2] 실질민간최종소비지출의 관측치와 예측치, 실질가처분국민소득'의 데이터를 [그림 9-8]과 같이 입력한다.

[그림 9-8] 민간최종소비지출의 관측치와 예측치, 가처분국민소득

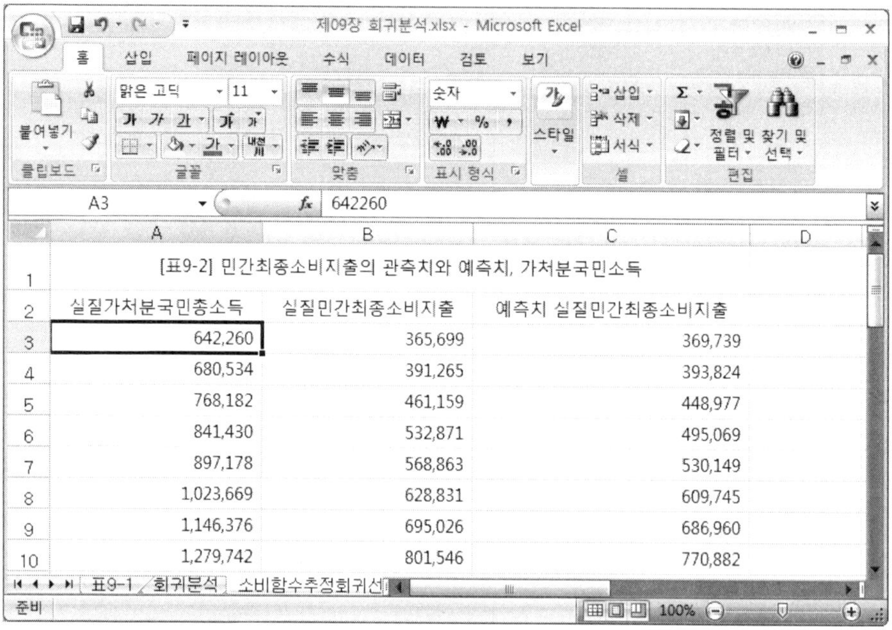

	A	B	C
1	[표9-2] 민간최종소비지출의 관측치와 예측치, 가처분국민소득		
2	실질가처분국민총소득	실질민간최종소비지출	예측치 실질민간최종소비지출
3	642,260	365,699	369,739
4	680,534	391,265	393,824
5	768,182	461,159	448,977
6	841,430	532,871	495,069
7	897,178	568,863	530,149
8	1,023,669	628,831	609,745
9	1,146,376	695,026	686,960
10	1,279,742	801,546	770,882

마우스 왼쪽 버튼으로 셀 A1을 클릭한 후 셀 A1에 '[표 9-2] 민간최종소비지출의 관측치와 예측치, 가처분국민소득'이라고 입력하고, 키 캡 Enter↵를 누른다. 마우스 왼쪽 버튼으로 셀 A1을 클릭한 후 마우스 왼쪽 버튼을 누른 상태에서 셀 C1까지 드래그하면 셀의 색상이 반전이 된다.

이렇게 반전이 된 상태에서 마우스의 왼쪽 버튼을 누른 것을 뗀 후 이어서 마우스포인터로 '홈' 메뉴 탭을 누르고, '맞춤' 아이콘 모음 중에서 '병합하고 가운데 맞춤' 아이콘 을 클릭하면 셀 A1에서 셀 C1까지 셀을 병합하고 제목을 가운데로 맞춰 준다.

마우스 왼쪽 버튼으로 셀 A2를 클릭한 후 셀 A2에 '실질가처분국민총소득', 셀 B2에 '실질민간최종소비지출' 그리고 셀 C2에 '예측치 실질민간최종소비지출'

등을 각각 입력하고, 키 캡 [Enter↵]를 누르면 된다.

마우스로 셀 A2에서 셀 C2까지 드래그하면 색이 반전이 되는데 이러한 상태에서 '홈' 메뉴 탭의 '맞춤' 아이콘 모음 중에서 '가운데 맞춤'을 나타내는 아이콘 ≡ 을 누르면 입력된 셀의 문자는 가운데로 맞춰진다.

셀 A2의 '실질가처분국민총소득'은 마우스로 셀 A3을 클릭한 후 데이터 '642260'을 셀 B3에 입력하고, 키 캡 [Enter↵]를 누른다.

연속하여 같은 방법으로 셀 D2의 '예측치 실질민간최종소비지출'의 셀 C41에 '5337627'까지 입력하고, 키 캡 [Enter↵]를 누른다.

마우스로 셀 A3을 클릭한 후 마우스 왼쪽 버튼으로 셀 A3을 누른 상태에서 셀 C41까지 드래그를 하면 셀의 색상이 반전이 된다.

마우스 왼쪽 버튼을 뗀 후 마우스포인터를 '홈' 메뉴 탭을 누르고, 이어서 '표시형식' 아이콘 모음 중에서 '쉼표 스타일' 아이콘 , 를 클릭하면, 셀 B3에서 셀 C41까지 입력한 데이터가 1000단위 구분 기호를 사용하여 셀 값을 표시해 준다.

그러면 여기에서 [그림 9-8]과 같이 엑셀 프로그램을 이용하여 입력한 자료를 근거로 소비함수의 추정회귀선을 작성하기로 한다.

엑셀 프로그램의 워크시트 상에서 마우스포인터를 셀 A2로 이동하여 마우스 왼쪽 버튼으로 셀 A2를 클릭한 후 셀 A2를 마우스 왼쪽 버튼을 누른 상태에서 셀 C41까지 드래그하면 셀 색상이 반전된다.

마우스포인터를 이동하여 '삽입' 메뉴 탭을 누른 후 '차트' 아이콘 모음 중에서 '분산형'을 클릭하면 5가지 유형의 풀다운 메뉴 차트가 열린다.

다양한 '분산형' 유형 중에서 '표식만 있는 분산형'을 선택하면 분산형 풀다운 메뉴가 열린다. 여기에서 마우스 왼쪽 버튼으로 '표식만 있는 분산형'을 클릭하면 자동으로 차트가 생성된다.

여기에서 '차트 영역'을 마우스 왼쪽 버튼으로 클릭하면 '차트 도구'의 각종 기능을 조작하여 사용자의 선호에 맞춰서 나타낼 수 있다.

마우스 왼쪽 버튼으로 '차트 영역'을 클릭한 후 '차트 도구' 중에서 '레이아웃' 메뉴 탭을 누른다.

'세로 (값) 축 제목'을 추가하려면 세로 축 영역을 클릭한 후 '레이블' 아이콘 모음 중에서 '축 제목' 아이콘을 누르고, '기본 세로 축 제목(V)' 옵션에서 '세로 제목'을 누르면 사각형 실선 안에 '축 제목'의 세로 축 제목이 생성된다.

축 제목을 클릭하여 '민간최종소비지출'이라고 입력한 후 마우스 왼쪽 버튼을 워크시트 상의 임의의 셀 위치를 클릭하면 수정한 부분으로 대체되어 나타난다.

여기에서 하나 더 예를 들어 '계열 "예측치 실질민간최종소비지출"'에 대한 설정 과정을 설명하기로 한다.

우선 마우스포인터를 '차트영역'으로 이동하여 마우스 왼쪽 버튼으로 누른다. 그러면 '차트 영역'은 이중실선 사각형의 영역으로 바뀌고, 동시에 메뉴 탭이 '차트 도구'의 메뉴 내용으로 바뀐다.

마우스포인터를 이동하여 마우스 왼쪽 버튼으로 '계열 "예측치 실질민간최종소비지출"' 곡선을 클릭한다.

마우스 왼쪽 버튼으로 '차트 도구'의 '레이아웃' 메뉴 탭을 누르고, '현재 선택 영역' 아이콘 모음 중에서 '선택 영역 서식'을 클릭한다. 그러면 '데이터 계열 서식'의 대화창이 나타나는데 '계열 옵션'은 '데이터 계열 지정' 중에서 마우스 왼쪽 버튼으로 '기본축(P)' 왼쪽 원을 눌러 녹색으로 표시한다.

'표식 옵션' 지정은 마우스 왼쪽 버튼으로 '표식 옵션'을 누른 후 '표식 종류'에 대한 설정은 '기본 제공'의 왼쪽 원을 눌러 녹색으로 지정, '형식:'을 '●', '크기:'를 '5' 등을 각각 지정한다.

'표식 채우기' 지정은 마우스 왼쪽 버튼으로 '표식 채우기'를 누른 후 '단색 채우기(S)'의 왼쪽 원을 눌러 녹색으로 지정, '색(C):'을 '검정색', '투명도(T):'를 '0%' 등을 각각 지정한다.

'선 색' 지정은 마우스 왼쪽 버튼으로 '선 색'을 누른 후 '선 없음(N)'을 지정한다.

'선 스타일'은 '선 색' 지정에서 '선 없음(N)'을 지정했기 때문에 지정할 필요가 없다.

'표식 선 색' 지정은 마우스 왼쪽 버튼으로 '표식 선 색'을 누른 후 '실선(S)'의 왼쪽 원을 눌러 녹색으로 지정, '투명도(T):'를 '0%' 등을 각각 지정한다.

'표식 선 스타일' 지정은 마우스 왼쪽 버튼으로 '표식 선 스타일'을 누른 후 '너비(W)'만 '1.25pt'를 지정한다.

'그림자'와 '3차원 서식' 지정은 해당 부분이 없기 때문에 지정을 하지 않는다.

나머지 설명하지 않은 '계열 "실질가처분국민소득"' 곡선을 포함하여 각각의 영역을 선택하여 지정하면 [그림 9-9]와 같은 소비함수의 추정회귀선을 도출할 수 있다.

[그림 9-9] 소비함수의 추정회귀선

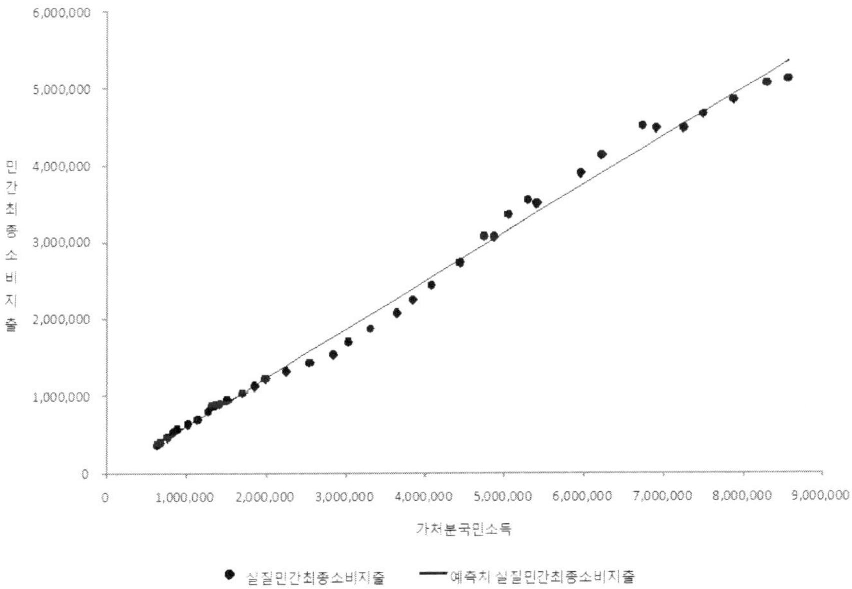

제 2 절 수입액과 국내총지출액의 수입함수

[표 9-3]은 한국의 시계열 수입액과 국내총지출을 나타내고 있다. 여기에서 마이크로소프트사의 엑셀 프로그램을 이용하여 관측치의 산포도, 한계수입성향 그리고 최소자승법에 의한 수입함수를 추정하기로 한다.

본 표를 이용하여 관측치의 산포도를 작성할 경우에는 가로 축에 실질국내총지출액, 세로축에 실질수입액을 취하여 실행한다.

이어서 연도별 한계수입성향을 계산하여 한계수입성향의 추이를 그래프로 나타낼 수 있다. 또한 수입함수의 추정은 앞에서 언급한 아래의 최소자승법을 이용하여 실행한다.

$$Y_t = \alpha + \beta X_t + u_t$$

Y_t : 실질수입액

X_t : 실질국내총지출액

t : 기간

마이크로소프트사의 엑셀 프로그램을 이용하여 '[표 9-3] 수입액과 국내총지출액'의 데이터를 [그림 9-10]과 같이 입력한다.

마우스 왼쪽 버튼으로 셀 A1을 클릭한 후 셀 A1에 '[표 9-3] 수입액과 국내총지출액'이라고 입력하고, 키 캡 [Enter↵]를 누른다.

마우스 왼쪽 버튼으로 셀 A1을 클릭한 후 셀 A1에 '[표 9-3] 수입액과 국내총지출액'이라고 입력하고, 키 캡 [Enter↵]를 누른다. 마우스 왼쪽 버튼으로 셀 A1을 클릭한 후 마우스 왼쪽 버튼을 누른 상태에서 셀 G1까지 드래그하면 셀의 색상이 반전이 된다.

[표 9-3] 수입액과 국내총지출액

(단위: 2005년도 기준, 억원)

연도	명목 수입액	수입 물가지수	명목국내 총지출액	소비자 물가지수
1971	8,689	7.8	34,345	7.1
1972	10,138	9.4	42,411	7.9
1973	17,283	12.0	54,990	8.2
1974	29,371	16.9	78,454	10.2
1975	36,608	19.6	104,778	12.7
1976	45,638	20.2	144,108	14.7
1977	57,082	20.4	185,020	16.2
1978	79,187	21.2	249,447	18.5
1979	106,250	26.9	320,494	21.9
1980	155,644	42.7	391,096	28.2
1981	193,356	50.1	493,057	34.2
1982	199,525	51.0	566,768	36.6
1983	223,303	51.8	666,851	37.9
1984	254,213	53.9	765,235	38.8
1985	264,245	55.8	856,991	39.7
1986	300,107	53.4	1,002,541	40.8
1987	358,933	57.2	1,179,382	42.1
1988	401,443	60.6	1,405,248	45.1
1989	445,104	58.4	1,586,201	47.6
1990	542,005	57.8	1,913,828	51.7
1991	654,416	57.8	2,314,282	56.5
1992	713,119	58.6	2,639,932	60.1
1993	749,271	60.7	2,987,616	62.9
1994	929,513	63.1	3,499,726	66.9
1995	1,187,471	66.7	4,096,536	69.9
1996	1,403,440	67.2	4,609,526	73.3
1997	1,628,499	73.6	5,063,136	76.6
1998	1,610,080	94.4	5,010,272	82.3
1999	1,689,206	82.9	5,490,050	83.0
2000	2,153,984	89.3	6,032,360	84.9
2001	2,180,833	92.4	6,514,153	88.3
2002	2,280,543	86.7	7,205,390	90.8
2003	2,539,196	88.2	7,671,137	93.9
2004	3,036,784	97.2	8,268,927	97.3
2005	3,163,776	100.0	8,652,409	100.0
2006	3,480,229	100.9	9,087,438	102.2
2007	3,940,262	105.5	9,750,130	104.8
2008	5,561,979	143.7	10,264,518	109.7
2009	4,888,254	137.7	10,630,591	112.8

자료 : 1) 한국은행(http://ecos.bok.or.kr), 2010년.
2) 통계청(http://kosis.kr), 2010년.

[그림 9-10] 수입액과 국내총지출액

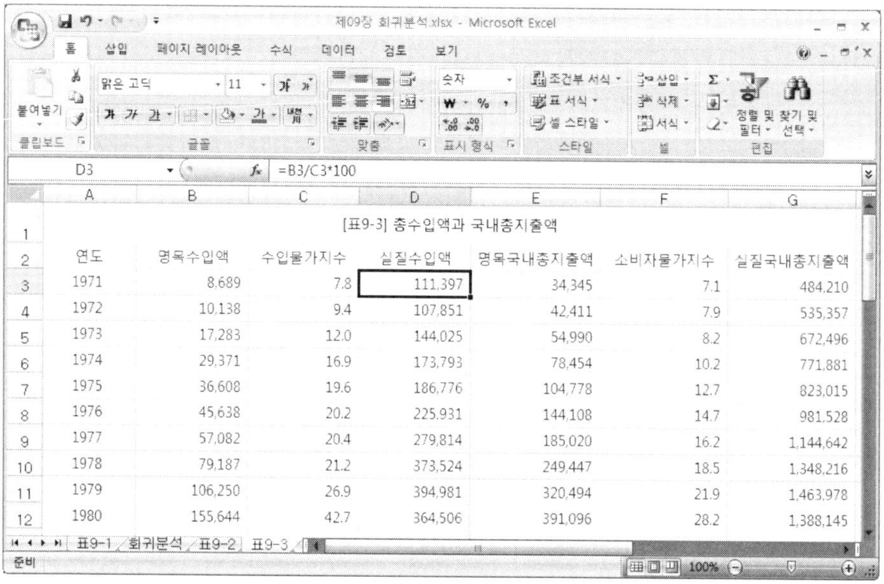

[표9-3] 총수입액과 국내총지출액

연도	명목수입액	수입물가지수	실질수입액	명목국내총지출액	소비자물가지수	실질국내총지출액
1971	8,689	7.8	111,397	34,345	7.1	484,210
1972	10,138	9.4	107,851	42,411	7.9	535,357
1973	17,283	12.0	144,025	54,990	8.2	672,496
1974	29,371	16.9	173,793	78,454	10.2	771,881
1975	36,608	19.6	186,776	104,778	12.7	823,015
1976	45,638	20.2	225,931	144,108	14.7	981,528
1977	57,082	20.4	279,814	185,020	16.2	1,144,642
1978	79,187	21.2	373,524	249,447	18.5	1,348,216
1979	106,250	26.9	394,981	320,494	21.9	1,463,978
1980	155,644	42.7	364,506	391,096	28.2	1,388,145

이렇게 반전이 된 상태에서 마우스의 왼쪽 버튼을 누른 것을 뗀 후 이어서 마우스포인터로 '홈' 메뉴 탭을 누르고, '맞춤' 아이콘 모음 중에서 '병합하고 가운데 맞춤' 아이콘 을 클릭하면 셀 A1에서 셀 G1까지 셀을 병합하고 제목을 가운데로 맞춰 준다.

마우스 왼쪽 버튼으로 셀 A2를 클릭한 후 셀 A2에 '연도'라고 입력하고, 키 캡 Enter↵를 누른다. 이어서 셀 B2에 '명목수입액', 셀 C2에 '수입물가지수', 셀 D2에 '실질수입액', 셀 E2에 '명목국내총지출액', 셀 F2에 '소비자물가지수' 그리고 셀 G2에 '실질국내총지출액' 등을 각각 입력하고, 키 캡 Enter↵를 누르면 된다.

마우스로 셀 A2에서 셀 G2까지 드래그하면 색이 반전이 되는데 이러한 상태에서 '홈' 메뉴 탭의 '맞춤' 아이콘 모음 중에서 '가운데 맞춤'을 나타내는 아이콘 을 누르면 입력된 셀의 문자는 가운데로 맞춰진다.

셀 A2의 '연도' 입력은 마우스로 셀 A3을 클릭한 후 셀 A3에 '1971'이라고 입력하고, 키 캡 Enter↵를 누른다.

마우스로 셀 A2를 클릭한 후 '홈' 메뉴 탭의 '맞춤' 아이콘을 나타내는 것들 중에서 '가운데 맞춤'을 나타내는 아이콘 을 눌러 입력된 셀의 내용을 가운데로 맞춘다.

다시 마우스로 셀 A3을 클릭하고 이어서 마우스 왼쪽 버튼을 누른 후 마우스 왼쪽 버튼을 떼고, 마우스포인터를 셀 A3의 오른쪽 아래 구석으로 이동한다.

마우스포인터는 흰색 십자에서 검은색 십자(필 핸들)로 변하는데, 여기에서 마우스 오른쪽 버튼을 누른 상태에서 셀 A41까지 드래그하고 이어서 마우스 오른쪽 버튼을 뗀다.

그러면 오른쪽에 메뉴 화면이 열리는데 마우스포인터로 '연속 데이터 채우기(S)'를 선택하면 지정된 빈 셀에 연도별 숫자가 셀 A4에 '1972'에서 셀 A41에 '2009'까지 연속하여 채워진다.

셀 B2의 '명목수입액'은 마우스 왼쪽 버튼으로 셀 B3을 클릭한 후 데이터 '8,689'를 셀 B3에 입력하고, 키 캡 [Enter↵]를 누른다. 이어서 반복하여 같은 방법으로 셀 C2의 '수입물가지수'의 셀 C41까지 입력하고, 키 캡 [Enter↵]를 누른다.

셀 D2의 '실질수입액'은 마우스 왼쪽 버튼으로 셀 D3을 클릭한 후 셀 D3에 '=B3/C3*100'이라고 입력하고, 키 캡 [Enter↵]를 누른다.

다시 마우스 왼쪽 버튼으로 셀 D3을 클릭한 후 마우스 왼쪽 버튼으로 셀 D3을 누른 상태에서 셀 D41까지 드래그를 하면 셀의 색상이 반전되면서 셀 D4부터 셀 D41까지 빈 셀의 공란에 자동으로 수치가 변환되어 채워진다.

셀 E2의 '명목국내총지출액'은 마우스 왼쪽 버튼으로 셀 E3을 클릭한 후 데이터 '34345'을 셀 E3에 입력하고, 키 캡 [Enter↵]를 누른다. 이어서 반복하여 같은 방법으로 셀 F2의 '소비자물가지수'의 셀 F41까지 입력하고, 키 캡 [Enter↵]를 누른다.

셀 G2의 '실질국내총지출액'은 마우스 왼쪽 버튼으로 셀 G3을 클릭한 후 셀 G3에 '=E3/F3*100'이라고 입력하고, 키 캡 [Enter↵]를 누른다.

다시 마우스 왼쪽 버튼으로 셀 G3을 클릭한 후 마우스 왼쪽 버튼으로 셀 G3을 누른 상태에서 셀 G41까지 드래그를 하면 셀의 색상이 반전되면서 셀 G4부터 셀 G41까지 빈 셀의 공란에 자동으로 수치가 변환되어 채워진다.

1. 수입액과 국내총지출액의 산포도

[그림 9-11]의 화면과 같은 엑셀 프로그램의 워크시트 상에서 마우스포인터를 셀 D2로 이동하여 마우스 왼쪽 버튼으로 셀 D2를 클릭한 후 셀 D2를 마우스 왼쪽 버튼을 누른 상태에서 셀 D41까지 드래그하면 셀 색상이 반전된다.

이어서 왼쪽 손가락으로 키 캡 Ctrl를 누른 상태에서 마우스 왼쪽 버튼에서 손가락을 뗀 후 마우스포인터를 셀 G2로 이동하여 마우스 왼쪽 버튼으로 셀 G2를 클릭한 후 셀 G2를 마우스 왼쪽 버튼을 누른 상태에서 셀 G41까지 드래그하면 셀 색상이 반전된다.

이와 같이 셀 색상이 반전된 상태에서 키 캡 Ctrl를 누르고 있던 왼쪽 손가락과 마우스 왼쪽 버튼을 누르고 있던 손가락을 뗀다.

마우스포인터를 이동하여 '삽입' 메뉴 탭을 누른 후 '차트' 아이콘 모음 중에서 '분산형'을 클릭하면 5가지 유형의 풀다운 메뉴 차트가 열린다.

분산형 풀다운 메뉴에서 마우스 왼쪽 버튼으로 '표식만 있는 분산형'을 클릭하면 차트가 생성된다. 여기에서 '차트 영역'을 지정한 후 '차트 도구'의 각종 기능을 조작하여 나타내면 다음의 [그림 9-11]과 같다.

[그림 9-11] 수입액과 국내총지출액의 산포도

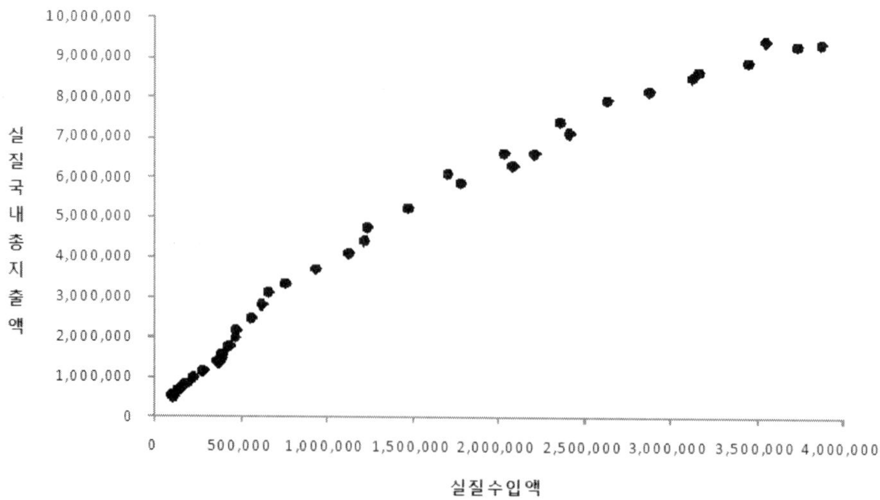

마우스 왼쪽 버튼으로 '차트 영역'을 클릭한 후 '차트 도구' 중에서 '레이아웃' 메뉴 탭을 누른다.

'세로 (값) 축 제목'을 추가하려면 세로 축 영역을 클릭한 후 '레이블' 아이콘 모음 중에서 '축 제목' 아이콘을 누르고, '기본 세로 축 제목(V)' 옵션에서 '세로 제목'을 누르면 세로 축 제목이 생성된다.

축 제목을 클릭하여 '실질국내총지출액'이라고 입력한 후 마우스 왼쪽 버튼을 워크시트 상의 임의의 위치를 클릭하면 된다.

나머지 부분은 차트 영역 내의 수정할 부분을 사용자가 일일이 선택하여 수행할 수 있다.

[그림 9-11]을 보면 실질국내총지출액이 증가하면서 실질수입액이 증가하는 것을 알 수 있다.

2. 평균한계수입성향

평균한계수입성향의 계산과정은 '[그림 9-12] 평균한계수입성향'에 나타낸바와 같다.

[그림 9-12] 평균한계수입성향

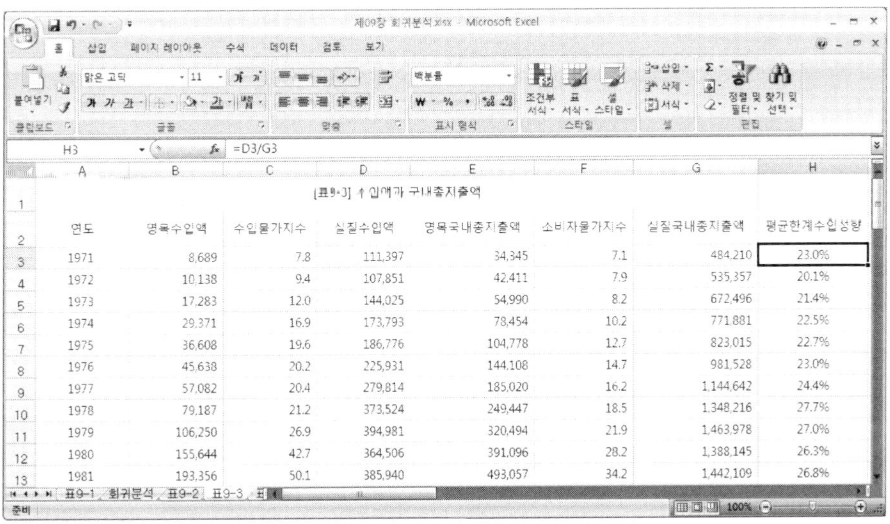

H3 =D3/G3

[표9-3] 수입액과 국내총지출액

연도	명목수입액	수입물가지수	실질수입액	명목국내총지출액	소비자물가지수	실질국내총지출액	평균한계수입성향
1971	8,689	7.8	111,397	34,345	7.1	484,210	23.0%
1972	10,138	9.4	107,851	42,411	7.9	535,357	20.1%
1973	17,283	12.0	144,025	54,990	8.2	672,496	21.4%
1974	29,371	16.9	173,793	78,454	10.2	771,881	22.5%
1975	36,608	19.6	186,776	104,778	12.7	823,015	22.7%
1976	45,638	20.2	225,931	144,108	14.7	981,528	23.0%
1977	57,082	20.4	279,814	185,020	16.2	1,144,642	24.4%
1978	79,187	21.2	373,524	249,447	18.5	1,348,216	27.7%
1979	106,250	26.9	394,981	320,494	21.9	1,463,978	27.0%
1980	155,644	42.7	364,506	391,096	28.2	1,388,145	26.3%
1981	193,356	50.1	385,940	493,057	34.2	1,442,109	26.8%

마우스포인터를 셀 H2로 이동하여 마우스 왼쪽 버튼으로 셀 H2를 클릭하고 '평균한계수입성향'이라고 입력한 후 키 캡 Enter↵를 누른다.

이어서 셀 H3에 '=D3/G3'이라고 입력하고, 키 캡 Enter↵를 누른다. 마우스 왼쪽 버튼으로 셀 H3을 클릭한 후 '홈' 메뉴 탭을 누르고, '표시 형식' 아이콘 모음 중에서 '백분율 스타일' 아이콘 버튼 % 을 클릭한다.

이어서 마우스 왼쪽 버튼으로 셀 H3을 누른 후 '자릿수 늘림' 아이콘 버튼 과 '자릿수 내림' 아이콘 버튼 을 클릭하여, 자릿수 1자리의 백분율로 표시한다.

마우스포인터를 셀 H3의 오른쪽 아래 구석으로 이동하면 마우스포인터가 흰색 십자에서 검은색 십자(필 핸들)로 변한다.

여기에서 마우스 왼쪽 버튼을 누른 상태에서 셀 H41까지 드래그하면 셀 H4에서 셀 H41까지의 빈 셀 공란에 수치로 변환되어 채워진다.

셀 H3 내부에는 수식 '=D3/G3'이 입력되어 있고, 셀 표면에는 수치가 56.9%로 표시되어 나타난다.

이것은 1971년의 실질국내총지출액에 차지하는 실질수입액의 비율이 23%가 된다는 것을 의미한다. 1971년 이후 2009년까지 연도별 평균한계수입성향을 차트로 나타내면 [그림 9-13]과 같다.

[그림 9-13] 평균한계수입성향 추이

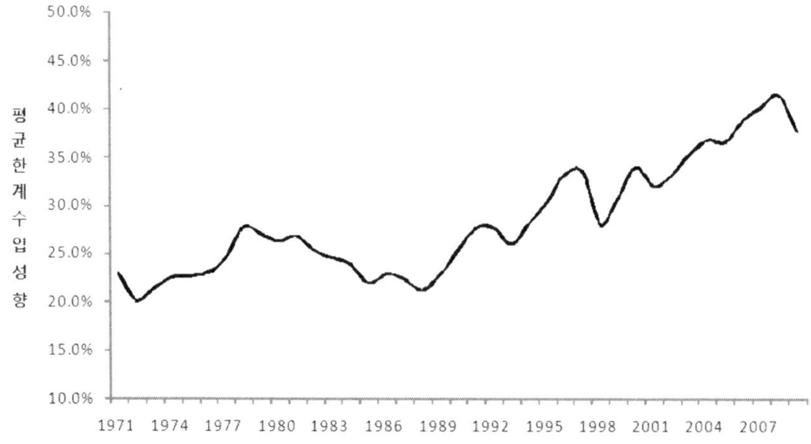

마우스포인터를 셀 H2로 이동하여 마우스 왼쪽 버튼으로 셀 H2를 누른 상태

에서 셀 H41까지 드래그하면 셀 색상이 반전된다.

셀 색상이 반전된 채로 마우스 왼쪽 버튼에서 손가락을 뗀 후 마우스포인터를 이동하여 '삽입' 메뉴 탭을 눌러 '차트' 아이콘 모음 중에서 '꺾은선형'을 클릭하면 차트가 생성된다.

3. 수입액과 국내총지출액의 수입함수 추정

앞에서 설명한 바와 같이 최소자승법을 이용하여 계산할 수입함수는 다음과 같다.

$$Y_t = \alpha + \beta X_t + u_t$$

Y_t : 실질수입액

X_t : 실질국민총지출액

t : 기간

상기의 소비함수에 대한 계산결과를 근거로 회귀계수 β값을 구하고, $t-$검정을 실시한다. 추정결과를 근거로 실질국내총지출액이 1,000조원일 경우 실질수입액에 대한 예측치를 구하기로 한다.

최소자승법은 마우스포인터를 이동하여 마우스 왼쪽 버튼으로 '데이터' 메뉴 탭을 누르면 '분석' 아이콘의 '데이터분석' 아이콘을 누른다.

새로운 '통계 데이터 분석' 대화창이 열리는데 마우스포인터를 이동하여 마우스 왼쪽 버튼으로 스크롤바를 조정하여 '회귀 분석'을 선택한 후 마우스 왼쪽 버튼으로 '확인' 버튼을 누른다.

'회귀 분석' 대화창이 나타나면 'Y축 입력범위(Y)'에는 '$D$2: $D$41'이라고 입력하거나 또는 워크시트 상에서 마우스포인터를 셀 D2로 이동하여 마우스 왼쪽 버튼을 누르면 액티브 셀 상태가 되는데 셀 D2를 누른 상태에서 셀 D41까지 드래그하여 입력할 수도 있다.

X축 입력범위(X)'에는 '$G$2: $G$41'이라고 입력하거나 또는 워크시트 상에서 마우스포인터를 셀 G2로 이동하여 마우스 왼쪽 버튼을 누르면 액티브

셀 상태가 되는데 셀 G2를 누른 상태에서 셀 G41까지 드래그하여 입력할 수도 있다.

셀을 2행 째부터 범위를 지정했기 때문에 '이름표(L)'에 체크 마크를 붙이고, '신뢰 수준(F)'에 체크 표시를 하고, 그 오른쪽 공란에는 '99'라고 입력한다.

'잔차(R)'과 '선적합도(I)'에 체크 표시를 하고, '출력옵션'이 '새로운 워크시트(P)'의 오른쪽 직사각형 공란에 '표 9-3(회귀분석)'라고 입력한 후 마우스 왼쪽 버튼으로 '확인' 버튼을 누르면 새로운 워크시트에 셀 색상이 반전되면서 [그림 9-14]와 같이 출력결과가 나타난다.

[그림 9-14] 회귀분석 출력 결과

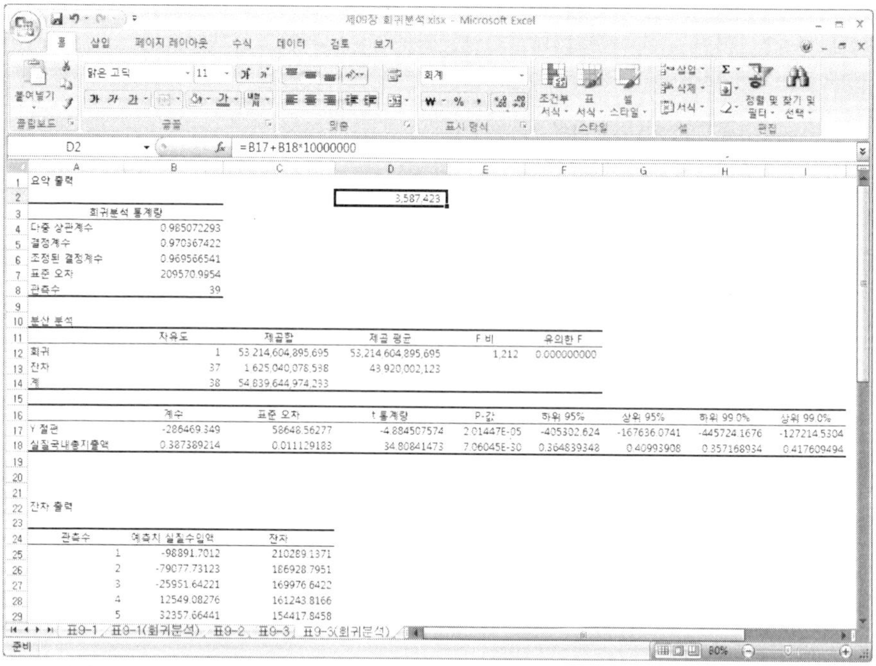

새롭게 출력된 [그림 9-14]의 워크시트 상에서 셀 D2에 실질국내총지출이 1,000조원(10,000,000)일 때의 실질수입액을 구한다.

마우스 왼쪽 버튼으로 셀 D2를 클릭한 후 절편값 '-286469.349'가 셀 B17에 있고, 평균한계수입성향 '0.387389214'이 셀 B18에 있는 것을 알 수 있다.

'=$B$17+$B$18*10000000'을 계산하면 3,587,423억원이 된다. 실질국내총

지출액에 대한 예측치는 약 359조원이 된다.

4. 수입액과 국내총지출액의 수입함수 분석결과

첫째, 일반적으로 실질국내총지출액이 증가하면, 실질수입액은 증가한다. 평균적인 가계의 소비는 소득의 증대와 함께 증가하기 때문에 실질수입액은 실질국내총지출액의 수준에 의존할 것이다.

실제로 1971~2009년 한국의 실질국내총지출액과 실질수입액의 산포도를 보면 [그림 9-11]와 같이 강한 정(+)의 상관관계가 있다는 것을 알 수 있다.

둘째, 평균소비성향의 추이를 보면 [그림 9-13]과 같이 1988년 이전까지는 저하하였으나 서울올림픽의 국제행사 이후 경제성장기에 상승하다가 1997년 외환위기 이후 증감을 반복하면서 상승 추세를 나타내고 있다.

셋째, 2변수 간의 인과관계가 이론적으로 해명할 수 있는 경우에는 단순회귀분석을 행할 수가 있다. 이러한 경우는 실질국내총지출액 수준이 원인이고, 실질수입액 수준의 결과이기 때문에 실질국내총지출액을 독립변수, 실질수입액을 종속변수라는 수입함수를 구하였다.

1971~2009년의 결과는 다음과 같다. 단, 실질수입액 $\widehat{Y}$의 예측치, 실질국내총지출액 X, 괄호 안의 수치는 $t-$검정 값, 결정계수 R^2을 나타낸다. 1971~2009년의 계산결과는 [그림 9-14]와 같다.

$$
\begin{aligned}
\widehat{Y} &= -286469.349 + 0.3874X \\
&\qquad (-4.885)(34.8084) \\
R^2 &= 0.9696
\end{aligned}
$$

위의 계산결과가 엑셀에서 어떻게 출력 되었는가 [그림 9-14]를 이용하여 설명하기로 한다. 여기 [그림 9-14]의 셀 A4, B4의 '다중 상관계수' '0.9851'은 단순회귀분석의 경우 실질수입액 Y와 실질국내총지출액 X의 상관계수이다. 이것을 자승한 것이 셀 A5, B5의 '결정계수', '0.9704'이다.

셀 A5, B5의 '결정계수', '0.9704'는 결정계수 R^2이라 하고, 관측치 Y분산에 대한 이론치 $\hat{Y}$분산의 비율이다.

결정계수 R^2는 회귀모형의 설명력을 나타내며, R^2는 $0 \leq R^2 \leq 1$을 만족하고, 1에 가까울수록 이론치 $\hat{Y}$는 관측치 Y에 근접한다.

여기에서 $R^2 = 0.9696$인데 수입함수는 실질소비 변동의 96.96%를 설명하는 회귀모형이라 말할 수 있다.

셀 A7, 셀 B7은 회귀방정식의 표준오차이다. 셀A8, B8의 '관측수', '39'는 관측치의 개수이고, 표본크기라고 한다. 여기에서는 1971~2009년의 연도별 데이터 개수 39이다.

셀 A17, 셀 B17의 'Y절편', '-286469.349'는 수입함수의 상수항이다. 이것은 추정회귀선으로 수입함수의 종축의 절편이 되는데 여기에서는 국내총지출액 X와 관계없이 행해지는 수입수준을 나타낸다.

셀 A18, 셀 B18의 '실질국내총지출액', '0.3874'은 위 식의 X계수가 회귀계수이다. 이것은 추정회귀선의 기울기가 되고, 여기에서는 가처분소득 X가 1단위 증가했을 때 소비 Y의 증가부분을 나타낸다. 경제학에서는 이것을 한계수입성향이라 부른다.

셀 D16~셀 D18의 't-통계량', '-0.8845', '34.8084'는 각각 수입함수의 상수항 -286469.349와 계수 0.3874의 t-통계량을 나타낸다. t-통계량은 상수항의 계수를 각 표준오차 셀 C16~셀 C18로 나눈 값이다.

셀 F16, 셀 F17 '하위 95%', '-405302.624'는 상수항 α의 95% 신뢰구간의 하위를, 셀 G16, 셀 G17 '상위 95%', '-167636.0741'은 95% 신뢰구간의 상위를 나타낸다. 즉, α는 95%의 확률로 -405302.624에서 -167636.0741의 구간 내에 있다고 말할 수 있다.

셀 F18의 신뢰구간의 하위를 '0.6119'는 회귀계수 β의 95% 신뢰구간의 하위를, 셀 G18의 '0.3874'은 95%의 신뢰구간의 상위를 나타낸다. 즉, β는 95%의 확률로 0.3648에서 0.4099의 구간 내에 있다고 말할 수 있다.

셀 H17, 셀 I17은 상수항 α의 99% 신뢰구간의 하위와 상위를, 셀 H18, 셀I18은 회귀계수 β의 99% 신뢰구간의 하위와 상위를 나타낸다.

넷째, t-검정, 즉, 회귀계수의 신뢰성 검정이라 회귀계수의 t-통계량을 이용하여 추정된 회귀계수가 통계적으로 신뢰성이 있는지 아닌지를 검정하는 것이다.

$t-$검정에는 양측검정과 편측검정 등 두 종류가 있다. 계수의 부호조건이 정해져 있지 않은 경우에는 양측검정을 행하고 정해져있는 경우에는 편측검정을 행한다.

1) 회귀계수 β의 편측검정

(1) $\beta > 0$ 부호조건 하의 편측검정

여기에서는 회귀계수 β의 $t-$검정을 설명한다. 계수 β는 한계수입성향이고, $\beta > 0$이라는 부호조건이 결정져있기 때문에 편측검정을 행한다. 그래서 귀무가설과 대립가설을 다음과 같이 세운다.

[귀무가설] H_0 : $\beta = 0$(회귀계수 β는 제로이다)
[대립가설] H_1 : $\beta > 0$(회귀계수 β는 정(+)이다)

상수항이 있는 단순회귀분석의 경우, 회귀계수의 $t-$통계량은 자유도 $n-2$의 $t-$분포를 따르기 때문에, $t-$분포표를 사용하여 $t-$검징을 행한다.

자유도란 관측치의 개수 n에서 설명변수의 개수 k와 1을 뺀 것이다. 자유도 $= n-k-1$이다. 여기에서는 $k=1$이기 때문에 자유도는 $n-2$가 된다.

회귀계수 $t-$통계량의 절대치가 $t-$분포표의 값, 즉 판정치보다 크다면 귀무가설은 가각되고, 대립가설은 지지를 받는다.

즉, '회귀계수 β는 제로가 아니다'라는 것이고, 회귀계수 β는 '통계적으로 유의하다'고 판성한나.

1971~2009년의 회귀계수 0.3874의 $t-$값 절대치는 34.8084인데, 이것은 자유도 37, 즉, 39-1-1의 $t-$분포를 따른다. $t-$분포표에 의하면 신뢰수준 5% 편측검정의 판정치는 1.687, 신뢰수준 1% 편측검정의 판정치는 2.431이다.

$$34.8084 > 1.687,\ 34.8084 > 2.431$$

위와 같이 검정결과 모두 통과하였다. 이 경우 '회귀계수는 신뢰수준 1%에서 통계적으로 유의하다'고 한다. 또한 신뢰수준이란 드물게 일어나는 확률로 위험률이라고도 한다. 여기에서는 회귀계수의 확률이 제로다. 정말로 회귀계수는 제로이지만 제로가 아니라는 잘못된 판정을 하려는 확률이 신뢰수준이다. '확률계수는 신뢰수준 1%에서 통계적으로 유의하다'라는 것은 회귀계수가 99% 이상의 확률로 통계적으로 의미가 있다는 것이다. 신뢰수준이 작을수록 엄격한 검정이라고 말할 수 있다.

(2) $\beta < 0$ 부호조건 하의 편측검정

$\beta < 0$인 부호조건이 정해져있는 경우에는 다음과 같은 귀무가설과 대립가설을 세워서 편측검정을 행한다.

[귀무가설] H_0 : $\beta = 0$(회귀계수 β는 제로이다)
[대립가설] H_1 : $\beta < 0$(회귀계수 β는 부(-)이다)

상수항인 단순회귀분석의 경우는 회귀계수의 $t-$통계량은 자유도 $n-2$의 $t-$분포를 따르기 때문에 $t-$분포표를 사용하여 $t-$검정을 행한다.

2) 회귀계수 β의 양측검정

β의 부호조건이 정해져있지 않은 경우에는 다음과 같은 귀무가설과 대립가설을 세워 양측검정을 행한다.

[귀무가설] H_0 : $\beta = 0$(회귀계수 β는 제로이다)
[대립가설] H_1 : $\beta < 0$(회귀계수 β는 부(-)이다)

상수항이 있는 단수회귀분석의 경우에는 회귀계수의 $t-$통계량은 자유도 $n-2$의 $t-$분포를 따르므로 $t-$분포표를 사용하여 $t-$검정을 행한다.

또한 엑셀에서는 양측검정에 있어서 귀무가설을 기각할 수 없는 확률을 나타내는 신뢰확률이 출력된다.

[그림 9-15]에서 $t-$통계량의 우측에 출력되는 셀 E16에서 셀 E18까지의 '$P-$값', '2.01447E-05'는 신뢰확률이 아니지만, '7.06045E-30'은 유의확률이다. 회귀계수 0.3874의 유의확률은 '7.06045E-30'인데 다음과 같다.

$$0.0000 < 0.05(=5\%)$$

$$0.0000 < 0.01(=1\%)$$

위의 값은 신뢰수준 1%에서 귀무가설을 기각한다는 것을 알 수 있다.

3) 상수항 α의 검정

상수항의 $t-$검정도 동일하게 할 수 있지만, 경제이론 상의 특별한 의미가 있는 경우 등을 제외하고, 상수항은 일반적으로 신뢰가 없어도 상관이 없다.

다섯째, 1971~2009년의 관측치에서 추정한 수입함수에 실질국내총지출액 $X=$ 10,000,000(1,000조원)을 대입하면, 실질수입액 예측치는 3,587,423(약 359조원)이 되는 것을 알 수 있다.

5. 수입액과 국내총지출액의 수입함수 추정회귀선

[그림 9-15]의 셀 C24에서 셀 C63에 출력되는 잔차 $\hat{u}_i$는 관측치 Y_i에서 $\hat{Y}_i$를 뺀다. 잔차 = 관측치 − 예측치. 이것을 근거로 실질수입액, 실질국내총지출과 더불어 다시 정리하면 [표 9-4]와 같다.

[표 9-4] 수입액의 관측치와 예측치, 가처분국민소득

(단위: 2005년도 기준, 억 원)

연도	실질국내 총지출액	실질 수입액	예측치 실질 수입액
1971	484,210	111,397	-98,892
1972	535,357	107,851	-79,078
1973	672,496	144,025	-25,952
1974	771,881	173,793	12,549
1975	823,015	186,776	32,358
1976	981,528	225,931	93,764
1977	1,144,642	279,814	156,953
1978	1,348,216	373,524	235,815
1979	1,463,978	394,981	280,660
1980	1,388,145	364,506	251,283
1981	1,442,109	385,940	272,188
1982	1,546,476	391,225	312,619
1983	1,759,408	431,087	395,107
1984	1,974,087	471,638	478,271
1985	2,157,744	473,557	549,417
1986	2,456,606	561,998	665,193
1987	2,804,447	627,505	799,943
1988	3,118,684	662,447	921,675
1989	3,330,396	762,164	1,003,690
1990	3,701,008	937,725	1,147,261
1991	4,093,321	1,132,208	1,299,239
1992	4,396,223	1,216,927	1,416,580
1993	4,747,296	1,234,384	1,552,582
1994	5,233,157	1,473,079	1,740,799
1995	5,862,831	1,780,316	1,984,728
1996	6,287,375	2,088,452	2,149,192
1997	6,612,514	2,212,635	2,275,147
1998	6,086,188	1,705,593	2,071,254
1999	6,615,235	2,037,643	2,276,201
2000	7,108,100	2,412,076	2,467,132
2001	7,375,877	2,360,209	2,570,866
2002	7,939,211	2,630,384	2,789,095
2003	8,165,475	2,878,907	2,876,748
2004	8,496,637	3,124,263	3,005,036
2005	8,652,409	3,163,776	3,065,381
2006	8,891,818	3,449,186	3,158,125
2007	9,303,559	3,734,845	3,317,629
2008	9,356,899	3,870,549	3,338,292
2009	9,424,283	3,549,930	3,364,396

주) : [표 9-3]과 [그림 9-15]를 재정리하였다.

마이크로소프트사의 엑셀 프로그램을 이용하여 '[표 9-4] 수입액의 관측치와 예측치, 국내총지출액'의 데이터를 [그림 9-15]와 같이 입력한다.

[그림 9-15] 수입액의 관측치와 예측치, 국내총지출액

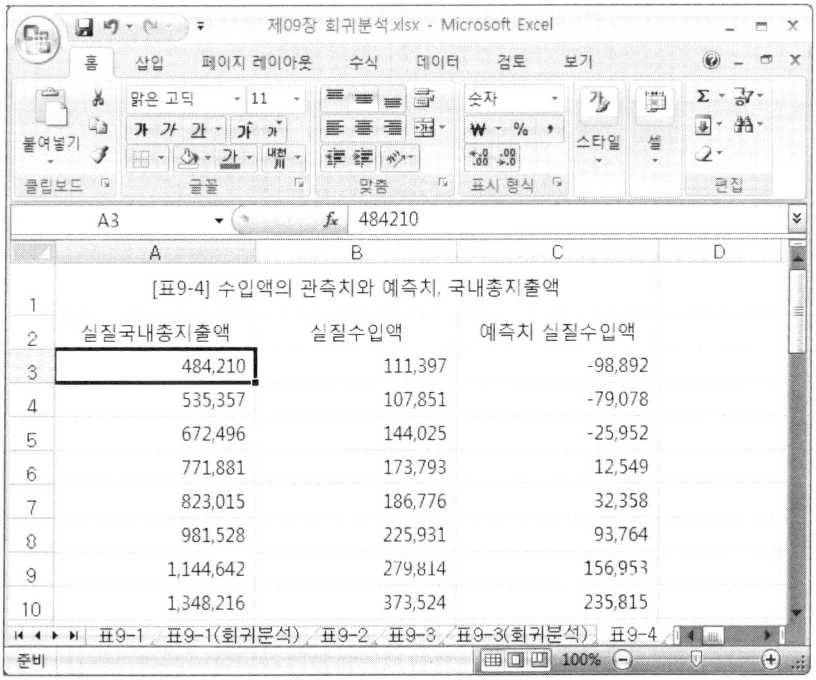

	A	B	C
1	[표9-4] 수입액의 관측치와 예측치, 국내총지출액		
2	실질국내총지출액	실질수입액	예측치 실질수입액
3	484,210	111,397	-98,892
4	535,357	107,851	-79,078
5	672,496	144,025	-25,952
6	771,881	173,793	12,549
7	823,015	186,776	32,358
8	981,528	225,931	93,764
9	1,144,642	279,814	156,953
10	1,348,216	373,524	235,815

마우스 왼쪽 버튼으로 셀 A1을 클릭한 후 셀 A1에 '[표 9-4] 수입액의 관측치와 예측치, 국내총지출액'이라고 입력하고, 키 캡 Enter↵를 누른다. 마우스 왼쪽 버튼으로 셀 A1을 클릭한 후 마우스 왼쪽 버튼을 누른 상태에서 셀 C1까지 드래그하면 셀의 색상이 반전이 된다.

이렇게 반전이 된 상태에서 마우스의 왼쪽 버튼을 누른 것을 뗀 후 이어서 마우스포인터로 '홈' 메뉴 탭을 누르고, '맞춤' 아이콘 모음 중에서 '병합하고 가운데 맞춤' 아이콘 을 클릭하면 셀 A1에서 셀 C1까지 셀을 병합하고 제목을 가운데로 맞춰 준다.

마우스 왼쪽 버튼으로 셀 A2를 클릭한 후 셀 A2에 '실질국내총지출액', 셀 B2에 '실질수입액' 그리고 셀 C2에 '예측치 실질수입액' 등을 각각 입력하고, 키 캡

Enter↵를 누르면 된다.

마우스로 셀 A2에서 셀 C2까지 드래그하면 색이 반전이 되는데 이러한 상태에서 '홈' 메뉴 탭의 '맞춤' 아이콘 모음 중에서 '가운데 맞춤'을 나타내는 아이콘 ≡ 을 누르면 입력된 셀의 문자는 가운데로 맞춰진다.

셀 A2의 '실질국내총지출액'은 마우스로 셀 A3을 클릭한 후 데이터 '484210'을 셀 A3에 입력하고, 키 캡 Enter↵를 누른다.

연속하여 같은 방법으로 셀 C2의 '예측치 실질수입액'의 셀 C41에 '3364396'까지 입력하고, 키 캡 Enter↵를 누른다.

마우스로 셀 A3을 클릭한 후 마우스 왼쪽 버튼으로 셀 A3을 누른 상태에서 셀 C41까지 드래그를 하면 셀의 색상이 반전이 된다.

마우스 포인터를 '홈' 메뉴 탭을 누르고, 이어서 '셀' 아이콘 모음 중에서 '서식' 아이콘의 아래에 위치한 '▼' 기호를 마우스 왼쪽 버튼을 누르면 풀다운 메뉴가 나타난다.

여기에서 '셀 서식(E)...'를 클릭하면 '셀 서식' 대화창이 열리는데 '표시형식' 탭을 마우스 왼쪽 버튼으로 누르고, '범주(C)'에서 마우스포인터를 이동하여 '숫자'를 선택한다.

'소수 자릿수(D):'의 오른쪽 직사각형 빈 공란을 '0'을 지정하고, '1000단위 구분 기호(,) 사용(U)'의 왼쪽 정사각형을 녹색 체크 표시를 하며, '음수(N):'를 마우스포인터로 '-1234'를 선택한 후 마우스 왼쪽 버튼으로 '확인' 버튼을 누른다.

그러면 여기에서 [그림 9-17]과 같이 엑셀 프로그램을 이용하여 입력한 자료를 근거로 소비함수의 추정회귀선을 작성하기로 한다.

엑셀 프로그램의 워크시트 상에서 마우스포인터를 셀 A2로 이동하여 마우스 왼쪽 버튼으로 셀 A2를 클릭한 후 셀 A2를 마우스 왼쪽 버튼을 누른 상태에서 셀 C41까지 드래그하면 셀 색상이 반전된다.

마우스포인터를 이동하여 '삽입' 메뉴 탭을 누른 후 '차트' 아이콘 모음 중에서 '분산형'을 클릭하면 5가지 유형의 풀다운 메뉴 차트가 열린다.

다양한 '분산형' 유형 중에서 '표식만 있는 분산형'을 선택하면 분산형 풀다운 메뉴가 열린다. 여기에서 마우스 왼쪽 버튼으로 '표식만 있는 분산형'을 클릭하면 자동으로 차트가 생성된다.

여기에서 '차트 영역'을 마우스 왼쪽 버튼으로 클릭하면 '차트 도구'의 각종 기능을 조작하여 사용자의 선호에 맞춰서 나타낼 수 있다.

마우스 왼쪽 버튼으로 '차트 영역'을 클릭한 후 '차트 도구' 중에서 '레이아웃' 메뉴 탭을 누른다.

'세로(값) 축 제목'을 추가하려면 세로 축 영역을 클릭한 후 '레이블' 아이콘 모음 중에서 '축 제목' 아이콘을 누르고, '기본 세로 축 제목(V)' 옵션에서 '세로 제목'을 누르면 사각형 실선 안에 '축 제목'의 세로 축 제목이 생성된다.

축 제목을 클릭하여 '수입액'이라고 입력한 후 마우스 왼쪽 버튼을 워크시트 상의 임의의 셀 위치를 클릭하면 수정한 부분으로 대체되어 나타난다.

여기에서 하나 더 예를 들어 '계열 "예측치 실질수입액"'에 대한 설정 과정을 설명하기로 한다.

우선 마우스포인터를 '차트영역'으로 이동하여 마우스 왼쪽 버튼으로 누른다. 그러면 '차트 영역'은 이중실선 사각형의 영역으로 바뀌고, 동시에 메뉴 탭이 '차트 도구'의 메뉴 내용으로 바뀐다.

마우스포인터를 이동하여 마우스 왼쪽 버튼으로 '계열 "예측치 실실수입액"' 곡선을 클릭한다.

마우스 왼쪽 버튼으로 '차트 도구'의 '레이아웃' 메뉴 탭을 누르고, '현재 선택 영역' 아이콘 모음 중에서 '선택 영역 서식'을 클릭한다.

그러면 '데이터 계열 서식'의 대화창이 나타나는데 '계열 옵션'은 '데이터 계열 지정' 중에서 마우스 왼쪽 버튼으로 '기본축(P)' 왼쪽 원을 눌러 녹색으로 표시한다.

'표식 옵션' 지정은 마우스 왼쪽 버튼으로 '표식 옵션'을 누른 후 '표식 종류'에 대한 설정은 '기본 제공'의 왼쪽 원을 눌러 녹색으로 지정, '형식:'을 '●', '크기:'를 '5' 등을 각각 지정한다.

'표식 채우기' 지정은 마우스 왼쪽 버튼으로 '표식 채우기'를 누른 후 '단색 채우기(S)'의 왼쪽 원을 눌러 녹색으로 지정, '색(C):'을 '검정색', '투명도(T):'를 '0%' 등을 각각 지정한다.

'선 색' 지정은 마우스 왼쪽 버튼으로 '선 색'을 누른 후 '선 없음(N)'을 지정한다.

'선 스타일'은 '선 색' 지정에서 '선 없음(N)'을 지정했기 때문에 지정할 필요가 없다.

'표식 선 색' 지정은 마우스 왼쪽 버튼으로 '표식 선 색'을 누른 후 '실선(S)'의 왼쪽 원을 눌러 녹색으로 지정, '투명도(T):'를 '0%'등을 각각 지정한다.

'표식 선 스타일' 지정은 마우스 왼쪽 버튼으로 '표식 선 스타일'을 누른 후 '너비(W)'만 '1.25pt'를 지정한다.

'그림자'와 '3차원 서식' 지정은 해당 부분이 없기 때문에 지정을 하지 않는다.

나머지 설명하지 않은 '계열 "실질국내총지출액"' 곡선을 포함하여 각각의 영역을 선택하여 지정하면 [그림 9-16]과 같은 수입함수의 추정회귀선을 도출할 수 있다.

[그림 9-16] 수입함수의 추정회귀선

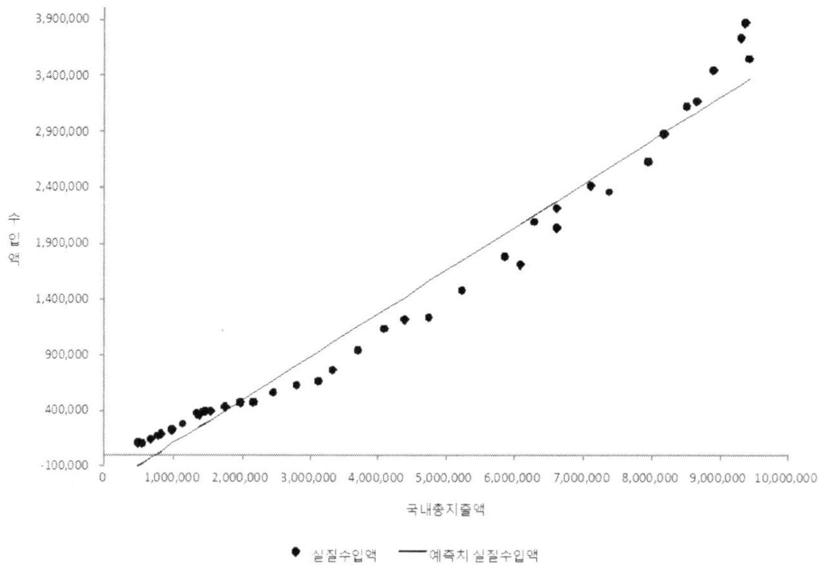

1) 최소자승법의 잔차항에 대한 가정

최소자승법을 사용하여 $Y_i = \alpha + \beta X_i + u_i$을 추정할 때, 잔차항 u_t에 대해서

다음과 같은 식이 성립한다고 가정하고 있다. 단, E는 기대치, X_t는 독립변수를 나타낸다.

$$E(u_t) = 0$$
$$E(u_t^2) = \sigma^2$$
$$E(u_t u_s) = 0 \qquad (t \neq s)$$
$$E(X_t u_t) = 0$$
$$u_t \sim N(0, \sigma^2)$$

$E(u_t) = 0$은, u_t의 기대치가 제로라는 가정이다.

$E(u_t^2) = \sigma^2$은, u_t의 분산 σ^2가 일정하다는 균일분산의 가정이다.

$E(u_t u_s) = 0\,(t \neq s)$는 u_t, u_s가 상관관계가 없으며, 계열상관이 없다는 가정이다.

$E(X_t u_t) = 0$에서 X_t는 확률변수가 아니며, u_t와 상관관계가 없다는 가정이다.

$u_t \sim N(0, \sigma^2)$은 중심극한정리에 의하면, u_t가 평균 0, 분산 σ^2의 정규분포를 따른다는 가정이다.

위에 열거한 것 중에서 4가지의 가정이 성립될 때, 최소자승법에 의해서 얻어진 추정치는 최량선형불편추정량(BLUE, Best Linear Unbiased Estimator)이라 하고, 가우스=마르코프정리라 한다.

2) 계열상관과 더빈-와트슨 통계량

시계열데이터를 사용하는 회귀분석은 잔차항 u_t사이에 상관이 자주 발생한다. 이러한 잔차항 간의 상관을 계열상관 혹은 자기상관이라고 한다.

전기(前期)의 잔차항이 금기(今期)의 잔차항에 영향을 주는 계열상관을 제1차 계열상관이라고 한다. 제1차 계열상관이 존재하는 경우에는 회귀계수 β의 최소자승 추정량 $\hat{\beta}$의 실제 분산이 과소평가 된다고 알려져 있다.

그래서 $t-$통계량, F비율, 결정계수 R^2가 과대평가 되고, $t-$검정이나 $F-$검정에 있어서 원래 유의하지 않은 추정결과를 유의하다고 판단하는 잘못을 범할 가능성이 높아진다. $t-$통계량, F비율이 충분하게 크지 않은 경우는 특히 주의할 필요가 있다.

잔차항간의 제1차 계열상관이 존재하는지 여부를 확인하는 통계량을 더빈-와트슨비율(DW)라고 한다. DW는 다음과 같은 식으로 정의한다.

$$DW = \frac{\sum_{i=2}^{N}(u_t - u_{t-1})^2}{\sum_{i=1}^{N} u_t^2}$$

DW는 $0 \leqq DW \leqq 4$일 때 만족한다. 잔차항간에 상관이 없을 때, DW는 대개 2.0이 되고, 잔차항간에 정(+)의 상관이 존재할 때에는 DW값이 0에 근접하며, 잔차항간에 부(−)의 상관이 존재할 경우에는 DW값이 4에 가까워진다.

[그림 9-14]의 출력결과를 이용하여 1971년~2009년까지 수입함수에 대한 DW를 구하기로 한다.

엑셀 프로그램의 '표 9-3(회귀분석)' 워크시트를 마우스 왼쪽 버튼으로 클릭한 후 키 캡 Ctrl를 누른 상태에서 '표 9-3(회귀분석)' 워크시트 탭을 마우스 왼쪽 버튼 동시에 누른 채로 '표 9-4' 워크시트 탭 옆으로 끌어다 놓으면 '표 9-3(회귀분석)' 워크시트가 '표 9-3(회귀분석) (2)'의 워크시트 탭 이름이 자동으로 복사된다.

마우스 왼쪽 버튼으로 '표 9-3(회귀분석) (2)'의 워크시트 탭을 더블클릭하면 탭 색상이 반전이 된다. 워크시트 탭 이름을 '표 9-5'라고 입력한다.

마우스 왼쪽 버튼으로 셀 A1을 클릭한 후 마우스 왼쪽 버튼을 누른 상태에서 셀 A21까지 드래그하면 셀 색상이 반전된다.

셀 색상이 반전된 상태에서 마우스 왼쪽 버튼을 뗀 후 마우스포인터로 '홈' 메뉴 탭을 누르고, 이어서 '셀' 아이콘 모음 중에서 '삭제' 아이콘의 아래에 위치한 '▼' 기호를 마우스 왼쪽 버튼을 누르면 풀다운 메뉴가 나타난다.

마우스포인터를 이동하여 '시트 행 삭제(R)'를 클릭하면 지정한 셀 A1부터 셀 A21까지의 행 전체가 삭제된다.

그러면 셀 A1에 '잔차 출력'이 올라오는데 마우스 왼쪽 버튼으로 셀 A2를 클릭한 후 '셀' 아이콘 모음 중에서 '삭제' 아이콘의 아래에 위치한 '▼' 기호를 마우스 왼쪽 버튼을 누르면 풀다운 메뉴가 나타난다. '시트 행 삭제(R)'를 클릭하면 행 전체가 삭제된다.

마우스 왼쪽 버튼으로 셀 B3을 클릭한 후 마우스 왼쪽 버튼을 누른 상태에서 셀 C41까지 드래그하면 셀 색상이 반전된다.

마우스포인터로 '홈' 메뉴 탭을 누르고, 이어서 '셀' 아이콘 모음 중에서 '서식' 아이콘의 아래에 위치한 '▼' 기호를 마우스 왼쪽 버튼을 누르면 풀다운 메뉴가 나타난다.

여기에서 '셀 서식(E)...'를 클릭하면 '셀 서식' 대화창이 열리는데 '표시형식' 탭을 마우스 왼쪽 버튼으로 누르고, '범주(C)'에서 마우스포인터를 이동하여 '숫자'를 선택한다.

'소수 자릿수(D):'의 오른쪽 직사각형 빈 공란을 '0'을 지정하고, '1000단위 구분 기호(,) 사용(U)'의 왼쪽 정사각형을 녹색 체크 표시를 하며, '음수(N):'를 마우스포인터로 '-1234'를 선택한 후 마우스 왼쪽 버튼으로 '확인' 버튼을 눌러 정리하면 [표 9-5]와 같이 된다.

[표 9-5] 수입함수의 계열상관 여부 결과

(단위: 2005년도 기준, 억 원)

관측수	실질 수입액	예측치 실질 수입액	잔차
1	111,397	-98,892	210,289
2	107,851	-79,078	186,929
3	144,025	-25,952	169,977
4	173,793	12,549	161,244
5	186,776	32,358	154,418
6	225,931	93,764	132,167
7	279,814	156,953	122,861
8	373,524	235,815	137,708
9	394,981	280,660	114,322
10	364,506	251,283	113,223
11	385,940	272,188	113,752
12	391,225	312,619	78,607
13	431,087	395,107	35,980
14	471,638	478,271	-6,632
15	473,557	549,417	-75,860
16	561,998	665,193	-103,195
17	627,505	799,943	-172,438
18	662,447	921,675	-259,228
19	762,164	1,003,690	-241,526
20	937,725	1,147,261	-209,536
21	1,132,208	1,299,239	-167,032
22	1,216,927	1,416,580	-199,653
23	1,234,384	1,552,582	-318,198
24	1,473,079	1,740,799	-267,720
25	1,780,316	1,984,728	-204,412
26	2,088,452	2,149,192	-60,739
27	2,212,635	2,275,147	-62,513
28	1,705,593	2,071,254	-365,661
29	2,037,643	2,276,201	-238,559
30	2,412,076	2,467,132	-55,056
31	2,360,209	2,570,866	-210,657
32	2,630,384	2,789,095	-158,711
33	2,878,907	2,876,748	2,159
34	3,124,263	3,005,036	119,227
35	3,163,776	3,065,381	98,395
36	3,449,186	3,158,125	291,061
37	3,734,845	3,317,629	417,216
38	3,870,549	3,338,292	532,257
39	3,549,930	3,364,396	185,534

주) [표 9-3]과 [그림 9-14]를 재정리하였다.

마이크로소프트사의 엑셀 프로그램을 이용하여 '[표 9-5] 수입함수의 계열상관 여부 결과'의 데이터를 [그림 9-17]과 같이 입력한다.

[그림 9-17] 수입함수의 계열상관 여부 결과

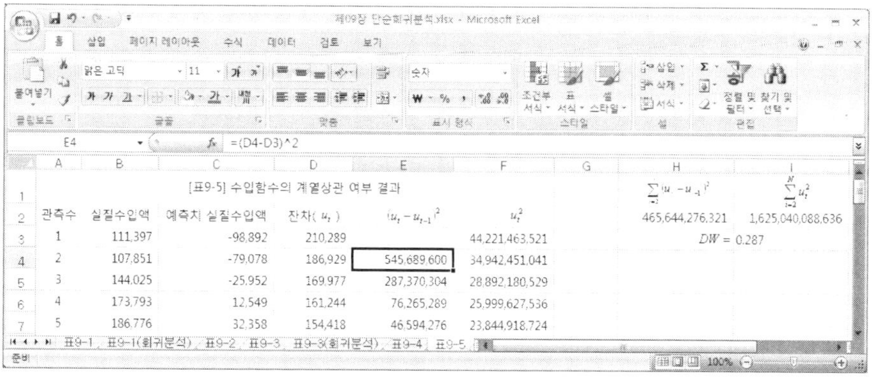

E4 =(D4-D3)^2

	A	B	C	D	E	F	G	H	I
1	[표9-5] 수입함수의 계열상관 여부 결과							$\sum_{t=2}(u_t - u_{t-1})^2$	$\sum_{t=2}^{N} u_t^2$
2	관측수	실질수입액	예측치 실질수입액	잔차(u_t)	$(u_t - u_{t-1})^2$	u_t^2		465,644,276,321	1,625,040,088,636
3	1	111,397	-98,892	210,289		44,221,463,521		DW = 0.287	
4	2	107,851	-79,078	186,929	545,689,600	34,942,451,041			
5	3	144,025	-25,952	169,977	287,370,304	28,892,180,529			
6	4	173,793	12,549	161,244	76,265,289	25,999,627,536			
7	5	186,776	32,358	154,418	46,594,276	23,844,918,724			

마우스 왼쪽 버튼으로 셀 A1을 클릭한 후 셀 A1에 '[표 9-5] 수입함수의 계열상관 여부 결과'이라고 입력하고, 키 캡 Enter↵를 누른다.

마우스 왼쪽 버튼으로 셀 A1을 클릭한 후 마우스 왼쪽 버튼을 누른 상태에서 셀 E1까지 드래그하면 셀의 색상이 반전이 된다.

이렇게 반전이 된 상태에서 마우스의 왼쪽 버튼을 누른 것을 뗀 후 이어서 마우스포인터로 '홈' 메뉴 탭을 누르고, '맞춤' 아이콘 모음 중에서 '병합하고 가운데 맞춤' 아이콘 을 클릭하면 셀 A1에서 셀 E1까지 셀을 병합하고 제목을 가운데로 맞춰 준다.

마우스 왼쪽 버튼으로 셀 A2를 클릭한 후 셀 A2에 '관측수', 셀 B2에 '예측치 실질수입액', 셀 C2에 '잔차(u_t)', 셀 D2에 '$(u_t - u_{t-1})^2$' 그리고 셀 E2에 'u_t^2' 등을 각각 입력하고, 키 캡 Enter↵를 누르면 된다.

마우스 왼쪽 버튼으로 셀 A2에서 셀 C2까지 드래그하면 색이 반전되는데 이렇게 반전된 상태에서 '홈' 메뉴 탭의 '맞춤' 아이콘 모음 중에서 '가운데 맞춤'을 나타내는 아이콘을 누르면 입력된 셀의 문자는 가운데로 맞춰진다.

셀 A2의 '관측수'는 마우스 왼쪽 버튼으로 셀 A3을 클릭한 후 데이터 '1'을 셀 A3에 입력하고, 마우스포인터를 셀 A3의 오른쪽 아래 구석으로 이동하면 마우스포인터가 흰색 십자에서 검은색 십자(필 핸들)로 변한다.

여기에서 마우스 오른쪽 버튼을 누른 상태에서 셀 A41까지 드래그한 후 마우스 오른쪽 버튼을 떼면 오른쪽에 풀다운 메뉴가 나타난다.

이때 마우스포인터를 이동하여 '연속 데이터 채우기(S)'를 선택하면 셀A4부터 빈 셀 공란에 일련번호가 자동으로 채워지면서 셀 A41까지 마지막 '39'가 채워진다.

마우스 왼쪽 버튼으로 셀 A2에서 셀 A41까지 드래그하면 색이 반전 되는데 이렇게 반전된 상태에서 '홈' 메뉴 탭의 '맞춤' 아이콘 모음 중에서 '가운데 맞춤'을 나타내는 아이콘을 누르면 입력된 셀의 문자는 가운데로 맞춰진다.

연속하여 같은 방법으로 셀 B2의 '실질수입액'의 셀 B3에 '111397'을 입력하여 셀 B41에 '3549930'까지 입력하고, 키 캡 [Enter↵]를 누른다.

연속하여 같은 방법으로 셀 C2의 '예측치 실질수입액'의 셀 C3에 '-98892'를 입력하여 셀 C41에 '3364396'까지 입력하고, 키 캡 [Enter↵]를 누른다.

이어서 셀 D2의 '잔차(u_t)'의 셀 D3에 '210289'를 입력하여 셀 D41에 '185534'까지 입력하고, 키 캡 [Enter↵]를 누른다.

셀 E2의 '$(u_t - u_{t-1})^2$'는 마우스 왼쪽 버튼으로 셀 E4를 클릭한 후 셀 E4에 '=(D4-D3)^2'라고 입력한 후 키 캡 [Enter↵]를 누른다.

여기에서 마우스 왼쪽 버튼으로 셀 E4를 클릭한 후 셀 E4를 누른 상태에서 셀 E41까지 드래그하고, 마우스 왼쪽 버튼을 떼면 셀 E5부터 셀 E41까지 빈 셀 공란을 자동으로 채워진다.

셀 F2의 'u_t^2'는 마우스 왼쪽 버튼으로 셀 F3을 클릭한 후 셀 F3에 '=D3^2'라고 입력하고, 키 캡 [Enter↵]를 누른다.

여기에서 마우스 왼쪽 버튼으로 셀 F3을 클릭한 후 셀 F3을 누른 상태에서 셀 F41까지 드래그하고, 마우스 왼쪽 버튼을 떼면 셀 F4부터 셀 F41까지 빈 셀 공란을 자동으로 채워진다.

마우스 왼쪽 버튼으로 셀 B3을 클릭한 후 마우스 왼쪽 버튼으로 셀 B3을 누른 상태에서 셀 F41까지 드래그를 하면 셀의 색상이 반전된다.

마우스포인터로 '홈' 메뉴 탭을 누르고, 이어서 '셀' 아이콘 모음 중에서 '서식'

아이콘의 아래에 위치한 '▼' 기호를 마우스 왼쪽 버튼을 누르면 풀다운 메뉴가 나타난다.

여기에서 '셀 서식(E)...'를 클릭하면 '셀 서식' 대화창이 열리는데 '표시형식' 탭을 마우스 왼쪽 버튼으로 누르고, '범주(C)'에서 마우스포인터를 이동하여 '숫자'를 선택한다.

'소수 자릿수(D):'의 오른쪽 직사각형 빈 공란을 '0'을 지정하고, '1000단위 구분 기호(,) 사용(U)'의 왼쪽 정사각형을 녹색 체크 표시를 하며, '음수(N):'를 마우스포인터로 '-1234'를 선택한 후 마우스 왼쪽 버튼으로 '확인' 버튼을 누른다.

마우스 왼쪽 버튼으로 셀 H1을 클릭한 후 셀 H1에 '$\sum_{i=2}^{N}(u_t - u_{t-1})^2$'이라고 입력하고, 이어서 셀 I1에 '$\sum_{i=1}^{N}u_t^2$'이라고 입력한다.

셀 H1의 '$\sum_{i=2}^{N}(u_t - u_{t-1})^2$'는 마우스 왼쪽 버튼으로 셀 H2를 클릭한 후 셀 H2에 '=SUM(E4:E41)'이라고 입력하고, 키 캡 [Enter↵]를 누른다.

셀 I1의 '$\sum_{i=1}^{N}u_t^2$'는 마우스 왼쪽 버튼으로 셀 I2를 클릭한 후 셀 I2에 '=SUM(F3:F41)'이라고 입력하고, 키 캡 [Enter↵]를 누른다.

마우스 왼쪽 버튼으로 셀 H2를 클릭한 후 마우스 왼쪽 버튼으로 셀 H2를 누른 상태에서 셀 I2까지 드래그를 하면 셀의 색상이 반전된다.

셀 색상이 반전된 상태에서 마우스포인터로 '홈' 메뉴 탭을 누르고, 이어서 '셀' 아이콘 모음 중에서 '서식' 아이콘의 아래에 위치한 '▼' 기호를 마우스 왼쪽 버튼을 누르면 풀다운 메뉴가 나타난다.

여기에서 '셀 서식(E)...'를 클릭하면 '셀 서식' 대화창이 열리는데 '표시형식' 탭을 마우스 왼쪽 버튼으로 누르고, '범주(C)'에서 마우스포인터를 이동하여 '숫자'를 선택한다.

'소수 자릿수(D):'의 오른쪽 직사각형 빈 공란을 '0'을 지정하고, '1000단위 구분 기호(,) 사용(U)'의 왼쪽 정사각형을 녹색 체크 표시를 하며, '음수(N):'를 마우스포인터로 '-1234'를 선택한 후 마우스 왼쪽 버튼으로 '확인' 버튼을 누른다.

마우스 왼쪽 버튼으로 셀 H3을 클릭한 후 셀 H3에 'DW='라고 입력한다. 셀 H3의 'DW='은 마우스 왼쪽 버튼으로 셀 I3을 클릭한 후 셀 I3에 '=H2/I2'이라고 입력하고, 키 캡 [Enter↵]를 누른다.

마우스 왼쪽 버튼으로 셀 I3을 클릭한 후 마우스포인터로 '홈' 메뉴 탭을 누르고, '표시 형식' 아이콘 모음 중에서 '자릿수 늘림' 아이콘 버튼 [.00]과 '자릿수 내림' 아이콘 버튼 [.00]을 마우스 왼쪽 버튼으로 클릭하여, 소수점 이하 3자리로 표시한다.

마우스 왼쪽 버튼으로 셀 I3을 클릭한 후 마우스포인터로 '홈' 메뉴 탭을 누르고, '맞춤' 아이콘 모음 중에서 '텍스트 왼쪽 맞춤' 아이콘 버튼 [≡]을 마우스 왼쪽 버튼으로 클릭하면 왼쪽으로 맞춰진다.

셀 I3 내부에는 '=H2/I2'이라는 수식이 입력되어 있고, 셀 I3 외부에는 '0.287'이라고 수치로 변환되어 나타난다.

DW값이 0.287인 것으로 보아 DW값이 0에 근접하기 때문에 잔차항간에는 정(+)의 상관가 존재할 것으로 판단된다. 즉, 수입함수의 경우 전기와 금기 간에는 정(+)의 계열상관이 있다.

제 3 절 엑셀에 의한 t-분포표 작성방법

마이크로소프트사의 엑셀 프로그램을 이용하여 t-분포표의 작성에 대하여 설명하면 다음의 [그림 9-18]과 같다.

마우스 왼쪽 버튼으로 셀 A1을 클릭한 후 셀 A1에 '[표 9-6] t-분포표'라고 입력하고, 키 캡 [Enter↵]를 누른다.

[그림 9-18] t-분포표 작성 방법

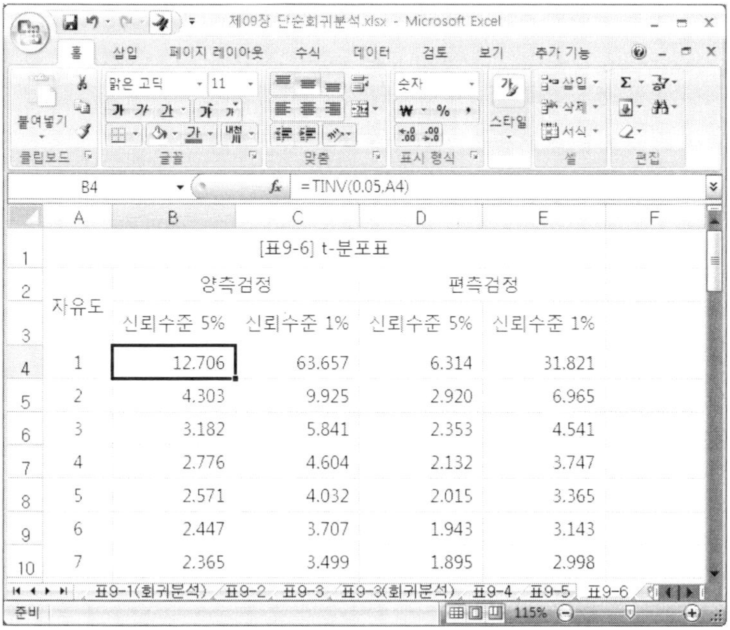

[표9-6] t-분포표

자유도	양측검정 신뢰수준 5%	양측검정 신뢰수준 1%	편측검정 신뢰수준 5%	편측검정 신뢰수준 1%
1	12.706	63.657	6.314	31.821
2	4.303	9.925	2.920	6.965
3	3.182	5.841	2.353	4.541
4	2.776	4.604	2.132	3.747
5	2.571	4.032	2.015	3.365
6	2.447	3.707	1.943	3.143
7	2.365	3.499	1.895	2.998

마우스 왼쪽 버튼으로 셀 A1을 클릭한 후 마우스 왼쪽 버튼을 누른 상태에서 셀 E1까지 드래그하면 셀의 색상이 반전이 된다.

이렇게 반전이 된 상태에서 마우스의 왼쪽 버튼을 누른 것을 뗀 후 이어서 마우스포인터로 '홈' 메뉴 탭을 누르고, '맞춤' 아이콘 모음 중에서 '병합하고 가운데 맞춤' 아이콘 을 클릭하면 셀 A1에서 셀 E1까지 셀을 병합하고 제목을 가운데로 맞춰 준다.

마우스 왼쪽 버튼으로 셀 A2를 클릭한 후 셀 A2에 '자유도'라고 입력하고, 키캡 [Enter↵]를 누른다.

마우스 왼쪽 버튼으로 셀 A2를 클릭한 후 마우스 왼쪽 버튼을 누른 상태에서 셀 A3까지 드래그하면 셀의 색상이 반전이 된다.

이와 같이 셀 색상이 반전된 상태에서 마우스의 왼쪽 버튼을 누른 것을 뗀 후 이어서 마우스포인터로 '홈' 메뉴 탭을 누르고, '맞춤' 아이콘 모음 중에서 '병합하고 가운데 맞춤' 아이콘 을 클릭하면 셀 A2에서 셀 A3까지 셀을 병합하고 가운데로 맞춰 준다.

마우스 왼쪽 버튼으로 셀 B2를 클릭한 후 셀 B2에 '양측검정'이라고 입력하고, 키 캡 Enter↵를 누른다.

마우스 왼쪽 버튼으로 셀 B2를 클릭한 후 마우스 왼쪽 버튼을 누른 상태에서 셀 C2까지 드래그하면 셀의 색상이 반전이 된다.

이렇게 반전이 된 상태에서 마우스의 왼쪽 버튼을 누른 것을 뗀 후 이어서 마우스포인터로 '홈' 메뉴 탭을 누르고, '맞춤' 아이콘 모음 중에서 '병합하고 가운데 맞춤' 아이콘 을 클릭하면 셀 B2에서 셀 C2까지 셀을 병합하고 가운데로 맞춰 준다.

마우스 왼쪽 버튼으로 셀 D2를 클릭한 후 셀 D2에 '편측검정'이라고 입력하고, 키 캡 Enter↵를 누른다.

마우스 왼쪽 버튼으로 셀 D2를 클릭한 후 마우스 왼쪽 버튼을 누른 상태에서 셀 E2까지 드래그하면 셀의 색상이 반전이 된다.

셀 색상이 반전된 상태에서 마우스의 왼쪽 버튼을 누른 것을 뗀 후 이어서 마우스포인터로 '홈' 메뉴 탭을 누르고, '맞춤' 아이콘 모음 중에서 '병합하고 가운데 맞춤' 아이콘 을 클릭하면 셀 D2에서 셀 E2까지 셀을 병합하고 가운데로 맞춰 준다.

마우스 왼쪽 버튼으로 셀 B3을 클릭한 후 셀 B3에 '신뢰수준 5%'라고 입력하고, 키 캡 Enter↵를 누른다.

마우스포인터를 셀 C3으로 이동하여 마우스 왼쪽 버튼으로 셀 C3을 클릭한 후 셀 C3에 '신뢰수준 1%'라고 입력하고, 키 캡 Enter↵를 누른다.

마우스포인터를 셀 B3으로 이동하여 마우스 왼쪽 버튼으로 셀 B3을 클릭한 후 마우스 왼쪽 버튼을 누른 상태에서 셀 C2까지 드래그하면 셀의 색상이 반전이 된다.

셀 색상이 반전된 상태에서 마우스의 왼쪽 버튼을 누른 것을 뗀 후 마우스포인터로 '홈' 메뉴 탭을 누르고, '클립보드' 아이콘 모음 중에서 '복사' 아이콘을 클릭하면 셀 B3에서 셀 C3까지 액티브 셀 상태가 된다.

이렇게 액티브 셀이 된 상태에서 마우스의 왼쪽 버튼을 누른 것을 뗀 후 마우스포인터를 셀 D3으로 이동하여 마우스 왼쪽 버튼으로 셀 D3을 클릭한다.

다시 마우스의 왼쪽 버튼을 누른 것을 뗀 후 마우스포인터를 '클립보드' 아이콘 모음으로 이동하여 '붙여넣기' 아이콘을 클릭하면 셀 B3에서 셀 C3까지의 내용이 셀 D3에서부터 셀 E3까지 셀 색상이 반전되면서 입력되면 복사 작업이 끝난다.

셀 A2와 셀 A3이 병합된 '자유도' 입력은 마우스 왼쪽 버튼으로 셀 A4를 클릭한 후 셀 A4에 '1'이라고 입력하고, 키 캡 Enter↵를 누른다.

마우스 왼쪽 버튼으로 셀 A4를 클릭한 후 '홈' 메뉴 탭의 '맞춤' 아이콘을 나타내는 것들 중에서 '텍스트 오른쪽 맞춤'을 나타내는 아이콘을 눌러 입력된 셀의 내용을 오른쪽으로 맞춘다.

마우스 왼쪽 버튼으로 셀 A4를 클릭하고, 마우스 왼쪽 버튼에서 손을 떼고, 마우스포인터를 셀 A4의 오른쪽 아래 구석으로 이동한다.

마우스포인터는 흰색 십자에서 검은색 십자(필 핸들)로 변하는데, 여기에서 마우스 오른쪽 버튼을 누른 상태에서 셀 A53까지 드래그하고 이어서 마우스 오른쪽 버튼을 뗀다.

그러면 오른쪽에 메뉴 화면이 열리는데 마우스포인터로 '연속 데이터 채우기(S)'를 선택하면 지정된 빈 셀에 일렬 숫자가 셀 A5에 '2'에서 셀 A53에 '50'까지 연속하여 채워진다.

셀 B2와 셀 C2가 셀 병합된 '양측검정' 중에서 셀 B3의 '신뢰수준 5%' $t-$값 계산은 다음과 같은 과정을 거치면 얻을 수 있다.

마우스 왼쪽 버튼으로 셀 B4를 클릭한 후 마우스 왼쪽 버튼을 누른 상태에서 셀 E4까지 드래그한다.

이어서 마우스 왼쪽 버튼으로 '홈' 메뉴 탭을 누르고, '표시 형식' 아이콘 모음 중에서 '자릿수 늘림' 아이콘 버튼 과 '자릿수 내림' 아이콘 버튼 을 클릭하여, 소수점 이하 3자리까지 표시한다.

마우스 왼쪽 버튼으로 셀 B4를 클릭한 후 마우스 포인터를 '함수 삽입'아이콘 *fx*을 클릭하면 '함수 마법사' 대화창이 열린다.

'함수 마법사' 대화창의 '범주 선택(C)'에서 '통계'를 선택하고, '함수 선택(N)'에서 'TINV'를 선택한 후 마우스포인터를 '확인' 버튼으로 이동하여 마우스 왼쪽 버튼을 누른다.

그러면 '함수 인수' 대화창이 열리는데 'Probability'의 공란에 '0.05'라고 입력하고, 'Der_freedom'의 공란에 'A4'라고 입력한 후 마우스 왼쪽 버튼으로 '확인' 버튼을 누른다.

그러면 셀 B4 내부에는 '=TINV(0.05,A4)'가 입력이 되고, 셀 표면에는 '12.706'이 수치로 변환되어 나타난다.

셀 B2와 셀 C2가 셀 병합된 '양측검정' 중에서 셀 C3의 '신뢰수준 1%' $t-$값 계산은 다음과 같은 과정을 거치면 얻을 수 있다.

마우스 왼쪽 버튼으로 셀 C4를 클릭한 후 마우스 포인터를 '함수 삽입'아이콘 *fx*을 클릭하면 '함수 마법사' 대화창이 열린다.

'함수 마법사' 대화창의 '범주 선택(C)'에서 '통계'를 선택하고, '함수 선택(N)'에서 'TINV'를 선택한 후 마우스포인터를 '확인' 버튼으로 이동하여 마우스 왼쪽 버튼을 누른다.

그러면 '함수 인수' 대화창이 열리는데 'Probability'의 공란에 '0.01'이라고 입력하고, 'Der_freedom'의 공란에 'A4'라고 입력한 후 마우스 왼쪽 버튼으로 '확인' 버튼을 누른다.

그러면 셀 B4 내부에는 '=TINV(0.01,A4)'가 입력이 되고, 셀 표면에는 '63.657'이 수치로 변환되어 나타난다.

셀 D2와 셀 E2가 셀 병합된 '편측검정' 중에서 셀 D3의 '신뢰수준 5%' $t-$값 계산은 다음과 같은 과정을 거치면 얻을 수 있다.

마우스 왼쪽 버튼으로 셀 D4를 클릭한 후 마우스 포인터를 '함수 삽입'아이콘 *fx*을 클릭하면 '함수 마법사' 대화창이 열린다.

'함수 마법사' 대화창의 '범주 선택(C)'에서 '통계'를 선택하고, '함수 선택(N)'에서 'TINV'를 선택한 후 마우스포인터를 '확인' 버튼으로 이동하여 마우스 왼쪽 버튼을 누른다.

그러면 '함수 인수' 대화창이 열리는데 'Probability'의 공란에 '0.1'이라고 입력하고, 'Der_freedom'의 공란에 'A4'라고 입력한 후 마우스 왼쪽 버튼으로 '확인' 버튼을 누른다.

그러면 셀 B4 내부에는 '=TINV(0.1,A4)'가 입력이 되고, 셀 표면에는 '12.706'이 수치로 변환되어 나타난다.

셀 D2와 셀 E2가 셀 병합된 '편측검정' 중에서 셀 E3의 '신뢰수준 1%' t－값 계산은 다음과 같은 과정을 거치면 얻을 수 있다.

마우스 왼쪽 버튼으로 셀 E4를 클릭한 후 마우스 포인터를 '함수 삽입'아이콘 f_x을 클릭하면 '함수 마법사' 대화창이 열린다.

'함수 마법사' 대화창에서 '범주 선택(C)'에서 '통계'를 선택하고, '함수 선택(N)'에서 'TINV'를 선택한 후 마우스포인터를 '확인' 버튼으로 이동하여 마우스 왼쪽 버튼을 누른다.

그러면 '함수 인수' 대화창이 열리는데 'Probability'의 공란에 '0.02'라고 입력하고, 'Der_freedom'의 공란에 'A4'라고 입력한 후 마우스 왼쪽 버튼으로 '확인' 버튼을 누른다.

그러면 셀 B4 내부에는 '=TINV(0.02,A4)'가 입력이 되고, 셀 표면에는 '31.821'이 수치로 변환되어 나타난다.

마우스 왼쪽 버튼으로 셀 B4를 클릭한 후 마우스 왼쪽 버튼을 누른 상태에서 셀 E4까지 드래그하면 셀 색상이 반전된다.

이러한 상태에서 마우스 왼쪽 버튼을 손에서 뗀 후 마우스포인터를 셀 E4의 우측 아래 구석으로 이동하여 검은색 십자를 필 핸들한 후 마우스 왼쪽 버튼을 누른 상태에서 셀 E53까지 드래그한다.

그러면 셀 B5에서 셀 E53까지 수치로 변환된 값이 빈 셀 공간에 채워지게 된다. 즉, 자유도가 50까지의 각각 신뢰수준의 값이 '[표9-6] t－분포표'와 같이 자동으로 생성된다.

자유도 값을 50 이상 필요할 경우에는 마우스포인터를 셀 A53을 클릭한 후 마우스 왼쪽 버튼을 누른 상태에서 셀 E53까지 드래그하면 셀 색상이 반전된다.

이러한 상태에서 마우스 왼쪽 버튼을 손에서 뗀 후 마우스포인터를 셀 E53의 우측 아래 구석으로 이동하여 검은색 십자를 필 핸들한 후 마우스 왼쪽 버튼을 누른 상태에서 아래로 드래그하면 필요한 값을 구할 수 있다.

[표 9-6] t-분포표

자유도	양측검정		편측검정	
	신뢰수준 5%	신뢰수준 1%	신뢰수준 5%	신뢰수준 1%
1	12.706	63.657	6.314	31.821
2	4.303	9.925	2.920	6.965
3	3.182	5.841	2.353	4.541
4	2.776	4.604	2.132	3.747
5	2.571	4.032	2.015	3.365
6	2.447	3.707	1.943	3.143
7	2.365	3.499	1.895	2.998
8	2.306	3.355	1.860	2.896
9	2.262	3.250	1.833	2.821
10	2.228	3.169	1.812	2.764
11	2.201	3.106	1.796	2.718
12	2.179	3.055	1.782	2.681
13	2.160	3.012	1.771	2.650
14	2.145	2.977	1.761	2.624
15	2.131	2.947	1.753	2.602
16	2.120	2.921	1.746	2.583
17	2.110	2.898	1.740	2.567
18	2.101	2.878	1.734	2.552
19	2.093	2.861	1.729	2.539
20	2.086	2.845	1.725	2.528
21	2.080	2.831	1.721	2.518
22	2.074	2.819	1.717	2.508
23	2.069	2.807	1.714	2.500
24	2.064	2.797	1.711	2.492
25	2.060	2.787	1.708	2.485
26	2.056	2.779	1.706	2.479
27	2.052	2.771	1.703	2.473
28	2.048	2.763	1.701	2.467
29	2.045	2.756	1.699	2.462
30	2.042	2.750	1.697	2.457
31	2.040	2.744	1.696	2.453
32	2.037	2.738	1.694	2.449
33	2.035	2.733	1.692	2.445
34	2.032	2.728	1.691	2.441
35	2.030	2.724	1.690	2.438

자유도	양측검정		편측검정	
	신뢰수준 5%	신뢰수준 1%	신뢰수준 5%	신뢰수준 1%
36	2.028	2.719	1.688	2.434
37	2.026	2.715	1.687	2.431
38	2.024	2.712	1.686	2.429
39	2.023	2.708	1.685	2.426
40	2.021	2.704	1.684	2.423
41	2.020	2.701	1.683	2.421
42	2.018	2.698	1.682	2.418
43	2.017	2.695	1.681	2.416
44	2.015	2.692	1.680	2.414
45	2.014	2.690	1.679	2.412
46	2.013	2.687	1.679	2.410
47	2.012	2.685	1.678	2.408
48	2.011	2.682	1.677	2.407
49	2.010	2.680	1.677	2.405
50	2.009	2.678	1.676	2.403

주 : 본 표는 마이크로소프트사의 통계함수 [TINV]를 이용하여 작성하였다.

제 10 장

중회귀분석

제 1 절 기본개념

중회귀분석은 종속변수 Y, 2개 이상의 독립변수 X_1, X_2, …, X_K의 인과관계를 나타내는 분석방법이다. 종속변수 Y가 K개의 변수 X_1, X_2, …, X_K에 의해서 결정되는 중회귀모형은 다음과 같다.

$$Y_i = \alpha + \beta_1 X_{1i} + \beta_2 X_{2i} + \cdots\cdots + \beta_K X_{Ki} + u_i$$

1, 2, …, K : 독립변수 항목($K \geq 2$)

$i = 1, 2, \cdots, N$: 관측치 개수

중회귀분석은 X_1, X_2, …, X_K, Y의 N개 관측치에서 파라미터 α, β_1, β_2, …, β_K를 추정한다. 추정방법은 다양하지만, 최소자승법을 적용한다.

마이크로소프트사의 엑셀 프로그램을 실행한 후 마우스 왼쪽 버튼으로 '데이터' 메뉴 탭을 누르고, '데이터 분석' 아이콘을 클릭하면 '통계 데이터 분석' 대화창이 열린다.

마우스포인터로 스크롤바를 눌러 '회귀 분석'을 선택한 후 '확인' 버튼을 누르면 회귀분석이 가능하다.

제 2 절 민간최종소비지출, 가처분국민소득, 금융자산잔액

[표 10-1]은 민간최종소비지출, 가처분국민소득, 금융자산잔액을 나타내고 있다. 소비함수를 최소자승법으로 추정하는 수식은 다음과 같다.

$$Y_t = \alpha + \beta_1 X_{1t} + \beta_2 X_{2t} + u_t$$

Y_t : 실질민간최종소비지출

X_{1t} : 실질가처분국민소득

X_{2t} : 실질금융자산잔고

t : 기간

최소자승법으로 추정한 결과는 편회귀계수의 $t-$검정, $F-$검정을 실행할 수 있는데, 실질가처분국민소득 900조원(9,000,000), 실질금융자산잔고 8,000조원(80,000,000)일 때의 실질민간최종소비지출을 예측치를 산출할 수 있다.

[표 10-1]은 민간최종소비지출, 가처분국민소득 그리고 금융자산잔액(억원)을 나타내고 있다.

마이크로소프트사의 엑셀 프로그램에서 '[표 10-1] 민간최종소비지출, 가처분국민소득, 금융자산잔액'의 자료를 [그림 10-1]과 같이 입력한다.

마우스 왼쪽 버튼으로 셀 A1을 클릭한 후 셀 A1에 '[표 10-1] 민간최종소비지출, 가처분국민소득, 금융자산잔액'이라고 입력하고, 키 캡 Enter↵를 누른다.

마우스 왼쪽 버튼으로 셀 A1을 클릭한 후 마우스 왼쪽 버튼을 누른 상태에서 셀 D1까지 드래그하면 셀의 색상이 반전이 된다.

이렇게 반전이 된 상태에서 마우스의 왼쪽 버튼을 누른 것을 뗀 후 이어서 마우스포인터로 '홈' 메뉴 탭을 누르고, '맞춤' 아이콘 모음 중에서 '병합하고 가운데 맞춤' 아이콘 을 클릭하면 셀 A1에서 셀 D1까지 셀을 병합하고 제목을 가운데로 맞춰 준다.

[표 10-1] 민간최종소비지출, 가처분소득, 금융자산잔액

(단위 : 2005년 기준, 억 원)

연도	실질 민간최종 소비지출	실질 가처분 국민소득	실질 금융 자산잔액
1971	365,699	642,260	1,814,920
1972	391,265	680,534	2,012,103
1973	461,159	768,182	2,289,773
1974	532,871	841,430	2,410,128
1975	568,863	897,178	2,567,402
1976	628,831	1,023,669	2,763,931
1977	695,026	1,146,376	3,175,295
1978	801,546	1,279,742	3,442,989
1979	876,526	1,366,301	3,761,139
1980	870,714	1,330,071	4,241,750
1981	897,891	1,413,838	4,655,511
1982	947,685	1,521,284	5,671,862
1983	1,032,365	1,706,823	6,426,271
1984	1,126,912	1,859,232	7,222,161
1985	1,219,221	1,988,995	8,192,961
1986	1,313,318	2,248,312	8,959,935
1987	1,427,084	2,542,731	10,003,921
1988	1,532,766	2,845,556	11,130,773
1989	1,700,403	3,029,357	13,310,404
1990	1,874,800	3,305,524	14,844,717
1991	2,070,186	3,635,236	16,439,822
1992	2,247,424	3,845,293	18,065,169
1993	2,435,918	4,078,541	19,865,672
1994	2,730,117	4,441,641	22,095,233
1995	3,068,632	4,749,601	24,397,804
1996	3,351,230	5,051,817	27,632,695
1997	3,543,775	5,292,874	33,708,444
1998	3,062,497	4,867,604	34,725,161
1999	3,493,891	5,407,978	37,992,006
2000	3,893,073	5,963,437	41,387,994
2001	4,124,363	6,221,729	44,387,092
2002	4,503,407	6,723,401	47,106,912
2003	4,471,703	6,894,161	48,459,128
2004	4,470,411	7,238,933	49,110,927
2005	4,654,305	7,480,408	52,991,548
2006	4,842,638	7,866,716	61,550,126
2007	5,059,772	8,288,676	70,016,961
2008	5,119,667	8,561,210	73,317,130
2009	5,118,836	8,537,045	77,365,188

자료 : 1) 한국은행(http://ecos.bok.or.kr), 2010년.
2) 통계청(http://kosis.kr/abroad/abroad_01List.jsp), 2010년.

[그림 10-1] 민간최종소비지출, 가처분국민소득, 금융자산잔액

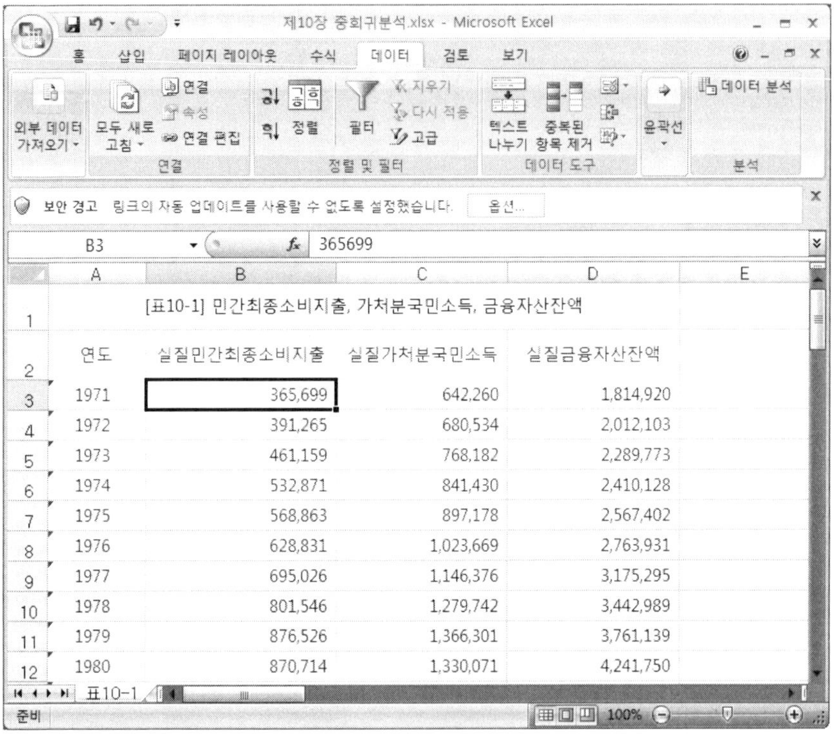

[표10-1] 민간최종소비지출, 가처분국민소득, 금융자산잔액

연도	실질민간최종소비지출	실질가처분국민소득	실질금융자산잔액
1971	365,699	642,260	1,814,920
1972	391,265	680,534	2,012,103
1973	461,159	768,182	2,289,773
1974	532,871	841,430	2,410,128
1975	568,863	897,178	2,567,402
1976	628,831	1,023,669	2,763,931
1977	695,026	1,146,376	3,175,295
1978	801,546	1,279,742	3,442,989
1979	876,526	1,366,301	3,761,139
1980	870,714	1,330,071	4,241,750

마우스 왼쪽 버튼으로 셀 A2를 클릭한 후 셀 A2에 '연도'라고 입력하고, 키 캡 [Enter↵]를 누른다. 이어서 셀 B2에 '실질민간최종소비지출', 셀 C2에 '실질가처분국민소득' 그리고 셀 D2에 '실질금융자산잔액' 등을 각각 입력하고, 키 캡 [Enter↵]를 누르면 된다.

마우스로 셀 A2에서 셀 D2까지 드래그하면 색이 반전이 되는데 이러한 상태에서 '홈' 메뉴 탭의 '맞춤' 아이콘 모음 중에서 '가운데 맞춤'을 나타내는 아이콘 을 누르면 입력된 셀의 문자는 가운데로 맞춰진다.

셀 A2의 '연도' 입력은 마우스로 셀 A3을 클릭한 후 셀 A3에 '1971'이라고 입력하고, 키 캡 [Enter↵]를 누른다.

마우스로 셀 A2를 클릭한 후 '홈' 메뉴 탭의 '맞춤' 아이콘을 나타내는 것들 중에서 '가운데 맞춤'을 나타내는 아이콘 을 눌러 입력된 셀의 내용을 가운데

로 맞춘다.

다시 마우스로 셀 A3을 클릭하고 이어서 마우스 왼쪽 버튼을 누른 후 마우스 왼쪽 버튼을 떼고, 마우스포인터를 셀 A3의 오른쪽 아래 구석으로 이동한다.

마우스포인터는 흰색 십자에서 검은색 십자(필 핸들)로 변하는데, 여기에서 마우스 오른쪽 버튼을 누른 상태에서 셀 A41까지 드래그하고 이어서 마우스 오른쪽 비튼을 뗀다.

그러면 오른쪽에 메뉴 화면이 열리는데 마우스포인터로 '연속 데이터 채우기(S)'를 선택하면 지정된 빈 셀에 연도별 숫자가 셀 A4에 '1972'에서 셀 A41에 '2009'까지 연속하여 채워진다.

셀 B2의 '실질민간최종소비지출'은 마우스 왼쪽 버튼으로 셀 B3을 클릭한 후 데이터 '365699'를 셀 B3에 입력하고, 키 캡 [Enter↵]를 누른다. 이어서 반복하여 같은 방법으로 셀 D2의 '실질금융자산잔액'의 셀 C41까지 입력하고, 키 캡 [Enter↵]를 누른다.

1. 민간최종소비지출, 가처분국민소득, 금융자산잔액의 소비함수 추정

최소자승법은 마우스포인터를 이동하여 마우스 왼쪽 버튼으로 '데이터' 메뉴 탭을 누르고 '분석' 아이콘의 '데이터분석' 아이콘을 누른다.

새로운 '통계 데이터 분석' 대화창이 열리는데 마우스포인터를 이동하여 마우스 왼쪽 버튼으로 스크롤바를 조정하여 '회귀 분석'을 선택한 후 마우스 왼쪽 버튼으로 '확인' 버튼을 누른다.

'회귀 분석' 대화창의 'Y축 입력범위(Y)'에는 '$B$2: $B$41'이라고 입력하거나 또는 워크시트 상에서 마우스포인터를 셀 B2로 이동하여 마우스 왼쪽 버튼을 누르면 액티브 셀 상태가 되는데 셀 B2를 누른 상태에서 셀 B41까지 드래그하여 입력할 수도 있다.

'X축 입력범위(X)'에는 '$C$2: $D$41'이라고 입력하거나 또는 워크시트 상에서 마우스포인터를 셀 C2로 이동하여 마우스 왼쪽 버튼을 누르면 액티브 셀 상태가 되는데 셀 C2를 누른 상태에서 셀 D41까지 드래그하여 입력할 수도 있다.

셀의 2행 째부터 범위를 지정했기 때문에 '이름표(L)'에 체크 마크를 붙이고, '신뢰 수준(F)'에 체크 표시를 하고, 그 오른쪽 공란에는 '99'라고 입력한다.

'잔차(R)'과 '선적합도(I)'에 체크 표시를 하고, '출력옵션'이 '새로운 워크시트(P)'의 오른쪽 직사각형 공란에 '표 10-1(중회귀분석)'라고 입력한 후 마우스 왼쪽 버튼으로 '확인' 버튼을 누르면 새로운 워크시트에 셀 색상이 반전되면서 [그림 10-2]와 같이 출력 결과가 나타난다.

[그림 10-2] 중회귀분석에 의한 소비함수 추정 출력 결과

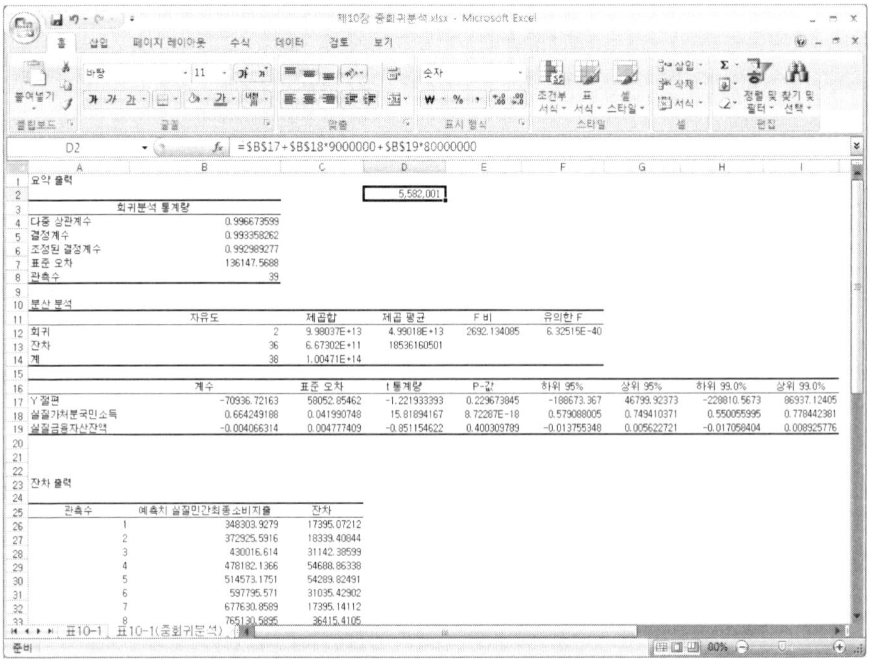

D2 =$B$17+$B$18*9000000+$B$19*80000000

요약 출력 (D2: 5,582,001)

회귀분석 통계량	
다중 상관계수	0.996673599
결정계수	0.993358262
조정된 결정계수	0.992989277
표준 오차	136147.5688
관측수	39

분산 분석

	자유도	제곱합	제곱 평균	F 비	유의한 F
회귀	2	9.98037E+13	4.99018E+13	2692.134085	6.32515E-40
잔차	36	6.67302E+11	18536160501		
계	38	1.00471E+14			

	계수	표준 오차	t 통계량	P-값	하위 95%	상위 95%	하위 99.0%	상위 99.0%
Y 절편	-70936.72163	58052.85462	-1.221933393	0.229673845	-188673.367	46799.92373	-228810.5673	86937.12405
실질가처분국민소득	0.664249188	0.041990748	15.81894167	8.72287E-18	0.579088005	0.749410371	0.550055995	0.778442381
실질금융자산잔액	-0.004066314	0.004777409	-0.851154622	0.400309789	-0.013755348	0.005622721	-0.017058404	0.008925776

잔차 출력

관측수	예측치 실질민간최종소비지출	잔차
1	348303.9279	17395.07212
2	372925.5916	18339.40844
3	430016.614	31142.38599
4	478182.1366	54688.86338
5	514573.1751	54289.82491
6	597795.571	31035.42902
7	677630.8589	17395.14112
8	765130.5895	36415.4105

새롭게 출력된 [그림 10-2]의 워크시트 '표 10-1(중회귀분석)' 탭 상에서 셀 D2에 실질가계가처분국민소득이 900조원(9000000), 실질가계금융자산잔액이 8,000조원(80000000)일 때의 실질민간최종소비지출을 구하려면 다음과 같은 절차를 거친다.

마우스 왼쪽 버튼으로 셀 D2를 클릭한 후 절편값 '-70936.72163'가 셀 B17에 있으며, 평균한계소비성향은 각각 '0.664249188'이 셀 B18과 '-0.004066314'셀 B19

에 있는 것을 알 수 있다.

'= $B$17+ $B$18*9000000+ $B$19*80000000'을 계산하면 5,582,001억원이 된다. 실질민간최종소비지출에 대한 예측치는 558조원이 된다.

여기에서 '절대참조'라 부르는 $마크가 붙은 $B$17은 B17이라고 입력한 후 기능키 F4를 반복하여 눌러 $마크를 조정하여 붙인다.

2. 민간최종소비지출, 가처분국민소득, 금융자산잔액의 소비함수 분석결과

1) 회귀모형의 적합도

첫째, 변수 Y와 복수의 변수 X_1, X_2, …, X_k의 인과관계가 이론적으로 해명할 수 있는 경우에는 중회귀분석을 행할 수 있다.

실질가처분국민소득과 실질금융자산잔액을 독립변수, 실질민간최종소비지출을 종속변수라는 소비함수를 구한다.

1971~2009년의 계산결과는 [그림 10-2]와 같다. 실질민간최종소비지출의 예측치 $\hat{Y}$, 실질가처분국민소득 X_1, 실질금융자산잔액 X_2, 괄호 안의 수치는 $t-$통계량, 자유도 조정된 결정계수 R^2을 나타낸다.

$$
\begin{aligned}
\hat{Y} &= -70936.7216 + 0.6642X_1 - 0.0041X_2 \\
&\quad (-1.2219) \qquad (15.8189) \qquad (-0.8512) \\
R^2 &= 0.9930
\end{aligned}
$$

분석결과가 엑셀에서 어떻게 출력되는가는 '그림 10-2'를 사용하여 설명하기로 한다. '그림 10-2'의 셀 A4, B4의 '다중 상관계수' 0.9967은 다중 상관계수이고, 관측치와 이론치의 상관계수이다. 이것은 종속변수와 독립변수의 상관관계가 강하다는 것을 나타낸다. 이것을 제곱한 것이 A5, B5의 '결정계수' 0.9934이다.

셀 A5, B5의 '결정계수' 0.9943은 결정계수 R^2이라 하고, 회귀모형 즉, 회귀식의 설명력을 나타낸다. 결정계수 R^2는 $0 \leq R^2 \leq 1$을 만족하고, 1에 가까울수록 설명력이 높다는 것을 나타낸다.

셀 A5, 셀 B5의 '조정된 결정계수' 0.9930은 자유도조정결정계수 R^2이라 하고,

결정계수와 동일하게 회귀모형, 즉, 회귀식의 설명력을 나타내고, 1에 가까울수록 설명력이 높다는 것을 나타낸다.

중회귀분석의 경우에는 설명변수의 개수를 늘리면, 잔차가 작아지고, 결정계수의 값이 올라간다.

그렇기 때문에 회귀계수의 설명력 지표는 관측치의 개수나 설명변수의 개수를 고려하여 결정계수를 조정하는데 자유도를 고려하여 결정계수를 조정한 것을 자유도조정결정계수라고 한다.

자유도조정결정계수는 $-\infty \leqq R^2 \leqq 1$을 충족하고, 결정계수 R^2보다 다소 작은 값을 갖게 된다. 자유도조정결정계수는 다음과 같이 정의된다. 단, 결정계수 R^2, 관측치의 개수 N, 설명변수의 개수 K를 나타낸다.

$$\text{조정된 결정계수 } R^2 = 1 - \frac{N-1}{N-K-1}(1-R^2)$$

조정된 결정계수 $R^2=0.9930$인데 소비함수는 실질소비 변동의 99.3%를 설명하는 회귀모형이라고 말할 수 있다.

셀 A7, 셀 B7은 회귀방정식의 표준 오차이고, 셀A8, 셀B8의 '관측수' 39는 관측치의 개수이며, 표본크기라고 한다.

여기에서는 1971~2009년까지 연도별 데이터의 개수가 39이다.

셀 A17, 셀 B17의 'Y절편' -70936.7216은 소비함수의 상수항이다. 이것은 가처분국민소득 X_1이나 금융자산잔액 X_2와는 관계없이 행해지는 소비수준을 나타낸다.

셀 A18, 셀 B18의 '실질가처분국민소득' 0.6642는 소비함수 X_1의 편회귀계수를 나타내고 있다.

금융자산잔액 X_2가 일정할 때, 가처분국민소득 X_1이 1단위 증가했을 경우 민간최종소비지출 Y의 증가분을 나타낸다.

셀 A19, 셀 B19의 '실질금융자산잔액' -0.0041은 소비함수 X_2의 편회귀계수를 나타내고 있다.

가처분국민소득 X_1이 일정할 때, 금융자산잔액 X_2가 1단위 증가했을 경우 민간최종소비지출 Y의 증가분을 나타낸다.

셀 D16에서 셀 D19의 '$t-$통계량' -1.2219, 15.8189, -0.8512는 각각 소비함수의 상수항 -70936.7216, 가처분국민소득 계수 0.6642, 금융자산잔액 계수 -0.0041의 $t-$값을 나타낸다.

$t-$값은 상수항, 가처분국민소득 계수, 금융자산잔액 계수를 각각의 표준편차, 셀 C16에서 셀 C19로 나눈 값이고, 셀 E11, 셀 E12의 '관측된 분산비'인 '$F-$비'는 2692.134이다.

$t-$검정인 편회귀계수의 신뢰성검정은 편회귀계수의 $t-$값을 사용하여, 추정된 편회귀계수가 통계적으로 유의한지 여부를 검정하는 것으로, 검정 실행방법은 단수회귀분석의 경우와 동일하다.

2) 편회귀계수 β_1, β_2의 $t-$검정

$\beta_1 > 0$, $\beta_2 > 0$, 편회귀계수 등은 부호조건이 정해져 있기 때문에 편측검정을 행한다. 상수항이 있는 회귀분석을 하는 경우에는 회귀계수의 $t-$값이 자유도 $N-K-1$의 $t-$분포를 따르므로 $t-$분포표를 사용한다.

자유도는 관측치의 개수 N에서 독립변수의 개수 K와 1을 뺀 것인 자유도 $=N-K-1$이다. 여기에서 $K=2$이기 때문에, 자유도는 $N-3$이 된다.

편회귀계수 $t-$값의 절대치가 $t-$분포의 값인 판정치보다 크다면 '편회귀계수 β는 제로가 아니다'가 되고, 편회귀계수 β는 '통계학적으로 유의하다'고 판정된다.

여기에서 1971~2009년 편회귀계수 $\beta_1(0.6642)$의 $t-$통계량 절대치는 '15.8189'이고, 이것은 자유도 36(=39-2-1)의 $t-$분포를 따른다.

'$t-$분포표'에 의하면 자유도가 36일 경우 신뢰수준 5% 편측검정의 판정치 1.688, 신뢰수준 1% 편측검정 판정치 2.434이다.

$$15.8189 > 1.688$$

$$15.8189 > 2.434$$

검정한 값은 모두 신뢰 값을 나타내므로 '편회귀계수 $\beta_1(0.6642)$가 신뢰수준

1%에서 통계학적으로 유의하다'고 말할 수 있다.

같은 방법으로 1971~2009년까지 편회귀계수 β_2(-0.0041)의 t-통계량 절대치는 '0.8512'이고, 이것은 자유도 36(=39-2-1)의 t-분포를 따른다.

'부록'의 t-분포표에 의하면 신뢰수준 5% 편측검정의 판정치 '1.688', 신뢰수준 1% 편측검정 판정치 '2.434'이다.

$$0.85125 < 1.688$$
$$0.8512 < 2.434$$

검정결과 모두 신뢰수준을 통과하고 있다. '편회귀계수 β_2(-0.0041)은 신뢰수준 5% 1%에서 통계적으로 모두 유의하지 않다'고 말한다.

양측검정에서 귀무가설을 '기각할 수 있다'는 것은 '편회귀계수 β는 제로가 아니다'라는 확률을 나타내는 신뢰확률을 출력할 수 있다.

대립가설에서 '기각할 수 없다'는 것은 '편회귀계수 β는 제로이다'라는 것이 된다.

[그림 10-2]는 t-통계량의 우측에 출력되는 셀 E16에서 셀 E19까지의 'P값'이 '0.2297', '0.0000', '0.4003' 등의 신뢰확률을 나타내고 있다.

편회귀계수 β_1(0.6642)의 신뢰확률은 '0.0000'으로 다음과 같다.

$$0.0000 < 0.05(=5\%)$$
$$0.0000 < 0.001(=1\%)$$

검정결과 신뢰수준 1%에서 귀무가설을 가각할 수 있다.

같은 방법으로 편회귀계수 β_2(-0.0041)의 신뢰확률은 '0.4003'으로 다음과 같다.

$$0.4003 > 0.05(=5\%)$$
$$0.4003 > 0.001(=1\%)$$

검정결과 신뢰수준 5%, 1% 등에서 모두 귀무가설을 기각할 수 없다.

3) 상수항 α의 $t-$검정

상수항의 $t-$검정도 동일하게 할 수 있지만 경제이론상 특별한 의미가 있는 경우 등을 제외하면, 상수항은 일반적으로 유의하지 않아도 상관이 없다.

4) $F-$검정

결정계수의 신뢰성 검정인 $F-$검정은 복수의 편회귀계수가 통계학적으로 신뢰성이 있는지 여부를 $F-$비율을 가지고 일괄적으로 검정한다.

귀무가설과 대립가설은 다음과 같이 설정한다.

귀무가설 H_0 : 상수항 이외의 모든 편회귀계수는 제로이다.

대립가설 H_1 : H_0는 아니다.

상수항이 있는 회귀분석의 경우, $F-$비율은 자유도(분자 K, 분모 $N-K-1$)의 $F-$분포를 따르기 때문에 $F-$분포표를 사용하여 $F-$검정을 실행한다.

$F-$비의 절대값이 $F-$분포표의 값인 판정치보다 크면, 귀무가설은 기각이 되고, 대립가설은 채택이 된다. 독립변수가 모두 혹은 일부는 '통계학적으로 유의하다'고 판정할 수 있다.

설명변수의 개수 $K=2$, 관측치의 개수 $N=39$이기 때문에, 셀 E12에 출력된 '$F-$비' '2692.134'는 자유도(2, 36)의 $F-$분포를 따른다.

$F-$분포표에 의하면, 신뢰수준 5%의 $F-$검정 판정치는 3.26, 신뢰수준 1%의 판정치는 5.25이다.

$$2692.134 > 3.26$$

$$2692.134 > 5.25$$

검정결과 신뢰수준을 통과하고 있다.

이와 같이 독립변수의 일부 또는 전부가 신뢰수준 1%에서 통계학적으로 유의하다고 판단할 수 있다.

$F-$검정이 기무가설을 기각할 수 없는 확률을 나타내는 유의확률이 출력된다.

[그림 1-2]에서 $F-$비의 우측에 출력되는 셀 F11, 셀 F12의 '유의한 F' '0.0000'이 유의확률이다.

$$0.0000 < 0.05(=5\%)$$

$$0.0000 < 0.001(=1\%)$$

상기의 값을 가지므로 신뢰수준 1%에서 귀무가설을 기각할 수 있다.

셋째, 1971~2009년까지 관측치에서 추정한 소비함수에, 실질가처분국민소득 $X_1=9000000$, 실질금융자산잔액 $X_2=80000000$을 대입하면, 실질민간최종소비지출의 이론값인 예측치는 5,582.001(약 558조원)이 된다는 것을 알 수 있다.

3. 민간최종소비지출과 가처분국민소득의 소비함수 추정회귀선

[그림 10-2]의 셀 C25에서 셀 C64에 출력되는 잔차 $\hat{u}_i$는 관측치 Y_i에서 $\hat{Y}_i$를 뺀다. 잔차 = 관측치 – 예측치. 이것을 근거로 실질민간최종소비지출, 실질가처분소득과 더불어 다시 정리하면 [표 10-2]와 같다.

[표 10-2] 민간최종소비지출의 관측치와 예측치, 가처분국민소득

(단위: 2005년도 기준, 억 원)

연도	실질 가처분 국민총소득	실질 민간 최종소비지출	예측치 실질 민간 최종소비지출
1971	642,260	365,699	348,304
1972	680,534	391,265	372,926
1973	768,182	461,159	430,017
1974	841,430	532,871	478,182
1975	897,178	568,863	514,573
1976	1,023,669	628,831	597,796
1977	1,146,376	695,026	677,631
1978	1,279,742	801,546	765,131
1979	1,366,301	876,526	821,334
1980	1,330,071	870,714	795,314
1981	1,413,838	897,891	849,273
1982	1,521,284	947,685	916,511
1983	1,706,823	1,032,365	1,036,688
1984	1,859,232	1,126,912	1,134,689
1985	1,988,995	1,219,221	1,216,936
1986	2,248,312	1,313,318	1,386,069
1987	2,542,731	1,427,084	1,577,391
1988	2,845,556	1,532,766	1,773,960
1989	3,029,357	1,700,403	1,887,187
1990	3,305,524	1,874,800	2,064,392
1991	3,635,236	2,070,186	2,276,916
1992	3,845,293	2,247,424	2,409,837
1993	4,078,541	2,435,918	2,557,451
1994	4,441,641	2,730,117	2,789,574
1995	4,749,601	3,068,632	2,984,773
1996	5,051,817	3,351,230	3,172,365
1997	5,292,874	3,543,775	3,307,781
1998	4,867,604	3,062,497	3,021,162
1999	5,407,978	3,493,891	3,366,821
2000	5,963,437	3,893,073	3,721,975
2001	6,221,730	4,124,363	3,881,350
2002	6,723,401	4,503,407	4,203,525
2003	6,894,161	4,471,703	4,311,454
2004	7,238,933	4,470,411	4,537,818
2005	7,480,408	4,654,305	4,682,438
2006	7,866,716	4,842,638	4,904,241
2007	8,288,676	5,059,772	5,150,099
2008	8,561,210	5,119,667	5,317,710
2009	8,537,045	5,118,836	5,285,197

주) : [표 10-1]과 [그림 10-2]를 재정리하였다.

마이크로소프트사의 엑셀 프로그램을 이용하여 '[표 10-2] 실질민간최종소비지출의 관측치와 예측치, 실질가처분국민소득'의 데이터를 [그림 10-3]과 같이 입력한다.

마우스 왼쪽 버튼으로 셀 A1을 클릭한 후 셀 A1에 '[표 10-2] 민간최종소비지출의 관측치와 예측치, 가처분국민소득'이라고 입력하고, 키 캡 Enter↵를 누른다.

[그림 10-3] 민간최종소비지출의 관측치와 예측치, 가처분국민소득

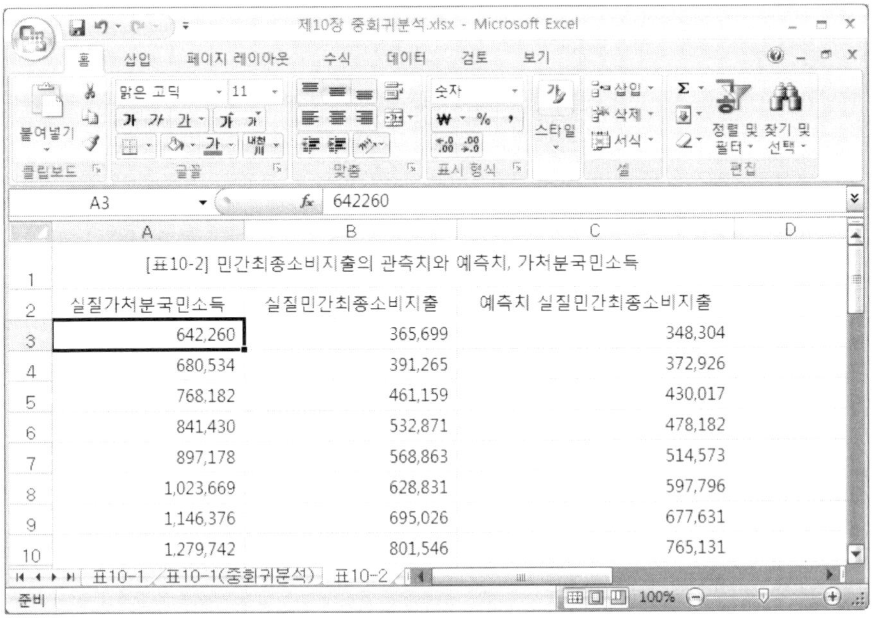

	A	B	C
1	[표10-2] 민간최종소비지출의 관측치와 예측치, 가처분국민소득		
2	실질가처분국민소득	실질민간최종소비지출	예측치 실질민간최종소비지출
3	642,260	365,699	348,304
4	680,534	391,265	372,926
5	768,182	461,159	430,017
6	841,430	532,871	478,182
7	897,178	568,863	514,573
8	1,023,669	628,831	597,796
9	1,146,376	695,026	677,631
10	1,279,742	801,546	765,131

마우스 왼쪽 버튼으로 셀 A1을 클릭한 후 마우스 왼쪽 버튼을 누른 상태에서 셀 C1까지 드래그하면 셀의 색상이 반전이 된다.

이렇게 반전이 된 상태에서 마우스의 왼쪽 버튼을 누른 것을 뗀 후 이어서 마우스포인터로 '홈' 메뉴 탭을 누르고, '맞춤' 아이콘 모음 중에서 '병합하고 가운데 맞춤' 아이콘 을 클릭하면 셀 A1에서 셀 C1까지 셀을 병합하고 제목을 가운데로 맞춰 준다.

마우스 왼쪽 버튼으로 셀 A2를 클릭한 후 셀 A2에 '실질가처분국민총소득', 셀 B2에 '실질민간최종소비지출' 그리고 셀 C2에 '예측치 실질민간최종소비지출'

등을 각각 입력하고, 키 캡 [Enter↵]를 누르면 된다.

마우스로 셀 A2에서 셀 C2까지 드래그하면 색이 반전이 되는데 이러한 상태에서 '홈' 메뉴 탭의 '맞춤' 아이콘 모음 중에서 '가운데 맞춤'을 나타내는 아이콘 ≡을 누르면 입력된 셀의 문자는 가운데로 맞춰진다.

셀 A2의 '실질가처분국민총소득'은 마우스로 셀 A3을 클릭한 후 데이터 '642260'을 셀 B3에 입력하고, 키 캡 [Enter↵]를 누른다.

연속하여 같은 방법으로 셀 D2의 '예측치 실질민간최종소비지출'의 셀 C41에 '5337627'까지 입력하고, 키 캡 [Enter↵]를 누른다.

마우스로 셀 A3을 클릭한 후 마우스 왼쪽 버튼으로 셀 A3을 누른 상태에서 셀 C41까지 드래그를 하면 셀의 색상이 반전이 된다.

마우스포인터로 '홈' 메뉴 탭을 누르고, 이어서 '셀' 아이콘 모음 중에서 '서식' 아이콘의 아래에 위치한 '▼' 기호를 마우스 왼쪽 버튼을 누르면 풀다운 메뉴가 나타난다.

여기에서 '셀 서식(E)...'를 클릭하면 '셀 서식' 대화창이 열리는데 '표시형식' 탭을 마우스 왼쪽 버튼으로 누르고, '범주(C)'에서 마우스포인터를 이동하여 '숫자'를 선택한다.

'소수 자릿수(D):'의 오른쪽 직사각형 빈 공란을 '0'을 지정하고, '1000단위 구분 기호(,) 사용(U)'의 왼쪽 정사각형을 녹색 체크 표시를 하며, '음수(N):'를 마우스포인터로 '-1234'를 선택한 후 마우스 왼쪽 버튼으로 '확인' 버튼을 누른다.

여기에서 [그림 10-4]와 같이 엑셀 프로그램을 이용하여 입력한 자료를 근거로 가처분국민소득의 소비함수 추정회귀선을 작성하기로 한다.

엑셀 프로그램의 워크시트 상에서 마우스포인터를 셀 A2로 이동하여 마우스 왼쪽 버튼으로 셀 A2를 클릭한 후 셀 A2를 마우스 왼쪽 버튼을 누른 상태에서 셀 C41까지 드래그하면 셀 색상이 반전된다.

마우스포인터를 이동하여 '삽입' 메뉴 탭을 누른 후 '차트' 아이콘 모음 중에서 '분산형'을 클릭하면 5가지 유형의 풀다운 메뉴 차트가 열린다.

다양한 '분산형' 유형 중에서 '표식만 있는 분산형'을 선택하면 분산형 풀다운 메뉴가 열린다. 여기에서 마우스 왼쪽 버튼으로 '표식만 있는 분산형'을 클릭하면 자동으로 차트가 생성된다.

[그림 10-4] 가처분국민소득의 소비함수 추정회귀선

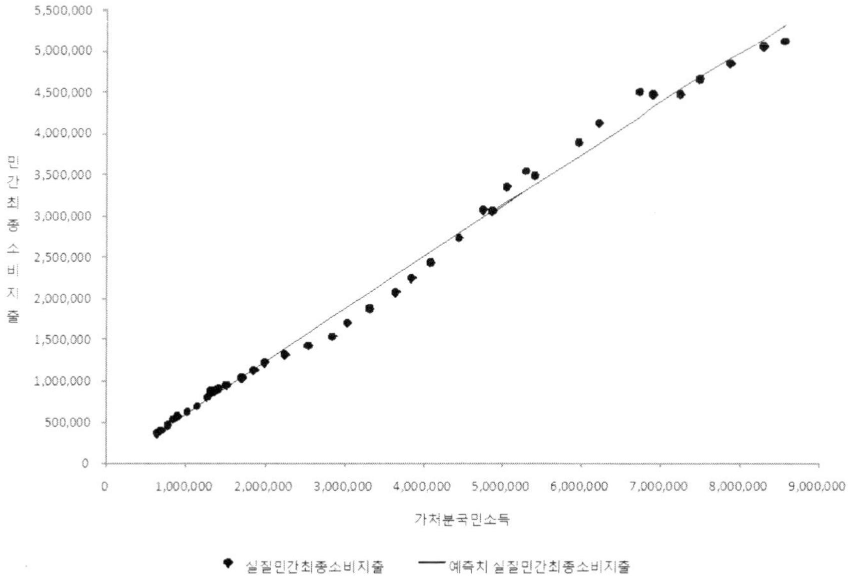

여기에서 '차트 영역'을 마우스 왼쪽 버튼으로 클릭하면 '차트 도구'의 각종 기능을 조작하여 사용자의 선호에 맞춰서 나타낼 수 있다.

마우스 왼쪽 버튼으로 '차트 영역'을 클릭한 후 '차트 도구' 중에서 '레이아웃' 메뉴 탭을 누른다.

'세로(값) 축 제목'을 추가하려면 세로 축 영역을 클릭한 후 '레이블' 아이콘 모음 중에서 '축 제목' 아이콘을 누르고, '기본 세로 축 제목(V)' 옵션에서 '세로 제목'을 누르면 사각형 실선 안에 '축 제목'의 세로 축 제목이 생성된다.

축 제목을 클릭하여 '민간최종소비지출'이라고 입력한 후 마우스 왼쪽 버튼을 워크시트 상의 임의의 셀 위치를 클릭하면 수정한 부분으로 대체되어 나타난다.

여기에서 하나 더 예를 들어 '계열 "예측치 실질민간최종소비지출"'에 대한 설정 과정을 설명하기로 한다.

우선 마우스포인터를 '차트영역'으로 이동하여 마우스 왼쪽 버튼으로 누른다. 그러면 '차트 영역'은 이중실선 사각형의 영역으로 바뀌고, 동시에 메뉴 탭이 '차트 도구'의 메뉴 내용으로 바뀐다.

마우스포인터를 이동하여 마우스 왼쪽 버튼으로 '계열 "예측치 실질민간최종소비지출"' 곡선을 클릭한다.

마우스 왼쪽 버튼으로 '차트 도구'의 '레이아웃' 메뉴 탭을 누르고, '현재 선택 영역' 아이콘 모음 중에서 '선택 영역 서식'을 클릭한다.

그러면 '데이터 계열 서식'의 대화창이 나타나는데 '계열 옵션'은 '데이터 계열 지정' 중에서 마우스 왼쪽 버튼으로 '기본축(P)' 왼쪽 원을 눌러 녹색으로 표시한다.

'표식 옵션' 지정은 마우스 왼쪽 버튼으로 '표식 옵션'을 누른 후 '표식 종류'에 대한 설정은 '기본 제공'의 왼쪽 원을 눌러 녹색으로 지정, '형식:'을 '●', '크기:'를 '5'로 각각 지정한다.

'표식 채우기' 지정은 마우스 왼쪽 버튼으로 '표식 채우기'를 누른 후 '단색 채우기(S)'의 왼쪽 원을 눌러 녹색으로 지정, '색(C):'을 '검정색', '투명도(T):'를 '0%'로 각각 지정한다.

'선 색' 지정은 마우스 왼쪽 버튼으로 '선 색'을 누른 후 '선 없음(N)'을 지정한다.

'선 스타일'은 '선 색' 지정에서 '선 없음(N)'을 지정했기 때문에 지정할 필요가 없다.

'표식 선 색' 지정은 마우스 왼쪽 버튼으로 '표식 선 색'을 누른 후 '실선(S)'의 왼쪽 원을 눌러 녹색으로 지정, '투명도(T):'를 '0%'로 각각 지정한다.

'표식 선 스타일' 지정은 마우스 왼쪽 버튼으로 '표식 선 스타일'을 누른 후 '너비(W)'만 '1.25pt'를 지정한다.

'그림자'와 '3차원 서식' 지정은 해당 부분이 없기 때문에 지정을 하지 않는다.

나머지 설명하지 않은 '계열 "가처분국민소득"' 곡선을 포함하여 각각의 영역을 선택하여 지정하면 [그림 10-4]와 같은 소비함수의 추정회귀선을 도출할 수 있다.

4. 민간최종소비지출과 금융자산잔액의 소비함수 추정회귀선

[그림 10-2]의 셀 C25에서 셀 C64에 출력되는 잔차 $\hat{u}_i$는 관측치 Y_i에서 $\hat{Y}_i$를 뺀다. 잔차 = 관측치 − 예측치. 이것을 근거로 실질민간최종소비지출, 실질가처분소득과 더불어 다시 정리하면 [표 10-3]과 같다.

마이크로소프트사의 엑셀 프로그램을 이용하여 '[표 10-3] 실질민간최종소비지출의 관측치와 예측치, 실질금융자산잔액'의 자료를 [그림 10-5]와 같이 입력한다.

[표 10-3] 민간최종소비지출의 관측치와 예측치, 금융자산잔액

(단위: 2005년도 기준, 억 원)

연도	실질 금융 자산잔액	실질민간 최종소비지출	예측치 실질민간 최종소비지출
1971	1,814,920	365,699	348,304
1972	2,012,103	391,265	372,926
1973	2,289,773	461,159	430,017
1974	2,410,128	532,871	478,182
1975	2,567,402	568,863	514,573
1976	2,763,931	628,831	597,796
1977	3,175,295	695,026	677,631
1978	3,442,989	801,546	765,131
1979	3,761,139	876,526	821,334
1980	4,241,750	870,714	795,314
1981	4,655,511	897,891	849,273
1982	5,671,862	947,685	916,511
1983	6,426,271	1,032,365	1,036,688
1984	7,222,161	1,126,912	1,134,689
1985	8,192,961	1,219,221	1,216,936
1986	8,959,935	1,313,318	1,386,069
1987	10,003,921	1,427,084	1,577,391
1988	11,130,773	1,532,766	1,773,960
1989	13,310,404	1,700,403	1,887,187
1990	14,844,717	1,874,800	2,064,392
1991	16,439,822	2,070,186	2,276,916
1992	18,065,169	2,247,424	2,409,837
1993	19,865,672	2,435,918	2,557,451
1994	22,095,233	2,730,117	2,789,574
1995	24,397,804	3,068,632	2,984,773
1996	27,632,695	3,351,230	3,172,365
1997	33,708,444	3,543,775	3,307,781
1998	34,725,161	3,062,497	3,021,162
1999	37,992,006	3,493,891	3,366,821
2000	41,387,994	3,893,073	3,721,975
2001	44,387,092	4,124,363	3,881,350
2002	47,106,912	4,503,407	4,203,525
2003	48,459,128	4,471,703	4,311,454
2004	49,110,927	4,470,411	4,537,818
2005	52,991,548	4,654,305	4,682,438
2006	61,550,126	4,842,638	4,904,241
2007	70,016,961	5,059,772	5,150,099
2008	73,317,130	5,119,667	5,317,710
2009	77,365,188	5,118,836	5,285,197

주) : [표 10-1]과 [그림 10-2]를 재정리하였다.

마우스 왼쪽 버튼으로 셀 A1을 클릭한 후 셀 A1에 '[표 10-2] 민간최종소비지출의 관측치와 예측치, 금융자산잔액'이라고 입력하고, 키 캡 Enter↵를 누른다.

[그림 10-5] 민간최종소비지출의 관측치와 예측치, 금융자산잔액

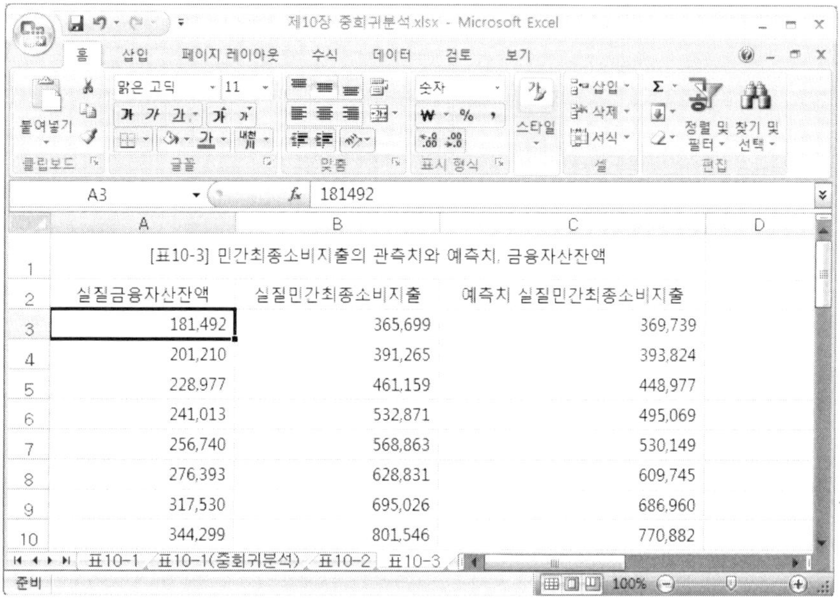

마우스 왼쪽 버튼으로 셀 A1을 클릭한 후 마우스 왼쪽 버튼을 누른 상태에서 셀 C1까지 드래그하면 셀의 색상이 반전되면 마우스의 왼쪽 버튼을 누른 것을 뗀 후 이어서 마우스포인터로 '홈' 메뉴 탭을 누르고, '맞춤' 아이콘 모음 중에서 '병합하고 가운데 맞춤' 아이콘 을 클릭하면 셀 A1에서 셀 C1까지 셀을 병합하고 제목을 가운데로 맞춰 준다.

마우스 왼쪽 버튼으로 셀 A2를 클릭한 후 셀 A2에 '실질금융자산잔액', 셀 B2에 '실질민간최종소비지출' 그리고 셀 C2에 '예측치 실질민간최종소비지출' 등을 각각 입력하고, 키 캡 Enter↵를 누르면 된다.

마우스로 셀 A2에서 셀 C2까지 드래그하면 색이 반전이 되는데 이러한 상태에서 '홈' 메뉴 탭의 '맞춤' 아이콘 모음 중에서 '가운데 맞춤'을 나타내는 아이콘 을 누르면 입력된 셀의 문자는 가운데로 맞춰진다.

셀 A2의 '실질금융자산잔액'은 마우스로 셀 A3을 클릭한 후 데이터 '181492'을 셀 B3에 입력하고, 키 캡 Enter↵를 누른다.

연속하여 같은 방법으로 셀 D2의 '예측치 실질민간최종소비지출'의 셀 C41에 '5337627'까지 입력하고, 키 캡 Enter↵를 누른다.

마우스로 셀 A3을 클릭한 후 마우스 왼쪽 버튼으로 셀 A3을 누른 상태에서 셀 C41까지 드래그를 하면 셀의 색상이 반전이 된다.

마우스포인터로 '홈' 메뉴 탭을 누르고, 이어서 '셀' 아이콘 모음 중에서 '서식' 아이콘의 아래에 위치한 '▼' 기호를 마우스 왼쪽 버튼을 누르면 풀다운 메뉴가 나타난다.

여기에서 '셀 서식(E)...'를 클릭하면 '셀 서식' 대화창이 열리는데 '표시형식' 탭을 마우스 왼쪽 버튼으로 누르고, '범주(C)'에서 마우스포인터를 이동하여 '숫자'를 선택한다.

'소수 자릿수(D):'의 오른쪽 직사각형 빈 공란을 '0'을 지정하고, '1000단위 구분 기호(,) 사용(U)'의 왼쪽 정사각형을 녹색 체크 표시를 하며, '음수(N):'를 마우스포인터로 '-1234'를 선택한 후 마우스 왼쪽 버튼으로 '확인' 버튼을 누른다.

여기에서 [그림 10-6]과 같이 엑셀 프로그램을 이용하여 입력한 자료를 근서로 금융자산잔액의 소비함수 추정회귀선을 작성하기로 한다.

[그림 10-6] 금융자산잔액의 소비함수 추정회귀선

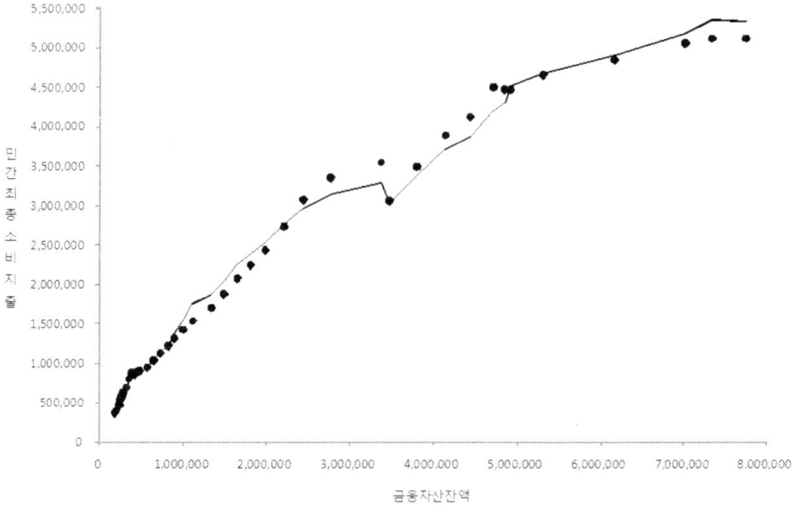

엑셀 프로그램의 워크시트 상에서 마우스포인터를 셀 A2로 이동하여 마우스 왼쪽 버튼으로 셀 A2를 클릭한 후 셀 A2를 마우스 왼쪽 버튼을 누른 상태에서 셀 C41까지 드래그하면 셀 색상이 반전된다.

마우스포인터를 이동하여 '삽입' 메뉴 탭을 누른 후 '차트' 아이콘 모음 중에서 '분산형'을 클릭하면 5가지 유형의 풀다운 메뉴 차트가 열린다.

다양한 '분산형' 유형 중에서 '표식만 있는 분산형'을 선택하면 분산형 풀다운 메뉴가 열린다. 여기에서 마우스 왼쪽 버튼으로 '표식만 있는 분산형'을 클릭하면 자동으로 차트가 생성된다.

여기에서 '차트 영역'을 마우스 왼쪽 버튼으로 클릭하면 '차트 도구'의 각종 기능을 조작하여 사용자의 선호에 맞춰서 나타낼 수 있다.

마우스 왼쪽 버튼으로 '차트 영역'을 클릭한 후 '차트 도구' 중에서 '레이아웃' 메뉴 탭을 누른다.

'세로(값) 축 제목'을 추가하려면 세로 축 영역을 클릭한 후 '레이블' 아이콘 모음 중에서 '축 제목' 아이콘을 누르고, '기본 세로 축 제목(V)' 옵션에서 '세로 제목'을 누르면 사각형 실선 안에 '축 제목'의 세로 축 제목이 생성된다.

축 제목을 클릭하여 '민간최종소비지출'이라고 입력한 후 마우스 왼쪽 버튼을 워크시트 상의 임의의 셀 위치를 클릭하면 수정한 부분으로 대체되어 나타난다.

여기에서 하나 더 예를 들어 '계열 "예측치 실질민간최종소비지출"'에 대한 설정 과정을 설명하기로 한다.

우선 마우스포인터를 '차트영역'으로 이동하여 마우스 왼쪽 버튼으로 누른다. 그러면 '차트 영역'은 이중실선 사각형의 영역으로 바뀌고, 동시에 메뉴 탭이 '차트 도구'의 메뉴 내용으로 바뀐다.

마우스포인터를 이동하여 마우스 왼쪽 버튼으로 '계열 "예측치 실질민간최종소비지출"' 곡선을 클릭한다.

마우스 왼쪽 버튼으로 '차트 도구'의 '레이아웃' 메뉴 탭을 누르고, '현재 선택 영역' 아이콘 모음 중에서 '선택 영역 서식'을 클릭한다.

그러면 '데이터 계열 서식'의 대화창이 나타나는데 '계열 옵션'은 '데이터 계열 지정' 중에서 마우스 왼쪽 버튼으로 '기본축(P)' 왼쪽 원을 눌러 녹색으로 표시한다.

'표식 옵션' 지정은 마우스 왼쪽 버튼으로 '표식 옵션'을 누른 후 '표식 종류'에 대한 설정은 '기본 제공'의 왼쪽 원을 눌러 녹색으로 지정, '형식:'을 '●', '크기:'를 '5'로 각각 지정한다.

'표식 채우기' 지정은 마우스 왼쪽 버튼으로 '표식 채우기'를 누른 후 '단색 채우기(S)'의 왼쪽 원을 눌러 녹색으로 지정, '색(C):'을 '검정색', '투명도(T):'를 '0%'로 각각 지정한다.

'선 색' 지정은 마우스 왼쪽 버튼으로 '선 색'을 누른 후 '선 없음(N)'을 지정한다. '선 스타일'은 '선 색' 지정에서 '선 없음(N)'을 지정했기 때문에 지정할 필요가 없다.

'표식 선 색' 지정은 마우스 왼쪽 버튼으로 '표식 선 색'을 누른 후 '실선(S)'의 왼쪽 원을 눌러 녹색으로 지정, '투명도(T):'를 '0%'로 각각 지정한다. '표식 선 스타일' 지정은 마우스 왼쪽 버튼으로 '표식 선 스타일'을 누른 후 '너비(W)'만 '1.25pt'를 지정한다. '그림자'와 '3차원 서식' 지정은 해당 부분이 없기 때문에 지정을 하지 않는다.

나머지 설명하지 않은 '계열 "금융자산잔액"' 곡선을 포함하여 각각의 영역을 선택하여 지정하면 [그림 10-6]과 같은 소비함수의 추정회귀선을 도출할 수 있다.

제 3 절 휴대전화 점포 진출의 예측모형

1. 휴대전화 점포 진출의 예측모형

[표 10-4]는 지하철역 이용자를 고객으로 하는 휴대전화 30개 점포의 자료이다. 다음의 중회귀모형을 최소자승법에 의거하여 추정한다.

$$Y_i = \alpha + \beta_1 X_{1i} + \beta_2 X_{2i} + \beta_3 X_{3i} + u_i$$

Y_i : 하루 평균매출액

X_{1i} : 점포면적

X_{2i}: 지하철역까지의 거리

X_{3i}: 지하철역 이용자수

첨자 i : 점포번호

[표 10-4] 휴대폰전화 점포 30개

점포 번호	평균매출액 (1,000원)	점포면적 (33㎡)	거리 (1,000m)	이용자수 (1,000명)
1	1,121	31	0.3	267
2	902	35	0.6	176
3	954	26	0.7	198
4	1,023	29	0.9	248
5	1,016	35	0.8	236
6	994	25	0.8	218
7	1,257	48	0.5	301
8	1,023	41	0.9	251
9	1,158	45	0.5	298
10	1,038	45	0.9	255
11	1,059	38	0.5	264
12	963	24	0.7	211
13	992	29	0.4	212
14	793	26	1.0	156
15	995	34	0.8	228
16	934	38	0.7	185
17	1,157	39	0.3	287
18	996	35	0.8	235
19	901	38	1.1	175
20	941	36	0.7	185
21	1,450	54	0.2	325
22	874	29	0.8	164
23	931	34	0.6	176
24	945	35	0.7	196
25	1,130	42	0.5	287
26	1,289	43	0.6	301
27	887	31	1.0	165
28	756	21	1.2	116
29	896	32	0.7	165
30	1,368	50	0.3	321

점포면적이 $33m^2$, 지하철역까지의 거리가 $1,000m$, 지하철역 이용자수가 20만 명인 점포를 신규로 진출할 계획이 있다. 점포의 하루 평균매출액(천원)을 중회귀모형을 이용하여 예측하기로 한다.

마이크로소프트사의 엑셀 프로그램에서 '[표 10-4] 휴대전화 점포 30개'의 자료를 [그림 10-7]과 같이 입력한다.

[그림 10-7] 휴대전화 점포 30개

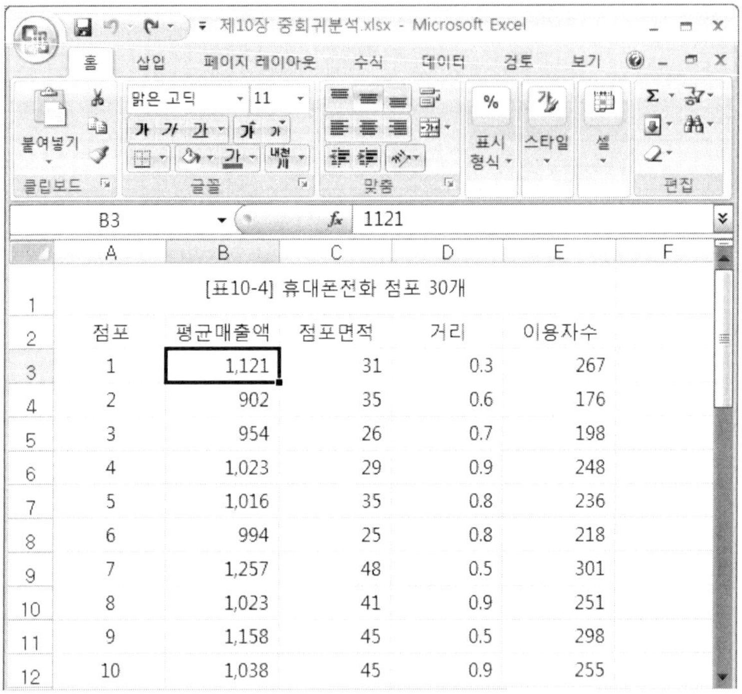

[표10-4] 휴대폰전화 점포 30개				
점포	평균매출액	점포면적	거리	이용자수
1	1,121	31	0.3	267
2	902	35	0.6	176
3	954	26	0.7	198
4	1,023	29	0.9	248
5	1,016	35	0.8	236
6	994	25	0.8	218
7	1,257	48	0.5	301
8	1,023	41	0.9	251
9	1,158	45	0.5	298
10	1,038	45	0.9	255

마우스 왼쪽 버튼으로 셀 A1을 클릭한 후 셀 A1에 '[표 10-4] 휴대전화 점포 30개'라고 입력하고, 키 캡 Enter↵를 누른다.

마우스 왼쪽 버튼으로 셀 A1을 클릭한 후 마우스 왼쪽 버튼을 누른 상태에서 셀 E1까지 드래그하면 셀의 색상이 반전이 된다.

이렇게 반전이 된 상태에서 마우스의 왼쪽 버튼을 누른 것을 뗀 후 이어서 마우스포인터로 '홈' 메뉴 탭을 누르고, '맞춤' 아이콘 모음 중에서 '병합하고 가운데 맞춤' 아이콘 을 클릭하면 셀 A1에서 셀 E1까지 셀을 병합하고 제목을 가운데로 맞춰 준다.

마우스 왼쪽 버튼으로 셀 A2를 클릭한 후 셀 A2에 '점포'라고 입력하고, 키 캡 Enter↵를 누른다. 이어서 셀 B2에 '평균매출액', 셀 C2에 '점포면적', 셀 D2에 '거리' 그리고 셀 E2에 '이용자수' 등을 각각 입력하고, 키 캡 Enter↵를 누르면 된다.

마우스로 셀 A2에서 셀 D2까지 드래그하면 색이 반전이 되는데 이러한 상태에서 '홈' 메뉴 탭의 '맞춤' 아이콘 모음 중에서 '가운데 맞춤'을 나타내는 아이콘 ≡을 누르면 입력된 셀의 문자는 가운데로 맞춰진다.

셀 A2의 '점포' 입력은 마우스로 셀 A3을 클릭한 후 셀 A3에 '1'이라고 입력하고, 키 캡 Enter↵를 누른다.

마우스로 셀 A2를 클릭한 후 '홈' 메뉴 탭의 '맞춤' 아이콘을 나타내는 것들 중에서 '가운데 맞춤'을 나타내는 아이콘 ≡을 눌러 입력된 셀의 내용을 가운데로 맞춘다.

다시 마우스로 셀 A3을 클릭하고 이어서 마우스 왼쪽 버튼을 누른 후 마우스 왼쪽 버튼을 떼고, 마우스포인터를 셀 A3의 오른쪽 아래 구석으로 이동한다.

마우스포인터는 흰색 십자에서 검은색 십자(필 핸들)로 변하는데, 여기에서 마우스 오른쪽 버튼을 누른 상태에서 셀 A32까지 드래그하고 이어서 마우스 오른쪽 버튼을 뗀다.

그러면 오른쪽에 메뉴 화면이 열리는데 마우스포인터로 '연속 데이터 채우기(S)'를 선택하면 지정된 빈 셀에 점포별 숫자가 셀 A4에 '2'에서 셀 A32에 '30'까지 연속하여 채워진다.

셀 B2의 '평균매출액'은 마우스 왼쪽 버튼으로 셀 B3을 클릭한 후 데이터 '1121'을 셀 B3에 입력하고, 키 캡 Enter↵를 누른다.

이어서 반복하여 같은 방법으로 셀 E2의 '이용자수'의 셀 E32까지 입력하고, 키 캡 Enter↵를 누른다.

마우스로 셀 A3을 클릭한 후 마우스 왼쪽 버튼으로 셀 A3을 누른 상태에서 셀 E32까지 드래그를 하면 셀의 색상이 반전이 된다.

마우스포인터로 '홈' 메뉴 탭을 누르고, 이어서 '셀' 아이콘 모음 중에서 '서식' 아이콘의 아래에 위치한 '▼' 기호를 마우스 왼쪽 버튼을 누르면 풀다운 메뉴가 나타난다.

여기에서 '셀 서식(E)...'를 클릭하면 '셀 서식' 대화창이 열리는데 '표시형식' 탭을 마우스 왼쪽 버튼으로 누르고, '범주(C)'에서 마우스포인터를 이동하여 '숫자'를 선택한다.

'소수 자릿수(D):'의 오른쪽 직사각형 빈 공란을 '0'을 지정하고, '1000단위 구분 기호(,) 사용(U)'의 왼쪽 정사각형을 녹색 체크 표시를 하며, '음수(N):'를 마우스포인터로 '-1234'를 선택한 후 마우스 왼쪽 버튼으로 '확인' 버튼을 누른다.

2. 휴대전화 점포 진출의 예측모형 추정

최소자승법은 마우스포인터를 이동하여 마우스 왼쪽 버튼으로 '데이터' 메뉴 탭을 누르면 '분석' 아이콘의 '데이터분석' 아이콘을 누른다.

새로운 '통계 데이터 분석' 대화창이 열리는데 마우스포인터를 이동하여 마우스 왼쪽 버튼으로 스크롤바를 조정하여 '회귀 분석'을 선택한 후 마우스 왼쪽 버튼으로 '확인' 버튼을 누른다.

'회귀 분석' 대화창의 'Y축 입력범위(Y)'에는 '$B$2:$B$32'라고 입력하거나 또는 워크시트 상에서 마우스포인터를 셀 B2로 이동하여 마우스 왼쪽 버튼을 누르면 액티브 셀 상태가 되는데 셀 B2를 누른 상태에서 셀 B32까지 드래그하여 입력할 수도 있다.

'X축 입력범위(X)'에는 '$C$2:$E$32'라고 입력하거나 또는 워크시트 상에서 마우스포인터를 셀 C2로 이동하여 마우스 왼쪽 버튼을 누르면 액티브 셀 상태가 되는데 셀 C2를 누른 상태에서 셀 E32까지 드래그하여 입력할 수도 있다.

셀의 2행 째부터 범위를 지정했기 때문에 '이름표(L)'에 체크 마크를 붙이고, '신뢰 수준(F)'에 체크 표시를 하고, 그 오른쪽 공란에는 '99'라고 입력한다.

'잔차(R)'에 체크 표시를 하고, '출력옵션'이 '새로운 워크시트(P)'의 오른쪽 직사각형 공란에 '표 10-4(점포진출예측모형)'이라고 입력한 후 마우스 왼쪽 버튼으로 '확인' 버튼을 누른다.

새로운 워크시트인 '표 10-4(점포진출예측모형)'에 셀 A1에서 셀 I56까지 셀 색상이 반전되면서 [그림 10-8]과 같이 출력결과가 나타난다.

마우스 왼쪽 버튼으로 '홈' 메뉴 탭을 누르고, 이어서 마우스포인터를 이동하여 '셀' 아이콘 모음 중에서 '서식' 아이콘을 누르면 풀다운 메뉴가 열리는데 마우스포인터로 '열 너비 자동 맞춤(I)' 옵션을 클릭한다.

[그림 10-8] 휴대전화 점포 진출의 예측모형 추정 출력 결과

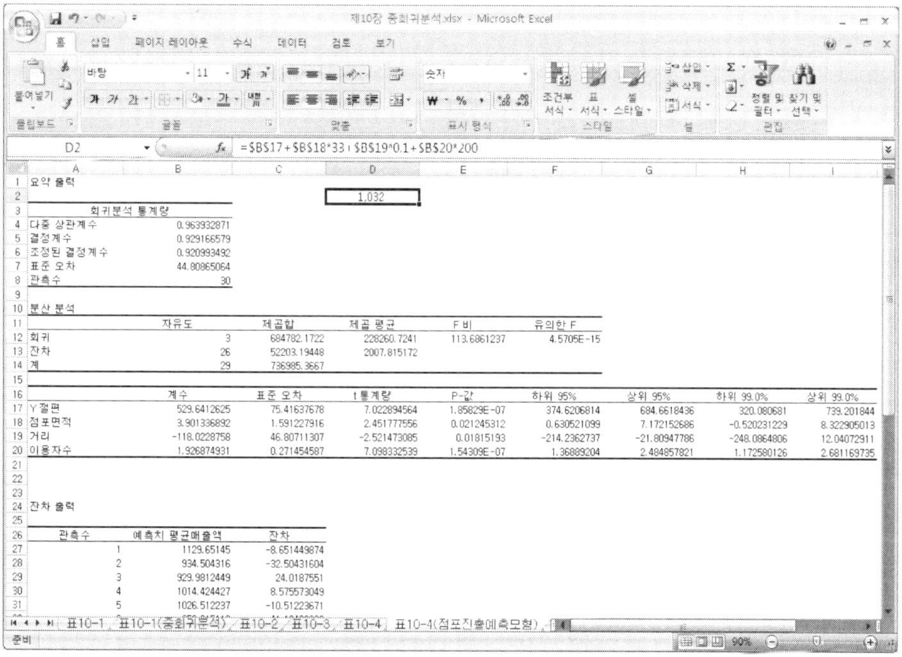

D2: =$B$17+$B$18*33+$B$19*0.1+$B$20*200 → 1,032

요약 출력

회귀분석 통계량	
다중 상관계수	0.963932871
결정계수	0.929166579
조정된 결정계수	0.920993492
표준 오차	44.80865064
관측수	30

분산 분석

	자유도	제곱합	제곱 평균	F 비	유의한 F
회귀	3	684782.1722	228260.7241	113.6861237	4.5705E-15
잔차	26	52203.19448	2007.815172		
계	29	736985.3667			

	계수	표준 오차	t 통계량	P-값	하위 95%	상위 95%	하위 99.0%	상위 99.0%
Y 절편	529.6412625	75.41637678	7.022894564	1.85829E-07	374.6206814	684.6618436	320.080681	739.201844
점포면적	3.901336892	1.591227916	2.451777556	0.021245312	0.630521099	7.172152686	-0.520231229	8.322905013
거리	-118.0228758	46.80711307	-2.521473085	0.01815193	-214.2362737	-21.80947786	-248.0864806	12.04072911
이용자수	1.926874931	0.271454587	7.098332539	1.54309E-07	1.36889204	2.484857821	1.172580126	2.681169735

잔차 출력

관측수	예측치 평균매출액	잔차
1	1129.65145	-8.651449874
2	934.504316	-32.50431604
3	929.9812449	24.0187551
4	1014.424427	8.575573049
5	1026.512237	-10.51223671

마우스 왼쪽 버튼으로 '보기' 메뉴 탭을 누르고, 이어서 마우스포인터를 이동하여 '표시/숨기기' 아이콘 모음 중에서 '눈금선' 아이콘의 왼쪽 정사각형에서 체크 표시를 없애면 워크시트의 눈금선이 모두 사라진다.

3. 휴대전화 점포 진출의 예측모형 분석결과

첫째, 출력 결과에 대하여 읽는 방법은 앞에 분석결과에 대하여 설명한 내용을 참조하면 알 수 있다.

새롭게 출력된 [그림 10-8]의 워크시트 '표 10-4(점포진출예측모형)' 탭에서 셀 D2에 점포면적이 $33m^2$, 지하철역까지의 거리가 $1{,}000m$, 지하철역 이용자수가 20만 명인 점포를 신규로 진출할 계획을 하려면 다음과 같은 절차를 거친다.

마우스 왼쪽 버튼으로 셀 D2를 클릭한 후 Y절편 계수 '529.641'이 셀 B17에,

점포면적 계수 '3.9013'이 셀 B18에, 거리 계수 '-118.0229'가 셀 B19에 그리고 이용자수 계수 '1.9269'이 셀 B20에 각각 얻어졌다.

하루 평균매출액의 이론치 $\hat{Y}$, 점포면적 X_1, 지하철역까지의 거리 X_2, 지하철역 이용자수 X_3, 괄호 안의 수치는 t－통계량, 자유도 조정된 결정계수 R^2을 나타낸다.

$$\begin{aligned} \hat{Y} &= 529.6462 \;+\; 3.9013X_1 \;-\; 118.0229X_2 \;+\; 1.9269X_3 \\ &\quad\;(7.0220) \qquad\; (2.4518) \qquad\; (-2.5215) \qquad\; (7.0983) \\ R^2 &= 0.9210 \end{aligned}$$

둘째, 새롭게 출력된 [그림 10-8]의 워크시트 셀 D2에 점포를 신규로 진출할 경우 점포면적이 $33m^2$, 지하철역까지의 거리가 $1{,}000m$, 지하철역 이용자수가 20만 명 등의 계획에 대한 예상 평균매출액을 다음과 같이 계산할 수 있다.

평균매출액은 '=$B$17+$B$18*33+$B$19*0.1+$B$20*200'에 대입하면 1,032가 산출되는데 단위로 환산하면 약 100만원이 된다.

여기에서 '절대참조'라 부르는 $마크가 붙은 $B$17은 B17이라고 입력한 후 기능키 F4를 반복하여 눌러 $마크를 조정하여 붙인다.

제 4 절 다중공성선

중회분석에서 독립변수 간 상관관계가 높으면 다중공선성이 발생한다. 다중공선성이 발생하면 이론적으로 부호가 일하지 않거나 회귀계수의 값이 안정되지 않는 등의 문제를 동반하게 된다.

1. 기본개념

경제 내에 존재하는 변수는 상호의존관계에 있기 때문에 각 변수 간에 같이 움직이는 경우가 많다. 이렇게 자료의 독립변수에 다수의 변수가 존재하면 다중공선성이 발생하게 된다.

다중공선성은 동일한 변동을 나타내는 변수를 아무리 독립변수로 추가를 하더라도 종속변수의 적합도는 향상이 되지 않을 뿐만 아니라, 파라미터의 분산이 커져 안정된 갓을 구할 수 없게 된다. 예를 들면

$$Y_t = \beta_0 + \beta_1 X_1 + \beta_2 X_2 + \mu_t$$

에 대해서, 가령

$$X_{2t} = \alpha X_{1t}$$

이 되는 관계가 존재한다면 $X_{2t} = \alpha X_{1t}$을 $Y_t = \beta_0 + \beta_1 X_1 + \beta_2 X_2 + \mu_t$에 대입하여

$$\begin{aligned} Y_t &= \beta_0 + \beta_1 X_{1t} + \beta_2 \alpha X_{1t} + \mu_t \\ &= \beta_0 + \gamma X_{1t} + (\beta_1 + \beta_2 \alpha - \gamma) X_{1t} + \mu_t \\ &= \beta_0 + \gamma X_{1t} + \left(\frac{\beta_1}{\alpha} + \beta_2 - \frac{\gamma}{\alpha} \right) X_{1t} + \mu_t \end{aligned}$$

이 되고, $\beta_1 \neq \gamma$가 되어도 좋다. 결국, β_1을 하나의 의미로 특정할 수 없게 된다.

일반적으로는 $X_{2t} = \alpha X_{1t}$와 같은 엄밀한 관계가 성립하지는 않지만, 두 변수의 상관관계가 매우 높은 경우가 있고, 두 변수 이상의 선형결합, 예를 들면 $2X_1 + 4X_3$과 X_2에 강한 선형관계가 발생하는 일은 많이 있다.

다중공선성이 존재하면 $\widehat{\beta_1}$은 불안정, 결국 그 분산이 커지게 되고, $t-$검정에 의해서 $\widehat{\beta_1} = 0$의 기무가설이 기각되지 않기 때문에 중요한 변수가 누락되는 일도 있고, 표본을 조금만 바꾸어도 $\widehat{\beta_1}$이 크게 변화하기 때문에 제대로 된 값을 구하는 것은 불가능하게 된다.

상기와 같이 중회귀분석에서 독립변수 간 상관이 높은 경우에는 다중공선성이 생기는 일이 있다. 다중공선성이 발생하면 추정된 파라미터의 부호가 이론적으로

일치하지 않고, 결정계수는 높지만 t－통계량이 낮으며, 관측치의 개수를 조금씩 늘리면 추정치가 크게 변동하고, 설명변수의 개수를 증감하면 추정치가 크게 변동하는 등의 증상이 나타나서, 안정적이고, 신뢰성이 있는 추정치를 얻을 수 없게 된다.

다중공선성을 피하는 방법은 경제관련 자료가 실험실에서 만들어지는 것이 아니기 때문에 곤란하다. 그 대책의 하나로 독립변수 간의 상관관계가 지나치게 높을 경우에는 변수의 일부를 누락시키거나 남은 변수를 누락시킨 변수의 대리변수로 찾거나 할 수 있을 것이다.

독립변수 간 상관관계를 찾으려면 이미 앞에서 설명한 바와 같이 상관행렬을 계산하면 된다.

2. 상관행렬

마우스 왼쪽 버튼으로 '데이터' 메뉴 탭을 누르면 '분석' 아이콘의 '데이터분석' 아이콘을 누른다.

새로운 '통계 데이터 분석' 대화창이 열리는데 마우스포인터를 이동하여 마우스 왼쪽 버튼으로 스크롤바를 조정하여 '상관 분석'을 선택한 후 마우스 왼쪽 버튼으로 '확인' 버튼을 누른다.

'상관 분석' 대화창의 '입력'에서 '입력 범위(I):'에 '$B$2:$B$32'라고 입력하거나 또는 워크시트 상에서 마우스포인터를 셀 B2로 이동하여 마우스 왼쪽 버튼을 누르면 액티브 셀 상태가 되는데 셀 B2를 누른 상태에서 셀 E32까지 드래그하여 입력할 수도 있다.

이어서 '데이터 방향:'은 '열(C)'의 왼쪽 원 안에 녹색을 지정하고, '첫째 항 이름표 사용(L)'의 왼쪽 정사각형을 체크 기호를 표시한다.

'출력 옵션'은 '새로운 워크시트(P):'의 왼쪽 원 안에 녹색을 지정하고, 오른쪽 직사각형의 입력란에 '표 10-4(상관계수)'라고 입력한 후 마우스 왼쪽 버튼으로 '확인' 버튼을 누르면 [그림 10-9]와 같이 변수 간 상관계수가 산출된다.

[그림 10-9] 휴대폰 점포 진출의 상관분석

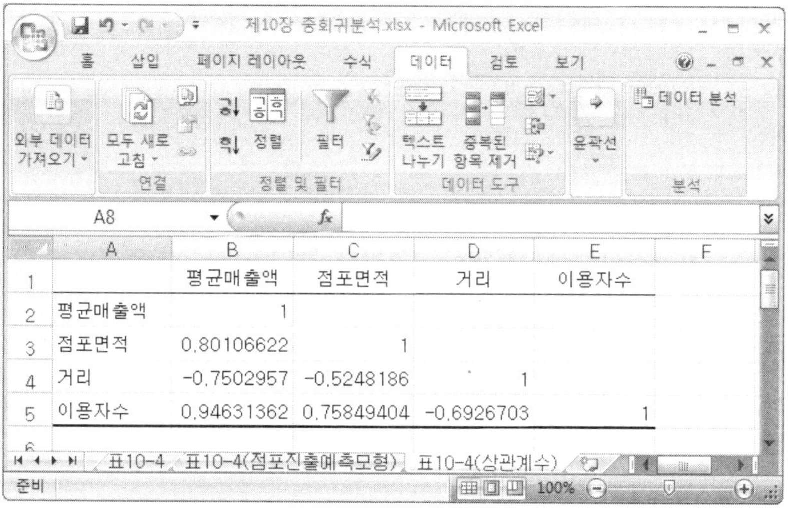

	평균매출액	점포면적	거리	이용자수
평균매출액	1			
점포면적	0.80106622	1		
거리	-0.7502957	-0.5248186	1	
이용자수	0.94631362	0.75849404	-0.6926703	1

[그림 10-8]에 휴대전화 점포 진출의 예측모형 분석결과를 나타내고 있는데 회귀계수의 신뢰성 정도를 나타내는 $t-$값을 보면 모든 변수가 귀무가설을 기각하고 있는 것을 알 수 있다.

만일에 독립변수인 점포면적, 지하철역까지의 거리, 지하철역 이용자수 중에서 회귀계수의 분산 값이 클 경우에는 '[그림 10-9] 휴대폰 점포 진출의 상관분석'의 상관행렬을 토대로 변수 간 상관관계가 큰 변수를 누락시키거나 하는 과정을 거쳐 다중공선성 문제를 해결할 수 있다.

3. 능형회귀(ridge regression)

다중공선성이 발생하면, 그 문제를 해결하기 위한 대책으로는 능형회귀(ridge regression)나 주성분회귀(principle components regression)를 생각 할 수 있다. 여기에서는 능형회귀에 대한 이론적인 설명만하는 것으로 마무리 짓는다.

능형회귀는 회귀계수의 분산 값을 증가시키기 때문에 불편 추정량을 포기하는 대신 평균제곱오차를 최소화하는 편기 추정량을 구하여 다중공선성 문제를 해결하는데 사용한다.

중회귀분석 결과, 다중공선성이 발생하게 되면, $(X'X)\beta = X'y$의 적화행렬

$X^{'}X$의 역행렬이 불안정한 상태, 즉 행렬식이 제로가 되는 특이행렬에 가까워지는 상태가 된다. 여기에서 적화행렬 $X^{'}X$의 대각요소에 정수를 더하여 풀어가는 것을 능형회귀(ridge regression)라고 한다. 즉,

$$(X^{'}X + kI_n) = X^{'}y$$

이때, $X^{'}X$이 특이행렬에 가까운 경우에도 $(X^{'}X + kI_n)$의 역행렬은 안정된다. 따라서,

$$\hat{\beta} = (X^{'}X + kI_n)^{-1}X^{'}y$$
$$V(\hat{\beta}) = \sigma^2 (X^{'}X + kI_n)^{-1}X^{'}X(X^{'}X + kI_n)^{-1}$$

I_n : n차 단위행렬

k : 정수

가 된다. $\hat{\beta}$를 능형 추정량이라고 한다. 이때 다중공선성 관계가 있는 회귀계수의 분산은 최소자승 추정량보다 작아지게 된다. 그러나 능형 추정량은 불편추정량이 아니라, k값이 클수록 불편성은 악화된다. 그래서 k의 경정이 매우 중요하지만, 그 결정기준이 되는 특별히 없다는 것이 능형회귀의 문제점이라고 한다. 또한 변수 값의 크기에 의해서 k의 비중이 변수에 따라 달라진다. 동일한 비중으로 하기 위해서 모든 변수를 표준화, 즉 $x_t = (X_t - \overline{X})/s_x : x_t \sim N(0,1)$하여 표준회귀계수를 구하고, 마지막에 원래의 회귀계수를 계산한다.

이상과 같이 다중공선성이 발생하면, 그 문제를 해결하기 위한 다양한 방법이 진행되고 있다.

제 5 절 엑셀에 의한 F – 분포표 작성

마이크로소프트사의 엑셀 프로그램을 이용하여 F – 분포표의 작성에 대하여 설명하면 나음의 [그림 10-10]과 같다.

마우스 왼쪽 버튼으로 셀 A1을 클릭한 후 셀 A1에 '[표 10-5] F – 분포표'라고 입력하고, 키 캡 Enter↵를 누른다. 마우스 왼쪽 버튼으로 셀 A1을 클릭한 후 마우스 왼쪽 버튼을 누른 상태에서 셀 K1까지 드래그하면 셀의 색상이 반전이 된다.

[그림 10-10] F – 분포표 작성 방법

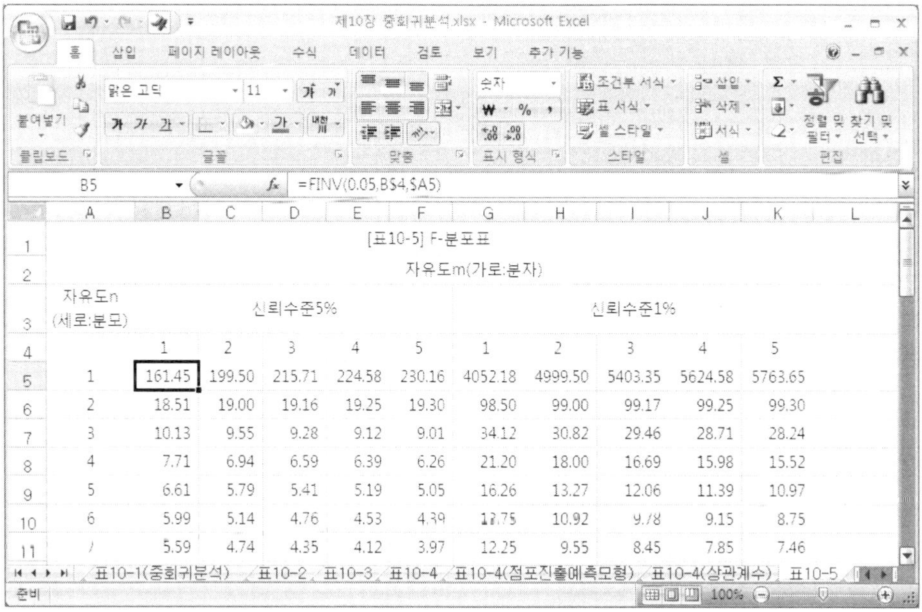

이와 같이 셀 색상이 반전된 상태에서 마우스의 왼쪽 버튼을 누른 것을 뗀 후 이어서 마우스포인터로 '홈' 메뉴 탭을 누르고, '맞춤' 아이콘 모음 중에서 '병합하고 가운데 맞춤' 아이콘 을 클릭하면 셀 A1에서 셀 K1까지 셀을 병합하고

제목을 가운데로 맞춰 준다.

마우스 왼쪽 버튼으로 셀 B2를 클릭한 후 셀 B2에 '자유도 m(가로:분자)'라고 입력하고, 키 캡 Enter↵를 누른다.

마우스 왼쪽 버튼으로 셀 B2를 클릭한 후 마우스 왼쪽 버튼을 누른 상태에서 셀 K2까지 드래그하면 셀의 색상이 반전이 된다.

이와 같이 셀 색상이 반전된 상태에서 마우스의 왼쪽 버튼을 누른 것을 뗀 후 이어서 마우스포인터로 '홈' 메뉴 탭을 누르고, '맞춤' 아이콘 모음 중에서 '병합하고 가운데 맞춤' 아이콘 을 클릭하면 셀 B2에서 셀 K2까지 셀을 병합하고 가운데로 맞춰 준다.

마우스 왼쪽 버튼으로 셀 A3을 클릭한 후 셀 A3에 '자유도 n(세로:분모)'라고 입력하고, 키 캡 Enter↵를 누른다.

마우스 왼쪽 버튼으로 셀 A3을 클릭한 후 '홈' 메뉴 탭의 '맞춤' 아이콘을 나타내는 것들 중에서 '가운데 맞춤'을 나타내는 아이콘을 눌러 입력된 셀의 내용을 가운데로 맞춘다.

마우스 왼쪽 버튼으로 셀 B3을 클릭한 후 셀 B3에 '신뢰수준5%'라고 입력하고, 키 캡 Enter↵를 누른다.

마우스 왼쪽 버튼으로 셀 B3을 클릭한 후 마우스 왼쪽 버튼을 누른 상태에서 셀 F3까지 드래그하면 셀의 색상이 반전이 된다.

이렇게 셀 색상이 반전된 상태에서 마우스의 왼쪽 버튼을 누른 것을 뗀 후 이어서 마우스포인터로 '홈' 메뉴 탭을 누르고, '맞춤' 아이콘 모음 중에서 '병합하고 가운데 맞춤' 아이콘 을 클릭하면 셀 B3에서 셀 F3까지 셀을 병합하고 가운데로 맞춰 준다.

마우스 왼쪽 버튼으로 셀 G3을 클릭한 후 셀 G3에 '신뢰수준1%'라고 입력하고, 키 캡 Enter↵를 누른다. 마우스 왼쪽 버튼으로 셀 G3을 클릭한 후 마우스 왼쪽 버튼을 누른 상태에서 셀 K3까지 드래그하면 셀의 색상이 반전이 된다.

셀 색상이 반전된 상태에서 마우스의 왼쪽 버튼을 누른 것을 뗀 후 이어서 마우스포인터로 '홈' 메뉴 탭을 누르고, '맞춤' 아이콘 모음 중에서 '병합하고 가운데 맞춤' 아이콘 을 클릭하면 셀 G3에서 셀 K3까지 셀을 병합하고 가운데로 맞춰 준다.

셀 3의 '자유도 n(세로:분모)' 입력은 마우스 왼쪽 버튼으로 셀 A5를 클릭한 후 셀 A5에 '1'이라고 입력하고, 키 캡 [Enter↵]를 누른다.

마우스 왼쪽 버튼으로 셀 A5를 클릭한 후 '홈' 메뉴 탭의 '맞춤' 아이콘을 나타내는 것들 중에서 '텍스트 오른쪽 맞춤'을 나타내는 아이콘을 눌러 입력된 셀의 내용을 오른쪽으로 맞춘다.

마우스 왼쪽 버튼으로 셀 A5를 클릭하고, 마우스 왼쪽 버튼에서 손을 떼고, 마우스포인터를 셀 A5의 오른쪽 아래 구석으로 이동한다.

마우스포인터는 흰색 십자에서 검은색 십자(필 핸들)로 변하는데, 여기에서 마우스 오른쪽 버튼을 누른 상태에서 셀 A54까지 드래그하고 이어서 마우스 오른쪽 버튼을 뗀다.

그러면 오른쪽에 메뉴 화면이 열리는데 마우스포인터로 '연속 데이터 채우기(S)'를 선택하면 지정된 빈 셀에 일렬 숫자가 셀 A6에 '2'에서 셀 A55에 '50'까지 연속하여 채워진다.

셀 B3에서 셀 F3까지 셀 병합된 '신뢰수준5%'의 '자유도 m(가로:분자)' 입력은 마우스 왼쪽 버튼으로 셀 B4를 클릭한 후 셀 B4에 '1'이리고 입력하고, 키 캡 [Enter↵]를 누른다.

마우스 왼쪽 버튼으로 셀 B4 클릭한 후 '홈' 메뉴 탭의 '맞춤' 아이콘을 나타내는 것들 중에서 '텍스트 오른쪽 맞춤'을 나타내는 아이콘을 눌러 입력된 셀의 내용을 오른쪽으로 맞춘다.

마우스 왼쪽 버튼으로 셀 B4를 클릭하고, 마우스 왼쪽 버튼에서 손을 떼고, 마우스포인터를 셀 B4의 오른쪽 아래 구석으로 이동한다.

마우스포인터는 흰색 십자에서 검은색 십자(필 핸들)로 변하는데, 여기에서 마우스 오른쪽 버튼을 누른 상태에서 셀 F4까지 드래그하고 이어서 마우스 오른쪽 버튼을 뗀다.

그러면 오른쪽에 메뉴 화면이 열리는데 마우스포인터로 '연속 데이터 채우기(S)'를 선택하면 지정된 빈 셀에 일렬 숫자가 셀 C4에 '2'에서 셀 F4에 '5'까지 연속하여 채워진다.

셀 B3에서 F3까지 셀 병합된 '신뢰수준5%'의 '자유도 m(가로:분자)'과 '자유도 n(세로:분모)'에 대한 $F-$값 계산은 다음과 같은 과정을 거치면 얻을 수 있다.

마우스 왼쪽 버튼으로 셀 B5를 클릭한 후 마우스 왼쪽 버튼을 누른 상태에서 셀 F5까지 드래그한다.

이어서 마우스 왼쪽 버튼으로 '홈' 메뉴 탭을 누르고, '표시 형식' 아이콘 모음 중에서 '자릿수 늘림' 아이콘 버튼 과 '자릿수 내림' 아이콘 버튼 을 클릭하여, 소수점 이하 2자리까지 표시한다.

마우스 왼쪽 버튼으로 셀 B5를 클릭한 후 마우스 포인터를 '함수 삽입'아이콘 f_x을 클릭하면 '함수 마법사' 대화창이 열린다.

'함수 마법사' 대화창에서 '범주 선택(C)'에서 '통계'를 선택하고, '함수 선택(N)'에서 'FINV'를 선택한 후 마우스포인터를 '확인' 버튼으로 이동하여 마우스 왼쪽 버튼을 누른다.

그러면 '함수 인수' 대화창이 열리는데 'Probability'의 공란에 '0.05'라고 입력하고, 'Der__freedom1'의 공란에 'B$4'라고 입력하고, 계속하여 'Der__freedom2'의 공란에 'A$5'라고 입력한 후 마우스 왼쪽 버튼으로 '확인' 버튼을 누른다.

그러면 셀 B5 내부에는 '=FINV(0.05,B$4,$A5)'가 입력이 되고, 셀 표면에는 '161.45'가 수치로 변환되어 나타난다.

마우스 왼쪽 버튼으로 셀 B5를 클릭한 후 마우스포인터를 셀 B5의 우측 아래 구석으로 이동하여 검은색 십자를 필 핸들하고, 셀 F5까지 드래그한다.

그러면 셀 색상이 반전되면서 셀 C5에서 셀 F5까지 빈 셀 공간에 자동으로 수치가 채워진다.

셀 G3에서 K3까지 셀 병합된 '신뢰수준1%'의 '자유도 m(가로:분자)'과 '자유도 n(세로:분모)'에 대한 $F-$값 계산은 다음과 같은 과정을 거치면 얻을 수 있다.

마우스 왼쪽 버튼으로 셀 G5를 클릭한 후 마우스 왼쪽 버튼을 누른 상태에서 셀 K5까지 드래그한다.

이어서 마우스 왼쪽 버튼으로 '홈' 메뉴 탭을 누르고, '표시 형식' 아이콘 모음 중에서 '자릿수 늘림' 아이콘 버튼 과 '자릿수 내림' 아이콘 버튼 을 클릭하여, 소수점 이하 2자리까지 표시한다.

마우스 왼쪽 버튼으로 셀 G5를 클릭한 후 마우스 포인터를 '함수 삽입'아이콘 fx을 클릭하면 '함수 마법사' 대화창이 열린다.

'함수 마법사' 대화창에서 '범주 선택(C)'에서 '통계'를 선택하고, '함수 선택(N)'에서 'FINV'를 선택한 후 마우스포인터를 '확인' 버튼으로 이동하여 마우스 왼쪽 버튼을 누른다.

그러면 '함수 인수' 대화창이 열리는데 'Probability'의 공란에 '0.05'라고 입력하고, 'Der_freedom1'의 공란에 'G$4'라고 입력하고, 계속하여 'Der_freedom2'의 공란에 'A$5'라고 입력한 후 마우스 왼쪽 버튼으로 '확인' 버튼을 누른다.

그러면 셀 G5 내부에는 '=FINV(0.01,G$4,$A5)'가 입력이 되고, 셀 표면에는 '4052.18'이 수치로 변환되어 나타난다.

마우스 왼쪽 버튼으로 셀 G5를 클릭한 후 마우스포인터를 셀 G5의 우측 아래 구석으로 이동하여 검은색 십자를 필 핸들하고, 셀 K5까지 드래그한다.

그러면 셀 색상이 반전되면서 셀 H5에서 셀 K5까지 빈 셀 공간에 자동으로 수치가 채워진다.

마우스 왼쪽 버튼으로 셀 B5를 클릭한 후 마우스 왼쪽 버튼을 누른 상태에서 셀 K5까지 드래그하면 셀 색상이 반전된다.

이러한 상태에서 마우스 왼쪽 버튼을 손에서 뗀 후 마우스포인터를 셀 K5의 우측 아래 구석으로 이동하여 검은색 십자를 필 핸들한 후 마우스 왼쪽 버튼을 누른 상태에서 셀 K54까지 드래그한다.

그러면 셀 B6에서 셀 K54까지 수치로 변환된 값이 빈 셀 공간에 채워지게 된다. 즉, 자유도가 50까지의 각각 신뢰수준의 값이 '[표 10-5] F-분포표'와 같이 자동으로생성된다.

자유도 값을 50 이상 필요할 경우에는 마우스포인터를 셀 A54를 클릭한 후 마우스 왼쪽 버튼을 누른 상태에서 셀 K54까지 드래그하면 셀 색상이 반전된다.

이러한 상태에서 마우스 왼쪽 버튼을 손에서 뗀 후 마우스포인터를 셀 K54의 우측 아래 구석으로 이동하여 검은색 십자를 필 핸들한 후 마우스 왼쪽 버튼을 누른 상태에서 아래로 드래그하면 필요한 값을 구할 수 있다.

[표 10-5] F-분포표

자유도 n (세로:분모)	자유도 m (가로:분자) 신뢰수준 5%				
	1	2	3	4	5
1	161.45	199.50	215.71	224.58	230.16
2	18.51	19.00	19.16	19.25	19.30
3	10.13	9.55	9.28	9.12	9.01
4	7.71	6.94	6.59	6.39	6.26
5	6.61	5.79	5.41	5.19	5.05
6	5.99	5.14	4.76	4.53	4.39
7	5.59	4.74	4.35	4.12	3.97
8	5.32	4.46	4.07	3.84	3.69
9	5.12	4.26	3.86	3.63	3.48
10	4.96	4.10	3.71	3.48	3.33
11	4.84	3.98	3.59	3.36	3.20
12	4.75	3.89	3.49	3.26	3.11
13	4.67	3.81	3.41	3.18	3.03
14	4.60	3.74	3.34	3.11	2.96
15	4.54	3.68	3.29	3.06	2.90
16	4.49	3.63	3.24	3.01	2.85
17	4.45	3.59	3.20	2.96	2.81
18	4.41	3.55	3.16	2.93	2.77
19	4.38	3.52	3.13	2.90	2.74
20	4.35	3.49	3.10	2.87	2.71
21	4.32	3.47	3.07	2.84	2.68
22	4.30	3.44	3.05	2.82	2.66
23	4.28	3.42	3.03	2.80	2.64
24	4.26	3.40	3.01	2.78	2.62
25	4.24	3.39	2.99	2.76	2.60
26	4.23	3.37	2.98	2.74	2.59
27	4.21	3.35	2.96	2.73	2.57
28	4.20	3.34	2.95	2.71	2.56
29	4.18	3.33	2.93	2.70	2.55
30	4.17	3.32	2.92	2.69	2.53
31	4.16	3.30	2.91	2.68	2.52
32	4.15	3.29	2.90	2.67	2.51
33	4.14	3.28	2.89	2.66	2.50
34	4.13	3.28	2.88	2.65	2.49
35	4.12	3.27	2.87	2.64	2.49

자유도 m(가로:분자)					
자유도 n (세로:분모)	신뢰수준 5%				
36	4.11	3.26	2.87	2.63	2.48
37	4.11	3.25	2.86	2.63	2.47
38	4.10	3.24	2.85	2.62	2.46
39	4.09	3.24	2.85	2.61	2.46
40	4.08	3.23	2.84	2.61	2.45
41	4.08	3.23	2.83	2.60	2.44
42	4.07	3.22	2.83	2.59	2.44
43	4.07	3.21	2.82	2.59	2.43
44	4.06	3.21	2.82	2.58	2.43
45	4.06	3.20	2.81	2.58	2.42
46	4.05	3.20	2.81	2.57	2.42
47	4.05	3.20	2.80	2.57	2.41
48	4.04	3.19	2.80	2.57	2.41
49	4.04	3.19	2.79	2.56	2.40
50	4.03	3.18	2.79	2.56	2.40

자유도 n (세로:분모)	자유도 m (가로:분자) 신뢰수준 1%				
	1	2	3	4	5
1	4052.18	4999.50	5403.35	5624.58	5763.65
2	98.50	99.00	99.17	99.25	99.30
3	34.12	30.82	29.46	28.71	28.24
4	21.20	18.00	16.69	15.98	15.52
5	16.26	13.27	12.06	11.39	10.97
6	13.75	10.92	9.78	9.15	8.75
7	12.25	9.55	8.45	7.85	7.46
8	11.26	8.65	7.59	7.01	6.63
9	10.56	8.02	6.99	6.42	6.06
10	10.04	7.56	6.55	5.99	5.64
11	9.65	7.21	6.22	5.67	5.32
12	9.33	6.93	5.95	5.41	5.06
13	9.07	6.70	5.74	5.21	4.86
14	8.86	6.51	5.56	5.04	4.69
15	8.68	6.36	5.42	4.89	4.56
16	8.53	6.23	5.29	4.77	4.44
17	8.40	6.11	5.18	4.67	4.34
18	8.29	6.01	5.09	4.58	4.25
19	8.18	5.93	5.01	4.50	4.17
20	8.10	5.85	4.94	4.43	4.10
21	8.02	5.78	4.87	4.37	4.04
22	7.95	5.72	4.82	4.31	3.99
23	7.88	5.66	4.76	4.26	3.94
24	7.82	5.61	4.72	4.22	3.90
25	7.77	5.57	4.68	4.18	3.85
26	7.72	5.53	4.64	4.14	3.82
27	7.68	5.49	4.60	4.11	3.78
28	7.64	5.45	4.57	4.07	3.75
29	7.60	5.42	4.54	4.04	3.73
30	7.56	5.39	4.51	4.02	3.70
31	7.53	5.36	4.48	3.99	3.67
32	7.50	5.34	4.46	3.97	3.65
33	7.47	5.31	4.44	3.95	3.63
34	7.44	5.29	4.42	3.93	3.61
35	7.42	5.27	4.40	3.91	3.59

자유도 n (세로:분모)	자유도 m (가로:분자) 신뢰수준 1%				
36	7.40	5.25	4.38	3.89	3.57
37	7.37	5.23	4.36	3.87	3.56
38	7.35	5.21	4.34	3.86	3.54
39	7.33	5.19	4.33	3.84	3.53
40	7.31	5.18	4.31	3.83	3.51
41	7.30	5.16	4.30	3.81	3.50
42	7.28	5.15	4.29	3.80	3.49
43	7.26	5.14	4.27	3.79	3.48
44	7.25	5.12	4.26	3.78	3.47
45	7.23	5.11	4.25	3.77	3.45
46	7.22	5.10	4.24	3.76	3.44
47	7.21	5.09	4.23	3.75	3.43
48	7.19	5.08	4.22	3.74	3.43
49	7.18	5.07	4.21	3.73	3.42
50	7.17	5.06	4.20	3.72	3.41

주 : 본 표는 마이크로소프트사의 통계함수 [FINV]를 이용하여 작성하였다.

참고문헌

姜金植, 『Excel 활용 현대 통계학』, 博英社, 1999.
김효석 · 박해철, 『경상계열을 위한 통계학』, 형설출판사, 1998.
박명섭 · 박광태, 『SPSSWIN/EXCEL활용 통계학개론』, 弘文社, 2003.
이종원, 『경제경영 통계학』(전정판), 博英社, 1998.
통계청, http://www.kosis.kr/
한국거래소, http://www.krx.co.kr/index.html
한국은행, http://ecos.bok.or.kr/
Fidelity Trend Trading with Short-Term Patterns Retrieved on May 12, 2007.
Gerding, D. W., Relevant Business Statistics Using Excel, South-Western College Publishing, 1999.
http://cafe.daum.net/financeworld
http://help.bestez.com/qway/help
Kendall, M. and Stuart, A., *The Advanced Theory of Statistics,* Vol. 1, 2, 4th ed., Vol. 3, 3rd ed., Charles Griffin & Company Limited, 1977.
Mansfield, E., *Statistics for Business and Economics,* 5th ed., W · W · Norton & Company, 1994.
Murphy, John (1999). Technical Analysis of the Financial Markets. Prentice Hall Press, 252-255. ISBN 0735200661.
Retrieved from "http://en.wikipedia.org/wiki/MACD"
The Moving Average Convergence-Divergence Trading Method, Gerald Appel, ISBN 99914-53-57-1.
Walpole, R. E., *Introduction to Statistics,* 3rd ed., Maclimman Publishing Co., Inc., 1982.
World Exchanges, http://www.world-exchanges.org
岩田曉一, 『經濟分析のための統計的方法』(第2版), 東洋経済新報社, 1988.
刈屋武昭 · 溝口敏幸, 『統計學』, 青林書院新社, 1978.
岸根卓郎, 『統計理論』, 養賢堂, 1985.
竹田聰, 『Excelによる経濟データ分析』, 東京図書, 2004.
縄田和滿, 『Excelによる統計入門』(増補版), 朝倉書店, 1997.

찾아보기

[저자 소개]

• 조 광 현

일본국립지바(千葉)대학교를 졸업하고 대학원에서 농경제학 박사학위(Ph.D.)를 취득하였으며, 일본국제농림수산업연구센터(JIRCAS), 한국농촌경제연구원(KREI) 등을 거친 후 현재 삼육대학교 경영학과에 재직하고 있다. 주요 역서로는 『피터 드러커 CEO의 조건』이 있으며, Econometric Analysis on Factors of Food Demand in the Household : Comparative Study between Korea and Japan, *Journal of The Korean Society of Dietary Culture*, 『食品経済研究』 등에 논문을 게재하였다.

기업경영의 통계분석

2011년 2월 23일 초판인쇄
2011년 2월 28일 초판발행

저 자 조 광 현
발행인 유 성 열
발행처 **청목출판사**
서울특별시 영등포구 신길동 233-96
전화 (02) 849-6157(代) · 2820
FAX (02) 849-0817
등록 제318-1994-000090호

파본은 바꾸어 드립니다. 값 20,000원

http : //www.chongmok.co.kr

이 책의 무단 전재 또는 복제 행위는 저작권법 97조 5에 의거, 5년 이하의 징역 또는 5,000만원 이하의 벌금에 처하게 됩니다.

ISBN 978-89-5565-407-3

※인지는 생략합니다.